省级精品课程教材
高等院校工商管理类创新课程体系教材

中级财务会计

Intermediate Financial Accounting

杨爱义　王爱清　主　编
杨　娜　李　翔　刘英姿　副主编

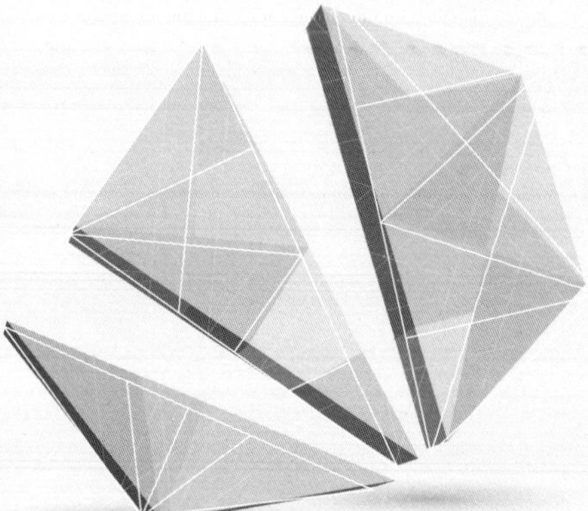

东北财经大学出版社
Dongbei University of Finance & Economics Press
大连

图书在版编目（CIP）数据

中级财务会计 / 杨爱义，王爱清主编．—大连：东北财经大学出版社，2019.2（2021.2重印）

（高等院校工商管理类创新课程体系教材）

ISBN 978-7-5654-3396-2

Ⅰ．中…　Ⅱ．①杨…②王…　Ⅲ．财务会计-高等学校-教材　Ⅳ．F234.4

中国版本图书馆CIP数据核字（2019）第002620号

东北财经大学出版社出版

（大连市黑石礁尖山街217号　邮政编码　116025）

网　　址：http：//www.dufep.cn

读者信箱：dufep@dufe.edu.cn

大连东泰彩印技术开发有限公司印刷　东北财经大学出版社发行

幅面尺寸：185mm×260mm　字数：453千字　印张：19.75　插页：1

2019年2月第1版　2021年2月第3次印刷

责任编辑：王　莹　周　慧　责任校对：何　力

封面设计：张智波　版式设计：钟福建

定价：40.00元

教学支持　售后服务　联系电话：（0411）84710309

如有印装质量问题，请联系营销部：（0411）84710711

“高等院校工商管理类创新课程体系教材”

前　言

2016年3月，财政部、国家税务总局联合发布了《关于全面推开营业税改征增值税试点的通知》，包括《营业税改征增值税试点实施办法》《营业税改征增值税试点有关事项的规定》《营业税改征增值税试点过渡政策的规定》《跨境应税行为适用增值税零税率和免税政策的规定》等一系列规定。经国务院批准，自2016年5月1日起，在全国范围内全面推开营业税改征增值税试点，建筑业、房地产业、金融业、生活服务业等全部营业税纳税人纳入试点范围，由缴纳营业税改为缴纳增值税。为进一步规范增值税会计处理，促进《关于全面推开营业税改征增值税试点的通知》的贯彻落实，财政部制定了《增值税会计处理规定》并于2016年12月发布。2018年4月国家税务总局发布了《财政部、税务总局关于调整增值税税率的通知》（财税〔2018〕32号），对增值税税率做了调整，该通知自2018年5月1日起执行。

近年来，财政部先后发布了多项修订或新制定的企业会计准则。2017年3月财政部发布了修订后的《企业会计准则第22号——金融工具确认和计量》、《企业会计准则第28号——金融资产转移》和《企业会计准则第24号——套期会计》。2017年4月财政部发布了一项新的企业会计准则，即《企业会计准则第42号——持有待售的非流动资产、处置组和终止经营》。2017年5月财政部发布了修订后的《企业会计准则第37号——金融工具列报》《企业会计准则第16号——政府补助》，2017年7月财政部发布了修订后的《企业会计准则第14号——收入》，2018年6月15日财政部又发布了《关于修订印发2018年度一般企业财务报表格式的通知》（财会〔2018〕15号）。上述企业会计准则变化情况已体现在《中级财务会计》教材中。

本书适用于会计学专业本科生教学，同时也可以作为企业经济管理人员，尤其是会计人员培训和自学之用。本书是在学完《基础会计》，掌握会计的基本理论、基本方法之后，对财务会计理论和方法的进一步深化。因此，本书旨在承前启后，使其成为从会计学原理迈向会计专业课程的一座桥梁。

本书由青岛理工大学硕士生导师杨爱义教授总体策划，由杨爱义教授及宁德师范学院王爱清副教授任主编，负责全书写作大纲的拟定和编写的组织工作，并对全书进行了总纂，青岛理工大学会计系副主任杨娜、青岛航运融资租赁有限公司财务经理李翔、山东科技大学讲师刘英姿任副主编。具体编写分工如下：第1章由杨爱义撰写，第2章由杨秀娟撰写，第3、11章由王爱清撰写，第4、5章由李翔撰写，第6章由杨娜撰写，第7章由刘光山撰写，第8章由任宇星撰写，第9章由李广森撰写，第10章由安瑞芳撰写，第12章由兹丽君撰写，第13章由刘英姿撰写，第14章由王明义撰写。

由于编者水平有限，本教材可能存在不足之处，敬请广大读者批评指正。

编　者

2018年11月

目　录

第1章　总论/1

1.1　中国会计改革历程/1
1.2　会计核算前提和会计信息质量要求/7
1.3　会计要素/11
1.4　会计计量属性/15
章末练习题/17

第2章　货币资金/20

2.1　货币资金概述/20
2.2　库存现金/20
2.3　银行存款/23
2.4　其他货币资金/27
章末练习题/29

第3章　金融资产/33

3.1　金融资产的含义及分类/33
3.2　以摊余成本计量的金融资产——债权投资/35
3.3　以公允价值计量且其变动计入其他综合收益的金融资产/40
3.4　以公允价值计量且其变动计入当期损益的金融资产/47
3.5　金融资产的重分类/50
3.6　应收款项/54
章末练习题/66

第4章　存货/69

4.1　存货概述/69

4.2 存货入账价值/71
4.3 原材料/73
4.4 商品/81
4.5 周转材料/85
4.6 存货清查/90
4.7 存货期末计价/92
章末练习题/95

第5章 固定资产/98

5.1 固定资产概述/98
5.2 固定资产的初始计量/99
5.3 固定资产折旧/103
5.4 固定资产的后续计量/108
5.5 固定资产的期末计价/110
5.6 固定资产的清理/112
5.7 固定资产的盘盈与盘亏/114
章末练习题/115

第6章 无形资产/118

6.1 无形资产概述/118
6.2 无形资产的初始计量/120
6.3 无形资产的后续计量/122
6.4 无形资产的处置和报废/124
章末练习题/125

第7章 投资性房地产/128

7.1 投资性房地产概述/128
7.2 投资性房地产的确认和初始计量/129
7.3 投资性房地产的后续计量/129
7.4 投资性房地产后续计量模式的变更/131
7.5 投资性房地产的转换和处置/131
章末练习题/134

第8章 非货币性资产交换/140

8.1 非货币性资产交换的认定/140
8.2 非货币性资产交换的确认和计量/141

章末练习题/148

第9章　长期股权投资/151

9.1　长期股权投资概述/151
9.2　长期股权投资的取得/153
9.3　长期股权投资核算的成本法/156
9.4　长期股权投资核算的权益法/156
9.5　长期股权投资的处置/160
9.6　长期股权投资的减值/161
9.7　长期股权投资后续计量方法的转换/162
章末练习题/165

第10章　流动负债/173

10.1　流动负债概述/173
10.2　短期借款/174
10.3　应付票据与应付账款/175
10.4　应付职工薪酬/179
10.5　应交税费/184
10.6　其他应付及预收款项/193
章末练习题/195

第11章　非流动负债/200

11.1　非流动负债概述/200
11.2　长期借款/201
11.3　应付债券/202
11.4　可转换债券/205
11.5　长期应付款/206
章末练习题/210

第12章　所有者权益/213

12.1　所有者权益概述/213
12.2　实收资本/215
12.3　资本公积/218
12.4　留存收益/220
章末练习题/223

第13章　收入、费用和利润/226

13.1　收入/226
13.2　费用/244
13.3　利润/248
章末练习题/261

第14章　财务报告/266

14.1　财务报告概述/266
14.2　资产负债表/271
14.3　利润表/274
14.4　现金流量表/289
14.5　所有者权益变动表/300
14.6　财务报表附注/302
章末练习题/304

主要参考文献/308

第1章/ 总论

【学习目标】掌握：会计核算前提和会计信息质量要求；会计要素、会计计量属性。

了解：企业会计制度的产生与发展历程。

1.1 中国会计改革历程

中华人民共和国成立后，随着社会主义经济建设的需要，改革开放政策的实施，我国的经济体制经历了从计划经济向有计划的商品经济，进而向社会主义市场经济的转变过程。会计工作，作为经济管理的重要组成部分，随着经济的发展，发生了一系列发展与变革。我国为进一步和国际接轨并适应会计发展的需要，先后制定并颁布了多种统一的会计制度及与会计相关的法律法规。

1.1.1 第一套企业会计制度

从1951年一直到1993年以前基本上都是以苏联的会计制度理念为蓝本，实行分所有制、分行业的会计核算制度。1985年1月21日第六届全国人民代表大会常务委员会第九次会议通过了《中华人民共和国会计法》，这是中华人民共和国第一部会计法。但国有工业企业的会计制度由财政部制定，其他行业会计制度由行业主管部门制定，使我国不同行业、不同所有制企业之间的财务报表缺乏可比性，无法满足我国经济发展的需要。

1992年财政部进行了重要改革，取消了按所有制的分类，缩减了行业类别。1992年11月，财政部借鉴西方发达国家会计制度（主要是德国及日本），制定并发布了《企业会计准则》，财政部以此为基础，1993年开始陆续与各个行业主管部门联合制定并发布了包括工业企业、商品流通企业、交通运输企业、旅游饮食服务企业、施工企业、房地产开发企业、农业企业、对外经济合作企业、金融企业、保险企业、电影、新闻出版企业在内的13个行业的企业会计制度和企业财务制度。这些制度解决了改革前由40多个分行业按所有制成分区别的会计制度中有关会计指标不可比的大问题。新的行业会计制度规定的会计科目中，有5%以上属于共性科目。它在借鉴国际惯例的同时，也充分体现了各行业的特点和政策要求。

同时为配合我国股份制改造，财政部在1992年发布了《股份制试点企业会计制度》，该制度借鉴了国际惯例（主要是引进美国及国际会计准则的理念），试图打破不同行业和所有制企业的界限。1998年，财政部制定并颁布了《财政部关于印发〈股份有限公司会计制度——会计科日和会计报表〉的通知》（财会字〔1998〕7号，2001年1月1日起废止）以取代原来的《股份制试点企业会计制度》，并且在1992年版《企业会计准则》基础上陆续制定并发布了17个具体准则，要求上市股份制公司单独执行，不再执行13个行业企业会计制度。

1.1.2 第二套企业会计制度

财政部总结了执行13个行业企业会计制度中的经验，结合我国历史传统会计制度，统一各个行业企业会计制度，在2000年完成了《企业会计制度》的制定工作。《企业会计制度》贯彻执行了修改后的《中华人民共和国会计法》，规范了企业的会计核算工作，提高了会计信息质量。2001年1月1日我国企业开始施行财政部2000年12月29日发布的《企业会计制度》（财会〔2000〕25号），2002年1月1日开始施行《金融企业会计制度》（财政部令2011年第62号规定，自2011年2月21日起失效）、2005年1月1日开始施行《小企业会计制度》（财会〔2011〕17号规定，自2013年1月1日起废止）。

这个阶段是我国企业会计制度发展的黄金时期，不仅仅统一了全国会计人员的会计核算理念，还使我国会计人员执业水平有了长足发展和普遍提高，为我国会计界在国际上取得了应有的地位和良好的声誉。

1.1.3 第三套企业会计制度

为了使我国企业尽快融入国际贸易体系中，财政部开始制定与国际会计准则趋同的纲要及路线图。以国际会计准则为范本，结合我国企业发展的特点，财政部于2006年2月15日发布了《企业会计准则》。自2007年1月1日起开始施行《企业会计准则——基本准则》和38项具体准则以及应用指南。2006年版《企业会计准则》摆脱了2000年版《企业会计制度》作为一个具体操作制度的局限性，上升为会计准则层次，从企业会计理念和原则的高度来规范企业会计核算行为，而具体操作则充分发挥企业会计人员的职业判断能力。根据财政部关于印发《企业会计准则第1号——存货》等38项具体准则的通知（财会〔2006〕3号），2006年版《企业会计准则》自2007年1月1日起先在上市公司范围内施行，鼓励其他企业执行。也就是说，上市公司必须执行2006年版《企业会计准则》，其他企业按发展程度逐步选择执行。根据《中华人民共和国会计法》及其他有关法律和法规制定的《小企业会计准则》（财会〔2011〕17号），自2013年1月1日起在小企业范围内施行，鼓励小企业提前执行。

按照趋同路线图的要求，2006年版《企业会计准则》经过循序渐进的2008年、2010年、2014年及2017年四次修订和补充，相关具体准则印发到第42号，也完成了基本准则和6个具体准则的修订工作。

这个阶段是我国企业会计制度发展的全盛时期，不仅仅改造了我国的整个企业会计制度体系，也为我国会计界在国际上取得主导发言权奠定了基础。

42项具体会计准则见表1–1。

1）2017年修订的6个会计准则

（1）《企业会计准则第22号——金融工具确认和计量》（2017年修订）

2017年4月6日，财政部正式发布了《关于印发修订〈企业会计准则第22号——金融工具确认和计量〉的通知》（财会〔2017〕7号）。在境内外同时上市的企业以及在境外上市并采用国际财务报告准则或企业会计准则编制财务报告的企业，自2018年1月1日起施

表1-1 **42项具体会计准则**

序号	名称	序号	名称	序号	名称
1	存货	15	建造合同	29	资产负债表日后事项
2	长期股权投资	16	政府补助	30	财务报表列报
3	投资性房地产	17	借款费用	31	现金流量表
4	固定资产	18	所得税	32	中期财务报告
5	生物资产	19	外币折算	33	合并财务报表
6	无形资产	20	企业合并	34	每股收益
7	非货币性资产交换	21	租赁	35	分部报告
8	资产减值	22	金融工具确认和计量	36	关联方披露
9	职工薪酬	23	金融资产转移	37	金融工具列报
10	企业年金基金	24	套期会计	38	首次执行企业会计准则
11	股份支付	25	原保险合同	39	公允价值计量
12	债务重组	26	再保险合同	40	合营安排
13	或有事项	27	石油天然气开采	41	在其他主体中权益的披露
14	收入	28	会计政策、会计估计变更和差错更正	42	持有待售的非流动资产、处置组和终止经营

行；其他境内上市企业自2019年1月1日起施行；执行企业会计准则的非上市企业自2021年1月1日起施行。同时，鼓励企业提前执行。执行本准则的企业，不再执行财政部于2006年2月印发的《企业会计准则第22号——金融工具确认和计量》。

新的金融工具准则与国际会计准则理事会2014年发布的《国际财务报告准则第9号——金融工具》（IFRS 9）趋同。修订的金融工具确认和计量准则对金融工具确认和计量做了较大改进，旨在减少金融资产分类，简化嵌入衍生工具的会计处理，强化金融工具减值会计要求。新准则将金融资产分为以摊余成本计量的金融资产、以公允价值计量且其变动计入其他综合收益的金融资产和以公允价值计量且其变动计入当期损益的金融资产等三类，取消了贷款和应收款项、持有至到期投资和可供出售金融资产等三个原有分类。对于混合合同，主合同为金融资产的，应将混合合同作为一个整体进行会计处理，不再分拆。就减值而言，不再采用“已发生损失法”，而是根据“预期信用损失法”，考虑包括前瞻性信息在内的各种可获得信息。对于购入或源生的未发生信用减值的金融资产，企业应当判断金融工具的违约风险自初始确认以来是否显著增加，如果已显著增加，企业应采用概率加权方法，计算确定该金融工具在整个存续期的预期信用损失，以此确认和计提减值损失准备。如果未显著增加，企业应当按照相当于该金融工具未来12个月内预期信用损失的金额确认和计提损失准备。

（2）《企业会计准则第23号——金融资产转移》（2017年修订）

2017年4月6日，财政部正式发布了《关于印发修订〈企业会计准则第23号——金融资产转移〉的通知》（财会〔2017〕8号）。在境内外同时上市的企业以及在境外上市并采用国际财务报告准则或企业会计准则编制财务报告的企业，自2018年1月1日起施行；其他境内上市企业自2019年1月1日起施行；执行企业会计准则的非上市企业自2021年1月1日起施行。同时，鼓励企业提前执行。执行本准则的企业，不再执行财政部于2006年2月印发的《企业会计准则第23号——金融资产转移》。

新的金融工具准则与国际会计准则理事会2014年发布的《国际财务报告准则第9号——金融工具》（IFRS 9）趋同。修订的金融资产转移准则在维持金融资产转移及其终止确认判断原则不变的前提下，对相关判断标准、过程及会计处理进行了梳理，突出金融资产终止确认的判断流程，对相关实务问题提供了更加详细的指引，增加了继续涉入情况下相关负债计量的相关规定，并对此情况下企业判断是否继续控制被转移资产提供更多指引，对不满足终止确认条件情况下转入方的会计处理和可能产生的对同一权利或义务的重复确认等问题进行了明确。另外，根据《企业会计准则第22号——金融工具确认和计量》的变化进行相应的调整。对于分类为以公允价值计量且其变动计入其他综合收益的金融资产中的债务工具，在确定资产转移损益时，其计入其他综合收益的累计金额应予转回；对于继续涉入情况下金融资产发生重分类时，相关负债的计量需要进行追溯调整。

（3）《企业会计准则第24号——套期会计》（2017年修订）

2017年4月6日，财政部正式发布了《关于印发修订〈企业会计准则第24号——套期会计〉的通知》（财会〔2017〕9号）。在境内外同时上市的企业以及在境外上市并采用国际财务报告准则或企业会计准则编制财务报告的企业，自2018年1月1日起施行；其他境内上市企业自2019年1月1日起施行；执行企业会计准则的非上市企业自2021年1月1日起施行。同时，鼓励企业提前执行。执行本准则的企业，不再执行财政部于2006年2月印发的《企业会计准则第24号——套期保值》及2015年11月印发的《商品期货套期业务会计处理暂行规定》（财会〔2015〕18号）。

新的金融工具准则与国际会计准则理事会2014年发布的《国际财务报告准则第9号——金融工具》（IFRS 9）趋同。修订的套期会计准则将准则名称由“套期保值”改为“套期会计”，核心理念是将套期会计和风险管理紧密结合，使企业的风险管理活动能够恰当地体现在财务报告中。

套期会计准则修订的主要内容包括：

①拓宽套期工具和被套期项目的范围，增加了允许将以公允价值计量且其变动计入当期损益的非衍生金融工具指定为套期工具，拓宽了可以被指定的被套期项目的范围，增加了以下符合条件的被套期项目：一是允许将非金融项目的组成部分指定为被套期项目；二是允许将一组项目的风险总敞口和风险净敞口指定为被套期项目，并且对风险净敞口套期的列报作出了单独的要求；三是允许将包括衍生工具在内的汇总风险敞口指定为被套期项目。

②改进套期有效性评估，取消了2006年版准则中80%～125%的套期高度有效性量化指标及回顾性评估要求，代之以定性的套期有效性要求，更加注重预期有效性评估。定性

的套期有效性要求的重点是，套期工具和被套期项目之间应当具有经济关系，使得套期工具和被套期项目的价值因面临相同的被套期风险而发生方向相反的变动，并且套期关系的套期比率不应当反映被套期项目和套期工具相对权重的失衡，否则会产生套期无效以及与套期会计目标不一致的会计结果。

③引入套期关系“再平衡”机制。2006年版准则要求，如果套期关系不再符合套期有效性要求，企业应当终止套期会计。新准则引入了灵活的套期关系“再平衡”机制，如果套期关系由于套期比率的原因而不再满足套期有效性要求，但指定该套期关系的风险管理目标没有改变的，企业可以进行套期关系再平衡，通过调整套期关系的套期比率，使其重新满足套期有效性要求，从而延续套期关系，而不必如2006年版准则所要求先终止再重新指定套期关系。

④增加期权时间价值的会计处理方法。2006年版准则规定，当企业仅指定期权的内在价值为被套期项目时，剩余的未指定部分即期权的时间价值部分作为衍生工具的一部分，应当以公允价值计量且其变动计入当期损益，造成了损益的潜在波动，不利于反映企业风险管理的成果。新准则引入了新的会计处理方法，期权时间价值的公允价值变动应当首先计入其他综合收益，后续的会计处理取决于被套期项目的性质，被套期项目与交易相关的，对其进行套期的期权时间价值具备交易成本的特征，累计计入其他综合收益的金额应当采用与现金流量套期储备金额相同的会计处理方法进行处理；被套期项目与时间段相关的，对其进行套期的期权时间价值具备为保护企业在特定时间段内规避风险所需支付成本的特征，累计计入其他综合收益的金额应当按照系统、合理的方法，在套期关系影响损益（或其他综合收益）的期间内摊销，计入当期损益。

⑤增加信用风险敞口的公允价值选择权。新准则规定，符合一定条件时，企业可以在金融工具初始确认时、后续计量中或尚未确认（如贷款承诺）时，将金融工具的信用风险敞口指定为以公允价值计量且其变动计入当期损益的金融工具；当条件不再符合时，应当撤销指定。

(4)《企业会计准则第37号——金融工具列报》(2017年修订)

2017年5月15日，财政部正式发布了《关于印发修订〈企业会计准则第37号——金融工具列报〉的通知》(财会〔2017〕14号)。在境内外同时上市的企业以及在境外上市并采用国际财务报告准则或企业会计准则编制财务报告的企业，自2018年1月1日起施行；其他境内上市企业自2019年1月1日起施行；执行企业会计准则的非上市企业自2021年1月1日起施行。同时，鼓励企业提前执行。执行本准则的企业，不再执行财政部于2014年3月17日印发的《金融负债与权益工具的区分及相关会计处理规定》(财会〔2014〕13号)和2014年6月20日印发的《企业会计准则第37号——金融工具列报》(财会〔2014〕23号)。本准则不要求追溯调整，比较财务报表也无需调整。

新的金融工具准则与国际会计准则理事会2014年发布的《国际财务报告准则第9号——金融工具》(IFRS 9)趋同。新修订的金融工具列报准则主要是响应《企业会计准则第22号——金融工具确认和计量》、《企业会计准则第23号——金融资产转移》和《企业会计准则第24号——套期会计》的修订。主要修订包括：

①根据金融资产新的三分类，对企业财务报表相关列示项目和附注披露内容作出了相

应修改，保持与金融工具确认和计量准则的一致性。

②结合新的“预期信用损失法”，详细规定了企业信用风险、预期信用损失的计量和减值损失准备等金融工具减值相关信息的列报要求。

③结合套期会计的修订，根据套期业务特点、套期会计披露目标和有关金融风险类型，以不同套期类型对套期会计相关风险披露策略、套期工具、被套期项目、套期关系等要求进行了重新梳理，全面修订了套期会计相关披露要求。

(5)《企业会计准则第16号——政府补助》(2017年修订)

2017年5月25日，财政部正式发布了《关于印发修订〈企业会计准则第16号——政府补助〉的通知》(财会〔2017〕15号)，自2017年6月12日起施行，并要求对2017年1月1日存在的政府补助采用未来适用法处理，对2017年1月1日至本准则施行日之间新增的政府补助根据本准则进行调整。财政部此前发布的有关政府补助会计处理规定与本准则不一致的，以本准则为准。

政府补助准则修订的主要内容包括：增加政府补助的两大特征，明确政府补助准则的适用范围；与IFRS趋同，允许政府补助采用净额法；明确政府补助相关科目的使用，新增“其他收益”报表项目；对财政贴息的会计处理做了更加详细的规定；修改完善了与资产相关政府补助的摊销方法。

(6)《企业会计准则第14号——收入》(2017年修订)

2017年7月19日，财政部正式发布了《关于修订印发〈企业会计准则第14号——收入〉的通知》(财会〔2017〕22号)。在境内外同时上市的企业以及在境外上市并采用国际财务报告准则或企业会计准则编制财务报表的企业，自2018年1月1日起施行；其他境内上市企业，自2020年1月1日起施行；执行企业会计准则的非上市企业，自2021年1月1日起施行。

收入准则修订的主要内容包括：

①将现行收入和建造合同两项准则纳入统一的收入确认模型。2006年版收入准则和建造合同准则在某些情形下边界不够清晰，可能导致类似的交易采用不同的收入确认方法，从而对企业财务状况和经营成果产生重大影响。修订后的收入准则采用统一的收入确认模型来规范所有与客户之间的合同产生的收入，并且就“在一段时间内”还是“在某一时点”确认收入提供具体指引。

②以控制权转移替代风险报酬转移作为收入确认时点的判断标准。2006年版收入准则要求区分销售商品收入和提供劳务收入，并且强调在将商品所有权上的主要风险和报酬转移给购买方时确认销售商品收入，实务中有时难以判断。修订后的收入准则打破商品和劳务的界限，要求企业在履行合同中的履约义务即客户取得相关商品（或服务）控制权时确认收入，从而能够更加科学合理地反映企业的收入确认过程。

③对于包含多重交易安排的合同的会计处理提供更明确的指引。2006年版收入准则对于包含多重交易安排的合同仅提供了非常有限的指引，具体体现在收入准则第十五条以及企业会计准则讲解中有关奖励积分的会计处理规定。这些规定远远不能满足实务需要。修订后的收入准则对包含多重交易安排的合同的会计处理提供了更明确的指引，要求企业在合同开始日对合同进行评估，识别合同所包含的各项履约义务，按照各项履约义务所承

诺商品（或服务）的相对单独售价将交易价格分摊至各项履约义务，进而在履行各履约义务时确认相应的收入。

④对于某些特定交易（或事项）的收入确认和计量给出了明确规定。例如，区分总额和净额确认收入、附有质量保证条款的销售、附有客户额外购买选择权的销售、向客户授予知识产权许可、售后回购、无需退还的初始费等。

2）2017年新增的一项会计准则：《企业会计准则第42号——持有待售的非流动资产、处置组和终止经营》

2017年5月16日，财政部正式发布了《关于印发〈企业会计准则第42号——持有待售的非流动资产、处置组和终止经营〉的通知》（财会〔2017〕13号）。自2017年5月28日起在所有执行企业会计准则的企业范围内执行。此前发布的有关持有待售的非流动资产、处置组和终止经营的会计处理规定与本准则不一致的，以本准则为准。对于本准则施行日存在的持有待售的非流动资产、处置组和终止经营，应当采用未来适用法处理。

此前的企业会计准则中，有关持有待售的非流动资产、处置组和终止经营的会计处理要求分散在《企业会计准则第2号——长期股权投资》《企业会计准则第4号——固定资产》《企业会计准则第30号——财务报表列报》及相关应用指南、解释和讲解中，缺少对持有待售类别的后续计量、持有待售资产减值准备计提等问题的统一的细化规定或指引。

第42号准则规范了持有待售的非流动资产和处置组的分类、计量和列报，以及终止经营的列报。非流动资产或处置组划分为持有待售类别，应当同时满足两个条件：一是在当前状况下，仅根据出售此类资产或处置组的惯常条款，即可立即出售；二是出售极可能（highly probable）发生，即企业已经就一项出售计划作出决议且获得确定的购买承诺（具有法律约束力的购买协议），预计出售将在一年内完成。

对于取得日划分为持有待售类别的非流动资产或处置组的计量、持有待售类别的初始计量和后续计量等进行了细化规范。只允许将划分为持有待售类别后确认的持有待售资产减值损失转回，不允许将划分为持有待售类别前确认的长期资产减值损失转回。

要求在利润表中分别列示持续经营损益和终止经营损益，在附注中进一步披露有关终止经营损益和现金流量的详尽信息。

1.2 会计核算前提和会计信息质量要求

1.2.1 会计核算前提

会计的核算前提，也称为财务会计的基本假设或会计假设，它是指组织财务会计工作必须具备的前提条件，离开了这些条件，就不能有效地开展会计工作。财务会计的基本前提也是财务会计的理论基础，离开这些前提条件，就不能构建财务会计的理论体系。财务会计的基本前提是从会计实践中抽象出来的，其最终目的是保证会计信息的有用性。

根据《企业会计准则——基本准则》的规定，会计核算前提可以概括为会计主体、持续经营、会计期间、货币计量。

1）会计主体

会计主体是指会计所核算和监督的特定单位或组织，是会计确认、计量和报告的空间范围。要开展会计工作，首先应明确会计主体，也就是要明确会计人员的立足点（立场），解决为谁记账、算账、报账的问题。会计人员只为特定的会计主体进行会计工作。每一会计主体不仅与其他会计主体相区别，而且独立于其本身的所有者之外。也就是说，会计反映的是一个特定会计主体的经济业务，而不是其他会计主体的经济业务，也不是企业所有者的财务活动。明确会计主体就是要求会计人员明白，他们所从事的会计工作是一个特定的会计工作，而不是其他会计主体或企业所有者的会计工作，他们必须站在这个特定会计工作主体的立场上来开展会计工作。

从理论上说，会计主体的规模并无统一的标准，可大可小。它可以是一个独立核算的经济实体，一个独立的法律主体；也可以是不进行独立核算的内部单位、班组，一个非法律主体。但是，从财务会计的角度来看，会计主体应是一个独立核算的经济实体，特别是需要单独反映经营成果与财务状况、编制独立的财务会计报告的实体。

2）持续经营

持续经营是指作为会计主体的企业，其经营活动将按照既定的目标持续下去，在可以预见的将来，不会面临破产，进行清算。这是绝大多数企业所处的正常状况，这样的会计主体，其所有的资产将按照预定的目标在正常的经营过程中被耗用或出售，它所承担的债务也将如期偿还。

财务会计的一系列方法都是以会计主体持续经营为前提的。例如，只有在持续经营的情况下，企业的资产才能按历史成本计价，固定资产才可以按其使用年限计提折旧。

如果企业不具备持续经营的前提条件，而是已经或即将停止营业、进行清算，则需要处理其全部财产，清理其全部债务。在这种情况下，会计处理要采用所谓的清算基础。

3）会计期间

对于持续经营的企业来说，既然在可以预见的将来，它不会面临停业清算，企业就不能等到结束其经营活动时才进行结算和编制财务会计报告。为了定期反映企业的经营成果和财务状况，向有关各方提供信息，需要划分会计期间，即人为地把持续不断的企业生产经营活动，划分为较短的经营期间。会计期间通常为一年，称为会计年度。世界各国企业的会计年度起讫日期并不统一，例如，有的国家以本年的7月1日至下年的6月30日为一个会计年度，有的国家以本年的4月1日至下年的3月31日为一个会计年度。我国以本年1月1日至本年的12月31日为一个会计年度。

从理论上讲，将会计年度的起讫点定在企业经营活动的淡季（如果有的话）比较适宜，因为在企业经营活动的淡季，各项会计要素的变化较小，便于对会计要素进行计量，特别是便于计算确定本会计年度的盈亏，而且由于淡季的经济业务较少，会计人员有较为充裕的时间办理年度结算业务，便于及时编制财务会计报告。西方国家许多企业的会计年度结算日就是处于营业活动的淡季。然而，将会计年度的起讫日定在营业活动的淡季也有其局限性，这主要表现在淡季资产负债表所反映的年末财务状况往往缺乏代表性，例如，年末所反映的短期偿债能力有可能比年中其他时间的结果要好。

在我国，会计期间分为年度和中期，中期是指短于一个完整的会计年度的报告期间，分为半年度、季度和月度。

4）货币计量

会计提供信息要以货币为主要计量尺度。企业的经济活动是多种多样、错综复杂的。为了实现会计目的，企业会计必须综合地反映企业的各种经济活动，这就要求有一个统一的计量尺度。

以货币作为主要计量尺度，为会计计量提供了方便，但同时也带来了问题。货币作为一种特殊的商品，其价值不是固定不变的。为了简化会计计量，也便于会计信息的利用，在币值变动不大的情况下，一般不考虑币值的变动。然而，由于世界性的通货膨胀给经济发展带来很大的影响，对于财务会计报告如何反映通货膨胀的影响这种客观要求有逐渐增长的趋势，并因此产生了通货膨胀会计。

实际进行会计确认、计量和报告时，除了应明确以货币作为主要计量尺度之外，还需要具体确定记账本位币，即按何种统一的货币来反映企业的财务状况与经营成果。在企业的经济业务涉及多种货币的情况下，需要确定某一种货币为记账本位币；涉及非记账本位币的业务，需要采用某种汇率折算为记账本位币登记入账。

1.2.2　会计信息质量要求

为了实现财务会计报告的目标，保证会计信息的质量，必须明确会计信息的质量要求。会计信息的质量要求是财务会计报告所提供信息应达到的基本标准和要求，其主要包括可靠性、相关性、可理解性、可比性、实质重于形式、重要性、谨慎性和及时性。

1）可靠性

可靠性是指企业的会计记录和财务会计报告必须真实、客观地反映企业的经济活动。企业的会计核算应当以实际发生的经济业务为依据进行确认、计量和报告，如实反映符合确认和计量要求的会计要素及其他相关信息，如实反映企业的财务状况和经营成果，保证会计信息真实可靠、内容完整。

2）相关性

相关性是指会计信息要同信息使用者的经济决策相关联，即人们可以利用会计信息作出有关的经济决策。对于会计信息的相关性要求，是随着企业内外环境的变化而变化的。在高度集中的计划经济体制下，企业的会计工作和会计信息主要是为满足国家对企业进行直接管理服务的。随着社会主义市场经济的建立和不断完善，国家对企业的管理逐步由直接管理转向间接管理，主要是利用经济杠杆进行宏观调控。与此相适应，国家对企业会计信息的需要也发生了变化。此外，随着企业筹资渠道的多元化，企业之间的经济联系也迅速增强，会计信息的外部使用者已不再局限于国家，而扩大到其他投资者、各种债权人等与企业有经济利害关系的群体。同时，随着企业自主权的扩大，会计信息在企业内部经营管理中发挥着更大的作用。因此，在目前情况下，强调会计信息的相关性，就是要求企业会计信息要满足投资者、债权人等利益相关者进行经济决策的需要。

3）可理解性

可理解性是指会计记录必须清晰、简明，便于理解和使用。

提供会计信息的目的在于帮助有关方面进行经济决策。运用会计信息就必须理解会计信息的内涵。这就要求会计信息能够简单明了地反映企业的财务状况与经营成果，容易为使用者所理解。要在保证会计信息的客观性与相关性的前提下，力求使会计信息简明易懂。当然，要真正发挥会计信息的作用，还需要使用者具备一定的会计专业知识。

4）可比性

可比性是指企业提供的会计信息应当相互可比。具体来说，可比性包括两个方面：一是同一企业不同时期发生的相同或相似的交易或事项，应当采用一致的会计政策，不得随意变更。确需变更的，应当在附注中说明。二是不同企业发生的相同或相似的交易或事项，应当采用规定的会计政策，确保会计信息口径一致，相互可比。

企业会计信息的使用者不但通过阅读某一会计期间的财务报告掌握企业在一定期间的经营成果与财务状况，而且能够比较企业不同时期的财务报告，以明确企业财务状况和经营成果的变化趋势。因此，企业提供的财务报告应当具有可比性，即对同一企业在不同地点和不同时间发生的相同类型的经济业务，应该采用一致的会计处理程序与方法。

在会计核算中，相同的业务往往存在着多种会计处理方法，例如，存货计价方法、固定资产折旧的计算方法等，企业可以在国家会计制度允许的范围内选择运用。但是，为了保证财务报告前后期有关数据的可比性，便于信息使用者作出正确的经济决策，要求企业的各种会计处理方法和财务报告的指标口径、核算内容、编制规则在前后各期保持一致。此外，强化可比性的要求，还可以防止某些企业或个人通过会计处理方法的变动，人为地操纵企业的资产、负债、收入、费用、利润等会计指标，粉饰企业的财务状况和经营成果。

强调可比性并不要求企业采用的会计政策绝对不变。如果原来采用的会计处理程序和方法已不符合客观性与相关性的要求，企业就不宜继续采用。如果存在更为相关和可靠的会计处理程序与方法，企业就不宜保持其会计方法不变。因此，按照可比性要求，企业不但要揭示其编制财务报告所采用的会计处理程序与方法，而且在企业确有必要改变原有的会计处理程序与方法时，应当将变更的内容和理由、变更的累积影响数，以及累积影响数不能合理确定的理由等，在会计报表附注中予以说明。

5）实质重于形式

实质重于形式是指企业应当按照交易或事项的经济实质进行会计确认、计量和报告，而不应仅以交易或事项的法律形式为依据。这是因为，有时候交易或事项的法律形式并不能真实反映其实质内容，因此，为了真实反映企业的财务状况和经营成果，就不能仅仅根据交易或事项的外在表现形式来进行会计确认、计量和报告，而应反映其经济实质。例如，企业以融资方式租入的固定资产，从法律形式来看，其所有权尚不属于承租企业，但从经济实质来看，该资产受承租企业实际控制，因此应当将其作为承租企业的资产进行核算，否则就不能真实反映该项业务对企业的影响。

6）重要性

重要性是指企业提供的会计信息应当反映与企业财务状况、经营成果和现金流量等有关的所有重要交易或事项。企业在保证尽可能全面完整地反映企业的财务状况与经营成果的前提下，要根据一项交易或事项是否对会计信息使用者的决策产生重大影响来决定对其反映的精确程度，以及是否需要在会计报表上予以单独反映。凡是对会计信息使用者的决策有较大影响的交易或事项，应作为会计确认、计量和报告的重点；对不重要的经济业务则可以采用简化的处理程序和方法，也不必在会计报表上详细列示。强调会计信息的重要性质量要求，在很大程度上是出于对会计信息的效用与加工会计信息的成本这两方面的考虑。如果把企业纷繁复杂的经济活动事无巨细地详细记录与报告，不但会提高会计信息的加工成本，而且会使会计信息使用者无法有所侧重或有针对性地选择所需的会计信息，反而不利于其作出正确的决策。

7）谨慎性

谨慎性也称为稳健性，是指企业对交易或事项进行会计确认、计量和报告应当保持应有的谨慎、不应高估资产或者收益、低估负债或者费用。在对某一会计事项有多种不同的处理方法可供选择时，应尽可能选择一种不导致高估资产或收入的做法，以免损害企业的财务实力，防止信息使用者对企业的财务状况与经营成果持盲目乐观的态度。例如，对期末应收账款预计坏账发生、计提坏账准备，对期末存货估价采用成本与可变现净值孰低法等做法，都体现了谨慎性的要求。

8）及时性

和任何其他信息一样，会计信息具有时效性，其价值会随着时间的流逝而逐渐降低。这就要求企业的会计确认、计量和报告必须满足及时性的要求。具体来说，及时性包括及时记录与及时报告两个方面：及时记录就是要求对企业的经济业务及时地进行会计处理，本期的经济业务应当在本期内进行处理，不能延至下一个会计期间或提前至上一个会计期间；及时报告是指要把会计资料及时地传送出去，将财务报告及时报出，也就是说，财务报告应该在会计期间结束后规定的日期内呈报给有关单位或个人。及时记录与及时报告是紧密联系的两个方面。及时记录是及时报告的前提，只有将会计资料及时地记录下来，才有可能及时地报告；及时报告是会计信息时效性的重要保证，如果不能及时报告，那么即使会计记录很及时也会使会计信息失去时效性。因此，企业会计应将及时记录与及时报告二者很好地统一起来。

1.3　会计要素

为了实现财务报告的目标，在明确了财务会计的基本前提之后，还需要对企业发生的能够以货币计量的经济活动内容进行适当的分类。对会计所要反映的经济活动内容的基本分类项目，称为财务会计的基本要素，简称会计要素。

由于企业对外提供的财务报表主要有资产负债表、利润表、现金流量表和所有者权益变动表，故财务报表的基本要素可以相应分为资产负债表要素、利润表要素、现金流量表要素和所有者权益变动表要素。由于种种原因，国际会计准则与各国会计准则所规定的报表要素，在数量、名称及定义等方面均有所不同。例如，国际会计准则规定，资产负债表要素为资产、负债及权益，收益表要素为收益与费用。我国《企业会计准则——基本准则》规定，资产负债表要素为资产、负债与所有者权益，利润表要素为收入、费用与利润。有人认为，现金流量表的要素为现金流入与现金流出。但由于现金流量表主要是根据资产负债表与利润表的数据分析填列的，因此，也可认为现金流量表要素是资产负债表要素与利润表要素的派生或转化形态。我国《企业会计准则——基本准则》没有对现金流量表要素和所有者权益变动表要素作出规定，而是针对资产负债表与利润表规定了资产、负债、所有者权益、收入、费用、利润六项要素。

1.3.1 资产

1）资产的确认

资产是企业过去的交易或事项形成的、由企业拥有或控制的、预期会给企业带来经济利益的资源。对于资产的这一定义，需要着重强调以下几个方面：

（1）资产的内涵是资源。企业的资产只限于资源，非资源不是企业的资产。一个企业的资源，就其存在形式来看，既有有形的（如机器设备、存货等），也有无形的（如专利权、商标等）；既可以是货币形式的（如现金、银行存款等），也可以是实物形式的（如房屋建筑物、机器设备等）。强调资产的内涵是资源，并不意味着所有的资源都是企业的资产。

（2）作为资产的资源应该为特定企业现在所拥有或者控制。一项资源是否属于企业的资产，通常要看其所有权是否属于该企业。但企业是否拥有一项资源的所有权，不是确认资产的绝对标准。有些资源虽然其所有权不属于特定企业，但为该企业所实际控制，也是该企业的资产。所谓“实际控制”一项资源，从形式上看，意味着企业对该项资源具有实际经营管理权，能够自主地运用它从事经营活动，谋求经济利益；从实质上看，它意味着企业享有与该项资源的所有权有关的经济利益，并承担与之相应的风险。例如，企业以融资租赁方式租入的固定资产，尽管所有权不属于承租企业，但是由于受承租企业实际控制，因此在会计实务中都将其列作承租企业的资产。总之，一个企业现在不具有所有权或不能实际控制的资源，都不是该企业的资产。

（3）作为资产的资源，必须具有能为特定企业带来未来经济利益的服务潜力，即具有有用性的特点。企业现在所拥有或者控制的资源，必须能为企业带来未来经济利益，才属于企业的资产。如果一项资源虽然为企业所拥有或实际控制，但不能为企业带来未来经济利益，就不能作为企业的资产予以确认。过去属于企业资产的一项资源，如果由于种种原因不能再为企业带来未来经济利益，就不应再将其列作企业的资产，如报废的机器设备。而原来不能为企业提供经济利益，因而不属于企业资产的某些东西，如果随着技术的进步，转化为对企业有用之物，也就将其列作企业现在的资产。例如，现在能够有效利用的“三废”（废水、废渣、废气）。

（4）作为资产必须能够用货币进行可靠的计量。在会计核算中常常要进行估算，但对于一个项目如果无法作出合理的估计，就不应将其列作企业的资产。例如，某一诉讼案件将会带来的赔款收入，如果不能可靠地计量赔款的金额，就不能将其确认为资产。

2）资产的分类

任何企业要进行正常的经营活动，都必须拥有一定数量和结构的资产。为了正确反映企业的财务状况，通常将企业的全部资产划分为流动资产与非流动资产两大类。流动资产是指那些可以合理地预期将在1年内转换为现金或被销售、耗用的资产，主要包括货币资金、应收票据、应收账款、存货等。除流动资产以外的所有其他资产统称为非流动资产，包括债权投资、长期股权投资、固定资产和无形资产等。

1.3.2 负债

负债是企业权益的重要组成部分。要全面反映企业的财务状况，就必须在正确核算企业资产的同时，重视企业负债的核算。

1）负债的确认

负债是企业过去的交易或事项形成的，预期会导致经济利益流出企业的现时义务。基于负债的这一定义，需要强调负债的以下几个基本特征：

（1）负债是现时存在的、由过去的经济业务所产生的经济责任。未来经济业务可能产生的经济负担，不是会计上的负债。例如，企业管理部门决定今后购买资产，这项决定实施属于未来的经济业务，其本身并不产生现存的义务，因此不属于企业现在的负债。

（2）负债是能够用货币确切计量或合理估计的经济责任。负债通常有一个可确定的到期偿付金额，或者虽无确切金额，但有一个合理的估计数。反之，若金额无法确定或估计，就不是会计上的负债。

（3）负债有确切的收款人和偿付日期，或者收款人和偿付日期可以合理地估计确定。反之，如果无法确定或合理估计收款人和偿付日期，就不是会计上的负债。

作为企业现存义务的负债，其了结方式可以有多种：①支付库存现金和银行存款；②转让除库存现金和银行存款以外的其他资产；③提供劳务；④以其他业务替换该业务，即以新的负债替换原有的负债，如用应付票据替换应付账款；⑤将该业务转换为所有者权益，如将公司的应付债券转换为本公司的股票。此外，企业的负债也可能由于债权人放弃债权等原因而了结。

2）负债的分类

负债按其偿还期的长短可分为流动负债与非流动负债。流动负债是指偿还期在1年或长于1年的一个营业周期以内的债务，主要包括短期借款、应付票据、应付账款、应付职工薪酬、应交税费、应付利润、其他应付款等。非流动负债是指偿还期在1年或长于1年的一个营业周期以上的债务，主要包括长期借款、应付债券和长期应付款等。

1.3.3 所有者权益

所有者权益是指企业资产扣除负债后由所有者享有的剩余权益。公司的所有者权益又称为股东利益。所有者权益包括所有者投入的资本、直接计入所有者权益的利得和损失、留存收益等。

直接计入所有者权益的利得和损失，是指不应计入当期损益、会导致所有者权益发生增减变动的、与所有者投入资本或者向所有者分配利润无关的利得或损失。利得是由企业非日常活动所形成的、会导致所有者权益增加的、与所有者投入资本无关的经济利益的流入。损失是由企业非日常活动形成的、会导致所有者权益减少的、与所有者分配利润无关的经济利益的流出。

我国现行的会计准则规定，所有者权益分为五个部分：一是实收资本或股本；二是资本公积，包括资本溢价或股本溢价和其他资本公积；三是其他综合收益；四是盈余公积，指按国家规定从税后利润中提取的法定盈余公积和任意盈余公积；五是未分配利润。盈余公积和未分配利润可以合称为留存收益。这四个部分应在资产负债表中分项列示。概括言之，所有者权益包括本钱（资本）和利钱（盈余）两大部分，会计上应将两者严格区分，并要明确提供投资者是谁、投入资本是多少的信息，以明确产权关系。

1.3.4 收入

收入以获取利润为其主要目的，利润常常用作评价企业经营业绩的指标，它还是计算投资报酬率等许多其他指标的基础。企业要获取利润，就必须取得收入。

1）收入的定义与范围

收入有广义与狭义之分。我国《企业会计准则——基本准则》采用的是狭义的收入概念。

广义的收入是指会计期间内经济利益的增加。企业获取收入的表现形式是：由于资产流入企业、资产增值或负债减少而引起所有者权益增加。但是，并非所有资产增加或负债减少而引起的所有者权益增加都是企业的收入。例如，企业所有者对企业进行投资，虽然会导致资产的增加或者负债减少，并使所有者权益增加，但并不属于企业获取收入的经济业务。

狭义的收入是指企业在日常活动中形成的、会导致所有者权益增加的、与所有者投入资本无关的经济利益的总流入。它主要包括：营业收入、投资收益等。营业收入是指企业由于销售商品、提供劳务及让渡资产使用权等日常活动所形成的经济利益的总流入。它有各种各样的名称：销售收入、服务费收入、使用费收入和租金收入等。投资收益是指企业对外投资所获取的投资报酬，如债券投资的利息收入、股票投资的股利收入等。

2）收入的确认

收入确认的一般标准是：经济利益很可能流入从而导致资产的增加或负债的减少，并且经济利益的流入额能够可靠地用货币加以计量。这就意味着在确认收入的同时，要确认资产的增加或负债的减少。例如，企业销售商品，确认销售收入增加，同时要确认库存现金、银行存款或应收账款等资产的增加；如果现在销售的商品，原来已经预收货款，则在确认销售收入增加的同时，还要确认预收账款这项负债的减少。

1.3.5 费用

1）费用的定义与范围

费用有广义与狭义之分。我国《企业会计准则——基本准则》采用的是狭义的费用概念。

广义的费用是指会计期间内经济利益的减少。企业发生费用的表现形式是：由于资产减少或负债增加而引起所有者权益减少。但是，并非所有资产减少、负债增加而引起的所有者权益减少都意味着企业发生了一项费用。例如，企业所有者抽回投资或向所有者分配利润，虽然会引起资产减少或负债增加，并使所有者权益减少，但不属于企业发生费用的经济业务。

狭义的费用是指企业在日常活动中发生的、会导致所有者权益减少的、与向所有者分配利润无关的经济利益的总流出。它主要包括：销售成本、税金及附加、销售费用、管理费用、财务费用、资产减值损失等。

2）费用的确认

费用只有在经济利益很可能流出从而导致企业资产减少或负债增加，且经济利益的流出额能够可靠地用货币加以计量时才能予以确认。这就意味着，在确认费用的同时，要确认资产的减少或负债的增加，如计提固定资产折旧或预提产品保修费用。

1.3.6 利润

利润是企业在一定会计期间的经营成果。企业以获取利润为基本目的，但对利润却有着不同的认识。从理论上说，利润是指企业经营活动所引起的净资产（所有者权益）的增加。所以，严格来说，要正确计算企业经营所获得的利润，需要等到企业停止经营时，清算其全部资产与负债，确定企业从开业到停业的全部经营期间内，由于经营活动所增加的净资产数额。然而，这种方法并不适用。由于企业的存续期间难以预计，无论是从企业的内部管理还是从企业外部需求来看，都不能等到企业停业时才计算盈亏，总之，在企业持续经营的前提下要适当划分会计期间，确定盈亏。

基于上述原因，会计上，将利润定义为广义收入与广义费用之间的差额。由于这一定义是已经完成的，以取得收入和发生费用的经济业务为基础的，因此比较实用，便于实际操作，能够提供定期报告所需要的详细数据，能够说明利润形成的原因，其计量的结果也比较客观。

如前所述，在日常会计核算中，要随时收集每一项经济业务的详细数据，按照资产、负债和所有者权益的变化来记录每一项经济业务的结果。如果证明某项经济业务已经实际完成，则与此项经济业务有关的资产、负债和所有者权益的变化就予以确认。

由于会计上将利润定义为广义收入与广义费用之间的差额（收入小于费用，则为亏损），必将企业在该会计期间内所获得的收入与所花费的费用加以抵销。可见，利润的确认与计量，也就转换为收入与费用的确认与计量。

1.4 会计计量属性

会计计量是根据一定的计量标准和计量方法，将符合确认条件的会计要素登记入账并列报于财务报表而确定其金额的过程。企业应当按照规定的会计计量属性进行计量，确定相关金额，计量属性是指所予计量的某一要素的特性，如桌子的长度、铁矿的重量、楼房的高度等。从会计角度看，计量属性反映的是会计要素金额的确定基础，主要包括历史成本、重置成本、可变现净值、现值和公允价值等。

1.4.1 历史成本

历史成本又称实际成本，是指取得或者制造某项财产物资时所实际支付的现金或者其他等价物。在历史成本计量下，资产按照其购置时支付的现金或现金等价物的金额，或者按照购置资产时所付出的对价的公允价值计量。负债按照其承担现时义务的合同金额，或者按照日常活动中为偿还负债预期需要支付的现金或者现金等价物的金额计量。

1.4.2 重置成本

重置成本又称现行成本，是指按照当前市场条件，重新取得同样一项资产所需要支付的现金或现金等价物金额。在重置成本计量下，资产按照现在购买相同或者相似资产所需支付的现金或者现金等价物的金额计量。负债按照现在偿付该项债务所需支付的现金或者现金等价物的金额计量。

1.4.3 可变现净值

可变现净值，是指在生产经营的过程中，以预计售价减去进一步加工成本和销售所必需的预计税金、费用后的净值。在可变现净值计量下，资产按照其正常对外销售时所能收到现金或者现金等价物的金额扣除该资产至完工时估计将要发生的成本、估计的销售费用以及相关的税金后的金额计量。

1.4.4 现值

现值，是指对未来现金流量以恰当的折现率进行折现后的价值，是考虑货币时间价值因素的一种计量属性。在现值计量下，资产按照预计从其持续使用和最终处置中所产生的未来净现金流入量的折现金额计量。负债按照预计期限内需要偿还的未来净现金流出量的折现金额计量。

1.4.5 公允价值

公允价值，是指在公平交易中，熟悉情况的双方自愿进行资产交换或者债务清偿的金额。在公允价值计量下，资产和负债按照在公平交易中熟悉情况的交易双方自愿进行资产交换或者债务清偿的金额计量。

在各种会计要素计量属性中，历史成本通常反映的是资产或者负债过去的价值，而重置成本、可变现净值、现值以及公允价值通常反映的是资产或者负债的现时成本或者现时价值，是与历史成本相对应的计量属性。当然这种关系也并不是绝对的。比如，资产或者负债的历史成本有时就是根据交易时有关资产或者负债的公允价值确定的，在非货币性资产交换中，如果交换具有商业实质，且换入、换出资产的公允价值能够可靠计量的，换入资产入账成本的确定应当以换出资产的公允价值为基础，除非有确凿证据表明换入资产的公允价值更加可靠；在非同一控制下的企业合并交易中，合并成本也是以购买方在购买日为取得对被购买方的控制权而付出的资产、发生或承担的负债等的公允价值确定的。

会计准则规定，企业在对会计要素进行计量时，一般应当采用历史成本计量，采用重置成本、可变现净值、现值、公允价值计量的，应当保证所确定的会计要素金额能够取得并可靠计量。

在选用公允价值计量属性时，企业会计准则充分借鉴并考虑了国际财务报告准则中公允价值应用的三个级次，即：第一，资产或负债等存在活跃市场的，活跃市场中的报价应当被用于确定其公允价值；第二，不存在活跃市场的，参考熟悉情况并自愿交易的各方最近进行的市场交易价格或参照实质上相同或相似的其他资产或负债等的市场价格确定其公允价值；第三，不存在活跃市场，且不满足上述两个条件的，应当采用估值技术等确定其公允价值。

我国引入公允价值是适度、谨慎和有条件的。原因是考虑到我国尚属新兴的市场经济国家，如果不加限制地引入公允价值，有可能出现公允价值计量不可靠，甚至借机人为操纵利润的现象。因此，在投资性房地产和生物资产等具体准则中规定，只有存在活跃市场、公允价值能够取得并可靠计量的情况下，才能采用公允价值计量。

章末练习题

一、单项选择题

1.下列项目中，不属于财务报告目标的是（　　）。

A.向财务报告使用者提供与企业财务状况有关的会计信息

B.向财务报告使用者提供与企业现金流量有关的会计信息

C.反映企业管理层受托责任履行情况

D.满足企业内部管理需要

2.下列关于会计基本假设的表述中不正确的是（　　）。

A.会计基本假设包括会计主体、持续经营、会计分期、货币计量和权责发生制

B.会计主体，是指企业会计确认、计量和报告的空间范围

C.会计分期规定了会计核算的时间范围

D.法律主体必然是一个会计主体

3.（　　）是确定会计核算工作空间范围的前提条件。

A.会计主体　　B.持续经营　　C.会计分期　　D.货币计量

4.确定会计核算工作时间范围的前提条件是（　　）。

A.会计主体　　B.持续经营　　C.会计分期　　D.货币计量

5.企业应当以实际发生的交易或事项为依据进行确认、计量，将符合会计要素定义及其确认条件的资产、负债、所有者权益、收入、费用和利润如实反映在财务报表中，体现的是会计的（　　）要求。

A.可靠性　　B.可比性　　C.重要性　　D.谨慎性

6.下列说法中，体现了可比性要求的是（　　）。

A.固定资产采用双倍余额递减法计提折旧

B.对融资租入的固定资产视同自有固定资产核算

C.期末对存货采用成本与可变现净值孰低计量

D.发出存货的计价方法一经确定，不得随意改变，如确需变更需在财务报表附注中说明

7.下列不符合实质重于形式原则的是（　　）。

A.甲公司对乙公司投资占乙公司股份的45%，甲公司能够控制乙公司的财务和经营决策，甲公司对乙公司长期股权投资采用成本法核算

B.甲公司将融资租入固定资产视为自有资产进行管理并计提折旧

C.以经营租赁方式租入的固定资产，承租人没有对该固定资产计提折旧

D.企业将一项应收账款出售，出售时约定如果购买方到期没有收回应收款项有权向出售方追索，企业在出售时没有终止确认应收账款

8.下列会计科目中，不属于负债类的是（　　）。

A.“应付账款”　　B.“长期借款”　　C.“预收账款”　　D.“预付账款”

二、多项选择题

1.下列关于会计分期这一基本假设的说法中，不正确的有（　　）。

A.企业持续、正常的生产经营活动的前提

B.为分期结算账目奠定了理论基础

C.界定了提供会计信息的空间范围

D.为会计核算提供了必要的手段

2.下列各项中，体现实质重于形式要求的有（　　）。

A.对融资性分期付款购入的固定资产按照各期付款额现值为基础确认入账成本

B.会计核算上将以融资租赁方式租入的固定资产视为企业的自有资产进行核算

C.企业对售后按照固定价格回购的业务在会计核算上一般不确认收入

D.附追索权的应收债权贴现时不终止确认用于贴现的应收债权

3.根据谨慎性原则的要求，对企业可能发生的损失和费用作出合理预计，通常的做法有（　　）。

A.对应收账款计提坏账准备

B.存货期末采用成本与可变现净值孰低计量

C.对固定资产计提减值准备

D.对长期股权投资计提减值准备

4.下列各项中，属于资产特征的有（　　）。

A.资产预期会给企业带来经济利益

B.资产预期产生的经济利益来自企业日常活动

C.资产应为企业拥有或者控制的资源

D.资产是由过去的交易或事项形成的

5.下列项目中，不属于最终能同时引起资产和所有者权益减少的项目有（　　）。

A.计提发行债券产生的利息费用　　B.计提管理用无形资产摊销

C.财产清查中现金盘盈　　D.接受投资者捐赠

6.收入的确认条件包括（　　）。

A.与收入相关的经济利益应当很可能流入企业

B.经济利益流入企业的结果会导致资产的增加或者负债的减少

C.经济利益的流入额能够可靠计量

D.收入是日常活动中形成的

7.下列关于费用的说法中正确的有（　　）。

A.费用是指企业在日常活动中形成的、会导致所有者权益减少的、与向所有者分配利润无关的经济利益总流出

B.费用只有在经济利益很可能流出企业从而导致企业资产减少或者负债增加，且经济利益的流出金额能够可靠计量时才能予以确认

C.营业外支出属于费用

D.符合费用定义和费用确认条件的项目，应当列入利润表

8.下列关于会计要素计量属性的表述中，正确的有（　　）。

A. 历史成本反映的是资产过去的价值

B. 重置成本是取得相同或相似资产的现行成本

C. 现值是取得某项资产在当前需要支付的现金或现金等价物金额

D. 公允价值是指市场参与者在计量日发生的有序交易中，出售一项资产所能收到或者转移一项负债所需支付的价格

三、判断题

1. 相关性要求企业提供的会计信息应当与财务报告使用者的经济决策需要相关，相关性要以及时性为基础。　　（　　）

2. 企业提供的会计信息应当清晰明了，便于财务报告使用者理解和使用体现的是可理解性。　　（　　）

3. 会计信息质量的可比性要求同一企业不同时期发生的相同或者相似的交易或者事项，应当采用一致的会计政策，不得变更。　　（　　）

4. 对会计信息使用者相对次要的事项，可以采用简化的核算方法进行处理，这体现了会计信息重要性的要求。　　（　　）

5. 会计信息质量的及时性要求企业有关的交易或者事项的信息在全部获得以后进行会计处理。　　（　　）

6. 生产中不再需要，并且已无使用价值和转让价值的存货，属于企业的资产。　　（　　）

7. 利得是指由企业非日常活动所形成的、会导致所有者权益增加的、与所有者投入资本无关的经济利益的净流入，利得包括直接计入所有者权益的利得和直接计入当期损益的利得。　　（　　）

8. 长期待摊费用属于费用类科目。　　（　　）

章末练习题答案

第2章/ 货币资金

【学习目标】掌握：货币资金的范围和使用；库存现金及银行存款管理的主要内容；库存现金和银行存款清查盘点方法及会计处理；其他货币资金包括的内容及会计处理。

理解：编制银行存款余额调节表的目的和方法；银行账户管理的基本内容和银行结算主要方式。

2.1 货币资金概述

货币资金是指可以立即投入流通，用以购买商品或劳务，或用以偿还债务的交换媒介物。

在流动资产中，货币资金的流动性最强，并且是唯一能够直接转化为其他任何形态的流动性资产，也是最能够代表企业现时购买力水平的资产。为了确保生产经营活动的正常进行，企业必须拥有一定数量的货币资金，以便购买材料、缴纳税金、发放工资、支付利息及股利或进行投资等。企业所拥有的货币资金量是分析判断企业偿债能力与支付能力的重要指标。

货币资金一般包括硬币、纸币、存于银行或其他金融机构的活期存款以及本票和汇票存款等可以立即支付使用的交换媒介。凡是不能立即支付使用的（如银行冻结存款等），一般不能视为货币资金。

从内容上看，货币资金包括库存现金、银行存款和其他货币资金。

2.2 库存现金

2.2.1 库存现金的管理

库存现金是指存于企业、用于日常零星开支的现钞。企业必须加强现金的管理。国务院颁布的《现金管理暂行条例》规定了现金管理的内容，主要包括以下四个方面：

1）库存现金的使用范围

企业可以使用库存现金的范围主要包括：

（1）职工工资、津贴；

（2）个人劳动报酬；

（3）根据国家规定颁发给个人的科学技术、文化艺术、体育等各种奖金；

（4）各种劳保、福利费用以及国家规定的对个人的其他支出等；

（5）向个人收购农副产品和其他物资的价款；

（6）出差人员必须随身携带的差旅费；

（7）结算起点（现行规定为1 000元）以下的零星支出；

（8）中国人民银行确定需要支付现金的其他支出。

凡是不属于现金结算范围的，应通过银行进行转账结算。

2）库存现金限额

企业的库存现金限额由其开户银行根据实际需要核定，一般为3～5天的零星开支需要量。边远地区和交通不便地区的企业，库存现金限额可以多于5天，但不能超过15天的日常零星开支量。企业必须严格按规定的限额控制现金结余量，超过限额的部分，必须及时送存银行，库存现金低于限额时，可以签发现金支票从银行提取现金，以补足限额。

3）库存现金日常收支管理

库存现金日常收支管理的内容主要有：

（1）现金收入应于当日送存银行，如当日送存银行确有困难，由银行确定送存时间。

（2）企业可以在现金使用范围内支付现金或从银行提取现金，但不得从本单位的现金收入中直接支付（坐支），因特殊情况需要坐支现金的，应当事先报经开户银行审查批准，由开户银行核定坐支范围和限额。企业应定期向开户银行报送坐支金额和使用情况。

（3）企业从银行提取现金时，应当在取款凭证上写明具体用途，并由财会部门负责人签字盖章后，交开户银行审核后方可支取。

（4）因采购地点不固定，交通不便，生产或者市场急需，抢险救灾以及其他情况必须使用现金的，企业应当提出申请，经开户银行审核批准后，方可支付现金。

4）库存现金账目管理

企业必须建立健全库存现金账目，除设置库存现金总分类账户对现金进行总分类核算外，还必须设置库存现金日记账进行现金收支的明细核算，逐笔登记现金收入和支出，做到账目日清日结，账款相符。

2.2.2　库存现金的收付与清查

为了详细反映库存现金收支及结存的具体情况，企业除了设置“库存现金”科目对库存现金进行总分类核算以外，还必须设置库存现金日记账进行序时记录。有外币现金的企业，还应分别人民币和外币进行明细核算。库存现金日记账一般采用三栏式订本账格式，由出纳人员根据审核以后的原始凭证或现金收款凭证、现金付款凭证逐日逐笔序时登记，每日营业终了计算当日现金收入、现金支出及现金结存额，并与库存现金实存额核对相符。月末，库存现金日记账余额应与库存现金总账余额核对一致。

1）库存现金收付

企业的库存现金收入主要包括：从银行提取现金；收取不足转账起点的小额销货款；职工交回的多余出差借款等。企业收到现金时，应根据审核无误的会计凭证，借记“库存现金”科目，贷记有关科目。

企业的库存现金支出包括现金开支范围以内的各项支出。企业实际支付现金时，应根据审核无误的会计凭证，借记有关科目，贷记“库存现金”科目。

2）库存现金清查

为了确保账实相符，应对库存现金进行清查。库存现金清查包括两部分内容：一是出纳人员每日营业终了进行账款核对；二是清查小组进行定期或不定期的盘点和核对。库存现金清查的方法采用账实核对法。

对库存现金实存额进行盘点，必须以库存现金管理的有关规定为依据，不得以白条抵库，不得超限额保管现金。对库存现金进行账实核对，如发现账实不符，应立即查明原因，及时更正，对发生的长款或短款，应查找原因，并按规定进行处理，不得以今日长款弥补他日短款。对库存现金清查和核对后，应及时编制现金盘点报告表，列明现金账存额、现金实存额、差异额及其原因，对无法确定原因的差异，应及时报告有关负责人。

库存现金清查中发现的长款或短款，应根据现金盘点报告表进行处理，以确保账实相符，并对长、短款作出处理。现金长、短款一般通过“待处理财产损溢——待处理流动资产损溢”科目进行核算，待查明原因后，再根据不同原因及处理结果，将其转入有关科目。

对库存现金短缺进行处理的一般原则：

（1）属于应由责任人赔偿的部分，借记“其他应收款——应收现金短缺款（××个人）”或“库存现金”等科目，贷记“待处理财产损溢——待处理流动资产损溢”科目；

（2）属于应由保险公司赔偿的部分，借记“其他应收款——应收保险赔款”科目，贷记“待处理财产损溢——待处理流动资产损溢”科目；

（3）属于无法查明的其他原因，根据管理权限，经批准后处理，借记“管理费用——现金短缺”科目，贷记“待处理财产损溢——待处理流动资产损溢”科目。

对库存现金溢余进行处理的一般原则：

（1）属于应支付给有关人员或单位的，应借记“待处理财产损溢——待处理流动资产损溢”科目，贷记“其他应付款——应付现金溢余（××个人或单位）”科目；

（2）属于无法查明原因的现金溢余，经批准后，借记“待处理财产损溢——待处理流动资产损溢”科目，贷记“营业外收入——现金溢余”科目。

【例2-1】某企业根据发生的有关现金清查业务，编制会计分录如下：

（1）企业进行现金清查，发现长款900元，原因待查。

借：库存现金　　900

　贷：待处理财产损溢——待处理流动资产损溢　　900

（2）经反复核查，仍无法查明长款900元的具体原因，经单位领导批准，将其转为企业的营业外收入。

借：待处理财产损溢——待处理流动资产损溢　　900

　贷：营业外收入　　900

（3）现金清查中发现有无法查明具体原因的现金短款400元。

借：待处理财产损溢——待处理流动资产损溢　　400

　贷：库存现金　　400

(4) 经反复核查，其中300元由出纳造成，另外100元确定无法查明具体原因。

借：管理费用——现金短缺　100

　　其他应收款——×××　300

　贷：待处理财产损溢——待处理流动资产损溢　400

需要说明的是，企业清查的现金损溢，一般应于期末前查明原因，并根据企业的管理权限，经股东大会、董事会或类似机构批准后，在期末结账前处理完毕。如清查的现金损溢在期末前尚未批准的，在对外提供财务会计报告时先按上述原则进行处理，并在会计报表附注中作出说明；如果其后批准处理的金额与处理的金额不一致的，再按资产负债表日后事项的处理原则调整会计报表相关项目的年初数。

2.3 银行存款

2.3.1 银行存款的管理

银行存款是企业存入银行或其他金融机构的款项。按照国家有关规定，凡是独立核算的单位都必须在当地银行开设账户。企业在银行开设账户以后，除按规定可以通过现金进行收支结算以外，都必须以银行存款进行收支结算，企业超过限额的现金也必须存入银行。任何单位都必须按规定进行银行存款的管理。银行存款的管理主要包括银行存款开户管理和银行结算管理两个方面。

1) 银行存款开户管理

在我国，企业在银行开立人民币存款账户，必须遵守中国人民银行《银行账户管理办法》的各项规定。

企业开立的账户，依其不同的用途可以分为基本存款账户、一般存款账户、临时存款账户、专用存款账户等。其中，基本存款账户是企业办理日常结算及现金支取的账户，企业发放工资、奖金等需要支取的现金，只能通过基本存款账户办理。一般存款账户是企业为了业务方便在银行或其他金融机构开立的基本存款账户以外的账户，主要用于银行借款的转存以及与开立基本存款账户的企业不在同一地点的附属非独立核算的单位开立的账户。企业可以通过一般存款账户办理转账结算和现金缴存，但不得支取现金。临时存款账户是因企业的临时业务活动需要而开立的暂时性账户，企业可以通过此类账户办理转账结算以及按照现金管理的规定办理现金收付。专用存款账户是企业因特定用途需要开立的具有特定用途的账户。

根据银行账户管理的有关规定，一个企业只能选择一家银行的一个营业机构开立一个基本存款账户，不得在多家银行机构开立基本存款户，也不得在同一家银行的几个分支机构开立多个一般存款账户。

2) 银行存款结算管理

现金开支范围以外的各项款项支付，都必须通过银行办理转账结算，但不同国家和地区以及不同的经济业务，采用的转账结算方式是有差别的。

在我国，企业转账结算办理必须遵守中国人民银行《支付结算办法》的各项规定，账户内必须有足够的资金保证支付，必须以合法、有效的票据和结算凭证为依据，不准签发没有资金保证的票据或远期支票套取银行信用；不准签发、取得和转让没有真实交易和债权债务的票据套取银行及他人资金；不准无理拒付款项任意占用他人资金；不准违反规定开立和使用账户；必须遵守“恪守信用，履约付款；谁的钱进谁的账，谁支配；银行不垫款”的支付结算原则。企业应根据业务特点，采用恰当的结算方式办理各种结算业务。

3）银行结算方式

在我国，企业发生货币资金收付业务可以采用银行汇票、商业汇票、银行本票、支票、信用卡、汇兑、托收承付、委托收款和信用证等九种结算方式。企业应按照《支付结算办法》及《中华人民共和国票据法》等法律法规的有关规定办理各项结算业务。

（1）银行汇票。银行汇票是出票银行签发的，由其在见票时按照实际结算金额无条件支付给收款人或者持票人的票据。银行汇票的出票银行为银行汇票的付款人。

单位和个人办理各种款项结算，均可使用银行汇票。银行汇票可以用于转账，填明“现金”字样的银行汇票也可以用于支取现金。

银行汇票的提示付款期限为自出票日起1个月。收款人可以将银行汇票背书转让给被背书人。银行汇票丧失，失票人可以凭人民法院出具的享有票据权利的证明，向出票银行请求付款或退款。

（2）商业汇票。商业汇票是出票人签发的，委托付款人在指定日期无条件支付确定的金额给收款人或者持票人的票据。商业汇票分为商业承兑汇票和银行承兑汇票。商业承兑汇票由银行以外的付款人承兑（付款人为承兑人），银行承兑汇票由银行承兑。在我国，开立存款账户的法人以及其他组织之间，必须具有真实的交易关系或债权债务关系，才能使用商业汇票。

符合条件的商业汇票的持票人可持未到期的商业汇票连同贴现凭证向银行申请贴现。贴现银行可持未到期的商业汇票向其他银行转贴现，也可以向中国人民银行申请再贴现。贴现、转贴现和再贴现的期限从其贴现之日起至汇票到期日止。实付贴现金额按票面金额扣除贴现日至汇票到期前1日的利息计算。

（3）银行本票。银行本票是银行签发的，承诺自己在见票时无条件支付确定金额给收款人或者持票人的票据。

单位和个人在同一票据交换区域需要支付各种款项的，均可以使用银行本票。银行本票分为不定额本票和定额本票两种。收款人可以将银行本票背书转让给被背书人。

（4）支票。支票是出票人签发的，委托办理支票存款业务的银行在见票时无条件支付确定金额给收款人或持票人的票据。

支票上印有“现金”字样的为现金支票，现金支票只能用于支取现金。支票上印有“转账”字样的为转账支票，转账支票只能用于转账。支票上未印有“现金”或“转账”字样的为普通支票，可以用于支取现金，也可以用于转账。单位和个人在同一票据交换区域的各种款项结算，均可以使用支票。

支票的出票人签发支票的金额不得超过付款时在付款人处实有的存款金额。禁止签发空头支票。支票的提示付款期限为自出票日起10日。

（5）信用卡。信用卡是商业银行向个人和单位发行的凭以向特约单位购物、消费和向银行存取现金，且具有消费信用的特制载体卡片。

信用卡按使用对象分为单位卡和个人卡，按信用等级分为金卡和普通卡。凡是在中国境内金融机构开立基本存款账户的单位均可申领单位卡。

单位卡账户资金一律从其基本存款账户转账存入，不得交存现金，也不得将销货收入的款项存入信用卡存款账户。个人卡账户的资金以其持有的现金存入或以其工资性款项及属于个人的劳务报酬收入转账存入。严禁将单位的款项存入个人卡账户。在我国，单位卡不得用于10万元以上的商品交易、劳务供应款项的结算，也不得支取现金。

（6）汇兑。汇兑是汇款人委托银行将其款项支付给收款人的结算方式。单位和个人的各款项的结算，均可使用汇兑结算方式。

汇兑分为信汇和电汇两种。信汇是指委托银行通过邮寄方式将款项划给收款人。电汇是指汇款人委托银行通过电报方式将款项划给收款人。

（7）托收承付。托收承付是根据购销合同由收款单位发货后委托银行向异地付款人收取款项，由付款人向银行承认付款的结算方式。

使用托收承付结算方式的收款单位和付款单位，必须是国有企业、供销合作社以及经营管理较好，并经开户银行审查同意的城乡集体所有制工业企业。办理托收承付结算的款项，必须是商品交易，以及因商品交易而产生的劳务供应的款项。代销、寄销、赊销商品的款项，不得办理托收承付结算。

托收承付结算每笔的金额起点为1万元，新华书店系统每笔的金额起点为1 000元。托收承付结算款项的划回方法分邮寄和电报两种。

收款人按照签订的购销合同发货后，委托银行办理托收。付款人开户银行收到托收凭证及其附件后，应当及时通知付款人。承付货款分为验单付款和验货付款两种，由收付双方商量选用，并在合同中明确规定。验单付款的承付期为3天；验货付款的承付期为10天。

（8）委托收款。委托收款是收款人委托银行向付款人收取款项的结算方式。单位和个人凭已承兑商业汇票、债券、存单等付款人债务证明办理款项的结算，均可以使用委托收款结算方式。委托收款在同城和异地均可以使用。

（9）信用证。信用证是指开证行依据申请人的申请开出的，凭符合信用证条款的单据支付的付款承诺。

信用证起源于国际贸易结算。在国际贸易中，进口商不愿意先支付货款，出口商也不愿意先交货，在这种情况下，银行充当了进出口商之间的中间人和保证人，一面收款，一面交单，并代为融通资金，由此产生了信用证结算方式。

在我国，信用证为不可撤销、不可转让的跟单信用证。信用证结算适用于国内企业之间的商品交易。只有经中国人民银行批准经营结算业务的商业银行总行以及经商业银行总行批准开办信用证结算业务的分支机构，才可办理信用证结算业务。信用证只限于转账结算，不得支取现金。信用证与作为其依据的购销合同相互独立，银行在处理信用证业务时，不受购销合同的约束。

申请人交存的保证金和其存款余额不足支付的，开证行仍应按规定的时间付款，对不足支付的部分作逾期贷款处理。

2.3.2 银行存款收付与核对

为了详细反映银行存款的收支及结存的情况，企业除了设置“银行存款”科目进行总分类核算以外，还必须设置银行存款日记账，按照业务发生顺序逐日逐笔连续记录银行存款收付，并随时结出余额。银行存款应按银行和其他金融机构的名称和存款种类进行明细核算，有外币存款的企业，还应分别按人民币和外币进行明细核算。

银行存款日记账一般由出纳人员根据收付款凭证进行登记，定期与银行存款总账科目核对。月末，应与银行对账单进行核对。

1）银行存款收付

企业收入银行存款，应根据银行存款收款单回单或银行收账通知及有关单证，及时编制记账凭证，借记“银行存款”科目，贷记有关科目，经审核无误后，登记银行存款日记账及总账。

企业支付银行存款，应根据支票存根、办理付款结算的付款通知及有关单证，及时编制记账凭证，借记有关科目，贷记“银行存款”科目，经审核无误后，登记银行存款日记账及总账。

2）银行存款核对

企业每月至少应将银行存款日记账与银行对账单核对一次，以检查银行存款收付及结存情况。企业进行账单核对时，往往出现银行存款日记账余额与银行对账单同日余额不符的情况。究其原因主要有：一是计算错误；二是记账错漏；三是未达账项。

计算错误是企业或银行对银行存款结存额的计算发生运算错误；记账错漏是指企业或银行对存款的收入、支出的错记或漏记；未达账项是指银行和企业对同一笔款项收付业务，因记账时间不同，而发生的一方已经入账，另一方尚未入账的款项。未达账项不外乎四种情况：

（1）企业已经收款入账，银行尚未收款入账的款项。

（2）企业已经付款入账，银行尚未付款入账的款项。

（3）银行已经收款入账，企业尚未收款入账的款项。

（4）银行已经付款入账，企业尚未付款入账的款项。

银行存款日记账余额与银行对账单余额不符，必须查明原因。在会计实务中，银行存款调节后余额平衡关系是作出这一判断的主要依据。如果调节后余额一致，表明账户内结存额计算无误。如果调节后余额仍不一致，表明账户内结存额计算一定有误，应立即查明错误所在。属于银行方面的原因，应及时通知银行更正；属于本单位原因，应按错账更正办法进行更正。在编制银行存款余额调节表时，一般将所有未核对一致的项目均视为未达账项，对于出现的各种未达账项，应进行认真审核，确属未达账项的，应督促有关人员办理结算手续或记账手续；属于记账错漏的，应予以及时更正。

银行存款余额调节表有多种编制方法，会计实务中一般采用“补记式”余额调节法。其基本原理是：假设未达账项全部入账，银行存款日记账及银行对账单的余额应相等。其编制方法是：在双方现有余额基础上，各自加上对方已收、本方未收账项，减去对方已付、本方未付账项，计算调节双方应有余额。用公式表示如下：

$$\text{银行存款日记账余额}+\text{银行已收企业未收账项}-\text{银行已付企业未付账项}=\text{银行对账单余额}+\text{企业已收银行未收账项}-\text{企业已付银行未付账项}$$

2.4 其他货币资金

2.4.1 其他货币资金的性质与范围

其他货币资金是指除库存现金、银行存款以外的其他各种货币资金。其他货币资金同库存现金和银行存款一样，是企业可以作为支付手段的货币资金。但其他货币资金同库存现金和银行存款相比，有其特殊的存在形式和支付方式，在管理上有别于库存现金和银行存款，应单独进行会计核算。

其他货币资金主要包括外埠存款、银行汇票存款、银行本票存款、信用卡存款、信用证保证金存款和存出投资款等。外埠存款是指到外地进行临时或零星采购时，汇往采购地银行并在采购地银行开立采购专户的款项。银行汇票存款是指企业为取得银行汇票，按规定用于银行汇票结算而存入银行的款项。银行本票存款是指企业为取得银行本票，按规定用于银行本票结算而存入银行的款项。信用卡存款是指企业为取得信用卡以办理信用卡结算而按规定存入银行的款项。信用证保证金存款是指企业为取得信用证按规定存入银行的款项。存出投资款是指企业已存入证券公司但尚未进行短期投资的现金。

2.4.2 其他货币资金收付

其他货币资金通过“其他货币资金”科目进行核算，按其他货币资金的内容设置明细科目进行明细核算，并按外埠存款的开户银行、银行汇票或本票、信用证的收款单位设置明细账，办理信用卡业务的企业应当在“信用卡”明细科目中按开出信用卡的银行和信用卡种类设置明细账进行明细核算。

1）外埠存款

企业在外埠开立临时采购专户，须经开户地银行批准。银行对临时采购户一般实行半封闭式管理的方法，即只收不付，付完清户。除采购人员差旅费用可以支取少量现金外，其他支出一律转账。

【例2-2】某企业根据发生的有关外埠存款收付业务，编制会计分录如下：

（1）企业在外埠开立临时采购专户，委托银行将50万元汇往采购地。

借：其他货币资金——外埠存款	500 000	
贷：银行存款		500 000

（2）采购员以外埠存款购买材料，材料价款400 000元，增值税64 000元，货款共计464 000元，材料入库。

借：原材料	400 000	
应交税费——应交增值税（进项税额）	64 000	
贷：其他货币资金——外埠存款		464 000

（3）外埠采购结束，将外埠存款清户，收到银行转来收账通知，余款36 000元收妥入账。

借：银行存款　　36 000

　贷：其他货币资金——外埠存款　　36 000

2）银行汇票存款

企业办理银行汇票，需将款项交存开户银行。对于逾期尚未办理结算的银行汇票，应按规定及时转回（借记“银行存款”科目，贷记“其他货币资金——银行汇票”科目），未用的汇票存款也应及时办理退款。

【例2-3】某企业根据发生的有关银行汇票存款的收付业务，编制会计分录如下：

（1）企业申请办理银行汇票，将银行存款30 000元转为银行汇票存款。

借：其他货币资金——银行汇票　　30 000

　贷：银行存款　　30 000

（2）收到收款单位发票等单据，采购材料付款29 000元，其中，材料价款25 000元，增值税4 000元，材料已验收入库。

借：原材料　　25 000

　　应交税费——应交增值税（进项税额）　　4 000

　贷：其他货币资金——银行汇票　　29 000

（3）收到多余款项退回通知，将余款1 000元收妥入账。

借：银行存款　　1 000

　贷：其他货币资金——银行汇票　　1 000

3）银行本票存款

企业办理银行本票，需将款项交存开户银行。本票存款实行全额结算，本票存款与结算金额的差额一般采用支票或其他方式结清。对于逾期尚未办理结算的银行本票，应按规定及时转回（借记“银行存款”科目，贷记“其他货币资金——银行本票”科目），其账务处理与银行汇票存款基本相同。

【例2-4】某企业根据发生的有关银行本票存款的收付业务，编制会计分录如下：

（1）企业申请办理银行本票，将银行存款40 000元转入银行本票存款。

借：其他货币资金——银行本票　　40 000

　贷：银行存款　　40 000

（2）收到收款单位发票等单据，采购材料付款39 440元，其中，材料价款34 000元，增值税5 440元，材料入库。

借：原材料　　34 000

　　应交税费——应交增值税（进项税额）　　5 440

　贷：其他货币资金——银行本票　　39 440

（3）收到收款单位退回的银行本票余款560元，存入银行。

借：银行存款　　560

　贷：其他货币资金——银行本票　　560

4）信用卡存款

企业对于信用卡存款的核算主要包括办理信用卡存款、以信用卡支付有关费用、收取信用卡存款利息收入等。

【例2-5】某企业根据发生的有关信用卡存款的收付业务，编制会计分录如下：

（1）将银行存款50 000元存入信用卡。

借：其他货币资金——信用卡存款　　50 000

　贷：银行存款　　50 000

（2）用信用卡支付业务招待费1 500元。

借：管理费用　　1 500

　贷：其他货币资金——信用卡存款　　1 500

（3）收到信用卡存款的利息60元。

借：其他货币资金——信用卡存款　　60

　贷：财务费用　　60

5）信用证保证金存款

企业办理信用证核算，应按规定向银行提交开证申请书、信用证申请人承诺书和购销合同。信用证保证金的核算主要包括缴纳保证金和支付货款两部分。

【例2-6】某企业根据发生的信用证结算的有关业务，编制会计分录如下：

（1）向银行缴纳信用证保证金30 000元。

借：其他货币资金——信用证保证金　　30 000

　贷：银行存款　　30 000

（2）接到开证行交来的信用证来单通知书及有关购货凭证等，以信用证方式采购的材料已到并验收入库，货款全部支付。货款总计150 000元，其中材料价款129 310.34元，增值税20 689.66元。

借：原材料　　129 310.34

　　应交税费——应交增值税（进项税额）　　20 689.66

　贷：其他货币资金——信用证保证金　　30 000

　　　银行存款　　120 000

6）存出投资款

企业对于存出投资款的核算主要包括资金划出和使用两部分。

【例2-7】某企业根据发生的进行短期投资的业务，编制如下会计分录：

（1）将银行存款500 000元划入某证券公司准备进行短期股票投资。

借：其他货币资金——存出投资款　　500 000

　贷：银行存款　　500 000

（2）将存入证券公司款项用于购买股票，并已成交，购买股票的成本为200 000元。

借：交易性金融资产　　200 000

　贷：其他货币资金——存出投资款　　200 000

章末练习题

一、单项选择题

1.企业通过现金清查发现库存现金短缺500元，无法查明原因，经批准后，应借记的会计科目是（　　）。

A.“待处理财产损溢”

B.“营业外支出”

C.“其他应收款”

D.“管理费用”

2.下列业务中，能够导致银行存款增加的是（　　）。

A.从银行取得短期借款

B.从银行提取现金

C.销售商品收到对方开出的商业承兑汇票

D.销售货物尚未收到款项

3.下列各项中，不通过“其他货币资金”科目核算的是（　　）。

A.信用证保证金存款

B.备用金

C.外埠存款

D.银行本票存款

4.下列各项中，会导致企业银行存款日记账余额大于银行对账单余额的是（　　）。

A.企业开出商业汇票，对方未到银行兑现

B.银行误将其他公司的存款记入本企业银行存款账户

C.银行代扣水电费，企业尚未接到通知

D.银行收到委托收款结算方式下结算款项，企业尚未收到通知

5.企业在现金清查中，发现库存现金较账面余额溢余200元，在未查明原因前，应贷记的会计科目是（　　）。

A.“营业外支出”

B.“待处理财产损溢”

C.“管理费用”

D.“其他应收款”

6.下列各项中，不会引起其他货币资金发生增减变动的是（　　）。

A.企业销售商品收到商业汇票

B.企业用银行本票购买办公用品

C.企业将款项汇往外地开立的采购专用账户

D.企业为购买基金，将资金存入在证券公司指定银行开立的投资款专户

7.下列关于企业现金清查的说法中，不正确的是（　　）。

A.现金清查一般采用永续盘存法

B.对于现金清查的结果，应编制现金盘点报告单

C.对于无法查明的现金短缺，经批准后应计入管理费用

D.对于无法查明的现金溢余，经批准后应计入营业外收入

8.（　　）是指企业为了到外地进行临时或零星采购而汇往采购地银行开立采购专户的存款。

A.信用卡存款

B.信用证保证金存款

C.外埠存款

D.存出投资款

9.东方公司购入固定资产一台，支付相关购置价款时，下列会计处理中不正确的是（　）。

A.可能减少“其他货币资金——外埠存款”

B.可能减少“其他货币资金——银行汇票”

C.可能减少“银行存款”

D.可能减少“其他货币资金——存出投资款”

10.企业5月末银行存款日记账余额为450万元，经与银行对账单核对发现如下未达账项：企业5月30日送存银行转账支票30万元，并已登记银行存款增加，银行尚未记账；5月31日银行代企业缴纳物业水电费6万元，银行已记账，企业尚未收到银行通知，尚未记账。不考虑其他因素，则未达账项进行调节后的银行存款余额为（　）万元。

A.420　　B.444

C.360　　D.480

二、多项选择题

1.下列各项中，属于资产基本特征的有（　）。

A.预期会给企业带来经济利益

B.企业拥有或控制

C.由过去的交易或事项形成

D.具有可辨认性

2.下列关于企业现金清查的说法中，正确的有（　）。

A.现金清查一般采用实地盘点法

B.超限额留存的现金，应及时送存银行

C.无法查明原因的现金短缺，应计入营业外支出

D.无法查明原因的现金溢余，应计入营业外收入

3.下列各项中，通过“其他货币资金”科目核算的有（　）。

A.备用金　　B.外埠存款

C.银行承兑汇票　　D.银行汇票存款

4.在下列各项中，使得企业银行存款日记账小于银行对账单余额的有（　）。

A.银行代扣物业水电费，企业尚未接到通知

B.银行误将其他公司的存款记入本企业银行存款账户中

C.企业开出支票，对方未到银行兑现

D.银行收到委托收款结算方式下结算款项，企业尚未收到通知

5.下列选项中，企业可以用现金支付的款项有（　）。

A.职工工资、津贴

B.结算起点以上的支出

C.个人劳务报酬

D.根据国家规定颁发给个人的科学技术、文化艺术、体育等各种奖金

三、判断题

1.企业可以根据银行存款余额调节表直接调节银行存款的账面金额。（ ）

2.属于无法查明的其他原因造成的现金短缺，应计入营业外支出。（ ）

3.企业的现金都有一定的限额，这一限额是由企业根据自己单位的实际情况自行制定的。（ ）

4.对于因未达账项而使企业银行存款日记账和银行对账单余额出现的差异，无需作账面调整，待结算凭证到达后再进行账务处理登记入账。（ ）

5.编制银行存款余额调节表只是为了核对账目，不能作为调节银行存款日记账账面余额的记账依据。（ ）

章末练习题答案

第3章/
金融资产

【学习目标】理解：金融资产的含义及分类。

掌握：各类金融资产初始金额的确定规则；各类金融资产期末计量的规则和方法；各类金融资产处置的会计处理方法；理解各类金融资产重分类的意义及会计处理规则。

3.1 金融资产的含义及分类

3.1.1 金融资产的含义

金融资产是指企业持有的现金、其他方的权益工具以及符合下列条件之一的资产：

（1）从其他方收取现金或其他金融资产的合同权利。例如，企业的银行存款、应收账款、应收票据等均属于金融资产。

（2）在潜在有利条件下，与其他方交换金融资产或金融负债的合同权利。例如，企业持有的看涨或看跌期权等。

（3）将来须用或可用企业自身权益工具进行结算的非衍生工具合同，且企业根据该合同将收到可变数量的自身权益工具。

（4）将来须用或可用企业自身权益工具进行结算的衍生工具合同，但以固定数量的自身权益工具交换固定金额的现金或其他金融资产的衍生工具合同除外。

金融资产是金融工具的构成项目之一。金融工具是指形成一方的金融资产并形成其他方的金融负债或权益工具的合同。金融工具包括金融资产、金融负债和权益工具。本章不涉及以下金融资产的会计处理：货币资金（库存现金、银行存款及其他货币资金）；应收项目（应收票据、应收账款及其他应收款）；长期股权投资（即企业对外能够形成控制、共同控制和重大影响的股权投资）。

3.1.2 金融资产的分类

金融资产可以从不同的角度分类，但最基本的分类是按经济内容分类，如货币资金、应收票据、应收账款、其他应收款、股权投资、债权投资等。我国《企业会计准则第2号——金融工具确认和计量》（2017）规定，企业应根据其管理金融资产的业务模式和金融资产的合同现金流量特征，从金融资产后续计量的角度将金融资产分为以下三类：

（1）以摊余成本计量的金融资产；

（2）以公允价值计量且其变动计入其他综合收益的金融资产；

（3）以公允价值计量且其变动计入当期损益的金融资产。

对金融资产的分类一经确定，不得随意变更。

1）企业管理金融资产的业务模式

企业管理金融资产的业务模式，是指企业如何管理其金融资产以产生现金流量。业务模式决定企业所管理金融资产现金流量的来源是收取合同现金流量、出售金融资产还是两者兼有。例如，企业持有一组以收取合同现金流量为目标的投资组合时还持有一组既以收取合同现金流量为目标又以出售该金融资产为目标的投资组合，所以，企业管理金融资产的业务模式，应当以企业关键管理人员决定的对金融资产进行管理的特定业务目标为基础确定。企业确定管理金融资产的业务模式，应当以客观事实为依据，不得以按照合理预期不会发生的情形为基础确定。

2）金融资产的合同现金流量特征

金融资产的合同现金流量特征，是指金融工具合同约定的、反映相关金融资产经济特征的现金流量属性。企业分类为以摊余成本计量的金融资产、以公允价值计量且其变动计入其他综合收益的金融资产，其合同现金流量特征应当与基本借贷安排相一致。

3）金融资产的具体分类

金融资产的具体分类是指按照《企业会计准则第22号——金融工具确认和计量》（2017）对金融资产进行三分类的具体条件。

（1）以摊余成本计量的金融资产。该类金融资产应同时符合以下两个条件：

①企业管理该金融资产的业务模式以收取合同现金流量为目标。

②该金融资产的合同条款规定，在特定日期产生的合同现金流量仅为本金和以未偿付本金金额为基础的利息支付。如应收账款、应收票据、其他应收款、长期债权投资等。

（2）以公允价值计量且其变动计入其他综合收益的金融资产。该类金融资产应同时符合以下两个条件：

①企业管理金融资产的业务模式既以收取合同现金流量为目标又以出售该金融资产为目标。

②该金融资产的合同条款规定，在特定日期产生的合同现金流量仅为本金和以未偿付本金金额为基础的利息支付。如其他债权投资和其他权益工具投资等。企业应设置“其他债权投资”和“其他权益工具投资”科目核算该类金融资产。

（3）以公允价值计量且其变动计入当期损益的金融资产。该类金融资产是指以摊余成本计量的金融资产和以公允价值计量且其变动计入其他综合收益的金融资产以外的金融资产。如随时准备出售的债权投资和股票投资等。

金融资产的后续计量是金融资产会计的难点和关键。企业会计准则对金融资产的三分类，正是着眼于对金融资产后续计量难题进行规范所采用的方法，突出强调后续确认和计量的重要性。这种分类有利于规范金融资产会计信息的生成和列报。但企业持有的非交易性权益工具投资（如持有的限售股票）难以按照上述标准归类，企业会计准则规定，可以将其指定为以公允价值计量且其变动计入其他综合收益的金融资产。

3.2 以摊余成本计量的金融资产——债权投资

本节以摊余成本计量的金融资产仅限于《企业会计准则第22号——金融工具确认和计量》(2017) 所规范的债权投资。

3.2.1 债权投资的含义与特征

债权投资是指企业业务管理模式为以特定日期收取合同现金流量为目的的金融资产，具体指企业购入的到期日固定、回收金额固定或可确定，且有明确意图和能力持有至到期的各种债券投资。从企业管理金融资产的业务模式看，由于管理者的意图是持有至到期，不准备随时出售，其特征是收取合同现金流量，即在到期日收取的合同现金流量仅为本金和以未偿付本金金额为基础的利息。

3.2.2 债权投资的初始计量

债权投资的成本应当按取得时的公允价值计量，相关交易费用应当计入初始确认金额。交易费用是指可直接归属于购买、发行或处置债权投资新增的外部费用。新增的外部费用，是指企业不购买、发行或处置债权投资就不会发生的费用，包括支付给代理机构、咨询公司、券商、证券交易所、政府有关部门等的手续费、佣金、相关税费以及其他必要支出。

如果实际支付的价款中包含已到付息期但尚未领取的债券利息，应单独确认为应收项目，不构成债权投资的初始入账金额。

企业应当设置"债权投资"科目，并按照债权投资的类别和品种，分别按照"成本""利息调整""应计利息"等进行明细核算。其中，"成本"明细科目反映债权投资的面值；"利息调整"明细科目反映债权投资的初始入账金额与面值的差额，以及按照实际利率法分期摊销该差额后的摊余金额；"应计利息"明细科目反映企业计提的到期一次还本付息债权投资应计未付的利息。

【例3-1】2018年1月1日，甲公司购入乙公司当日发行的面值400 000元、期限5年、票面利率6%、每年12月31日付息、到期还本的债券，确认为债权投资，实际支付的购买价款（包括交易费用）为422 400元。甲公司的会计处理如下：

借：债权投资——成本（乙公司债券）	400 000	
——利息调整（乙公司债券）	22 400	
贷：银行存款		422 400

【例3-2】2018年1月，甲公司购入丙公司于2017年1月1日发行的面值64万元、期限5年、票面利率5%、每年12月31日付息、到期还本的债券，确认为债权投资，实际支付的购买价款（包括交易费用）为654 800元，该价款中包含已到付息期但尚未领取的利息32 000元。甲公司的会计处理如下：

初始入账金额=654 800−32 000=622 800（元）

借：债权投资——成本（丙公司债券）	640 000	
应收利息	32 000	
贷：银行存款		654 800
债权投资——利息调整（丙公司债券）		17 200

当甲公司收到上述利息时，应借记“银行存款”科目，贷记“应收利息”科目。

3.2.3 债权投资的后续计量

1）摊余成本与实际利率法

债权投资的后续计量应当采用实际利率法，按摊余成本计量。债权投资的摊余成本，是指债权投资的初始确认金额经过下列调整后的结果：（1）扣除已偿还的本金；（2）加上或减去采用实际利率法将该初始确认金额与到期日金额之间的差额进行摊销形成的累计摊销额；（3）扣除累计计提的损失准备（仅限于金融资产）。

实际利率法是指按照债权投资的实际利率计算其摊余成本及各期利息收入的方法。其中，实际利率是指将债权投资在预期存续期间或适用的更短期间内的未来现金流量折现为债权投资当前账面价值所使用的利率。

具体而言，企业采取实际利率法的情况下，以债权投资的期初摊余成本乘以实际利率作为当期利息收入，以当期利息收入与按面值和票面利率计算确定的当期应收利息的差额，作为当期利息调整摊销额，以期初摊余成本加上或减去当期利息调整摊销额作为期末摊余成本。

实际利息收入、应收利息、利息调整摊销额之间的关系可用公式表示如下：

实际利息收入=债权投资摊余成本×实际利率

应收利息=面值（到期日金额）×票面利率（名义利率）

利息调整摊销额=实际利息收入−应收利息

在债权投资既不存在已偿还的本金也未发生减值损失的情况下，其摊余成本可用公式表示如下：

摊余成本=初始入账金额±利息调整累计摊销额

或　　　=面值±利息调整摊余金额

2）分期付息债券利息收入的确认

债权投资如为分期付息的债券，企业应当于付息日或资产负债表日计提债券利息，计提的利息通过“应收利息”科目核算，同时确认利息收入。付息日或资产负债表日，按照以债权投资面值和票面利率计算确定的应收利息，借记“应收利息”科目；按照以债权投资摊余成本和实际利率计算确定的利息收入，贷记“投资收益”科目；按其差额，借记或贷记“债权投资——利息调整”科目。

企业一般应当采用实际利率计算确认利息收入，但若实际利率与票面利率差别较小，也可按票面利率计算确认利息收入。即付息日或资产负债表日，按照以债权投资面值和票面利率计算确定的应收利息，借记“应收利息”科目；按照以债权投资的摊余成本和票面利率计算确定的利息收入，贷记“投资收益”科目。

【例3-3】2018年1月1日，甲公司购入乙公司面值400 000元、期限5年、票面利率6%、每年12月31日付息、初始确认金额为422 400元的乙公司债券，确认为债权投资。该债券在持有期间采用实际利率法确认利息收入并确定摊余成本。经估算（估算过程此处从略），债券的实际利率为4.72%，甲公司采用实际利率法编制的利息收入与摊余成本计算表见表3-1。

表3-1　**利息收入与摊余成本计算表**

（实际利率法）　　单位：元

日期	应收利息	利息收入	利息调整摊销	摊余成本
2018年1月1日				422 400
2018年12月31日	24 000	19 937	4 063	418 337
2019年12月31日	24 000	19 746	4 254	414 083
2020年12月31日	24 000	19 545	4 455	409 628
2021年12月31日	24 000	19 334	4 666	404 962
2022年12月31日	24 000	19 038	4 962	400 000
合计	120 000	97 600	22 400	—

甲公司各年确认利息收入、摊销利息调整及到期收回本金时，其账务处理（各年收到债券利息的账务处理此处从略）如下：

（1）2018年12月31日。

借：应收利息　　24 000

　贷：投资收益　　19 937

　　　债权投资——利息调整（乙公司债券）　　4 063

（2）2019年12月31日。

借：应收利息　　24 000

　贷：投资收益　　19 746

　　　债权投资——利息调整（乙公司债券）　　4 254

（3）2020年12月31日。

借：应收利息　　24 000

　贷：投资收益　　19 545

　　　债权投资——利息调整（乙公司债券）　　4 455

（4）2021年12月31日。

借：应收利息　　24 000

　贷：投资收益　　19 334

　　　债权投资——利息调整（乙公司债券）　　4 666

（5）2022年12月31日。

借：应收利息　　24 000

　贷：投资收益　　19 038

　　　债权投资——利息调整（乙公司债券）　　4 962

（6）债券到期，收回债券本金。

借：银行存款　　400 000

　贷：债权投资——成本（乙公司债券）　　400 000

【例3-4】2019年1月1日乙公司购入丙公司面值640 000元、期限为5年（发行日为2018年1月1日）、票面利率5%、每年12月31日付息的债券，确认为债权投资。初始确认金额为622 800元（已扣除购买价款中包含的已到付息期但尚未领取的利息32 000元），在持有期间采用实际利率法确认利息收入并确定摊余成本。经估算（估算过程此处从略），债券的实际利率为5.78%，乙公司采用实际利率法编制的利息收入与摊余成本计算表见表3–2。

表3–2 **利息收入与摊余成本计算表**

（实际利率法） 单位：元

日期	应收利息	利息收入	利息调整摊销	摊余成本
2019年1月1日				622 800
2019年12月31日	32 000	35 998	3 998	626 798
2020年12月31日	32 000	36 229	4 229	631 027
2021年12月31日	32 000	36 473	4 473	635 500
2022年12月31日	32 000	36 500	4 500	640 000
合计	128 000	145 200	17 200	—

乙公司各年确认利息收入、摊销利息调整及到期收回本金的账务处理（各年收到债券利息的账务处理此处从略）如下：

（1）2019年12月31日。

借：应收利息　32 000

　　债权投资——利息调整（丙公司债券）　3 998

　贷：投资收益　35 998

（2）2020年12月31日。

借：应收利息　32 000

　　债权投资——利息调整（丙公司债券）　4 229

　贷：投资收益　36 229

（3）2021年12月31日。

借：应收利息　32 000

　　债权投资——利息调整（丙公司债券）　4 473

　贷：投资收益　36 473

（4）2022年12月31日。

借：应收利息　32 000

　　债权投资——利息调整（丙公司债券）　4 500

　贷：投资收益　36 500

（5）债券到期，收回债券本金。

借：银行存款　640 000

　贷：债权投资——成本（丙公司债券）　640 000

债权投资如为到期一次还本付息的债券，企业应当于资产负债表日计提债券利息，计提的利息通过“债权投资——应计利息”科目核算，同时确认利息收入。资产负债表日，按照以债权投资面值和票面利率计算确定的应收利息，借记“债权投资——应计利息”科目；按照以债权投资摊余成本和实际利率计算确定的利息收入，贷记“投资收益”科目；按其差额，借记或贷记“债权投资——利息调整”科目。

3.2.4　债权投资的提前出售与到期兑现

如果有证据表明企业持有意图或能力发生改变，使某项投资不再适合债权投资企业，可能会将该项投资提前予以出售。企业提前出售债权投资时，应将所取得的价款与该投资账面价值之间的差额计入投资收益。其中，投资的账面价值是指投资的账面余额扣除已计提的减值准备后的差额。企业出售的债权投资已计提减值准备的，在出售时还应同时结转相应的减值准备。

【例3-5】2018年9月1日，甲公司将2015年1月1日购入的面值160 000元、期限5年、票面利率5%、每年12月31日付息的乙公司债券全部出售，实际收到出售价款164 800元。该债券的初始确认金额为160 000元。其账务处理如下：

借：银行存款	164 800	
贷：债权投资——成本（乙公司债券）		160 000
投资收益		4 800

债权投资的到期兑现，是指债权投资期限已满时按面值收回投资和应收未收的利息。如果该债券是分期付息的，到期时企业可以收回债券面值；如果该债券是一次付息的债券，到期时企业可以收回债券面值和利息。企业收回债券面值和利息时，应借记“银行存款”科目，贷记“债权投资”科目。

【例3-6】承【例3-4】的资料。2022年12月31日按面值收回投资时，其账务处理如下：

借：银行存款	640 000	
贷：债权投资——成本（丙公司债券）		640 000

3.2.5　债权投资的期末计量

债权投资的期末价值应当采用摊余成本计量，不考虑市价变动的影响。企业应当在资产负债表日，对债权投资的账面价值进行检查，如有客观证据表明债权投资发生减值，应当计提减值准备。金融资产发生减值的客观证据，是指金融资产初始确认后实际发生的、对该金融资产的预计未来现金流量有影响，且企业能够对该影响进行可靠计量的事项。金融资产发生减值的客观证据具体包括下列各项：

（1）发行方或债务人发生严重财务困难。

（2）债务人违反了合同条款，如偿付利息或本金发生违约或逾期等。

（3）债权人出于经济或法律等方面因素的考虑，对发生财务困难的债务人作出让步。

（4）债务人很可能倒闭或进行其他债务重组。

（5）因发行方发生重大财务困难，该金融资产无法在活跃市场继续交易。

（6）无法辨认一组金融资产中的某项资产的现金流量是否已经减少，但根据公开的数据对其进行总体评价后发现，该组金融资产自初始确认以来的预计未来现金流量确已减少且可计量，如该组金融资产的债务人支付能力逐步恶化，或债务人所在国家或地区失业率上升、担保物在其所在地区的价格明显下跌、所处行业不景气等。

（7）债务人经营所处的市场、经济或法律环境等发生重大不利变化，使权益工具投资人可能无法收回投资成本。

（8）债权投资的公允价值发生严重或非暂时性下降。

（9）其他表明金融资产发生减值的客观证据。

在会计期末，如果债权投资发生减值，应当按其账面价值减计至预计未来现金流量的现值，将减计的金额确认为减值损失，计入当期损益。债权投资计提减值准备后，如有确凿证据表明其价值又得以恢复，且客观上与确认该损失时发生的事项有关（如债务人原已降低的信用评级又得以提高等），已计提的减值准备应当予以转回，计入当期损益。但是，转回减值准备后的账面价值不应当超过假定不计提减值准备情况下，该债权投资在转回日的摊余成本。

资产负债表日债权投资发生减值的，应按预期信用损失金额，借记“信用减值损失”科目，贷记“债权投资减值准备”科目；已计提减值准备的债权投资，若其价值以后又得以恢复，应在原已计提的减值准备金额内，按应恢复的账面价值借记“债权投资减值准备”科目，贷记“信用减值损失”科目。

3.3 以公允价值计量且其变动计入其他综合收益的金融资产

3.3.1 以公允价值计量且其变动计入其他综合收益的金融资产的含义及构成

同时符合以下两个条件的资产即为以公允价值计量且其变动计入其他综合收益的金融资产：(1）企业管理金融资产的业务模式既以收取合同现金流量为目标又以出售该金融资产为目标；(2）该金融资产的合同条款规定，在特定日期产生的合同现金流量仅为本金和以未偿付本金金额为基础的利息支付。

企业在初始确认时，除符合上述条件的金融资产外，还可以将非交易性权益工具投资（如企业持有的限售股等）指定为以公允价值计量且其变动计入其他综合收益的金融资产，并确认股票股利。该指定一经决定不得撤销。

以公允价值计量且其变动计入其他综合收益的金融资产主要包括其他债权投资和其他权益工具投资。

3.3.2 其他债权投资

1）其他债权投资的含义及特征

其他债权投资是指既可能持有至到期收取现金流量，也可能在到期之前全部出售的债权投资。企业取得的其他债权投资应将其划分为以公允价值计量且其变动计入其他综合收益的金融资产。采用实际利率法计算的利息收入应计入当期损益；该金融资产由于公允价值变动产生的利得或损失应计入其他综合收益；该金融资产发生的减值损失应计入当期损益；该金融资产终止确认时，之前计入其他综合收益的累计利得或损失，应当从其他综合收益中转出。

2）其他债权投资的初始计量

企业取得的债券如确认为其他债权投资，初始成本包括该债券交易日的公允价值和相关交易费用之和。如果支付的价款中包含已到付息期但尚未领取的利息，应单独确认为应收项目，不构成其他债权投资的初始入账金额。以后收到该项利息时，借记“银行存款”

科目，贷记“应收利息”科目。

企业应设置“其他债权投资”科目，并设置“成本”“利息调整”“应计利息”“公允价值变动”明细科目核算其他债权投资的取得及变动业务。

【例3-7】2018年1月1日，乙公司购入丙公司当日发行的面值480 000元、期限3年、票面利率8%、每年12月31日付息、到期还本的债券，实际支付的购买价款（包括交易费用）为496 000元；乙公司既可能持有至到期，也可能提前出售，将其确认为其他债权投资。其账务处理如下：

借：其他债权投资——成本（丙公司债券）　　480 000

　　　　　　　　——利息调整（丙公司债券）　　16 000

　贷：银行存款　　496 000

3）其他债权投资的后续计量

（1）其他债权投资收益的确认。企业在持有其他债权投资期间，应按照债券的摊余成本和初始确认的实际利率确定投资收益；根据票面利息（应收利息），借记“其他债权投资——应计利息”或“应收利息”等科目；根据实际利息收入，贷记“投资收益”科目；根据两者的差额，贷记或借记“其他债权投资——利息调整”科目。

【例3-8】2016年1月1日，甲公司购入乙公司面值480 000元、期限3年、票面利率8%、每年12月31日付息、到期还本的债券，初始确认金额为496 000元，经估算（估算过程此处从略），债券的实际利率为6.74%。甲公司既可能持有至到期，也可能提前出售，将其确认为其他债权投资。甲公司在持有期间确认利息收入的计算过程及账务处理如下：

（1）采用实际利率法编制的利息收入与摊余成本计算表见表3-3。

表3-3　**利息收入与摊余成本计算表**

（实际利率法）

单位：元

日期	应收利息	利息收入	利息调整摊销	摊余成本
2016年1月1日				496 000
2016年12月31日	38 400	33 430	4 970	491 030
2017年12月31日	38 400	33 095	5 305	485 725
2018年12月31日	38 400	32 675	5 725	480 000
合计	115 200	99 200	16 000	—

（2）各年确认利息收入并摊销利息调整的账务处理（各年收到债券利息的账务处理此处从略）如下：

①2016年12月31日。

借：应收利息　　38 400

　贷：投资收益　　33 430

　　　其他债权投资——利息调整（乙公司债券）　　4 970

②2017年12月31日。

借：应收利息　　38 400

　　贷：投资收益　　33 095

　　　　其他债权投资——利息调整（乙公司债券）　　5 305

③2018年12月31日。

借：应收利息　　38 400

　　贷：投资收益　　32 675

　　　　其他债权投资——利息调整（乙公司债券）　　5 725

（2）其他债权投资的期末计量。其他债权投资的期末计量应以公允价值为基础，因公允价值变动形成的未实现利得和损失，作为所有者权益变动计入其他综合收益，借记或贷记“其他债权投资——公允价值变动”科目，贷记或借记“其他综合收益——其他债权投资公允价值变动”科目。

资产负债表日，其他债权投资的公允价值高于其账面余额时，应按二者之间的差额调增其他债权投资的账面余额，同时将公允价值变动计入其他综合收益，借记“其他债权投资——公允价值变动”科目，贷记“其他综合收益——其他债权投资公允价值变动”科目；其他债权投资的公允价值低于其账面余额时，应按二者之间的差额调减其他债权投资的账面余额，同时将公允价值变动计入其他综合收益，借记“其他综合收益——其他债权投资公允价值变动”科目，贷记“其他债权投资——公允价值变动”科目。

【例3-9】某公司各年年末持有债券的公允价值见表3-4。

表3-4　**公允价值变动计算表**　单位：元

日期	摊余成本	公允价值	累计公允价值变动	本期公允价值变动
2018年12月31日	157 066	157 208	142	142
2019年12月31日	158 490	158 542	52	-90
2020年12月31日	160 000	160 000	0	-52

说明：累计公允价值变动=公允价值-摊余成本；本期公允价值变动=累计公允价值变动-累计公允价值变动的期初数。

该公司各年年末的账务处理如下：

2018年12月31日：

借：其他债权投资——公允价值变动　　142

　　贷：其他综合收益——其他债权投资公允价值变动　　142

2019年12月31日：

借：其他综合收益——其他债权投资公允价值变动　　90

　　贷：其他债权投资——公允价值变动　　90

2020年12月31日：

借：其他综合收益——其他债权投资公允价值变动　　52

　　贷：其他债权投资——公允价值变动　　52

（3）其他债权投资的处置。企业处置其他债权投资时，应终止确认该金融资产，将取得的处置价款与该金融资产账面余额之间的差额计入投资收益；同时，将原直接计入所有者权益的累计公允价值变动对应处置部分的金额转出，计入投资收益。

处置其他债权投资时，应按实际收到的处置价款，借记“银行存款”科目；按其他债权投资面值，贷记“其他债权投资——成本”科目；按利息调整摊余金额，贷记或借记“其他债权投资——利息调整”科目；按累计公允价值变动金额，贷记或借记“其他债权投资——公允价值变动”科目；按上列差额，贷记或借记“投资收益”科目。同时，将原计入其他综合收益的累计公允价值变动对应处置部分的金额转出，借记或贷记“其他综合收益——其他债权投资公允价值变动”科目，贷记或借记“投资收益”科目。

【例3-10】2018年3月1日，乙公司将持有的面值480 000元、期限3年、票面利率8%、每年12月31日付息、到期还本的丙公司债券出售，实际收到出售价款489 600元。出售日，公司债券账面余额为486 400元，其中，成本为480 000元，利息调整（借方）为5 727元，公允价值变动（借方）673元。乙公司的会计处理如下：

借：银行存款　489 600

　贷：其他债权投资——成本（丙公司债券）　480 000

　　　　——利息调整（丙公司债券）　5 727

　　　　——公允价值变动（丙公司债券）　673

　　投资收益　3 200

借：其他综合收益——其他债权投资公允价值变动　673

　贷：投资收益　673

（4）其他债权投资的减值。如果企业在报告期期末持有的其他债权投资发生信用损失(存在表明发生减值客观证据的)，应当确认为减值损失，计提减值准备。对于以公允价值计量且其变动计入其他综合收益的其他债权投资，企业应在其他综合收益中确认其减值损失，并将减值损失或利得计入当期损益，且不减少该金融资产在资产负债表中列示的价值。确认其他债权投资减值损失时，借记“信用减值损失”科目，贷记“其他综合收益——信用减值准备”科目；如该资产减值恢复，编制相反的分录。

【例3-11】2017年1月1日，甲公司购入面值960 000元、期限5年、票面利率5%、到期还本付息的乙公司当日发行的债券，作为其他债权投资，用银行存款支付初始入账金额986 312元，初始确认时确定的实际利率为4%。

甲公司根据2017—2018年其他债权投资相关业务所作的账务处理如下：

（1）利息调整借差=986 312−960 000=26 312（元）

借：其他债权投资——成本（乙公司债券）　960 000

　　　　——利息调整（乙公司债券）　26 312

　贷：银行存款　986 312

（2）2017年12月31日，乙公司债券的市价为1 020 000元，甲公司预计持有至到期时该债券的现金流量现值为996 000元。甲公司认定乙公司债券发生了减值。

①确认利息收入及利息调整摊销。

利息收入=986 312×4%=39 452（元）

应计利息=960 000×5%=48 000（元）

利息调整借差摊销=48 000−39 452=8 548（元）

借：其他债权投资——应计利息　　48 000

　贷：其他债权投资——利息调整（乙公司债券）　　8 548

　　投资收益　　39 452

债券摊余成本=986 312+48 000−8 548=1 025 764（元）

②确认公允价值变动。

本期公允价值变动=1 020 000−1 025 764=−5 764（元）

借：其他综合收益——其他债权投资公允价值变动　　5 764

　贷：其他债权投资——公允价值变动（乙公司债券）　　5 764

③确认减值损失。

减值损失=1 020 000−996 000=24 000（元）

借：信用减值损失　　24 000

　贷：其他综合收益——信用减值准备　　24 000

（3）2018年12月31日，乙公司债券的市价为1 062 000元，甲公司预计持有至到期时该债券的现金流量现值为1 044 000元。甲公司认定乙公司债券发生了减值。

①确认利息收入并摊销利息调整。

利息收入=1 025 764×4%=41 031（元）

应计利息=960 000×5%=48 000（元）

利息调整借差摊销=48 000−41 031=6 969（元）

借：其他债权投资——应计利息　　48 000

　贷：其他债权投资——利息调整（乙公司债券）　　6 969

　　投资收益　　41 031

债券摊余成本=1 025 764+48 000−6 969=1 066 795（元）

②确认公允价值变动。

本期公允价值变动=1 062 000−1 066 795−（−5 764）=969（元）

借：其他债权投资——公允价值变动（乙公司债券）　　969

　贷：其他综合收益——其他债权投资公允价值变动　　969

③确认减值损失。

减值损失=1 062 000−1 044 000−24 000=−6 000（元）

借：其他综合收益——信用减值准备　　6 000

　贷：信用减值损失　　6 000

上例中在2017年12月31日和2018年12月31日的资产负债表上，该项其他债权投资以其账面价值（即公允价值）列示，列示金额分别为1 020 000元和1 062 000元，资产减值不影响其列示金额。

3.3.3 其他权益工具投资

1）其他权益工具投资的含义及特征

其他权益工具投资是指不具有控制、共同控制和重大影响的股权及非交易性股票等。例如，企业持有的上市公司限售股，尽管在活跃市场中有报价，但由于出售受到限制，不能随时出售，可指定为以公允价值计量且其变动计入其他综合收益的金融资产。企业取得的其他权益工具投资，按公允价值计量，其公允价值变动计入其他综合收益；该金融资产终止确认时，之前计入其他综合收益的累计利得或损失，应当从其他综合收益中转出，计入留存收益。其他权益工具投资不需要计提减值准备。

2）其他权益工具投资的初始计量

企业取得的股权投资如确认为其他权益工具投资，初始成本包括该股票交易日的公允价值和相关交易费用之和。如果支付的价款中包含已宣告但尚未发放的现金股利，应单独确认为应收项目，不构成其他权益工具投资的初始入账金额。以后收到该项现金股利时，借记"银行存款"科目，贷记"应收股利"科目。

企业应设置"其他权益工具投资"科目，并设置"成本""公允价值变动"明细科目核算其他权益工具投资的取得及变动业务。

【例3-12】2018年3月20日，甲公司按每股7.60元的价格购入乙公司每股面值1元的股票64 000股，并支付交易费用1 440元，该股票一年内不得出售，确认为其他权益工具投资。股票购买价格中包含每股0.20元已宣告但尚未领取的现金股利，该现金股利于2018年4月20日发放。其账务处理如下：

（1）2018年3月20日，购入乙公司股票。

初始确认金额=（7.60−0.20）×64 000+1 440=475 040（元）

应收现金股利=0.20×64 000=12 800（元）

借：其他权益工具投资——成本（乙公司股票）	475 040	
应收股利	12 800	
贷：银行存款		487 840

（2）2018年4月20日，收到乙公司发放的现金股利。

借：银行存款	12 800	
贷：应收股利		12 800

3）其他权益工具投资的后续计量

（1）其他权益工具投资收益的确认。其他权益工具投资在持有期间取得的现金股利（不包括取得该金融资产时已宣告但尚未发放的现金股利），应当计入投资收益。其他权益工具投资持有期间，被投资单位宣告发放现金股利时，按应享有的份额，借记"应收股利"科目，贷记"投资收益"科目；收到发放的现金股利时，借记"银行存款"科目，贷记"应收股利"科目。

【例3-13】丙公司持有丁公司股票64 000股。2018年3月15日，丁公司宣告每股分派现金股利0.25元，该现金股利于2018年4月20日发放。其账务处理如下：

2018年3月15日，丁公司宣告分派现金股利。

应收现金股利=0.25×64 000=16 000（元）

借：应收股利	16 000	
贷：投资收益		16 000

2018年4月20日，收到丁公司发放的现金股利。

借：银行存款	16 000	
贷：应收股利		16 000

（2）其他权益工具投资的期末计量。其他权益工具投资期末应以公允价值计量。资产负债表日，公允价值高于其账面余额时，应按二者之间的差额调增其他权益工具投资的账面余额，同时将公允价值变动计入其他综合收益，借记“其他权益工具投资——公允价值变动”科目，贷记“其他综合收益——其他权益工具投资公允价值变动”科目；其他权益工具投资的公允价值低于其账面余额时，应按二者之间的差额，调减其他权益工具投资的账面余额，同时将公允价值变动减计所有者权益，借记“其他综合收益——其他权益工具投资公允价值变动”科目，贷记“其他权益工具投资——公允价值变动”科目。

【例3-14】甲公司持有乙公司股票32 000股，该股票在2016年12月31日的每股市价为16.40元；在2017年12月31日的每股市价为15元。2016年12月31日，乙公司股票按公允价值调整前的账面余额（即初始确认金额）为475 040元。甲公司的账务处理如下：

（1）2016年12月31日，调整其他权益工具投资账面余额。

公允价值变动=16.40×32 000−475 040=49 760（元）

借：其他权益工具投资——公允价值变动（乙公司股票）　　49 760

　贷：其他综合收益——其他权益工具投资公允价值变动　　49 760

调整后甲公司持有的该股票账面余额=16.40×32 000=524 800（元）

（2）2017年12月31日，调整其他权益工具投资账面余额。

公允价值变动=15×32 000−524 800=−44 800（元）

借：其他综合收益——其他权益工具投资公允价值变动　　44 800

　贷：其他权益工具投资——公允价值变动（乙公司股票）　　44 800

调整后甲公司持有的该股票账面余额=15×32 000=480 000（元）

（3）其他权益工具投资的处置。企业处置其他权益工具投资时，应将取得的处置价款与该金融资产账面余额之间的差额计入其他综合收益；同时将累计确认的其他综合收益转为留存收益，不得计入当期损益。

企业应根据实际收到的处置价款，借记“银行存款”等科目；根据其账面余额，贷记“其他权益工具投资”科目；根据其差额，贷记或借记“其他综合收益——其他权益工具投资公允价值变动”科目。同时，根据累计公允价值变动原计入其他综合收益的金额，借记或贷记“其他综合收益——其他权益工具投资公允价值变动”科目，贷记或借记“利润分配——未分配利润”科目。

【例3-15】2018年3月17日，甲公司将持有的4 800股乙公司股票出售，实际收到价款520 000元。出售日，乙公司股票账面余额为480 000元，其中：成本475 040元，公允价值变动（借方）4 960元。甲公司的账务处理如下：

（1）处置其他权益工具投资。

借：银行存款　　520 000

　贷：其他权益工具投资——成本（乙公司股票）　　475 040

　　　　　　　　　　——公允价值变动（乙公司股票）　　4 960

　　其他综合收益——其他权益工具投资公允价值变动　　40 000

（2）结转累计计入其他综合收益的公允价值变动。

累计计入其他综合收益的公允价值变动=4 960+40 000=44 960（元）

借：其他综合收益——其他权益工具投资公允价值变动　　44 960
　　贷：利润分配——未分配利润　　44 960

3.4 以公允价值计量且其变动计入当期损益的金融资产

3.4.1 以公允价值计量且其变动计入当期损益的金融资产的含义与特征

以公允价值计量且其变动计入当期损益的金融资产是指以摊余成本计量的金融资产和以公允价值计量且其变动计入其他综合收益的金融资产以外的金融资产，如随时准备出售的债权投资和股票投资等。企业取得该金融资产主要是为了近期内出售，如企业以赚取差价为目的从二级市场购入的股票、债券、基金等。其特征是企业能够随时变现以获得证券交易差价。

以公允价值计量且其变动计入当期损益的金融资产的确认条件体现的是该金融资产的特征。但有些金融资产虽不满足确认为以公允价值计量且其变动计入当期损益的金融资产条件，但企业仍可在符合某些特定条件的情况下将其指定为以公允价值计量且其变动计入当期损益的金融资产。

3.4.2 以公允价值计量且其变动计入当期损益的金融资产的初始计量

根据以公允价值计量且其变动计入当期损益的金融资产的特征，该金融资产的初始确认金额应当按照公允价值计量。公允价值通常为金融资产和金融负债的交易价格，相关的交易费用在发生时直接计入当期损益。

企业应当根据《企业会计准则第39号——公允价值计量》的规定，确定金融资产和金融负债的公允价值。如果公允价值与交易价格存在差异的，企业应区别下列情况处理：（1）在初始确认时，金融资产或金融负债依据相同资产或负债在活跃市场上的报价或者以仅使用可观察市场数据的估值技术确定的，企业应当将该公允价值与交易价格之间的差额确认为一项利得或损失。（2）在初始确认时，金融资产或金融负债的公允价值以其他方式确定的，企业应当将该公允价值与交易价格之间的差额递延。初始确认后，企业应当根据某一因素在相应会计期间的变动程度将该递延差额确认为相应会计期间的利得或损失。

企业应设置"交易性金融资产"科目，核算以公允价值计量且其变动计入当期损益的金融资产，并根据该类金融资产的类别和品种，分别按照"成本""公允价值变动"进行明细核算。需要注意的是，企业持有的指定为以公允价值计量且其变动计入当期损益的金融资产，也通过"交易性金融资产"科目核算，不再单独设置会计科目。

企业取得以公允价值计量且其变动计入当期损益的金融资产所支付的价款中，如果包含已宣告但尚未发放的现金股利或已到付息期但尚未领取的债券利息，性质上属于暂付应收款，应当单独确认为应收项目（应收股利或应收利息），不计入以公允价值计量且其变动计入当期损益的金融资产。

【例3-16】2017年1月6日甲公司购入每股面值1元的乙公司普通股股票10 000股，每股价格为15元，确认为以公允价值计量且其变动计入当期损益的金融资产，并支付交易费用1 800元。其账务处理如下：

借：交易性金融资产——成本（乙公司股票）　　150 000
　　投资收益　　1 800

贷：银行存款　　151 800

【例3-17】2017年4月26日，乙公司按每股10.20元的价格从二级市场购入丙公司每股面值1元的股票10 000股，确认为以公允价值计量且其变动计入当期损益的金融资产，并支付交易费用1 200元。股票购买价格中包含已宣告但尚未领取的现金股利（每股0.20元）。乙公司的账务处理如下：

借：交易性金融资产——成本（丙公司股票）　　100 000
　　应收股利　　2 000
　　投资收益　　1 200
　贷：银行存款　　103 200

乙公司在收到上述股利时，应借记“银行存款”科目，贷记“应收股利”科目，而非贷记“投资收益”科目。

【例3-18】2017年7月1日，丙公司支付价款34 720元购入丁公司于2016年7月1日发行的面值32 000元、期限5年、票面利率6%、每年6月30日付息、到期还本的债券，确认为以公允价值计量且其变动计入当期损益的金融资产，并支付交易费用120元。债券购买价格中包含已到付息期但尚未支付的利息1 920元。丙公司的账务处理如下：

借：交易性金融资产——成本（丁公司债券）　　32 680
　　应收利息　　1 920
　　投资收益　　120
　贷：银行存款　　34 720

丙公司在收到上述利息时，应借记“银行存款”科目，贷记“应收利息”科目，而非贷记“投资收益”科目。

3.4.3 以公允价值计量且其变动计入当期损益的金融资产的后续计量

企业在持有以公允价值计量且其变动计入当期损益的金融资产期间，会产生一定的收益，如获得的现金股利或债券利息，应当确认为投资收益。包含在取得以公允价值计量且其变动计入当期损益的金融资产投资时支付的价款中、已宣告但尚未发放的现金股利或已到付息期但尚未领取的债券利息，属于投资者在购买时垫付的资金，是一种债权，在实际收到时应冲减已记录的应收股利或应收利息，不能确认为投资收益。

资产负债表日，以公允价值计量且其变动计入当期损益的金融资产应按公允价值反映，公允价值的变动计入当期损益。

资产负债表日，以公允价值计量且其变动计入当期损益的金融资产的公允价值高于其账面余额时，应按二者之间的差额调增其账面余额，同时确认公允价值上升的收益，借记“交易性金融资产——公允价值变动”科目，贷记“公允价值变动损益”科目；以公允价值计量且其变动计入当期损益的金融资产的公允价值低于其账面余额时，应按二者之间的差额调减其账面余额，同时确认公允价值下降的损失，借记“公允价值变动损益”科目，贷记“交易性金融资产——公允价值变动”科目。

【例3-19】甲公司于每年年末对持有的以公允价值计量且其变动计入当期损益的金融资产按公允价值进行后续计量，确认公允价值变动损益。2017年12月31日，甲公司持有的以公允价值计量且其变动计入当期损益的金融资产明细资料见表3-5。

表3-5　**甲公司交易性金融资产明细资料**

2017年12月31日　单位：元

项目	调整前账面余额	期末公允价值	公允价值变动损益	调整后账面余额
乙公司股票	260 000	208 000	−52 000	208 000
丙公司债券	65 600	68 000	2 400	68 000

根据表3-5的资料，甲公司于2017年12月31日确认公允价值变动损益的账务处理如下：

借：公允价值变动损益　52 000
　贷：交易性金融资产——公允价值变动（乙公司股票）　52 000
借：交易性金融资产——公允价值变动（丙公司债券）　2 400
　贷：公允价值变动损益　2 400

3.4.4 以公允价值计量且其变动计入当期损益的金融资产的处置

以公允价值计量且其变动计入当期损益的金融资产处置时，需要确认处置损益。处置损益是指处置以公允价值计量且其变动计入当期损益的金融资产实际收到的价款，减去所处置以公允价值计量且其变动计入当期损益的金融资产账面余额后的差额。其中，以公允价值计量且其变动计入当期损益的金融资产的账面余额，是指以公允价值计量且其变动计入当期损益的金融资产的初始入账金额加上或减去资产负债表日累计公允价值变动后的金额。如果在处置以公允价值计量且其变动计入当期损益的金融资产时，已计入应收项目的现金股利或债券利息尚未收回，还应从处置价款中扣除该部分现金股利或债券利息，然后确认处置损益。处置以公允价值计量且其变动计入当期损益的金融资产，该金融资产在持有期间已确认的累计公允价值变动净损益，应确认为处置当期投资收益，同时调整公允价值变动损益。

【例3-20】2017年3月17日，甲公司将持有的乙公司股票出售，实际收到出售价款212 800元。股票出售日，该股票账面价值208 000元，其中，成本260 000元，已确认公允价值变动损失52 000元。股票处置损益的计算及账务处理如下：

处置损益=212 800−208 000=4 800（元）

借：银行存款　212 800
　　交易性金融资产——公允价值变动　52 000
　贷：交易性金融资产——成本（乙公司股票）　260 000
　　　投资收益　4 800

同时：

借：投资收益　52 000
　贷：公允价值变动损益　52 000

【例3-21】2017年4月20日，甲公司将丙公司债券出售，实际收到出售价款70 880元。债券出售日，该债券已计提但尚未收到的利息为1 920元，账面价值为68 000元，其中，成本65 600元，已确认公允价值变动收益2 400元。债券处置损益的计算及账务处理如下：

处置损益=70 880-68 000-1 920=960（元）

借：银行存款	70 880	
贷：交易性金融资产——成本（丙公司债券）		65 600
——公允价值变动（丙公司债券）		2 400
应收利息		1 920
投资收益		960

同时：

借：公允价值变动损益	2 400	
贷：投资收益		2 400

处置时之所以将公允价值变动损益转入投资收益，主要是基于考核管理层受托责任履行情况的需要。因为公允价值变动损益不宜用来考核管理层的业绩，只有最终实现的投资收益才能用来考核管理层的业绩。

3.5 金融资产的重分类

3.5.1 金融资产重分类的原则

企业改变其管理金融资产的业务模式时，应当按照规定对所有受影响的相关金融资产进行重分类。金融资产的重分类是指金融资产可以在以摊余成本计量的金融资产、以公允价值计量且其变动计入其他综合收益的金融资产和以公允价值计量且其变动计入当期损益的金融资产之间进行重分类。

由于企业管理金融资产的业务模式变更是极其少见的情况，因此企业对金融资产进行重分类时，自重分类日起采用未来适用法进行相关会计处理，不得对以前经确认的利得或损失进行追溯调整。重分类日是指导致企业对金融资产进行重分类的业务模式发生变更后的首个报告期间的第一天。

例如，甲公司决定于2018年2月2日改变某金融资产的业务模式，则重分类日为2018年4月1日（即下一个季度会计期间的期初）；如果甲公司决定于2017年10月16日改变某金融资产的业务模式，则重分类日为2018年1月1日。

3.5.2 金融资产重分类的计量

1）以摊余成本计量的金融资产重分类

（1）以摊余成本计量的金融资产重分类为以公允价值计量且其变动计入其他综合收益的金融资产。企业将一项以摊余成本计量的金融资产重分类为以公允价值计量且其变动计入其他综合收益的金融资产的，应当按照该金融资产在重分类日的公允价值计量，原账面价值与公允价值的差额计入其他综合收益。该金融资产重分类不影响其实际利率和预期信用损失的，企业应根据该金融资产的摊余成本，借记“其他债权投资”科目，贷记“债权投资”等科目。同时，根据该金融资产公允价值与账面价值的差额，借记或贷记“其他债权投资——公允价值变动”科目，贷记或借记“其他综合收益——其他债权投资公允价值变动”科目。

【例3-22】2017年12月31日，乙公司将其持有的一项丙公司债券（债权投资）重分类为以公允价值计量且其变动计入其他综合收益的金融资产。重分类日，丙公司债券的公允价值为405 760元，账面价值为399 040元，其中，成本384 000元，利息调整借差9 280元，应计利息5 760元。其账务处理如下：

（1）结转该债券账面价值：

借：其他债权投资——成本（丙公司债券）　384 000

——利息调整（丙公司债券）　9 280

——应计利息（丙公司债券）　5 760

贷：债权投资——成本（丙公司债券）　384 000

——利息调整（丙公司债券）　9 280

——应计利息（丙公司债券）　5 760

（2）调整公允价值：

公允价值变动=405 760−399 040=6 720（元）

借：其他债权投资——公允价值变动　6 720

贷：其他综合收益——其他债权投资公允价值变动　6 720

（2）以摊余成本计量的金融资产重分类为以公允价值计量且其变动计入当期损益的金融资产。企业将一项以摊余成本计量的金融资产重分类为以公允价值计量且其变动计入当期损益的金融资产的，应当按照该金融资产在重分类日的公允价值计量，原账面价值与公允价值的差额计入当期损益。

在重分类日，企业应根据该金融资产的摊余成本，借记“交易性金融资产——成本”科目，贷记“债权投资”等科目。同时，根据该金融资产公允价值与账面价值的差额，借记或贷记“交易性金融资产——公允价值变动”科目，贷记或借记“公允价值变动损益”科目。

【例3-23】2017年12月31日，乙公司将其持有的一项丙公司债券（债权投资）重分类为以公允价值计量且其变动计入当期损益的金融资产。重分类日，丙公司债券的公允价值为405 760元，账面价值为399 040元，其中，成本384 000元，利息调整借差9 280元，应计利息5 760元。其账务处理如下：

（1）结转该债券账面价值。

借：交易性金融资产——成本　399 040

贷：债权投资——成本（丙公司债券）　384 000

——利息调整（丙公司债券）　9 280

——应计利息（丙公司债券）　5 760

（2）调整公允价值。

公允价值变动=405 760−399 040=6 720（元）

借：交易性金融资产——公允价值变动　6 720

贷：公允价值变动损益　6 720

2）以公允价值计量且其变动计入其他综合收益的金融资产重分类

（1）以公允价值计量且其变动计入其他综合收益的金融资产重分类为以摊余成本计量的金融资产。企业将一项以公允价值计量且其变动计入其他综合收益的金融资产重分类为以摊余成本计量的金融资产的，应当将之前计入其他综合收益的利得或损失转出，调整该金融资产在重分类日的公允价值，并以调整后的金额作为新的账面价值，即视同该金融资产一直以摊余成本计量。该金融资产重分类不影响其实际利率和预期信用损失的计量。

重分类日，企业应根据该金融资产的摊余成本，借记“债权投资”科目，贷记“其他债权投资”科目。由于其减值准备是以公允价值为基础计量的，因此其公允价值变动属于减值准备的组成部分，应根据其公允价值变动借记或贷记“其他债权投资——公允价值变动”科目，贷记或借记“债权投资减值准备”科目；同时借记或贷记“其他综合收益——信用减值准备”科目，贷记或借记“信用减值损失”科目；根据累计确认的资产减值准备，借记“债权投资减值准备”科目。

【例3-24】2018年1月1日，甲公司将其持有的乙公司债券（其他债权投资）重分类为以摊余成本计量的金融资产（债权投资）。当日该债券的账面价值为708 000元，其中，债券面值640 000元，利息调整借差7 197元，应计利息64 000元，公允价值变动-3 197元；累计计提金融资产减值准备12 000元。其账务处理如下：

（1）结转摊余成本。

借：债权投资——成本（乙公司债券）	640 000	
——利息调整（乙公司债券）	7 197	
——应计利息（乙公司债券）	64 000	
贷：其他债权投资——成本（乙公司债券）		640 000
——利息调整（乙公司债券）		7 197
——应计利息（乙公司债券）		64 000

（2）结转公允价值变动。

借：其他债权投资——公允价值变动	3 197	
贷：债权投资减值准备		3 197
借：信用减值损失	3 179	
贷：其他综合收益——信用减值准备		3 197

（3）结转金融资产减值准备。

借：其他综合收益——信用减值准备	12 000	
贷：债权投资减值准备		12 000

（2）以公允价值计量且其变动计入其他综合收益的金融资产重分类为以公允价值计量且其变动计入当期损益的金融资产。企业将一项以公允价值计量且其变动计入其他综合收益的金融资产重分类为以公允价值计量且其变动计入当期损益的金融资产的，应当继续以公允价值计量该金融资产。同时，企业应当将之前计入其他综合收益的累计利得或损失从其他综合收益转入当期损益。

重分类日，企业应根据该金融资产的公允价值，借记“交易性金融资产”科目，贷记“其他债权投资”科目；根据原计入其他综合收益的公允价值变动，借记或贷记“其他综合收益”科目，贷记或借记“公允价值变动损益”科目；根据其减值准备，借记“其他综合收益——信用减值准备”科目，贷记“信用减值损失”科目。

【例3-25】2018年1月1日，甲公司将其持有的乙公司债券（其他债权投资）重分类为以公允价值计量且其变动计入当期损益的金融资产。当日该债券的账面价值为708 000

元（即公允价值），其中，债券面值640 000元，利息调整借差7 197元，应计利息64 000元，公允价值变动-3 197元；累计计提金融资产减值准备12 000元。其账务处理如下：

（1）结转摊余成本和公允价值。

借：交易性金融资产——成本　708 000
　　其他债权投资——公允价值变动　3 197
　贷：其他债权投资——成本　640 000
　　　　　　　　——利息调整　7 197
　　　　　　　　——应计利息　64 000

（2）结转金融资产公允价值变动。

借：公允价值变动损益　3 197
　贷：其他综合收益——其他债权投资公允价值变动　3 197

（3）结转金融资产减值准备。

借：其他综合收益——信用减值准备　12 000
　贷：信用减值损失　12 000

3）以公允价值计量且其变动计入当期损益的金融资产重分类

（1）以公允价值计量且其变动计入当期损益的金融资产重分类为以摊余成本计量的金融资产。企业将一项以公允价值计量且其变动计入当期损益的金融资产重分类为以摊余成本计量的金融资产的，应当以其在重分类日的公允价值作为新的账面余额，以该金融资产在重分类日的公允价值确定实际利率。其后，按照以摊余成本计量的金融资产的相关规定进行后续计量。

企业将原准备随时出售的债券重分类为以摊余成本计量的金融资产——债权投资时，重分类日，应根据该债券的公允价值，借记“债权投资”科目，贷记“交易性金融资产”科目。

【例3-26】2018年12月31日，甲公司决定将原准备随时出售的乙公司债券（交易性金融资产）重分类为以摊余成本计量的金融资产（债权投资）。当日该债券的公允价值为884 000元，其中，成本864 000元，公允价值变动20 000元；该债券系乙公司于2016年1月1日发行的面值800 000元、5年期、票面利率4%、到期一次还本付息的债券。甲公司于每年年末确认投资收益；重新确定的实际利率为4.21%。其账务处理如下：

债券应计利息=800 000×4%×3=96 000（元）

债券利息调整=884 000-800 000-96 000=-12 000（元）

借：债权投资——成本　800 000
　　　　　　——应计利息　96 000
　贷：交易性金融资产——成本　864 000
　　　　　　　　　　——公允价值变动　20 000
　　债权投资——利息调整　12 000

（2）以公允价值计量且其变动计入当期损益的金融资产重分类为以公允价值计量且其变动计入其他综合收益的金融资产。企业将一项以公允价值计量且其变动计入当期损益的金融资产重分类为以公允价值计量且其变动计入其他综合收益的金融资产的，应当继续以公允价值计量该金融资产。

企业将原准备随时出售的债券重分类为以公允价值计量且其变动计入其他综合收益的金融资产时，重分类日，应根据该债券的公允价值，借记“其他债权投资”科目，贷记“交易性金融资产”科目。

【例3-27】2018年12月31日，甲公司决定将原准备随时出售的乙公司债券（交易性金融资产）重分类为以公允价值计量且其变动计入其他综合收益的金融资产（其他债权投资）。当日该债券的公允价值为884 000元，其中，成本864 000元，公允价值变动20 000元；该债券系乙公司于2016年1月1日发行的面值800 000元、5年期、票面利率4%、到期一次还本付息的债券。甲公司于每年年末确认投资收益；重新确定的实际利率为4.21%。其账务处理如下：

债券应计利息=800 000×4%×3=96 000（元）

债券利息调整=884 000−800 000−96 000=−12 000（元）

借：其他债权投资——成本	800 000	
——应计利息	96 000	
贷：交易性金融资产——成本		864 000
——公允价值变动		20 000
其他债权投资——利息调整		12 000

以公允价值计量且其变动计入当期损益的金融资产进行重分类的，企业应当根据该金融资产在重分类日的公允价值确定其实际利率。同时，企业应当自重分类日对该金融资产适用金融资产减值的相关规定，并将重分类日视为初始确认日。

3.6 应收款项

应收款项是企业在日常生产经营过程中发生的各项债权，包括应收票据、应收账款和其他应收款、预付账款等。

3.6.1 应收票据

1）应收票据概述

从广义上讲，应收票据作为一种债权凭证，应包括企业持有的未到期或未兑现的汇票、本票、支票等，但在我国会计实务中，支票、银行本票及银行汇票均为见票即付的票据，无须将其列为应收票据予以处理。因此在我国，应收票据仅指企业持有的未到期或未兑现的商业汇票。

在我国，商业汇票的期限一般不超过6个月，因而我国的应收票据是一种流动资产。在会计实务中，企业的应收票据是指收到的经承兑人承兑的商业汇票。

按照票据的承兑人的不同，商业汇票分为银行承兑汇票和商业承兑汇票两种。承兑是汇票付款人承诺在汇票到期日支付汇票金额的票据行为。商业汇票必须经承兑后方可生效。银行承兑汇票的承兑人是承兑申请人的开户银行，商业承兑汇票的承兑人是付款人。

按照票据是否带有追索权，商业汇票分为带追索权的商业汇票和不带追索权的商业汇票两种。追索权是指企业在转让应收账款的情况下，接受应收款项转让方在应收账款遭拒付或逾期时，向该应收款项转让方索取应收金额的权利。在我国，商业票据可背书转让，持票人可以对背书、出票人以及票据的其他债务人行使追索权。一般来说，不确定性负债称为或有负债。因此，转让应收款项而产生的被追索的不确定性也属于一种或有负债。在我国的会计实务中，就应收票据贴现而言，银行承兑汇票的贴现不会使企业被追索，企业也就不会因汇票贴现而发生或有负债；商业承兑汇票的贴现会使企业有被追索的可能，企业也就会因汇票贴现而发生或有负债。

按照我国企业会计准则，符合金融资产终止确认条件的（将金融资产所有权上几乎所有的风险和报酬转移给转入方），应终止确认该金融资产（如银行承兑汇票的贴现）；不符合金融资产终止确认条件的（如商业承兑汇票贴现），作为取得短期借款处理。

2）应收票据的取得

企业收到承兑的商业汇票时，应按票面金额借记“应收票据”科目，并根据不同的业务内容分别贷记“主营业务收入”“应交税费”“应收账款”等科目。

【例3-28】企业根据发生的有关收到应收票据的业务，编制会计分录如下：

（1）向万达公司销售产品一批，价款60 000元，增值税9 600元，收到由万达公司承兑的商业承兑汇票一张，金额共计69 600元。

借：应收票据	69 600	
贷：主营业务收入		60 000
应交税费——应交增值税（销项税额）		9 600

（2）原向康益公司销售产品的应收货款共计58 000元（其中产品价款50 000元，增值税8 000元），经双方协商，采用商业汇票方式结算，并收到银行承兑汇票一张。

借：应收票据	58 000	
贷：应收账款		58 000

3）应收票据到期

企业对持有的即将到期的商业汇票，应匡算划款时间，提前委托开户银行收款。一般来说，银行承兑汇票的票款能够及时收妥入账。商业承兑汇票的票款视付款人账户资金是否足额，有两种情况：一是付款人足额支付票款，结清有关的债权债务；二是付款人账户资金不足，将托收的汇票退回，由收付款双方自行处理。

应收票据到期时，如果收到票款，应按实际收到的金额借记“银行存款”等科目，按应收票据的账面金额贷记“应收票据”科目。

应收票据到期，如果因付款人无力支付票款，而收到由银行退回的商业承兑汇票、委托收款凭证、未付票款通知书或拒绝付款证明等单证，应将应收票据的面值转入“应收账款”。

4）应收票据的转让

根据《银行支付结算办法》的有关规定，企业可以将持有的应收票据进行背书转让，用以购买所需物资或偿还债务。

企业将持有的应收票据背书转让。取得所需材料物资时，按应计入取得物资成本的价值，借记“原材料”“库存商品”等科目；按专用发票上注明的可以抵扣的增值税进项税额，借记“应交税费”科目；按应收票据的账面余额，贷记“应收票据”科目，按补付或收到的差额，借记或贷记“银行存款”科目。

【例3-29】企业采购一批材料，货款总计11 600元（其中材料价款10 000元，增值税1 600元），将票据金额为11 900元的不带息商业承兑汇票背书转让，以支付该批材料的货款，同时收到差额款300元存入银行。编制会计分录如下：

借：原材料	10 000	
应交税费——应交增值税（进项税额）	1 600	
银行存款	300	
贷：应收票据		11 900

应收票据的背书转让，当不符合金融资产终止确认条件时，会使企业承担因付款方不能到期支付票款的连带责任，此时，转让应收票据实际上具有抵押性质。因此，应收票据不能终止确认。因转让应收票据而购入的材料视为负债处理，并通过“应付账款”核算。

5）应收票据的贴现

企业可以持未到期的商业汇票到银行申请贴现。将商业汇票贴现后，企业可以从银行取得贴现款。贴现款的计算方法如下：

贴现款=票据到期值-贴现息

贴现息=票据到期值×贴现率×贴现天数/360

贴现天数是指自贴现日起至票据到期前一日止的实际天数，在贴现日和票据到期日这两天中，只计算其中的一天。如果2月10日将1月31日（当年2月份为28天）签发承兑的期限为30天、到期日为3月2日的商业汇票贴现，贴现天数为20天。商业汇票的到期日无论是按日表示还是按月表示，贴现期一律按实际贴现天数计算。

在会计实务上，企业应根据贴现的商业汇票是否带有追索权分别采用不同的方法进行处理。

（1）不带追索权的应收票据贴现。

将不带追索权的应收票据贴现，企业在转让票据时把到期不能收回票据的风险一并转给了贴现银行，企业对票据到期无法收回的票据不承担连带责任，即符合金融资产终止确认的条件。因此，将不带追索权的商业汇票贴现时，企业应按实际收到的贴现款，借记“银行存款”科目，按贴现票据的账面金额，贷记“应收票据”科目，按贴现票据已经计提的利息，贷记“应收利息”科目，按实际收到的贴现款与贴现的商业汇票的账面金额及已经计提利息金额的差额，借记（贴现款小于应收票据账面金额及计提的利息时）“财务费用”科目。

在我国，银行承兑汇票贴现的业务基本上不存在到期不能收回票款的风险，企业应将银行承兑汇票贴现视为不带追索权的商业汇票贴现业务，按金融资产终止确认的原则处理。

【例3-30】某企业根据发生的商业汇票贴现的有关经济业务，编制会计分录如下：

企业于2月10日（当年2月份为28天）将签发承兑日为1月31日、期限为90天、面值为50 000元、利率为9.6%、到期日为5月1日的银行承兑汇票到银行申请贴现，银行规定的月贴现率为6‰。该票据已经计提应收利息200元。

票据到期利息=50 000×9.6%×90/360=1 200（元）

票据到期值=50 000+1 200=51 200（元）

贴现天数=80天

贴现息=51 200×6‰×80/30=819.20（元）

贴现款=51 200-819.20=50 380.80（元）

借：银行存款　　50 380.80

　贷：应收票据　　50 000

　　　应收利息　　200

　　　财务费用　　180.80

（2）带追索权的应收票据贴现。

将带追索权的应收票据贴现，企业并未转嫁票据到期不能收回票款的风险，贴现企业因背书而在法律上负有连带偿还责任，企业所承担的这种连带偿还责任，是企业的一种或有负债，该债务直至贴现银行收到票款后方可解除。因此，将带追索权的商业汇票贴现后，不符合金融资产终止确认的条件，不应冲销应收票据账户金额。

在我国，企业将商业汇票贴现，就是一种典型的带追索权的票据贴现业务。

企业将带追索权的票据贴现，不符合金融资产终止确认的条件，会计上不应冲销应收票据账户，此时，一般根据实际收到的贴现款，借记“银行存款”科目，贷记“短期借款”科目。

【例3-31】以【例3-30】的资料为例，假设贴现的汇票为商业承兑汇票，企业应编制会计分录如下：

借：银行存款　　50 380.80

　贷：短期借款　　50 380.80

票据到期日，无论票据付款人是否足额向贴现银行支付票款，贴现的票据均满足金融资产终止确认的条件，会计上应终止确认应收票据。

票据的付款人于汇票到期日将票款足额付给贴现银行，企业未收到有关追索债务的通知，则企业因票据贴现而产生的负债责任解除，应作为偿还短期借款对待，借记“短期借款”科目，贷记“应收票据”科目，贷记“应收利息”科目，差额借记或贷记“财务费用”科目。

同时，企业应按票据到期值中付款人的未付金额，反映对该汇票付款人的债权，借记“应收账款”科目，根据银行对该票据到期值的扣款方法，贷记“银行存款”或“短期借款”科目。

【例3-32】以【例3-31】为例，假如贴现的票据为商业承兑汇票，票据到期时，票据付款人足额向贴现银行支付票款，则应作会计分录如下：

借：短期借款　　50 380.80

　贷：应收票据　　50 000

　　　应收利息　　200

　　　财务费用　　180.80

若票据到期时，票据付款人无法足额向贴现银行支付票款，则在上述分录的基础上，还应同时作如下会计分录：

借：应收账款　　50 380.80

　贷：银行存款　　50 380.80

3.6.2　应收账款

1）应收账款的性质与范围

应收账款是企业因对外销售商品、产品、提供劳务等经营活动而应向客户收取的款项。一般地，应收账款是指应在1年（可跨年度）内收回的短期债权。在资产负债表上，应收账款应列为流动资产项目。

从会计实务来看，企业的应收账款不包括各种非经营活动发生的应收款项，例如，存出的保证金和押金、购货的预付定金、对职工或股东的预付款、预付分公司款、应收认股款、与企业的经营无关的应收款项、超过1年的应收分期销货款以及采用商业汇票结算方式销售商品的债权等，均不属于会计上称谓的应收账款。

2）应收账款的入账价值

一般来说，应收账款应按买卖双方成交时的实际发生额入账。但企业为了及时回笼货款，在销售时往往实行折扣政策，为了确保货物的销售、对客户建立商业信用，对已销的商品、产品可能实行折让或退回制度等，此类事项的发生，会不同程度地影响应收账款入账价值。

商业折扣与现金折扣是两种不同形式的折扣。其对应收账款入账价值的影响也不同。

（1）商业折扣。商业折扣是指对商业价目单所列的价格给予一定的折扣，实际上是对商品报价进行的折扣。商业折扣可用百分比来表示，如5%、10%、20%等，也可用金额表示，如100元、200元等，商品报价并不是企业对某一具体客户的应收款项，商业折扣的形式多种多样，在会计上，只有业务发生时的成交价才能以应收客户款入账，也就是说，企业发生销货、提供劳务等主要经营业务行为时，商业报价扣除商业折扣以后的实际成交价格才是应收账款的入账价值。可见，商业折扣对会计核算不产生任何影响。

【例3-33】某企业销售甲商品，商品价目单中所列示的价格为每件100元，现销售20件，并给予购货方5%的商业折扣。则该企业销售甲商品的实际销售单价为95元/件（100×（1-5%）），销售20件的价款共计1 900元（95×20），应收取的销项税额为304元，共计2 204元。

借：应收账款　　2 204

　贷：主营业务收入　　1 900

　　　应交税费——应交增值税（销项税额）　　304

实际收到货款时：

借：银行存款　　2 204

　贷：应收账款　　2 204

（2）现金折扣。现金折扣是指销货企业为了鼓励客户在一定的期间内早日偿还货款，对销售价格所给予的一定比率的扣减。现金折扣对于销货企业来说，称为销货折扣，对于购货企业来说，则称为购货折扣，现金折扣一般用2/10，1/20，n/30等表示，其含义分别为10天内付款给予2%的折扣，20天内付款给予1%的折扣，30天内付款无折扣。现金折扣使得企业应收账款的实收数额在规定的付款期限内，随着顾客付款时间的推延而增加，因而对会计核算产生影响。

现金折扣实质上是企业为了及早收到销货款而采取的一种理财手段，因此具有理财费用的特征。会计上一般将实际发生的现金折扣作为财务费用处理。

【例3-34】根据发生的有关应收账款的经济业务，编制会计分录如下：

（1）企业销售甲产品，扣除商业折扣后的货款总额为3 800元（其中产品价款3 275.86元，增值税524.14元），规定的付款条件为：2/20，n/30。

借：应收账款	3 800	
贷：主营业务收入		3 275.86
应交税费——应交增值税（销项税额）		524.14

（2）购货方于20天内付款，给予购货方的折扣为76元，实际收到货款3 724元存入银行。

借：银行存款	3 724	
财务费用	76	
贷：应收账款		3 800

3.6.3　其他应收款

其他应收款是指企业除应收票据、应收账款、预付账款、应收股利、应收利息、长期应收款、存出保证金等以外的各种应收及暂付款项，包括各种应收赔款、备用金、应收包装物租金、应收的各种罚款、应向职工收取的各种垫付款项等。

企业应设置“其他应收款”科目对其他应收款的收付业务进行核算，并应按其他应收款的项目以及债务人进行明细核算。

企业发生的拨出用于投资的各种款项，在尚未进行投资或购买物资之前，属于企业的其他货币资金，该类款项一般通过“其他货币资金”科目进行核算，不属于其他应收款的范围。

【例3-35】某企业根据发生的有关其他应收款的经济业务，编制会计分录如下：

（1）某职工预借差旅费500元，以现金支付。

借：其他应收款	500	
贷：库存现金		500

（2）某职工报销差旅费530元，原借500元，以现金补付30元。

借：管理费用	530	
贷：其他应收款		500
库存现金		30

（3）借入外单位包装物，支付包装物押金800元。

借：其他应收款	800	
贷：银行存款		800

企业内各部门因业务经营需要，往往要准备一定数额的备用金。备用金是指企业内部各车间、部门、职能科室等周转使用的货币资金，主要包括预付给科室、车间及非独立核算的经营单位等用于日常开支的款项。在会计核算上，企业应以“其他应收款”科目核算备用金，业务，并设置“备用金”明细科目进行明细核算。如果企业发生的备用金业务较多，也可以单独设置“备用金”科目进行核算。无论备用金通过“其他应收款——备用金”科目进行核算，还是通过“备用金”科目进行核算，都应按用款单位详细记录反映备用金的具体情况。

根据备用金的预付方式不同，备用金分为定额备用金和非定额备用金两种。不同形式的备用金，其会计处理方法也不一样。

定额备用金是指用款单位按定额持有的备用金。其具体方法是：根据用款单位的实际需要核定备用金定额，由财会部门按定额将备用金支付给用款部门，待用款部门实际支用后，经财会部门审核，凭有效单据报账领款，以补足用款单位定额备用金。这种方法便于企业对备用金的使用进行控制，一般适用于具有经常性费用开支的内部用款单位。由于用款单位报销领款后，备用金数额仍按定额持有，所以报销费用时，视同货币资金支付费用处理，借记“管理费用”等科目，贷记“银行存款”“库存现金”科目；在用款单位不再需要备用金时，才将备用金退回，借记“库存现金”等科目，贷记“其他应收款——备用金”科目。

【例3-36】某企业根据发生的有关定额备用金的经济业务，编制会计分录如下：

（1）向总务部门支付定额备用金400元。

借：其他应收款——备用金（总务）　400

　贷：库存现金　400

（2）总务部门向财务部门报销日常办公用品费200元，财务部门以现金支付。

借：管理费用　200

　贷：库存现金　200

（3）总务部门不再需要备用金，将备用金400元退回。

借：库存现金　400

　贷：其他应收款——备用金（总务）　400

非定额备用金是指用款单位不按固定定额持有的备用金。其一般做法是，根据实际需要由财会部门预付用款单位一定时期的备用金数额，用款单位支用备用金后，向财会部门报账核销。备用金支付完毕，再根据需要由财会部门拨付下一时期的备用金。这种方法手续简单，但不便于对备用金的使用进行控制，一般适用于用款单位的非经常性开支。由于用款单位报账核销时，财会部门并不以货币资金补充其备用金，而是作为债权的收回处理，因此，用款单位报销费用时，应借记“管理费用”等科目，贷记“其他应收款——备用金”科目。

【例3-37】某企业根据发生的有关非定额备用金的经济业务，编制会计分录如下：

（1）以现金拨付销售科备用金500元。

借：其他应收款——备用金（销售科）　500

　贷：库存现金　500

（2）用款单位报销销售产品的运费400元。

借：销售费用　　400

　贷：其他应收款——备用金（销售科）　　400

3.6.4　预付账款

预付账款是指企业按照购货合同的规定，预先以货币资金或以货币等价物支付给供应单位的款项。

对于预付账款业务，企业应设置“预付账款”科目进行核算，并按供应单位设置明细科目进行明细核算。

企业因购货预付款项时，借记“预付账款”科目，贷记“银行存款”科目；收到所购货物时，按应计入物资成本的金额，借记“物资采购”科目或“原材料”“库存商品”等科目；按专用发票注明的增值税税额，借记“应交税费”科目；按发票账单注明的应付金额，贷记“预付账款”科目；补付款项时，借记“预付账款”科目，贷记“银行存款”科目；收到退回的多付款项时，借记“银行存款”科目，贷记“预付账款”科目。

【例3-38】某企业根据发生的有关预付账款的经济业务，编制会计分录如下：

（1）预付购买商品的定金30 000元。

借：预付账款　　30 000

　贷：银行存款　　30 000

（2）收到商品的价款为32 000元，增值税5 120元，共计37 120元。

借：在途物资　　32 000

　　应交税费——应交增值税（进项税额）　　5 120

　贷：预付账款　　37 120

借：库存商品　　32 000

　贷：在途物资　　32 000

（3）补付商品款7 120元。

借：预付账款　　7 120

　贷：银行存款　　7 120

在会计实务中，预付账款业务不多时，可以通过“应付账款”科目核算预付账款业务；企业的应付账款业务不多时，也可以通过“预付账款”科目核算应付账款业务。需要指出的是，为了便于反映企业对客户的债权债务关系，对同一客户发生购货往来业务，只通过“应付账款”或只通过“预付账款”科目核算。会计期末，“应付账款”科目和“预付账款”科目所属的明细科目中，有的可能是借方余额，有的可能是贷方余额，其中，借方余额合计列示于资产负债表流动资产项下的“预付款项”项目；贷方余额合计列示于资产负债表项下的“应付票据及应付账款”项目。

3.6.5　坏账

1）坏账及其确认条件

企业无法收回的应收款项称为坏账，一般地，符合下列条件之一即可认为发生了坏账：

（1）债务人被依法宣告破产、撤销，其剩余财产确实不足清偿应收款项；

（2）债务人死亡或依法被宣告死亡、失踪，其财产或遗产确实不足清偿的应收款项；

（3）债务人遭受重大自然灾害或意外事故，损失巨大，以其财产（包括保险赔偿）确实无法清偿的应收款项；

（4）债务人逾期未履行其偿债义务，经法院裁决，确实无法清偿的应收款项；

（5）逾法定年限以上（一般为3年）仍未收回的应收款项；

（6）法定机构批准可以核销的应收款项。

2）坏账核算方法

企业因坏账而发生的损失在会计上有两种核算方法：一是直接转销法；二是备抵法。在我国采用备抵法。

备抵法是根据应收款项可收回金额按期估计坏账损失形成坏账准备，在实际发生坏账时再冲销坏账准备的方法。

采用备抵法核算坏账，每期估计的坏账损失直接计入当期损益，体现了稳健性原则的要求。在资产负债表上可以反映应收账款的净额，使报表使用者能够了解企业应收账款的可变现金额。同时在利润表上避免了因应收账款价值虚列而造成的利润虚增，避免了企业明盈实亏。

在备抵法下，按期估计坏账损失时，借记“资产减值损失”科目，贷记“坏账准备”科目；实际发生坏账时，借记“坏账准备”科目，贷记“应收账款”科目。在资产负债表上，各应收款项项目按该应收款项余额减去提取的坏账准备后的净额反映。

采用备抵法核算各应收款项的坏账，应采用一定的方法合理估计各会计期间坏账准备。按期估计坏账损失的方法主要有两种，即应收款项余额百分比法和账龄分析法。

（1）应收款项余额百分比法。应收款项余额百分比法是按应收款项余额的一定比例估计该应收款项坏账损失的方法。采用这种方法时，每期所估计的坏账损失应根据坏账损失占应收款项余额的经验比例和该期应收款项余额确定。

采用应收款项余额百分比法对应收款项的坏账进行会计处理时，需注意以下要点：

①企业首次计提坏账准备时，按应收款项的余额和企业确定的该应收款项的坏账比例计算应提取的坏账准备，借记“资产减值损失”科目，贷记“坏账准备”科目。

②发生坏账时，按实际发生的坏账金额，借记“坏账准备”科目，贷记“应收账款”“其他应收款”等科目。

③已经确认的坏账又收回时，根据收回数额，借记“应收账款”科目，贷记“坏账准备”科目；同时，借记“银行存款”等科目，贷记“应收账款”“其他应收款”等科目。

④会计期末估计的坏账准备与“坏账准备”科目的余额有差异时，应对“坏账准备”科目的余额进行调整，使调整后“坏账准备”科目的贷方余额与估计的坏账数额一致。

坏账准备可按以下公式计算：

$$\frac{\text{当期应计提的}}{\text{坏账准备}}=\frac{\text{当期按应收款项计算的}}{\text{应提坏账准备金额}}-(\text{或}+)\frac{\text{“坏账准备”科}}{\text{目的贷方（或借方）余额}}$$

以应收账款为例，说明按应收款项余额百分比法计提坏账准备的会计处理方法。

【例3-39】某企业按应收款项余额的5%计提坏账准备，根据发生的有关经济业务，编制会计分录如下：

（1）第一年首次计提坏账准备时，应收账款的年末余额为200 000元。

估计坏账损失=200 000×5%=10 000（元）

借：资产减值损失　10 000

　贷：坏账准备　10 000

（2）第二年实际发生坏账6 000元。

借：坏账准备　6 000

　贷：应收账款　6 000

（3）已经确认为坏账的6 000元又收回了4 000元。

借：应收账款　4 000

　贷：坏账准备　4 000

同时：

借：银行存款　4 000

　贷：应收账款　4 000

（4）第二年年末，应收账款余额为60 000元，调整“坏账准备”科目余额。

第二年年末估计的坏账损失为3 000元（60 000×5%），应冲销多余的坏账准备5 000元（8 000−3 000）。

借：坏账准备　5 000

　贷：资产减值损失　5 000

如果第二年发生坏账12 000元，后又收回其中4 000元。则收回已经确认为坏账的4 000元应收账款后，“坏账准备”科目的贷方余额为2 000元（10 000−12 000+4 000），第二年年末应补提坏账准备1 000元（3 000−2 000）。

借：资产减值损失　1 000

　贷：坏账准备　1 000

如果第二年发生坏账15 000元，后又收回其中的1 000元，则第二年年末应补提坏账准备7 000元（3 000+4 000）。

借：资产减值损失　7 000

　贷：坏账准备　7 000

（2）账龄分析法。账龄分析法，是按应收款项账龄的长短，根据以往的经验确定坏账损失百分比，并据以估计坏账损失的方法。这里所指的账龄是指客户所欠账款的时间。虽然应收款项能否收回及其收回程度与应收款项的过期长短并无直接联系，但一般来说，账龄越长，账款不能收回的可能性就越大，因此企业可以按应收款项的账龄估计坏账准备。

以应收账款为例，账龄分析法下的应收账款账龄分析及坏账损失估计计算表见表3-6和表3-7。

表3-6　　应收账款账龄分析表　　金额单位：元

	2018年12月31日		2019年12月31日	
	应收账款金额	百分比	应收账款金额	百分比
未到期	25 000	29.41%	30 000	37.50%
过期1个月	20 000	23.53%	22 000	27.50%
过期2个月	15 000	17.65%	10 000	12.50%
过期3个月	10 000	11.76%	8 000	10.00%
过期4个月	8 000	9.41%	6 000	7.50%
过期5个月	5 000	5.88%	3 000	3.75%
破产或追诉中	2 000	2.36%	1 000	1.25%
合计	85 000	100.00%	80 000	100.00%

表3-7　　坏账损失估计计算表

2018年12月31日　　金额单位：元

账龄	应收账款金额	估计损失百分比	估计损失金额
未到期	25 000	1%	250
过期1个月	20 000	3%	600
过期2个月	15 000	5%	750
过期3个月	10 000	7%	700
过期4个月	8 000	20%	1 600
过期5个月	5 000	50%	2 500
资产或追诉中	2 000	80%	1 600
合计	85 000		8 000

采用账龄分析法，各期估计的坏账准备应同账面上原有的坏账准备进行比较，并调整“坏账准备”科目余额，调整后的“坏账准备”科目余额与估计坏账准备数额一致，其核算原理与应收款项余额百分比法下的调整方法相同。下面以应收账款为例，说明期末对“坏账准备”科目的调整方法。

【例3-40】某企业采用账龄分析法估计坏账准备，根据发生的有关经济业务，编制会计分录如下：

（1）2018年年末“坏账准备”科目的贷方余额为7 000元，2019年实际发生的坏账损失为4 000元。

借：坏账准备　　4 000

　　贷：应收账款　　4 000

（2）2019年年末采用账龄分析法估计的坏账损失为8 000元，应补提坏账准备5 000元。

借：资产减值损失　　5 000

　　贷：坏账准备　　5 000

从以上分析可以看出，应收款项余额百分比法、账龄分析法实际上都是百分比法，只是估计坏账准备的基础不同而已，两者各有利弊。采用应收款项余额百分比法计提坏账的基础，不考虑账龄结构，实际上是对不同的应收款项按一个综合比率计提坏账准备。采用账龄分析法按不同账龄分别以不同的比率计提坏账准备，但没有考虑同一账龄的应收款项存在风险的差异。

不同的企业所处的具体环境各不相同，世界上大多数国家一般不具体规定企业计提坏账准备的方法，也不具体规定计提的比例标准，但都要求企业根据以往经验、债务单位实际财务状况和现金流量情况，以及其他有关信息合理估计。因而会计实务中，一个企业可能对不同的应收款项采用不同的计提方法、使用不同的比率计提坏账准备。

根据我国会计准则的有关规定，企业应对应收款项进行减值测试。一般地，企业应根据本单位的实际情况，对单项金额重大和单项金额非重大的款项分别采用不同的方法进行减值测试。对于单项金融重大的应收款项，应当单独进行减值测试，当然有客观证据表明其发生了减值时，应当根据其未来现金流量现值低于其账面价值的差额，确认减值损失，计提坏账准备。对于单项金额非重大的应收款项以及单独测试后未发生减值的单项金额重大的应收款项，应当采用组合方式进行减值测试，以分析判断是否发生减值。通常情况下，一般将这些应收款项按信用风险特征划分为若干组合。再按这些应收款项组合的一定比例，计算确定减值损失，计提坏账准备。

通常，企业应当根据以前年度与之相同或相类似，具有类似信用风险特征的应收款项组合的实际损失率，结合现时情况确定本期各项综合计提坏账准备的比例。

为了正确估计应收账款的坏账，企业应经常对应收款项函证，并对其可收回性进行评价，企业应根据具体情况，自行确定计提坏账准备的方法和计提比例等，即使历史上企业发生坏账损失的记录较少，且债务人的信用较好，企业仍然可以在较低的水平上计提坏账准备，企业自行确定的坏账准备计提方法和计提比例，应符合实际情况，既不得设置秘密准备，也不得不计提坏账准备。

企业应当定期或至少在每年年度终了，对应收账款进行全面检查，并合理地计提坏账准备。对于不能收回的应收款项应当查明原因，追究责任。对有确凿证据表明确实无法收回的应收款项，如债务单位已撤销、破产、资不抵债、现金流量严重不足等，应根据企业的管理权限，经股东大会或董事会，或经理（厂长）办公会或类似机构批准作为坏账损失，冲销提取的坏账准备。

已经计提坏账准备的应收款项在资产负债表上的列示方法有三种。一是将应收款项余额、已计提的坏账准备和应收款项的净额同时反映；二是按应收款项账面余额扣除已计提的坏账准备后的余额列示；三是在资产负债表上列示应收款项净额的同时，还将应收款项坏账准备的年初余额、本年提取数、本年转回数以及年末余额列示于资产减值准备明细表内。按我国会计制度的规定，企业采用第二种方法，即按应收款项净额（或称账面价值）列示于资产负债表的“应收票据及应收账款”项目。

章末练习题

一、单项选择题

1.下列各项中，不属于金融资产的是（　　）。

A.固定资产　　B.长期股权投资　　C.银行存款　　D.其他应收款

2.2017年6月2日，甲公司自二级市场购入乙公司股票1 000万股，支付价款8 000万元（与公允价值相等），另支付佣金等费用16万元。甲公司将购入上述乙公司股票划分为以公允价值计量且其变动计入当期损益的金融资产。2017年12月31日，乙公司股票的市场价格为每股10元。2018年2月20日，甲公司以每股11元的价格将所持乙公司股票全部出售，在支付交易费用33万元后实际取得价款10 967万元。不考虑其他因素，甲公司出售乙公司股票应确认的投资收益是（　　）万元。

A.2 967　　B.2 951　　C.2 984　　D.3 000

3.2018年1月1日，甲公司从二级市场购入乙公司分期付息、到期还本的债券12万张，以银行存款支付价款1 050万元，另支付相关交易费用12万元。该债券系乙公司于2017年1月1日发行、每张债券面值为100元、期限为3年、票面年利率为5%、每年年末支付当年利息的债券。甲公司将该债券分类为以摊余成本计量的金融资产，不考虑其他因素，甲公司持有乙公司债券至到期累计应确认的投资收益是（　　）万元。

A.120　　B.258　　C.270　　D.318

4.下列各项中，不影响当期损益的事项是（　　）。

A.以公允价值计量且其变动计入当期损益的金融资产在持有期间确认应享有的现金股利

B.以公允价值计量且其变动计入当期损益的金融资产在资产负债表日的公允价值大于账面价值的差额

C.以摊余成本计量的金融资产在持有期间按摊余成本和实际利率计算确认的利息收入

D.以公允价值计量且其变动计入其他综合收益的金融资产在资产负债表日的公允价值大于账面价值的差额

5.甲公司将非交易性权益工具投资指定为以公允价值计量且其变动计入其他综合收益的金融资产；资产负债表日，甲公司按公允价值计量该资产；处置时甲公司应将原计入其他综合收益对应处置部分的金额转出，计入（　　）。

A.投资收益　　B.资本公积　　C.营业外收入　　D.留存收益

二、多项选择题

1.企业应以预期信用损失为基础对金融资产进行减值处理并确认损失准备。下列有关预期信用损失的说法中，正确的有（　　）。

A.预期信用损失是指以发生违约的风险为权重的金融工具信用损失的最大值

B.预期信用损失是指企业按照原实际利率折现的、根据合同应收的所有合同现金流量与预期收取的所有现金流量之间的差额，即全部现金短缺的现值

C.对于金融资产，预期信用损失应为企业应收取的合同现金流量与预期收取的现金流

量之间差额的现值

D.对于资产负债表日已发生信用减值但并非购买或源生已发生信用减值的金融资产，预期信用损失应为该金融资产账面余额与按原实际利率折现的估计未来现金流量的现值之间的差额

2.假设不考虑直接指定的情形，下列金融负债应当分类为以公允价值计量且其变动计入当期损益的金融负债的有（　　）。

A.甲公司发行了一批短期债券，且将根据其公允价值变动情况择期回购该债券

B.乙公司发行了一批股票期权，该股票期权的标的资产并非乙公司自身股票

C.丙商业银行为某项目筹集资金而向市场发行了一批结构化理财产品，约定该产品持有方将根据某市场价格指数变化取得回报，同时持有方的本金不予保证

D.丁公司发行了一批3年期公司债券，约定持有方将按固定利率于债券持有期每年年末收取利息，到期收回本金

3.下列项目中，属于权益工具的有（　　）。

A.企业发行的债券

B.企业发行的、使持有者有权以固定价格购入固定数量本企业普通股的认股权证

C.企业发行金融工具时，该工具合同条款中没有包括交付现金或其他金融资产给其他单位的合同义务，也没有包括在潜在不利条件下与其他单位交换金融资产或金融负债的合同义务

D.该工具是非衍生工具，且企业没有义务交付非固定数量的自身权益工具进行结算

4.甲公司于2018年2月1日向乙公司发行以自身普通股为标的的看涨期权。根据该期权合同，如果乙公司行权（行权价为51元），乙公司有权以每股51元的价格从甲公司购入普通股2 000股。合同签订日为2018年2月1日，行权日为2019年1月31日。假定期权将以现金净额结算。下列说法中不正确的有（　　）。

A.甲公司发行的看涨期权属于金融负债

B.甲公司发行的看涨期权属于复合金融工具

C.甲公司发行的看涨期权属于权益工具

D.甲公司发行的看涨期权属于金融资产

5.下列关于金融工具重分类会计处理的表述中正确的有（　　）。

A.权益工具重分类为金融负债，以重分类日该工具的公允价值计量

B.权益工具重分类为金融负债，重分类日权益工具的账面价值和金融负债的公允价值之间的差额确认为损益

C.金融负债重分类为权益工具，以重分类日该工具的公允价值计量

D.金融负债重分类为权益工具，以重分类日金融负债的账面价值计量

三、计算分析题

为提高闲置资金的使用效率，甲公司进行了以下投资：

（1）2017年1月1日，购入乙公司于当日发行且可上市交易的债券100万张，支付价款9 500万元，另支付手续费90.12万元。该债券期限为5年，每张面值为100元，票面年利率为6%，于每年12月31日支付当年利息。甲公司管理该金融资产的业务模式是以收取

合同现金流量为目标，该金融资产的合同条款规定，在特定日期产生的现金流量，仅为对本金和以未偿付本金金额为基础的利息的支付。

2017年12月31日，甲公司收到2017年度利息600万元。该金融工具的信用风险自初始确认后显著增加，甲公司按整个存续期确认预计信用损失准备50万元。当日市场年利率为5%。

2018年12月31日，甲公司收到2018年度利息600万元，因债务人发生重大财务困难，该金融资产已发生信用减值，甲公司按整个存续期确认预计信用损失准备余额150万元。当日市场年利率为6%。

（2）2017年4月1日，甲公司购买丙公司的股票200万股，共支付价款800万元，假定公允价值为850万元。甲公司取得丙公司股票时将其指定为以公允价值计量且其变动计入其他综合收益的金融资产。

2017年12月31日，丙公司股票的公允价值为每股5元。

2018年5月31日，甲公司将持有的丙公司股票全部出售，售价为每股6元。

相关年金现值系数如下：

（P/A，5%，5）=4.3295；（P/A，6%，5）=4.2124；（P/A，7%，5）=4.1002；

（P/A，5%，4）=3.5460；（P/A，6%，4）=3.4651；（P/A，7%，4）=3.3872。

相关复利现值系数如下：

（P/F，5%，5）=0.7835；（P/F，6%，5）=0.7473；（P/F，7%，5）=0.7130；

（P/F，5%，4）=0.8227；（P/F，6%，4）=0.7921；（P/F，7%，4）=0.7629。

甲公司按净利润的10%提取法定盈余公积，不考虑中期财务报告、所得税及其他因素的影响。

要求：

（1）判断甲公司取得乙公司债券时应划分的金融资产类别，说明理由，并编制甲公司取得乙公司债券时的会计分录。

（2）计算甲公司2017年度因持有乙公司债券应确认的利息收入及预期信用损失，并编制相关会计分录。

（3）计算甲公司2018年度因持有乙公司债券应确认的利息收入及预期信用损失，并编制相关会计分录。

（4）计算甲公司2019年度因持有乙公司债券应确认的利息收入。

（5）编制甲公司取得、持有及出售丙公司股票的会计分录。

章末练习题答案

第4章/ 存货

【学习目标】掌握：存货的范围以及入账价值；原材料按实际成本和计划成本计量的记账方法；存货可变现净值的确定；存货跌价的会计处理方法。

4.1 存货概述

4.1.1 存货的性质与分类

1）存货的性质

存货是指企业在日常活动中持有以备出售的产成品或商品、处在生产过程中的在产品、在生产过程中或提供劳务的过程中耗用的材料和物资等，包括企业为产品生产和商品销售而持有的原材料、燃料、包装物、低值易耗品、在产品、产成品、商品等。存货通常在1年或超过1年的一个营业周期内被消耗或经出售转换为现金、银行存款或应收账款等，具有明显的流动性，属于流动资产。在大多数企业中，存货在流动资产中占有很大的比重，是流动资产的重要组成部分。

随着企业生产经营过程的进行，有的存货被耗用后形成了在产品成本、产成品成本等；有的存货被销售后形成产品或商品的销售成本；有的存货以销售费用的形式被耗用；有的存货仍以原有的形态存在。因此，存货所生成的会计信息是否真实、可靠，不仅影响到资产的价值是否准确，同时也影响到损益的确定是否正确。

2）存货的分类

存货的构成内容很多，不同存货的具体特点和管理要求各不相同。为了有效地组织各项存货的会计核算，应对存货进行科学分类。从会计处理的角度看，存货至少有以下两种分类方法：

（1）按存货的具体内容分类。存货按经济内容通常分为原材料、在产品、半成品、产成品（商品）、周转材料等。

原材料是指用于生产产品并构成产品主要实体的原料及主要材料、辅助材料、外购半成品（外购件）、修理用备件（备品备件）、包装材料、燃料等。用于固定资产建造工程的专项材料不能作为存货。

在产品是指处于生产阶段尚未完工的生产物，包括处于各生产工序正在加工的在制品，以及尚未办理入库手续的制成品等，在产品一般不需要入半成品库。

半成品是指经过一定生产过程应由半成品库验收入库保管，但尚未制造完成，仍需进一步加工的中间产品，这部分中间产品能够单独计价，半成品一般需要入半成品库。从一个生产车间转到另一生产车间继续加工制造的自制半成品，以及不能单独计价的自制半成品，属于在产品，不作为半成品对待。

产成品是指已经全部完成生产过程并验收入库，达到可出售或交货状态，可以作为商品对外销售或按合同规定的条件提交给订货单位的产品。产成品既包括存放在成品库的产品，也包括存放在企业所属门市部备售的产品、交展览会展出的产品，还包括企业接受外来原材料加工制成的代制品，以及为外单位加工修理完成的代修品等。产成品和商品流通企业用于销售的物品具有类似的性质，因此产成品和商品也可统称为商品。

周转材料是指能够多次使用但不符合固定资产条件的用品，主要包括用于包装本企业商品的各种包装物、工具、管理用具、玻璃器皿、劳动保护用品、在生产经营过程中周转使用的容器等低值易耗品，以及建造承包商的钢模板、木模板、脚手架等周转材料。

在会计处理上，为了详细反映不同存货的具体情况，应分别设置“原材料”“生产成本”“库存商品”“周转材料”等科目进行核算。

（2）按取得存货的不同来源分类。存货按不同的来源，主要分为外购存货、自制存货（含委托外单位加工存货）两类。此外，企业的存货中还可能有投资者投入的存货、接受捐赠的存货、盘盈的存货等。

①外购存货是指从企业外部购入的存货，如商品流通企业的外购商品、工业企业的外购材料、外购零部件等。

②自制存货是由企业制造的存货，如工业企业的自制材料、在产品、产成品等。委托加工存货也是一种自制存货，是指企业将外购或自制的某些存货通过支付加工费的方式委托外单位进行加工生产的存货，如工业企业的委托加工物资、商品流通企业的委托加工商品等。

4.1.2　存货的范围

列为存货项目的，都是为了进行正常生产经营而储存的资产；不是为了此种目的而储存的资产，都不能列为企业的存货。例如，特种储备的资产以及按有关部门指令专项储备的资产，只能列为其他资产；为购置和建造固定资产而储备的资产，只能列为有关的长期资产等。企业应以所有权的归属而不以物品的存放地点为依据，来确定企业存货的范围，即在盘存日期，法定所有权归属企业的一切存货，无论其存货放于何处，都应作为企业的存货。依所有权的归属确定存货范围时，应特别注意以下四点：

（1）凡是开出销售发票售出，所有权以及相应的风险和报酬已经转移的物品，即使暂时存放于本企业仓库，也不能将其作为本企业的存货，如已开票出售的待运商品等。

（2）凡是未转移所有权以及风险和报酬的发出物品，即使未存放于本企业，也应将其作为本企业的存货，如委托其他单位代销的存款、未出售的外出展销存货等。

（3）凡是所有权以及相应的风险和报酬已经归属于本企业的购入物品，即使未存放于本企业仓库，也应作为本企业的存货，如已经购入而尚未收到的运输途中的货品等。

（4）凡是不属于本企业所有以及相应的风险和报酬未转移到本企业的接受物品，即使存放于本企业仓库，也不能作为本企业的存货，如受托代销的存货、受托加工的存货等。

企业的存货主要包括下列各项：

（1）库存待售的存货。

（2）库存待消耗的存货。

（3）生产经营过程中使用以及处在加工过程中的存货。

（4）购入的正在运输途中的存货和结算凭证已到但尚未办理入库手续的存货。

（5）委托其他单位加工、代销的存货。

4.2 存货入账价值

不同来源的存货，其入账价值的构成各不相同。下面仅对外购存货及自制存货入账价值确定方法进行说明。其他方式（如接受投资、接受捐赠、非货币性资产交换、债务重组等）取得存货的入账价值将在本书后面章节涉及。

4.2.1 外购存货的入账价值

根据我国会计准则的有关规定，外购存货以其采购成本入账，存货的采购成本包括购货价值、相关税费以及运输费、装卸费、保险费等其他可直接归属于存货采购成本的费用。

【例4-1】某公司2018年6月1日购入原材料一批，材料价格10 000元，增值税1 600元，货款总额11 600元，款项尚未支付，付款条件为1/20，n/30，现金折扣考虑增值税。材料已验收入库。根据发生的有关购货的经济业务，编制会计分录如下：

（1）购货时：

借：原材料	10 000	
应交税费——应交增值税（进项税额）	1 600	
贷：应付账款		11 600

（2）该公司20天内付款，获得现金折扣1%，计116元（116 00×1%），净付款额为11 484元。

借：应付账款	11 600	
贷：银行存款		11 484
财务费用		116

计入外购存货采购成本的相关税费是指企业外购货物应支付的税金及相关费用，主要包括进口环节的关税、消费税、海关手续费、企业购入未税矿产品代缴的资源税、小规模纳税人购进货物支付的增值税以及一般纳税人购进货物按规定不能抵扣的增值税进项税额等。

其他可归属于存货采购成本的费用是指为使外购存货达到预定使用状态所支付的除买价及相关税费以外的采购费用，主要包括外购货品到达仓库以前发生的仓储费、包装费、运杂费、运输保险费、运输途中合理损耗以及入库前的挑选整理费用等。发生可归属于存货采购成本的费用时，一般根据这些费用是否能分清具体负担对象，或直接计入各存货采购成本，或选择合理分配标准（如采购数量、采购价格等）分别计入各有关存货采购成本。

根据我国有关会计准则的规定，企业的各类存货应以其历史成本入账，即以采购成本入账。采购成本是指在采购过程中发生的支出，包括买价及与其相关的税金和采购费用。其中，买价是指已扣除商业折扣但包括现金折扣的存货价格；税金是指采购货物应支付的海关关税、消费税、资源税等税金，但不包括企业垫付的应向购买者收取的增值税；采购费用是指采购过程中发生的运输费、装卸费、保险费等费用。

另外，小规模纳税人和购入物资不能取得增值税专用发票的企业，购入物资支付的不可抵扣的增值税进项税额，计入所购物资的成本。

4.2.2 自制存货的入账价值

自制的存货主要包括产成品、在产品、半成品、委托加工物资等。根据企业会计准则的相关规定，自制存货应以存货达到目前场所和状态所发生的全部支出入账，包括消耗的材料成本，自制过程中发生的加工成本以及其他能直接认定为存货价值的成本，如企业为特定客户设计产品而发生的专项设计费用，以及应计入存货成本的借款费用等。

（1）消耗的材料成本

自制存货消耗的材料成本是指为制造存货直接消耗的原料及主要材料、辅助材料等，一般又称直接材料，直接材料成本可采用先进先出法、移动加权平均法、月末一次加权平均法或个别计价法确定。

（2）发生的加工成本

自制存货的加工成本是指企业为加工生产某产品或材料，在直接材料成本的基础上追加的生产成本，主要包括直接人工和制造费用两大部分。直接人工是指企业在生产产品、材料或提供劳务的过程中直接从事生产的工人的职工薪酬；制造费用是指应由生产的若干种产品、材料或劳务共同承担，但在发生时难以划分具体承担对象的生产成本，属于为生产产品、材料或提供劳务发生的间接生产费用，主要包括企业生产部门（如车间管理）发生的生产管理费用，如生产管理人员的薪酬、生产部门的折旧费、办公费、水电费、机物料消耗、劳动保护费等，对于生产周期较长（一般是指超过一个完整的会计年度）的自制产品，准予资本化的借款费用也属制造费用。

为了正确确定生产的产品、材料或提供的劳务成本，凡是由该产品、材料或提供的劳务直接负担的成本费用应直接计入该产品、材料或提供的劳务的成本，如直接材料、直接人工以及其他直接费用等。凡是不能直接计入某种产品、材料或提供的劳务成本但又应由该产品、材料或提供的劳务负担的其他费用，如固定资产折旧费、生产车间管理费用等，应首先通过制造费用归集，然后按一定的方法将制造费用分配计入某产品、材料或提供的劳务成本。根据我国会计准则的有关规定，企业应当根据制造费用的性质，合理选择应采用的分配标准。可选用的分配标准通常有生产工人的工资、生产工人工时、机器工时、耗用原材料的数量或成本、直接成本（原材料、燃料和动力、生产工人薪酬之和）、产成品产量等。

有在产品的企业，每一个产品成本计算期（一般一个月为一个成本计算期）期末，应采取适当的方法将生产成本在完工产品和在产品之间进行分配，分配方法一般根据产品或材料的特点、月末在产品数量、各月在产品数量变化、各项成本要素所占比重、企业定额管理水平等确定，常用的分配方法主要有：不计算在产品成本法、在产品成本按固定成本计价、在产品成本按所耗用直接材料成本计价、约当产量法、在产品成本按定额成本计价法、定额比例法等。

如果在同一生产过程中，同时生产两种或两种以上的产品（如联产品、主产品和副产品），并且每种产品的加工成本不能直接区分，这些加工成本应当按照合理的方法在各种产品之间进行分配。其中，联产品的加工成本可以选用的分配方法有售价法、实物数量法等，在分配主产品和副产品的加工成本时，通常先确定副产品的加工成本，再将其差额确定为主产品的加工成本。

制造费用的分配方法、在产品与产成品成本的分配方法以及联产品成本的分配方法等都属于企业的会计政策，因此，分配方法一经确定，不得随意变更。

4.3 原材料

企业可以根据自身生产经营特点及管理要求，对原材料采用不同的方法进行核算。在我国的会计实务中，原材料的日常收发及结存可以采用实际成本法核算，也可以采用计划成本法核算。

4.3.1 采用实际成本法核算

采用实际成本法核算时，原材料的收入、发出及结存都按其实际成本计价。会计核算上，一般需要设置“原材料”“在途物资”“委托加工物资”“生产成本”等科日，并按材料种类进行明细核算。

“原材料”科目按实际成本核算时，由于不同批次购入或形成的原材料的单位成本不同，发出、领用原材料时，应按一定方法计算确定发出、领用原材料的实际成本。企业应根据实际情况，选择采用先进先出法、移动加权平均法、月末一次加权平均法或个别计价法等，对不同的原材料可采用不同的计价方法，但企业在同一会计年度内不能随意变更计价方法，如果确需变更计价方法的，因变更计价方法而对本期及以后各期有重大影响时，应按变更会计政策的要求在会计报表及其附注中披露变更理由及其对财务状况和经营成果的影响。

1）外购原材料

企业外购材料时，由于支付方式不同，会使结算凭证到达和材料验收入库在时间上产生三种情况。第一种情况是，结算凭证到达并同时将材料验收入库；第二种情况是，结算凭证先到，材料后验收入库；第三种情况是，材料先验收入库，结算凭证后到。

结算凭证是企业凭以办理现金结算或转账结算的原始单据，大多数情况下，结算凭证到达并经审核后，除非在合同中有特殊约定（如收到材料后暂不付款、以预付款方式购进材料、以易物方式换入材料等），都应立即办理货款的结算手续。

（1）结算凭证到达并同时将材料验收入库。

结算凭证到达并同时将材料验收入库，是指在办理有关结算的同时，收到材料并验收入库的情况。发生此类业务时，应根据入库材料的实际成本借记“原材料”科目，根据入库材料的增值税，借记“应交税费”科目，根据实际付款金额，贷记“银行存款”“其他货币资金”等科目，或根据已承兑的商业汇票，贷记“应付票据”科目。

【例4-2】某企业2018年6月5日根据发生的有关购进原材料的经济业务编制会计分录如下：

①以支票购进甲材料，货款计3 248元（其中价款2 800元，增值税448元）。材料由仓库全部验收入库，货款全部支付。

借：原材料	2 800	
应交税费——应交增值税（进项税额）	448	
贷：银行存款		3 248

②如果企业采用的是商业汇票结算方式，在签发承兑商业汇票时：

借：原材料	2 800	
应交税费——应交增值税（进项税额）	448	
贷：应付票据		3 248

（2）结算凭证先到，材料后验收入库。

结算凭证先到，材料后验收入库，是指在办理有关结算时承担了该材料的风险和报酬，但材料尚未到达企业，未验收入库的情况。发生此类业务时，应根据有关结算凭证中记载的已付款材料的价款，借记“在途物资”科目，根据已付款材料的增值税，借记“应交税费”科目，根据实际付款金额，贷记“银行存款”或“其他货币资金”科目，或根据已承兑的商业汇票，贷记“应付票据”科目等。

【例4-3】某工业企业根据进货的有关经济业务，编制会计分录如下：

①购进材料，货款共计5 800元（其中，材料价款5 000元，增值税800元），购进材料支付进货运费440元（按规定准予扣除进项税额40元）。结算凭证到达，支付全部货款及进货运费。

材料成本=5 000+440÷（1+10%）=5 400（元）

进项税额=800+40=840（元）

借：在途物资	5 400	
应交税费——应交增值税（进项税额）	840	
贷：银行存款		6 240

如果企业采用的是商业汇票结算方式，在签发承兑商业汇票时：

借：在途物资	5 400	
应交税费——应交增值税（进项税额）	840	
贷：应付票据		6 240

②收到材料入库时：

借：原材料	5 400	
贷：在途物资		5 400

（3）材料先验收入库，结算凭证后到达。

材料先验收入库，结算凭证后到达，是指企业收到材料并验收入库时即获得材料所有权，但结算凭证尚未到达、尚未付款或尚未签发承兑商业汇票的情况。发生此类业务时，因企业未收到有关结算凭证，尚无法准确计算入库材料实际成本，而且材料先到、结算凭证后到是材料运输时间短于结算凭证的传递时间所致，并不是一般的赊购业务。因此，为了简化会计核算手续，在收到材料并验收入库时，可以暂不作账务处理，只保管有关的入库单证，待结算凭证到达后，按结算凭证到达并同时将材料验收入库的情况处理。但如果会计期末仍有已经验收入库而结算凭证未到的材料，为了反映企业存货及负债的情况，应将其估价入账，借记“原材料”科目，贷记“应付账款”科目，下月初作相反的会计分录予以冲回。

【例4-4】某企业根据发生的有关购货业务，编制会计分录如下：

①采用委托收款结算方式购进的材料已于2018年6月4日收到并验收入库。6月8日结算凭证到达，货款共计5 800元（其中，材料价款5 000元，增值税800元），购进材料支付进货运费440元（按规定准予扣除进项税额40元）。验单后支付全部货款及进货运费。

6月4日不作账务处理。

6月8日作如下分录：

材料成本=5 000+440÷（1+10%）=5 400（元）

进项税额=800+40=840（元）

借：原材料　　5 400

　　应交税费——应交增值税（进项税额）　　840

　贷：银行存款　　6 240

②采用托收承付结算方式购进的材料已于2018年6月25日收到并验收入库。7月7日结算凭证到达，货款共计139 200元（其中，材料价款120 000元，增值税19 200元），购进材料支付进货运费2 200元（按规定准予扣除进项税额200元）。

6月30日结算凭证未到，按材料价款120 000元估价入账：

借：原材料　　120 000

　贷：应付账款——暂估应付账款　　120 000

7月1日作相反的会计分录予以冲回：

借：应付账款——暂估应付账款　　120 000

　贷：原材料　　120 000

7月7日结算凭证到达，办理付款手续：

材料成本=120 000+2 200÷（1+10%）=122 000（元）

进项税额=19 200+200=19 400（元）

借：原材料　　122 000

　　应交税费——应交增值税（进项税额）　　19 400

　贷：应付账款　　141 400

企业外购原材料可能发生溢余或短缺。如果验收入库的原材料数量大于结算凭证中所记载的原材料数量，称为购进原材料溢余；如果验收入库的原材料数量小于结算凭证中记载的原材料数量，称为购进原材料短缺。购进原材料发生溢余或短缺时，应及时查明原因作出处理，并根据不同的处理结果分别予以计算。

企业购进原材料发生短缺，应根据不同的原因和处理结果分别入账核算。其中，对于入库的残料价值，记入“原材料”科目；对于应由保险公司和过失人负担赔偿的，记入“其他应收款”科目；对于定额内合理损耗，按其实际成本计入入库原材料成本；对于超定额损耗，将其实际成本及应负担的进项税额中由保险公司、运输部门或其他过失人赔偿后尚不能弥补的部分作为期间费用记入“管理费用”科目；对于购进原材料发生的非常损失（包括自然灾害损失、被盗损失及其他非常损失等），将其实际成本及应负担的进项税额中由保险公司及有关责任人赔偿后尚不能弥补的部分作为非常损失记入“营业外支出”科目。发生购进原材料短缺，尚未查明原因或尚未作出处理之前，一般先按短缺原材料的实际成本记入“待处理财产损溢”科目的借方，即借记“待处理财产损溢”科目，贷记“原材料”等科目；待查明原因作出处理后，再转入有关科目，借记“原材料”“其他应收款”“管理费用”“营业外支出”等科目，贷记“待处理财产损溢”等科目。

【例4-5】某企业2018年6月1日从外地购进甲材料100吨，增值税专用发票上注明，每吨单价1 160元（其中，价格1 000元，增值税160元）。6月4日原材料到达，验收入库的合格品为90吨，6吨残损，另4吨缺少，原因待查。

①6月1日付款时：

购进原材料的实际成本=1 000×100=100 000（元）

购进原材料的进项税额=160×100=16 000（元）

借：在途物资	100 000	
应交税费——应交增值税（进项税额）	16 000	
贷：银行存款		116 000

②6月4日材料验收入库时：

入库原材料的实际成本=1 000×90=90 000（元）

短缺原材料的实际成本=1 000×10=10 000（元）

借：原材料	90 000	
待处理财产损溢	10 000	
贷：在途物资		100 000

③后查明原因，6吨残损系运输部门的责任造成，已由运输部门负责修复后作为合格品入库；另外4吨缺少系本单位在提货以后、验收入库以前被盗所致。保险公司已按规定同意赔偿3 000元，但赔款尚未收到。

修复后原材料实际成本=1 000×6=6 000（元）

被盗原材料的实际成本=1 000×4=4 000（元）

被盗原材料的进项税额=160×4=640（元）

被盗原材料的实际成本=4 000+640−3 000=1 640（元）

借：原材料	6 000	
其他应收款	3 000	
营业外支出	1 640	
贷：待处理财产损溢		10 000
应交税费——应交增值税（进项税额转出）		640

需要说明的是，企业购进原材料发生的短缺应于期末前查明原因，并根据企业的管理权限，经股东大会或董事会，或经理（厂长）会议等类似机构批准后，在期末结账前处理完毕。

企业购进原材料发生溢余时，未查明原因的溢余材料一般只作为代保管物资在备查簿中登记，不作为进货业务入账核算。

2）委托加工物资

委托加工物资是指由企业提供原料及主要材料，通过支付加工费，由受托加工单位按合同要求加工为企业所需的材料商品。在委托加工物资的业务中，企业将原材料及主要材料或其他需要加工为生产所需原材料的材料物资发出时，并不改变这些被加工的财产的所有权。企业委托其他单位加工原材料，需要按合同规定的结算方式和结算办法，支付加工费用；企业将材料拨付加工以及收回加工完成的材料商品，还要支付往返的费用。拨付加工材料的实际成本、支付的加工费用以及运输材料的费用等共同构成委托加工物资的实际成本。

企业可单独设置"委托加工物资"科目进行总分类核算，并按委托加工合同和受托加工单位设置明细科目，同时按成本构成项目进行明细核算。

【例4-6】某企业发生如下委托加工物资的经济业务，并编制会计分录：

①按合同约定，将库存积压的甲材料拨付B加工厂进行加工，以制成生产产品所需的乙材料。拨付加工的甲材料实际成本共计5 000元。

借：委托加工物资——B加工厂　5 000
　贷：原材料——甲材料　5 000

②以现金支付甲材料的运输费550元（其中准予扣除的进项税额为50元）。

借：委托加工物资——B加工厂　500
　　应交税费——应交增值税（进项税额）　50
　贷：库存现金　550

③以银行存款支付全部加工费用2 200元（其中准予扣除的进项税额为200元）。

借：委托加工物资——B加工厂　2 000
　　应交税费——应交增值税（进项税额）　200
　贷：银行存款　2 200

④委托加工的材料有一半加工完成，将加工完成的乙材料收回，以现金支付收回乙材料的运费330元（其中准予扣除的进项税额为30元）。

借：委托加工物资——B加工厂　300
　　应交税费——应交增值税（进项税额）　30
　贷：库存现金　330

收回加工的材料验收入库，实际成本为4 050元。计算过程是：

耗用的甲材料成本=5 000/2=2 500（元）

负担的拨付材料的运输费=500/2=250（元）

负担的加工费用=2 000/2=1 000（元）

负担收回的材料的运费=300（元）

实际成本=2 500+250+1 000+300=4 050（元）

借：原材料——乙材料　4 050
　贷：委托加工物资——B加工厂　4 050

"委托加工物资"科目借方余额3 750元表示企业尚未加工完成的原材料的实际成本。

3）发出材料实际成本的计算和结转

"原材料"科目按实际成本核算的情况下，发出原材料的实际成本应按一定的存货计价方法计算确定。在会计核算上，发出原材料时，应按其具体用途反映原材料的实际耗费情况，借记有关科目，贷记“原材料”科目。其中，直接用于产品生产的，应借记“生产成本”科目；用于车间一般耗用的，应借记“制造费用”科目；用于企业管理方面的，借记“管理费用”科目；为销售产品而消耗的，借记“销售费用”科目等。

【例4-7】某企业根据当月发料凭证，按领用部门和材料用途，编制发料凭证汇总表，详见表4-1。

表4-1　**发料凭证汇总表**　单位：元

应借科目	应贷科目		合计
	原材料及主要材料	辅助材料	
生产成本	60 000	2 400	62 400
制造费用	2 000	1 100	3 100
管理费用	4 000	800	4 800
销售费用		7 000	7 000
委托加工物资	11 000	6 000	17 000
合计	77 000	17 300	94 300

根据发料凭证汇总表编制会计分录：

借：生产成本　62 400
　　制造费用　3 100
　　管理费用　4 800
　　销售费用　7 000
　　委托加工物资　17 000
　贷：原材料　94 300

4.3.2 “原材料”科目按计划成本核算

“原材料”科目按计划成本核算时，原材料的收入、发出及结存都按其计划成本计价。会计核算上，一般应设置“材料采购”“原材料”“材料成本差异”等科目对原材料日常收发业务进行核算。

1）原材料收发核算的一般方法和程序

会计实务中，“原材料”科目在按计划成本核算的情况下，原材料日常收发业务一般包括六个方面的内容，按下列程序和方法进行会计处理：

（1）采购材料时，按发生的属于材料成本的价款和运杂费，借记“材料采购”科目，按应予抵扣的进项税额，借记“应交税费”科目，按实际付款额，贷记“银行存款”“库存现金”“其他货币资金”等科目。

（2）月份终了（或在材料入库时），根据已经办理结算的入库外购材料的计划成本，借记“原材料”科目，贷记“材料采购”科目。同时，按入库材料的实际成本小于计划成本的差额（节约差异），借记“材料采购”科目，贷记“材料成本差异”科目；或按入库材料的实际成本大于计划成本的差额（超支差异），借记“材料成本差异”科目，贷记

“材料采购”科目。

（3）月份终了，对于尚未收到发票账单的收料凭证，应抄列清单，并按计划成本暂估入账，借记“原材料”科目，贷记“应付账款”科目，下月初作相反的会计分录冲回。

（4）发出材料时，根据领用的部门和具体用途，按发出原材料的计划成本，借记“生产成本”“制造费用”“管理费用”“销售费用”“委托加工物资”等科目，贷记“原材料”科目。

（5）月份终了，将材料成本差异总额在发出材料和期末库存材料之间进行分摊，按照发出原材料的计划成本计算分摊的成本差异额，结转发出材料应负担的超支差异，借记“生产成本”“制造费用”“管理费用”“销售费用”“委托加工物资”等科目，贷记“材料成本差异”科目。结转发出材料应负担的节约差异，作相反的会计分录。

计算发出材料应负担的成本差异的方法有两种：一是按当月的成本差异率计算；二是按月初的成本差异率计算。为保持会计方法的一贯性，计算方法一经确定，不得随意变动。本月和月初材料成本差异率的计算公式为：

$$\text{本月材料成本差异率}=\frac{\text{月初结存材料的成本差异}+\text{本期收入材料的成本差异}}{\text{期初结存材料的计划成本}+\text{本期收入材料的计划成本}}\times 100\%$$

$$\text{月初材料成本差异率}=\frac{\text{月初结存材料的成本差异}}{\text{月初结存材料的计划成本}}\times 100\%$$

（6）会计期末，“材料采购”科目的借方余额反映已承担所购材料风险和报酬但尚未验收入库的在途物资的实际成本；“原材料”科目的借方余额反映入库后未发出的原材料的计划成本；“材料成本差异”科目的余额反映入库后未发出的原材料负担的材料成本差异。在编制资产负债表时，应将“材料采购”“原材料”科目的借方余额合计再加上“材料成本差异”科目的借方余额或减去“材料成本差异”科目的贷方余额后的数额作为存货项目的组成内容予以反映。

2）原材料收发核算举例

下面主要针对外购原材料实行计划成本核算的一般方法进行举例说明。

【例4-8】某工业企业对甲材料采用计划成本核算，甲材料计划单位成本为25元/千克。2018年6月30日，有关甲材料的科目余额见表4-2。

表4-2　**甲材料科目余额表**　单位：元

科目名称	余额方向	余额
材料采购	借方	3 270
原材料	借方	14 700
材料成本差异	贷方	345

根据7月份发生的有关甲材料收入、发出及结存的经济业务，编制会计分录如下：

①采购甲材料480千克，材料验收入库，货款13 920元（其中价款12 000元，增值税1 920元），以支票付讫，并以现金支付装卸费75元。

材料实际成本 =12 000+75=12 075（元）

材料计划成本 =480× 25=12 000（元）

借：材料采购　　12 075
　　应交税费——应交增值税（进项税额）　　1 920
　贷：银行存款　　13 920
　　　库存现金　　75

同时，

借：原材料　　12 000
　　材料成本差异　　75
　贷：材料采购　　12 075

②上月已经办理结算但材料未到的在途材料132千克，于本月全部到达并入库。材料实际成本3 270元，计划成本3 300元（132×25）。

借：原材料　　3 300
　贷：材料采购　　3 270
　　　材料成本差异　　30

③从外埠采购甲材料180千克，结算凭证到达并办理付款手续。货款额为4 988元（其中价款4 300元，增值税688元），但材料未到。

材料实际成本=4 300元

材料进项税额=688元

借：材料采购　　4 300
　　应交税费——应交增值税（进项税额）　　688
　贷：银行存款　　4 988

④本月购进的甲材料300千克已经验收入库，月末结算凭证仍未到。先按计划成本入账，下月初作相反分录冲回。

材料计划成本=300×25=7 500（元）

本月末：

借：原材料　　7 500
　贷：应付账款——暂估应付账款　　7 500

下月初：

借：应付账款——暂估应付账款　　7 500
　贷：原材料　　7 500

⑤根据本月发料凭证汇总表，共计发出材料960千克，计划成本24 000元。其中：直接用于产品的生产耗用600千克，计划成本15 000元；用于车间的一般耗用300千克，计划成本7 500元；用于管理部门的耗用40千克，计划成本1 000元；用于产品销售方面的消耗20千克，计划成本500元。

借：生产成本　　15 000
　　制造费用　　7 500
　　管理费用　　1 000
　　销售费用　　500
　贷：原材料　　24 000

月末，“材料采购”科目的借方余额为4 300元，表示在途材料成本，转入下月材料采购明细账。

⑥按本月材料成本差异率，计算分摊本月发出材料负担的成本差异，将发出材料的计划成本调整为实际成本。其计算过程是：

本月材料成本差异率=（−345+75−30）÷（14 700+12 000+3 300+7 500）×100%=−0.8%

生产成本负担的差异=15 000×（−0.8%）=−120（元）

制造费用负担的差异=7 500×（−0.8%）=−60（元）

管理费用负担的差异=1 000×（−0.8%）=−8（元）

销售费用负担的差异=500×（−0.8%）=−4（元）

借：材料成本差异	192	
贷：生产成本		120
制造费用		60
管理费用		8
销售费用		4

月末，有关甲材料的科目余额见表4-3。

表4-3　**甲材料7月末科目余额表**　单位：元

科目名称	余额方向	余额
材料采购	借方	4 300
原材料	借方	13 500
材料成本差异	贷方	108

库存原材料的实际成本=13 500−108=13 392（元）

原材料的日常结算，既可以采用计划成本，也可以采用实际成本，还可以对不同的材料分别采用计划成本或实际成本。具体采用哪种方法，由企业根据具体的情况自行决定。一般来说，材料品种繁多的企业，可以采用计划成本进行日常核算；但对于某些品种不多且占产品比重较大的原材料，也可以单独采用计划成本进行核算，以便保证产品成本的真实性和准确性。对于企业规模较小、材料品种简单、采购业务不多的企业，一般采用实际成本进行原材料的日常收发核算。企业在选用材料核算方法后，一般不得随意变更，如需变更，应按变更会计政策的原则进行处理。

4.4　商　品

4.4.1　商品的范围及会计科目设置

1）商品的范围

商品是指企业为销售或加工后销售而储存的存货，主要包括：

（1）企业全部自有的库存商品，包括存放在仓库、门市部和寄销在外库的商品，委托其他单位代管、代销的商品，陈列展览的商品；

（2）加工中的商品，包括企业自行加工的商品和委托其他单位加工的商品；

（3）出租的商品；

（4）接受外来原材料加工制造的代制品和为外单位加工修理的代修品等。

2）商品核算的主要会计科目

对于企业自有的库存商品一般通过“库存商品”等科目进行核算。其中，工业企业的库存商品主要是指产成品，商品流通企业的库存商品主要是指外购或委托加工完成验收入库用于销售的各种商品。但房地产开发企业的开发产品，一般以“开发产品”核算，农业企业收获的农产品，一般以“农产品”科目核算。企业委托外单位加工的商品，一般通过“委托加工物资”科目进行核算。

4.4.2 商品采购成本

商品作为存货的重要组成部分，其采购成本应遵循外购存货入账价值的确定方法。因此，商品采购成本类似于生产企业采购材料的采购成本，包括买价、相关税费和采购费用。但不同商品和不同来源获得的商品，其采购成本具体构成也不同。

在会计实务中，商品成本的构成主要有以下四种情况：

（1）国内购进用于国内销售和用于出口的商品，以进货原价（但不包括准予抵扣的进项税额）及进货费用为其采购成本。其中，购进商品所发生的进货费用，主要包括购进的商品在达到可销售状态前发生的包装费、运杂费、运输保险费、运输途中的合理损耗、入库前的挑选整理费用，以及购进的用于出口的商品到达交货地车站、码头以前支付的各项费用和手续费等。

（2）企业进口的商品，其采购成本包括进口商品的国外进价、进口环节的有关税金（如进口关税、进口商品的消费税等，但不包括准予抵扣的增值税）及使商品达到目前场所和可销售状态发生的各项采购费用。

（3）企业委托其他单位代理进口的商品，其采购成本为实际交付给代理单位的全部价款（但不包括准予抵扣的增值税）及支付的各项采购费用。

（4）企业收购农副产品，其采购成本一般按扣除准予抵扣的进项税额后的买价再加上支付的采购费用确定。

4.4.3 商品核算方法

商品流通企业的商品一般以“库存商品”科目进行核算。根据“库存商品”科目核算的方法不同，可以把商品核算方法分为数量金额核算法和金额核算法两类。在数量金额核算法下，商品的增减变动及结存在会计账簿上同时以实物量和价值量进行核算。在金额核算法下，商品的增减变动及结存在会计账簿上主要以价值量进行核算，一般不进行数量核算。

在商品流通企业，衡量商品价值量的标准主要有两个：一是商品的进价；二是商品的售价。因此，商品的核算方法可以进一步分为四种：数量成本金额核算法、数量售价金额核算法、成本金额核算法、售价金额核算法。

1）数量成本金额核算法

数量成本金额核算法，是指同时以数量和成本金额反映商品的增减变动及结存情况的核算方法。该方法一般适用于批发企业的批发商品及采购的农副产品等的核算，其基本原理与原材料按实际成本核算相同。

2）数量售价金额核算法

数量售价金额核算法，是指同时以数量和售价金额反映商品的增减变动及结存情况的核算方法。该方法一般适用于会计部门、业务部门及仓库设在同一办公地点，商品进销价格相对稳定的小型批发企业的批发商品及零售企业的贵重商品等的核算。

3）成本金额核算法

成本金额核算法，是指以成本金额反映商品的增减变动及结存情况的核算方法。这种方法又称“成本记账，盘存计销”核算法。

已销商品成本的计算公式为：

本月已销商品成本=月初结存商品的成本金额+本月购进商品的成本金额-月末结存商品的成本金额

该方法一般适用于零售企业经营的质量易变、价格需要随时调整的鲜（蔬菜、水果等）、活（活鱼、活虾等）商品等的核算。

4）售价金额核算法

售价金额核算法，是指以售价金额反映商品增减变动及结存情况的核算方法。这种方法又称“售价记账，实物负责制”或“拨货计价，实物负责制”，是将商品核算方法与商品管理制度相结合的核算制度。该方法一般适用于零售企业的日用工业品等零售商品的核算。

在按售价金额核算法进行核算时，平时商品的购入、加工收回、销售均按售价记账，售价与进价的差额通过“商品进销差价”科目核算，期末计算商品进销差价率和本期已销售商品应分摊的商品进销差价，并据以调整本期销售成本。其计算公式如下：

$$商品进销差价率=\frac{期初库存商品进销差价+本期购入商品进销差价}{期初库存商品售价+本期购入商品售价}\times 100\%$$

本期销售商品应分摊的商品进销差价=本期商品销售收入×商品进销差价率

本期销售商品的成本=本期商品销售收入-本期销售商品应分摊的商品进销差价

期末结存商品的成本=期初库存商品的进价成本+本期购进商品的进价成本-本期销售商品的成本

如果企业的商品进销差价率各期之间是比较均衡的，也可以采用上期商品进销差价率分摊本期的商品进销差价。但年度终了，应对商品进销差价进行核实调整。

【例4-9】某商场采用售价金额核算法核算库存商品，7月初库存商品的进价成本为1 000 000元，售价总额为1 100 000元，本月购进该商品的进价成本为750 000元，售价总额为900 000元，本月销售收入为1 200 000元。有关计算如下：

商品进销差价率=（100 000+150 000）÷（1 100 000+900 000）×100%=12.5%

本期销售商品应分摊的商品进销差价=1 200 000×12.5%=150 000（元）

本期销售商品的成本=1 200 000-150 000=1 050 000（元）

期末结存商品的成本=1 000 000+750 000-1 050 000=700 000（元）

4.4.4 发出商品

发出商品是指已经发出但尚不满足收入确定条件的商品，主要有两种情况：一是代销发出商品；二是自销发出商品。

1）代销发出商品

代销发出商品也称代销商品，是指按照代销合同的规定，由委托方将商品交受托方，待受托方出售代销商品再与委托方办理货款结算的商品。

在支付手续费委托代销方式下，委托方在发出商品时，商品所有权上的主要风险和报酬并未转移给受托方，委托方在发出商品时通常不应确认销售商品收入，而应在收到受托方开出的代销清单时确认为销售商品收入，同时将应支付的代销手续费计入销售费用；受托方应在代销商品销售后，按合同或协议约定的方式计算确定代销手续费，确认劳务收入。

一般来说，在代销业务较多的情况下，应设置专门的会计科目进行核算。习惯上，委托方通过“委托代销商品”等科目，核算交付受托方但尚未办理结算的代销商品；受托方通过“受托代销商品”及“受托代销商品款”等科目核算已经收到但尚未出售、未办理结算的受托代销商品。

【例4-10】甲商品流通企业（以下简称甲企业）委托乙商品流通企业（以下简称乙企业）代销商品。合同规定，乙企业采用收取手续费的方式销售代销商品，并按乙企业实际销售价格（不含税）的5%收取手续费。甲企业采用数量成本金额核算法，商品成本为40 000元，乙企业销售该商品的不含税售价为55 000元。甲企业和乙企业均为增值税一般纳税人，增值税税率为16%。甲企业和乙企业分别应按如下方法进行会计处理。

①甲企业应作如下会计分录：

发出商品时：

借：委托代销商品	40 000	
贷：库存商品		40 000

收到代销清单时：

借：应收账款	63 800	
贷：主营业务收入		55 000
应交税费——应交增值税（销项税额）		8 800

同时：

借：主营业务成本	40 000	
贷：委托代销商品		40 000

计算应支付的代销手续费：

借：销售费用——手续费	2 750	
贷：应收账款		2 750

②乙企业（采用数量成本金额核算法）应作如下会计分录：

收到代销商品：

借：受托代销商品	55 000	
贷：受托代销商品款		55 000

销售代销商品时：

借：银行存款	63 800	
贷：应付账款		55 000
应交税费——应交增值税（销项税额）		8 800

收到增值税专用发票时：

借：应交税费——应交增值税（进项税额）　　8 800

　贷：应付账款　　8 800

同时：

借：受托代销商品款　　55 000

　贷：受托代销商品　　55 000

支付货款并计算应收取的代销手续费时：

借：应付账款　　63 800

　贷：银行存款　　61 050

　　其他业务收入　　2 750

2）自销发出商品

自销发出商品是企业除代销商品以外的商品销售不满足收入确认条件时的发出商品，对于不满足收入确认条件的发出商品，企业一般设置“发出商品”科目进行核算。待确认收入时，再根据已确认的收入情况，结转相应的销售成本。

【例4-11】某企业向乙公司以托收承付结算方式出售一批产品，增值税专用发票注明的货款总额为1 160 000元（其中价款1 000 000元，增值税160 000元），货款尚未收到，该批商品的成本为800 000元。办理托收手续时得知乙公司已陷入资金困境，但为维持与乙公司的业务关系，减轻乙公司的付款压力，仍将产品发运给了乙公司。

①发出商品并办妥托收手续时，因乙公司陷入资金困境，本企业收回货款存在较大的不确定性，与发出产品所有权有关的风险和报酬未转移给乙公司，因而不能确定销售收入，此时，本企业应作如下会计分录：

借：发出商品　　800 000

　贷：库存商品　　800 000

采取托收承付结算方式发出商品时，增值税纳税义务同时发生：

借：应收账款　　160 000

　贷：应交税费——应交增值税（销项税额）　　160 000

②在满足收入确认条件时：

借：应收账款　　1 000 000

　贷：主营业务收入　　1 000 000

同时：

借：主营业务成本　　800 000

　贷：发出商品　　800 000

4.5 周转材料

周转材料是指企业周转使用的包装物、低值易耗品，以及企业（建造承包商）的钢模板、木模板、脚手架等。

周转材料不多的企业，一般通过“周转材料”核算，当包装物、低值易耗品较多时，可分别通过“周转材料——包装物”“周转材料—— 低值易耗品”核算。

4.5.1 包装物

1）包装物的范围

包装物是指企业为了包装本企业的商品、产品而储备的各种包装容器，如桶、箱、瓶、坛、袋等。企业的包装物包括：

（1）生产经营过程中用于包装商品、产品并作为商品、产品组成部分的包装物。

（2）随同商品、产品出售而不单独收取价款（以下称不单独计价）的包装物。

（3）随同商品、产品出售而单独收取价款（以下称单独计价）的包装物。

（4）出租、出借给购货单位使用的包装物。

进行包装物核算时应注意以下三点：一是单位价值比较小或不能周转使用的各种包装材料（如纸、绳、铁丝、铁皮等），在“原材料”科目核算，不在“包装物”科目核算；二是用于储存和保管产品、商品、材料而不对外出售的包装物，应按其价值大小和使用年限长短，分别在“固定资产”或“低值易耗品”科目核算，也不在“包装物”科目核算。三是单独列作企业商品、产品的自制包装物，应列为库存商品处理，也不在“包装物”科目核算。

2）包装物入库

企业购入、自制、委托外单位加工完成等入库包装物的核算方法与原材料入库的核算方法相同，这里不再重复。

3）生产领用包装物

生产领用包装物的核算方法与生产领用原材料的核算方法相同，应根据生产领用包装物的成本借记“生产成本”等科目，贷记“周转材料——包装物”科目。

4）随同产品或商品出售包装物

在出售产品或商品时，随同产品、商品一并出售的包装物在会计核算上分为两种情况：一是出售的包装物单独计价；二是出售的包装物不单独计价。

（1）单独计价的包装物。包装物随同产品、商品单独计价出售时，实际上就是包装物的出售。在会计核算上，包装物出售同原材料出售的账务处理方法相同，将出售包装物的收入（不含税收入）记入“其他业务收入”科目。出售包装物后，按出售包装物的成本借记“其他业务成本”科目，贷记“周转材料——包装物”科目。

（2）不单独计价的包装物。包装物随同产品、商品出售但不单独计价时，随同产品、商品发出包装物主要是为了确保销售产品、商品的质量或提供较为良好的销售服务。因此，应将这部分包装物的成本作为企业发生的销售费用，借记“销售费用”，贷记“周转材料——包装物”科目。

5）出租、出借包装物

为了确保周转使用包装物的安全完好，对于企业可以周转使用的包装物，一般采用出租或出借方式向客户提供必要的配套服务。以出租方式提供包装物时，要求客户支付包装物的租金；以出借方式提供包装物时，只要求客户将完好的包装物按期归还，实际上是无偿使用。

（1）包装物发出。企业不论以出租方式，还是以出借方式发出包装物，均应向客户收取押金，作为客户按规定归还包装物的资金保证。企业应根据收到的押金，借记“银行存款”等科目，贷记“其他应付款”科目。

企业出租包装物，除了收取押金以外，还要收取租金，用以抵补出租包装物的摊销价值及相关支出。企业应根据收到的租金，借记“银行存款”等科目，贷记“其他业务收入”等科目。

（2）包装物的摊销。出租、出借的包装物在使用过程中，价值逐渐减少的过程称为摊销。出租、出借包装物的价值摊销方法一般有以下两种：

①一次摊销法。一次摊销法就是将包装物的成本一次全部摊销的方法。采用这种方法，会计核算手续简单，但容易造成包装物的实际价值与其账面价值不符，一般适用于价值量较小、使用期限较短且各期领用比较均衡的包装物。

会计实务中，一次摊销法又有两种不同的表现方式：一是在领用包装物时将其成本全部摊销；二是在包装物报废时将其成本全部摊销。在第一种方式下，将领用的包装物的成本全部摊销后，该包装物在账面上已无余额，但实际上其价值并未全部消耗，致使企业形成账外资产。在第二种方式下，已经领用的包装物在报废前可以通过账簿记录进行控制，但容易虚增资产价值。

②五五摊销法。五五摊销法又称五成摊销法，就是在领用包装物时摊销其成本的50%，在包装物报废时再摊销其成本的另外50%的方法。采用这种方法，如果报废包装物的残值较小，可以不预计残值，将包装物的全部成本在领用和报废时各摊销50%；如果残值较大，应按包装物成本减除其残值后的余额在领用和报废时各摊销50%。为了简化会计核算，一般情况下不预计残值。

（3）包装物收回。企业出租、出借的包装物收回时，应退还押金，借记“其他应付款”科目，贷记“银行存款”等科目。

（4）包装物报废。收回的包装物，如果由于磨损等原因不能继续使用，应及时办理报废手续。已报废包装物的残料，应计价入库，同时冲减其已摊销价值。用于出租的包装物的残料价值，应借记“原材料”等科目，贷记“其他业务成本”科目；用于出借的包装物的残料价值，应借记“原材料”等科目，贷记“销售费用”等科目。采用五五摊销法进行包装物价值摊销的核算，还应摊销其成本的另外50%，并注销已报废包装物成本及其已摊销价值。

（5）没收逾期未退回包装物的押金。对于超过退还期限而购货单位仍未退回的包装物，企业应没收其押金。根据没收的押金数额，借记“其他应付款”科目；根据其中所含的增值税税额，贷记“应交税费”科目；根据全部押金扣除增值税后的余额，贷记“其他业务收入”（出租）或“销售费用”（出借）等科目。

需要指出的是，包装物不多的企业，一般采用实际成本对包装物进行核算，如果企业条件具备，也可以采用计划成本核算。在采用计划成本核算时，“材料成本差异”科目中应将包装物的成本差异同原材料的成本差异分别反映，月份终了，结转生产领用、出售以及出租、出借所领用包装物应分摊的成本差异。

6）包装物核算举例

【例4-12】某企业的包装物按实际成本核算，根据发生的有关包装物收发经济业务，编制会计分录如下：

①以银行存款购进包装物，实际成本3 480元（其中包括进项税额480元）。

借：周转材料——包装物　　3 000

　　应交税费——应交增值税（进项税额）　　480

　贷：银行存款　　3 480

②生产领用包装物，用于包装产品，实际成本400元。

借：生产成本　　400

　贷：周转材料——包装物　　400

③销售产品领用不单独计价的包装物，实际成本200元。

借：销售费用　　200

　贷：周转材料——包装物　　200

④销售产品领用单独计价的包装物，实际成本400元，售价580元（其中包括增值税80元）。

借：银行存款　　580

　贷：其他业务收入　　500

　　应交税费——应交增值税（销项税额）　　80

同时：

借：其他业务成本　　400

　贷：周转材料——包装物　　400

⑤出租新包装物100个，包装物实际总成本6 000元，共收取押金8 000元，每月收取租金812元（其中增值税112元）。包装物价值摊销采用五五摊销法。

收到押金时：

借：银行存款　　8 000

　贷：其他应付款　　8 000

发出包装物时：

借：周转材料——包装物（在用）　　6 000

　贷：周转材料——包装物（在库）　　6 000

收到租金收入时：

借：银行存款　　812

　贷：其他业务收入　　700

　　应交税费——应交增值税（销项税额）　　112

月末摊销包装物成本的50%时：

借：其他业务成本　　3 000

　贷：周转材料——包装物（摊销）　　3 000

承租单位退回包装物80个，退还押金6 400元（80×80）。结转包装物入库的成本4 800元（80×60）：

借：其他应付款　　6 400

　贷：银行存款　　6 400

同时：

借：周转材料——包装物（在库）　4 800
　贷：周转材料——包装物（在用）　4 800

没收逾期未退回的20个包装物的押金，计1 600元（其中销项税额220.70元），并摊销其成本的另外50%，共600元（20×60×50%）：

借：其他应付款　1 600
　贷：其他业务收入　1 379.30
　　应交税费——应交增值税（销项税额）　220.70

同时：

借：其他业务成本　600
　贷：周转材料——包装物（摊销）　600
借：周转材料——包装物（摊销）　1 200
　贷：周转材料——包装物（出租）　1 200

因入库收回的出租包装物多次出租，已无法使用，批准报废。报废时收回残料作为修理用材料使用，估计价值200元。应摊销其成本的另外50%，共2 400元（80×60×50%）。注销已报废包装物成本及其已摊价值共计4 800元（80×60）。

借：原材料　200
　贷：其他业务成本　200
借：其他业务成本　2 400
　贷：周转材料——包装物（摊销）　2 400
借：周转材料——包装物（摊销）　4 800
　贷：周转材料——包装物（在库）　4 800

4.5.2　低值易耗品

1）低值易耗品的范围

低值易耗品是指企业在业务经营过程中所必需的单项价值比较低或使用年限比较短，不能作为固定资产核算的物资设备和劳动资料，如工具器具、管理用具、玻璃器皿、劳动用具，以及在企业生产经营过程中周转使用的包装容器等。这些物资设备在经营过程中可以多次使用，其价值随其磨损程度逐渐转移到有关的成本或费用中去。就其性质来看，低值易耗品是可以多次使用但不改变原有实物形态的劳动资料，具有固定资产的特性。

在会计核算上，有些国家的会计准则乃至国际会计准则明确规定，对于某些价值量不大、使用年限超过一年的个别项目，如模具、工具等，可以归并为一个总额以固定资产核算。在我国的会计实务中，为了便于资产的实物管理，长期以来一直将不具备固定资产价值标准的器具、工具等作为低值易耗品，视同存货，单独设置“周转材料——低值易耗品”科目进行核算。

2）低值易耗品核算的主要内容和方法

低值易耗品核算的内容主要包括低值易耗品的购入或形成及低值易耗品的摊销两大部分。

（1）购入或其他来源形成的低值易耗品。企业购入、自制、委托外单位加工完成并已验收入库的低值易耗品、企业接受的债务人以非现金资产抵偿债务方式取得的低值易耗品等的核算方法与原材料、包装物入库的核算方法相同，这里不再重复。

（2）低值易耗品摊销。在会计实务中，一般根据具体情况，对不同的低值易耗品采用不同的摊销方法。如一次摊销法、分期（次）摊销法、五五摊销法等，其核算方法与包装物一致，这里不再重复。

4.6 存货清查

企业在进行存货的日常收发及保管过程中，因种种原因可能造成存货实际结存数量与账面结存数量不符，有时会因非常事项而造成存货毁损。为了确保账实相符，企业应定期或不定期进行存货盘点。发生存货盘盈（实际结存数量大于账面结存数量）、盘亏（实际结存数量小于账面结存数量）及毁损（非常事项造成的存货损失）时，应及时查明原因，并进行账务处理，以保证账实一致。

4.6.1 存货盘盈

发生存货盘盈时，应按规定的程序报经有关部门批准后才能作出处理。在批准处理以前，一般先根据盘盈的存货，按同类存货的实际成本（一般按同类存货的期初平均单价计算）计价入账；没有同类存货的，一般按市价计价入账，调整存货账面记录，以使账实一致，即借记“原材料”“库存商品”等存货科目，贷记“待处理财产损溢——待处理流动资产损溢”科目。

盘盈的存货查明原因后，应按不同的原因及处理决定分别入账，借记有关科目，贷记“待处理财产损溢——待处理流动资产损溢”科目；其中，对于无法确定具体原因的，一般应冲减企业的管理费用。

【例4-13】某企业进行财产清查，根据发生的有关存货盘盈的经济业务，编制会计分录如下：

①盘点原材料，发现盘盈甲材料，按重置价值计算其实际成本为900元。盘盈原因待查。

借：原材料	900	
贷：待处理财产损溢——待处理流动资产损溢		900

②查明原因，盘盈的原材料系收发时的计量误差所致，经批准冲减企业的管理费用。

借：待处理财产损溢——待处理流动资产损溢	900	
贷：管理费用		900

4.6.2 存货盘亏和毁损

发生存货盘亏和毁损，在批准处理以前，应先通过“待处理财产损溢——待处理流动资产损溢”科目进行核算。盘亏和毁损时，一般按盘亏和毁损存货的实际成本（大多按盘亏、毁损的数量和该存货的期初结存单价计算确定）冲减存货的账面记录，借记“待处理财产损溢——待处理流动资产损溢”科目，贷记有关存货科目。

需要指出的是，根据《中华人民共和国增值税暂行条例》的规定，企业发生的非正常损失的购进货物以及非正常损失的在产品、产成品所耗用的购进货物或应税劳务的进项税额不得从销项税额中抵扣。因此，非正常损失的存货价值应包括其实际成本和应负担的进项税额两部分，发生非正常毁损（如管理不善造成大量霉烂变质等）时，应按非正常损失的价值借记“待处理财产损溢——待处理流动资产损溢”科目，按非正常损失存货的实际成本贷记有关存货科目，按非正常损失存货应负担的进项税额贷记“应交税费”科目，而自然灾害导致的存货毁损，不需要作进项税额转出。

查明盘亏和毁损的原因后，应按不同的原因及处理决定分别入账，借记“待处理财产损溢——待处理流动资产损溢”科目，贷记有关科目。其中，属于定额合理盘亏，应作为管理费用列支；属于一般经营性损失的，扣除残料价值以及可以收回的保险赔偿和过失人赔偿剩余净损失，经批准也可以作为管理费用列支；属于自然灾害损失、管理不善造成货物被盗、发生霉烂变质等损失以及其他非正常损失的，扣除可以收回的保险赔偿及残料价值后的净损失，作为企业的营业外支出进行处理。

【例4-14】某企业根据发生的有关存货盘亏和毁损的经济业务，编制会计分录如下：

①盘亏甲材料，实际成本为400元，原因待查。

借：待处理财产损溢——待处理流动资产损溢	400	
贷：原材料		400

②查明原因，盘亏甲材料系定额内合理损耗，批准作为管理费用列支。

借：管理费用	400	
贷：待处理财产损溢——待处理流动资产损溢		400

③因管理不善造成产成品毁损，对财产进行清查盘点。其中，产成品毁损额按实际成本计算，为5 000元，产成品耗用的原材料及应税劳务的进项税额为350元，并通知保险公司。

借：待处理财产损溢——待处理流动资产损溢	5 350	
贷：库存商品		5 000
应交税费——应交增值税（进项税额转出）		350

④对于管理不善造成的产成品损失已经作出处理决定，残料估价300元，可以由保险公司赔偿的损失为4 000元，由企业负担的损失为1 050元。

借：原材料	300	
其他应收款	4 000	
营业外支出	1 050	
贷：待处理财产损溢——待处理流动资产损溢		5 350

需要说明的是，企业清查的各种存货及其资产的损溢，应于期末前查明原因，并根据企业的管理权限，经股东大会或董事会，或经理（厂长）会议或类似机构批准后，在期末结账前处理完毕。如清查的各种财产损溢在期末结账前尚未批准的，在对外提供财务报表时应先按上述处理原则进行处理，并在会计报表附注说明；如果其后批准处理的金额与已处理的金额不一致的，还应调整会计报表相关的年初数。“待处理财产损溢”科目处理前的借方余额反映尚未处理的各种财产净损失，处理前贷方余额反映尚未处理的各种财产净溢余。期末处理后，“待处理财产损溢”科目无余额。

4.7 存货期末计价

存货期末计价是指会计期末对存货价值的重新计量。我国企业会计准则规定，资产负债表日，企业应当按照成本与可变现净值孰低法计量。当存货成本低于可变现净值时，存货按成本计量；当存货成本高于可变现净值时，存货按可变现净值计量，同时按照成本高于可变现净值部分计提存货跌价准备，计入当期损益。

4.7.1 可变现净值及其确定

1）存货的可变现净值

可变现净值是指在日常活动中，存货的估计售价减去至完工时估计将要发生的成本、估计的销售费用以及相关税金后的金额。可见，可变现净值实质上是指存货在正常生产经营环境下可获得的未来净现金流入，而不是存货的售价。也就是说，以存货预计取得的收入为基础，在扣除销售消耗的过程中可能发生的相关税费和销售费用，以及为达到预定可销售状态还可能发生的进一步的加工成本等支出后的余额才是存货的可变现净值。

2）存货可变现净值的确定

存货可变现净值的确定必须有可靠的证据，而且应当以取得的确凿证据为基础，并且考虑持有存货的目的、资产负债表日后事项的影响等因素。

确定可变现净值的确凿证据，是指对确定存货的可变现净值有直接影响的可靠依据，包括产品或商品的市场销售价格、与企业产品或商品相同或类似商品的市场销售价格、供货方提供的有关资料、销售方提供的有关资料、生产成本资料等证据。持有存货的目的，是指持有存货是为了销售还是加工后销售等。资产负债表日后事项的影响因素，是指预计未来产品的更新换代、消费者消费偏好等市场情况。企业应对直接销售的存货和用于加工后销售的存货分别确定存货的可变现净值。

4.7.2 成本与可变现净值的比较

按成本与可变现净值孰低法计价时，可以采用不同的方法对成本与可变现净值进行比较。比较的方法主要有三种：按存货项目比较、按存货类别比较、按全部存货比较。这三种方法的区别可以通过表4-4的数据加以说明。

表4-4 **存货期末计价方法比较** 单位：元

项目	成本	可变现净值	成本与可变现净值的选择金额		
			按存货项目	按存货类别	按全部存货
家用电器类					
a	1 000	1 500	1 000		
b	4 000	3 000	3 000		
小计	5 000	4 500		4 500	
百货类					
c	3 500	3 000	3 000		
d	2 000	2 800	2 000		
小计	5 500	5 800		5 500	
全部存货总计	10 500	10 300	9 000	10 000	10 300

1）按存货项目比较

按存货项目比较时，只要某存货项目的可变现净值低于其成本，就将该存货项目按可变现净值计价，不考虑其他存货的可变现净值是否低于成本，不受其他存货可变现净值大小的影响。

2）按存货类别比较

按存货类别比较时，只要某类存货的可变现净值低于其成本，就将该类存货按可变现净值计价，不考虑其他类别存货的可变现净值是否低于成本，不受其他类别存货可变现净值大小的影响。

3）按全部存货比较

按全部存货比较时，只有全部存货的可变现净值低于全部存货的成本时，才按可变现净值计价。

4.7.3　存货跌价损失的处理

采用成本与可变现净值孰低原则，如果成本低于可变现净值，会计上则不需进行调整；如果可变现净值低于成本，则会计上应作出相应的调整，使期末存货按可变现净值计价。存货因按低于成本的可变现净值计价而发生的损失，在会计上一般以存货跌价损失处理。

发生存货跌价损失时，会计上应同时反映两个方面的内容：一是减少存货价值；二是列支存货跌价损失。

1）存货跌价损失

存货跌价损失会相应地减少企业的利润，在利润表上可以单独以“存货跌价损失”项目反映，或作为企业资产减值损失与其他资产减值损失（如坏账损失、固定资产减值损失、无形资产减值损失等）合并为一个项目反映。存货跌价损失单独反映，有利于企业分析影响损益额的具体因素。但会计实务中，为了集中反映所有资产减值损失的情况，一般专门设置“资产减值损失”科目，核算所有的资产减值损失，并按照资产减值损失项目进行明细核算。

2）减少存货价值

在会计实务中，对于因存货按可变现净值计价而减少的存货价值，企业应设置“存货跌价准备”科日，贷方登记计提的存货跌价准备金额；借方登记实际发生的存货跌价损失金额和转回的存货跌价准备金额，期末余额一般在贷方，反映企业已计提但尚未转销的存货跌价准备。

期末在资产负债表上，一般将“存货跌价准备”科目的贷方余额作为存货的减项列示，也可以只将存货成本扣除存货跌价准备后的可变现净值列示，不再单独反映存货跌价准备数额。

【例4-15】以表4-4为例，企业采用按存货项目进行成本与可变现净值的比较。编制会计分录如下：

借：资产减值损失——存货跌价损失　　1 500

　贷：存货跌价准备　　1 500

在资产负债表上列示存货可变现净值的方法是：

存货　　9 000元

4.7.4 存货成本与可变现净值孰低法的应用

（1）期末对存货进行全面清查，存货按成本与可变现净值孰低法计价。如果由于存货全部或部分陈旧过时或销售价格低于成本等原因，不可收回的价值部分，应当提取存货跌价准备。

（2）可变现净值是指企业在正常生产过程中，以估计售价减去估计完工成本以及销售所必需的估计费用后的价值。企业在确定存货的可变现净值时，应以取得的可靠证据为基础，并且考虑持有存货的目的、资产负债表日后事项的影响等因素合理确定。其中，为执行销售合同或劳务合同而持有的存货，通常应当以合同价格作为其可变现净值的计量基础，如果企业持有的存货数量多于销售合同的订货数量，超出合同部分的存货可变现净值应当以一般销售价格（公允价格）为计量基础。

（3）用于生产而持有的材料等，如果用其生产的产成品的可变现净值高于成本，则该材料仍然应当按成本计量，如果材料价格的下降表明产成品的可变现净值低于成本，则该材料应当按可变现净值计量。

（4）企业对存货按可变现净值计量时，存货跌价损失通过“资产减值损失——存货跌价损失”科目进行核算，因计提存货跌价准备而减少的存货价值通过“存货跌价准备”科目进行核算。如果存货按低于历史成本的可变现净值调整后，可变现净值又上升时，应相应调增存货账面价值，但不得超过存货的历史成本，调增的部分计入当期损益。即：期末，企业计算出存货可变现净值低于存货成本账面价值（存货成本减去计提的存货跌价准备）的差额，借记“资产减值损失——存货跌价损失”科目，贷记“存货跌价准备”科目，使“存货跌价准备”科目的余额反映企业存货可变现净值低于存货成本的数额。如果计提跌价准备的存货价值以后又得以恢复，应当以恢复增加的数额冲减存货跌价准备，并增加当期损益，借记“存货跌价准备”科目，贷记“资产减值损失——存货跌价损失”科目。但是，当已经计提跌价准备的存货价值以后又得以恢复时，其冲减的跌价准备金额，应以存货价值恢复到历史成本为限，即应以“存货跌价准备”科目的余额冲减至零为限。

（5）存货跌价准备应按单个存货项目的成本与可变现净值计量，如果某些存货具有类似目的和最终用途并与在同一地区生产和销售的产品系列相关，且实际上难以将其与该产品系列的其他存货项目区分开来进行估计，可以合并计量成本与可变现净值，以合并计提存货跌价准备。对于数量繁多、单价较低的存货也可以按存货类别计量成本与可变现净值，并按存货类别计提存货跌价准备。

（6）当存在下列情形之一时，应当计提存货跌价准备：

①市价持续下跌，并且在可预见的未来无回升的希望；

②企业使用该项原材料生产的产品的成本大于产品的销售价格；

③企业因产品更新换代，原有库存原材料已不适应新产品的需要，而该原材料的市场价格又低于其账面成本；

④因企业所提供的商品或劳务过时或消费者偏好改变而使市场的需求发生变化，导致市场价格逐渐下跌；

⑤其他足以证明该项存货实质上已经发生减值的情形。

（7）当存在以下一项或若干项情况时，应将存货账面价值全额计提存货跌价准备：

①已霉烂变质的存货；

②已过期且无转让价值的存货；

③生产已不再需要，并已无使用价值和转让价值的存货；

④其他足以证明已无使用价值和转让价值的存货。

下面举例说明存货采用成本与可变现净值孰低法计价时存货跌价准备的核算特点。

【例4-16】某企业自2016年开始对存货采用成本与可变现净值孰低法计价。2016年年末，该企业存货账面成本为800 000元，其中：原材料80 000元，库存商品300 000元，在产品200 000元，包装物100 000元，低值易耗品100 000元，自制半成品20 000元。按存货项目计算的各类存货应计提的存货跌价准备分别为：原材料跌价准备200元，库存商品跌价准备1 000元，包装物跌价准备500元，低值易耗品跌价准备800元，自制半成品跌价准备1 500元。则2016年年末应计提的存货跌价准备为4 000元。作会计分录如下：

借：资产减值损失——存货跌价损失	4 000	
贷：存货跌价准备		4 000

2017年年末，该企业存货账面成本为700 000元，其中：原材料30 000元，库存商品370 000元，在产品50 000元，包装物50 000元，低值易耗品100 000元，自制半成品100 000元。按存货项目计算的各类存货应计提的存货跌价准备分别为：原材料跌价准备700元，库存商品跌价准备300元，包装物跌价准备1 500元，低值易耗品跌价准备200元。则2017年年末应保留的存货跌价准备为2 700元，共应冲减存货跌价准备1 300元（4 000-2 700），其中：原材料应计提存货跌价准备500元，库存商品应冲减多计的存货跌价准备700元，包装物应计提存货跌价准备1 000元，低值易耗品应冲减多计的存货跌价准备600元，自制半成品应冲减多计的存货跌价准备1 500元。则2017年年末应作会计分录如下：

借：存货跌价准备	1 300	
贷：资产减值损失——存货跌价损失		1 300

章末练习题

一、单项选择题

1.东方公司期末存货采用成本与可变现净值孰低法计价，并按照单个存货项目计提存货跌价准备。2018年12月31日，库存A产品的成本为1 400万元，其可变现净值为1 300万元；库存B产品的成本为1 250万元，其可变现净值为1 300万元。假设存货跌价准备期初余额为0。2018年12月31日，东方公司应计提的存货跌价准备金额为（　　）万元。

A.100　　B.150　　C.50　　D.0

2.2018年，甲公司根据市场需求的变化，决定停止生产B产品。为减少不必要的损失，决定将原材料中专门用于生产B产品的外购D材料全部出售，2018年12月31日其成本为200万元，数量为10吨。据市场调查，D材料的市场销售价格为10万元/吨，同时，销售10吨D材料可能发生的销售费用及税金1万元。假设存货跌价准备期初余额为0，则2018年12月31日D材料应计提的跌价准备为（　　）万元。

A.101　　B.99　　C.90　　D.110

二、多项选择题

1.依据企业会计准则的规定，下列有关存货可变现净值的表述中，正确的有（　　）。

A.为执行销售合同而持有的存货，通常应当以产成品或商品合同价格作为其可变现净值的计量基础

B.没有销售合同约定的存货，应当以产成品或商品市场销售价格作为其可变现净值的计量基础

C.用于产品生产的材料，其可变现净值以该材料所生产产品的估计售价扣除至完工时估计将要发生的成本和销售产品的估计销售费用后确定

D.用于出售的材料，通常应当以市场销售价格作为其可变现净值的计量基础

2.下列有关存货会计处理的表述中，正确的有（　　）。

A.因自然灾害造成的存货净损失，计入营业外支出

B.由于收发计量差错引起的存货盈亏，计入管理费用

C.一般纳税人进口原材料缴纳的增值税，计入相关原材料的成本

D.由相关责任人承担的存货亏损，计入其他应收款

3.下列事项中，影响企业利润总额的有（　　）。

A.因自然灾害造成的存货净损失

B.由于收发计量差错引起的存货盈亏

C.入库前发生的挑选整理费用

D.结转商品销售成本时，将相关存货跌价准备调整至主营业务成本

4.2018年12月31日，中材公司库存甲材料的账面价值（成本）为780万元，市场购买价格总额为740万元，假设不发生其他购买费用，用甲材料生产的A产品的可变现净值为1 250万元，A产品的成本为1 150万元。则2018年12月31日中材公司的下列会计处理中正确的有（　　）。

A.计提存货跌价准备40万元

B.不应计提存货跌价准备

C.计提存货跌价准备后材料的账面价值为740万元

D.甲材料期末应按成本计价

三、判断题

1.为执行销售合同或者劳务合同所持有的存货，如果持有存货的数量小于或等于合同订购的数量，那么期末存货可变现净值就等于存货合同价格减去预计销售费用和相关税费后的金额。（　　）

2.已经计提的存货跌价准备在以后期间不允许转回。（　　）

3.一般情况下如果某种存货的市场价格持续下跌，并且在可预见的未来无回升的希望，那么说明该存货可能发生了减值，应计提存货跌价准备。（　　）

4.对存货计提跌价准备符合企业会计信息质量要求的谨慎性原则。（　　）

四、综合题

甲企业对存货按照单项存货计提存货跌价准备，2018年年末关于计提存货跌价准备的资料如下：

（1）库存A产品，账面余额为500万元，已计提存货跌价准备50万元。按照一般市场价格预计售价为600万元，预计销售费用及相关税金为20万元。

（2）库存B产品，账面余额为600万元，未计提存货跌价准备。库存B产品中，有40%已签订不可撤销销售合同，合同价款为280万元；另60%未签订合同，按照一般市场价格预计销售价格为350万元。B产品的预计销售费用及相关税金共计40万元。

（3）库存C材料因改变生产结构，导致无法使用，准备对外销售。C材料的账面余额为150万元，预计销售价格为130万元，预计销售费用及相关税金为8万元，未计提存货跌价准备。

（4）库存D材料10吨，每吨实际成本为320万元。10吨D材料全部用于生产E产品8件，E产品每件加工成本为150万元，每件一般售价为600万元，现有6件已签订销售合同，合同规定每件售价为550万元，假定有合同的和无合同的销售税费均为其销售价格的10%。D材料未计提存货跌价准备。

要求：计算上述存货的期末可变现净值和应计提的存货跌价准备，并进行相应的账务处理。

（答案中的金额单位用万元表示）

章末练习题答案

第5章/
固定资产

【学习目标】掌握：固定资产的取得、折旧、后续支出、减值和处理；固定资产取得的核算方法；固定资产后续支出的核算方法；固定资产处置的核算方法。

理解：固定资产修理的特点；固定资产减值的确认；固定资产清查的核算方法。

了解：固定资产的性质与分类。

5.1 固定资产概述

5.1.1 固定资产的性质

1）固定资产的定义

固定资产，是指同时具有下列特征的有形资产：①为生产商品、提供劳务、出租或经营管理而持有的；②使用寿命超过一个会计年度。

2）固定资产的确认条件

固定资产在符合定义的前提下，应当同时满足以下两个条件，才能加以确认。

（1）与该固定资产有关的经济利益很可能流入企业；

（2）该固定资产的成本能够可靠地计量。

固定资产是企业生产经营过程中的重要劳动资料。它能够在若干个生产经营周期中发挥作用，并保持其原有的实物形态，但其价值则由于损耗而逐渐减少。这部分减少的价值以折旧的形式，分期转移到产品成本或费用中去，并在销售收入中得到补偿。

企业在生产经营过程中，并不是将所有的劳动资料全部列为固定资产。一般来说，生产经营用的劳动资料，使用年限在1年以上，单位价值较高，就应列为固定资产；否则，应列为低值易耗品。

固定资产的各组成部分如果具有不同使用寿命或者以不同方式为企业提供经济利益，并以不同的折旧率或折旧方法计提折旧，则应当分别将各组成部分确认为单项固定资产。

5.1.2 固定资产的分类

企业固定资产的种类繁多，为了正确进行固定资产核算，应按不同标准对固定资产进行分类。

1）按经济用途进行分类

固定资产按经济用途进行分类，可以分为生产经营用固定资产和非生产经营用固定资产。

生产经营用固定资产是指直接参加生产经营过程或直接服务于生产经营过程的各种房屋及建筑物、机器设备、运输设备、动力传导设备、工具器具和管理用具等。

非生产经营用固定资产是指生活福利部门等非生产经营部门使用的房屋、器具以及职工住宅等。

2）按使用情况分类

固定资产按使用情况分类，可以分为使用中固定资产、未使用固定资产和不需用固定资产。

使用中固定资产是指正在使用的各种固定资产。

未使用固定资产是指尚未投入使用或暂停使用的各种固定资产。

不需用固定资产是指不适合本企业需要，准备出售处理的各种固定资产。

3）按所有权分类

固定资产按所有权进行分类，可以分为自有固定资产和融资租入固定资产。

自有固定资产是指企业拥有所有权的各种固定资产。

融资租入固定资产是指企业在租赁期间不拥有所有权但拥有实质控制权的各种固定资产。

5.1.3 固定资产的计价

为了正确反映固定资产价值的增减变动，应按一定的标准对固定资产进行计价。固定资产的计价标准一般有以下四种：

1）原始价值

原始价值也称为原价或原值，是指购建的固定资产在达到预定可使用状态之前所发生的全部耗费的货币表现。企业采用不同方式购建的固定资产，其原值的构成有所不同。一般来说，企业从外部取得的固定资产，其原值中包括固定资产的买价、运输途中发生的各种包装运杂费以及在使用前发生的各种安装调试费；企业自行建造的固定资产，其原值中包括建造过程中发生的全部耗费。固定资产原值的具体构成，本书将在后面结合取得固定资产的具体方式讲述。

2）重置价值

重置价值也称为重置完全价值，是指企业在当前的条件下，重新购置同样的固定资产所需的全部耗费的货币表现。重置价值的构成内容与原值的构成内容相同。

3）折余价值

折余价值也称为净值，是指固定资产原值减去已提折旧后的余额。

4）现值

现值是指固定资产在使用期间以及处置时产生的未来净现金流量的折现值。

5.2 固定资产的初始计量

固定资产的初始计量是指确定固定资产的取得成本。取得成本包括企业为购建某项固定资产达到预定可使用状态前所发生的一切合理的、必要的支出。

5.2.1 固定资产的购置

企业购入的固定资产，有些不需要安装即可投入使用，有些则需要安装后才能使用。企业应根据不同情况，分别采用不同的核算方法。

1）固定资产核算的科目设置

为了反映固定资产的增减变动，应设置“固定资产”“累计折旧”“工程物资”“在建工程”科目。

2）购入不需安装的固定资产

企业购入不需安装的固定资产，原始价值和净值均应根据实际支付的买价和包装运杂费计算，借记“固定资产”“应交税费——应交增值税（进项税额）”科目，贷记“银行存款”等科目。

企业如果一揽子买进若干项可独立使用的固定资产，支付的全部价款应按合理的分配标准，在各项固定资产之间进行分配。

【例5-1】某企业购入不需要安装的机器设备1台，银行存款支付买价25 000元，进项税额4 000元，机器设备投入使用。根据以上资料，编制会计分录如下：

借：固定资产	25 000	
应交税费——应交增值税（进项税额）	4 000	
贷：银行存款		29 000

3）购入需要安装的固定资产

企业购入需要安装的固定资产，在安装过程中发生的实际安装费，应计入固定资产原值。固定资产安装工程可以采用自营安装方式，也可以采用出包安装方式。采用自营安装方式的，安装费包括安装工程耗用的材料、人工以及其他支出；采用出包安装方式的，安装费为向承包单位支付的安装价款。不论采用何种安装方式，固定资产的全部安装工程成本（包括固定资产买价以及包装运杂费和安装费）均应通过“在建工程”科目进行核算。

企业购入需要安装的固定资产，应根据实际支付的买价、包装运杂费和安装费，借记“在建工程”“应交税费——应交增值税（进项税额）”等科目，贷记“银行存款”等科目；安装工程完工后，根据其全部安装工程成本，借记“固定资产”科目，贷记“在建工程”科目。

【例5-2】某一般纳税人企业购入需要安装的机器设备1台，以银行存款支付买价18 000元，进项税额2 880元；用银行存款支付安装费500元。该机器设备安装完工后交付使用。根据以上资料，编制会计分录如下：

（1）购入固定资产。

借：在建工程	18 000	
应交税费——应交增值税（进项税额）	2 880	
贷：银行存款		20 880

（2）支付安装费。

借：在建工程	500	
贷：银行存款		500

（3）工程完工。

借：固定资产　　18 500

　贷：在建工程　　18 500

4）购入不动产作为固定资产

现行增值税制度规定，自2016年5月1日后，一般纳税人取得并按固定资产核算的不动产或者不动产的在建工程，其进项税额自取得之日起分2年从销项税额中抵扣，第一年抵扣比例为60%，第二年抵扣比例为40%。

企业购进不动产，应当按取得资产的成本，借记“固定资产”科目，按当期可抵扣的增值税税额，借记“应交税费——应交增值税（进项税额）”科目，按以后期间可抵扣的增值税税额，借记“应交税费——待抵扣进项税额”科目，按应付或实际支付的金额，贷记“应付账款”“应付票据”“银行存款”等科目。尚未抵扣的进项税额待以后期间允许抵扣时，按允许抵扣的金额，借记“应交税费——应交增值税（进项税额）”科目，贷记“应交税费——待抵扣进项税额”科目。

【例5-3】2019年6月10日，某公司购进一栋简易办公楼，并于当月投入使用。6月25日，纳税人取得该大楼的增值税专用发票并认证相符，专用发票注明的价款为800 000元，增值税进项税额为80 000元，款项已用银行存款支付。不考虑其他相关因素。

本月该办公楼应抵扣的进项税额=80 000×60%=48 000（元）

借：固定资产　　800 000

　　应交税费——应交增值税（进项税额）　　48 000

　　　　　　——待抵扣进项税额　　32 000

　贷：银行存款　　880 000

5.2.2　固定资产的自行建造

自行建造的固定资产是指企业利用自己的力量自营建造以及出包给他人建造的固定资产。企业自营工程耗用的材料物资，一般应单独进行核算。企业购入自营工程所需材料物资时，应根据实际支付的全部价款，借记“工程物资”“应交税费——应交增值税（进项税额）”等科目，贷记“银行存款”等科目。

1）采用自营方式建造固定资产

企业自营工程领用材料物资时，应根据实际成本，借记“在建工程”科目，贷记“工程物资”科目。

企业自营工程领用本企业商品产品时，借记“在建工程”科目，贷记“库存商品”科目。

企业自营工程应负担的职工工资和职工福利费等，应借记“在建工程”科目，贷记“应付职工薪酬”科目。

企业的辅助生产经营部门为自营工程提供的水、电、设备安装、运输等产品或劳务，应根据实际成本，借记“在建工程”科目，贷记“生产成本”等科目。

企业自营工程发生的其他支出，应借记“在建工程”科目，贷记“银行存款”等科目。

企业自营建造的固定资产在交付使用前应负担的长期负债利息，应计入自营工程成本，借记“在建工程”科目，贷记“长期借款”等科目。

企业自营建造的固定资产在交付使用时，应根据自营工程的实际成本，借记“固定资产”科目，贷记“在建工程”科目。

已交付使用的固定资产办理竣工结算时，如该项固定资产的实际原值与原入账价值有差额，应对原入账价值进行调整，借记“固定资产”科目，贷记“在建工程”科目（实际原值小于原入账价值的差额作相反处理）。

【例5-4】某企业根据自营方式建造固定资产的经济业务，编制会计分录如下：

（1）购入工程材料一批，价款200 000元，增值税32 000元，共计232 000元，用银行存款支付，材料入库。

借：工程物资	200 000	
应交税费——应交增值税（进项税额）	32 000	
贷：银行存款		232 000

（2）自营工程领用材料200 000元。

借：在建工程	200 000	
贷：工程物资		200 000

（3）自营工程应负担的职工薪酬11 400元。

借：在建工程	11 400	
贷：应付职工薪酬		11 400

（4）用银行存款支付自营工程应负担的其他支出30 000元。

借：在建工程	30 000	
贷：银行存款		30 000

（5）自营工程应负担的长期借款利息9 000元。

借：在建工程	9 000	
贷：长期借款		9 000

（6）自营工程某一部件报废，残料计价200元作为生产废料入库，应收有关责任者赔款1 000元。

借：原材料	200	
其他应收款	1 000	
贷：在建工程		1 200

（7）该项工程完工已于某日交付，达到预定可使用状态，则按实际工程成本249 200元（200 000+11 400+30 000+9 000−1 200）结转该项固定资产原值。

借：固定资产	249 200	
贷：在建工程		249 200

2）采用出包方式建造固定资产

企业采用出包方式建造固定资产，预付工程价款时，应借记“在建工程”“应交税费”科目，贷记“银行存款”等科目；工程完工补付工程价款时，也应借记“在建工程”“应交税费”科目，贷记“银行存款”等科目；出包工程在竣工结算之前应负担的长期负债利息等，也应计入工程成本，借记“在建工程”科目，贷记“长期借款”等科目。出包工程完工后，应根据工程实际成本，借记“固定资产”科目，贷记“在建工程”科目。

【例5-5】某企业根据出包方式建造固定资产的经济业务，编制会计分录如下：

（1）用银行存款预付工程款150 000元。

借：在建工程　　150 000
　　贷：银行存款　　150 000

（2）出包工程应承担的长期借款利息20 000元。

借：在建工程　　20 000
　　贷：长期借款　　20 000

（3）工程完工，用银行存款补付工程款300 000元。

借：在建工程　　300 000
　　贷：银行存款　　300 000

（4）固定资产交付使用，结转固定资产原值470 000元。

借：固定资产　　470 000
　　贷：在建工程　　470 000

5.2.3　接受投资的固定资产

企业接受固定资产投资时，应按双方协商确认的价值计价，借记“固定资产”科目，贷记“实收资本”科目。如果固定资产的价值大于投资方在企业注册资本中占有的份额，其差额应贷记“资本公积”科目。

5.2.4　接受捐赠的固定资产

企业接受捐赠的固定资产，应按下列情况分别进行计价：

（1）如果捐赠者提供了有关凭据，应按凭据中的金额加上应支付的相关税费计价。

（2）如果捐赠者没有提供有关凭据，则应按下列顺序计价：

①同类或类似固定资产存在活跃的市场，应参照同类或类似固定资产的市场价格估计的金额，加上应支付的相关税费计价。

②同类或类似固定资产不存在活跃的市场，应按其预计未来现金流量的现值计价。

企业接受固定资产捐赠时，应根据确定的价值，借记“固定资产”“应交税费——应交增值税（进项税额）”等科目，贷记“营业外收入”科目。

5.3　固定资产折旧

5.3.1　折旧的性质

固定资产折旧是指固定资产由于损耗而减少的价值。固定资产损耗分为有形损耗和无形损耗两种。有形损耗是指固定资产在使用过程中由于使用和自然力的影响在使用价值和价值上的损耗；无形损耗是指由于技术进步而引起的固定资产价值上的损耗。固定资产与存货不同，它的价值不是一次转移计入产品成本或费用的；而是在长期的使用过程中，随着损耗程度，以折旧费项目分期计入产品成本或费用的，并通过取得相应的收入而得到补偿。

折旧，是指在固定资产的使用寿命内，按照确定的方法对应计折旧额进行的系统分摊。应计折旧额，是指应当计提折旧的固定资产的原价扣除其预计净残值后的金额。如果已对固定资产计提减值准备，还应当扣除已计提的固定资产减值准备累计金额。

5.3.2 计提折旧应考虑的因素

企业分期计算提取折旧时，应考虑的因素有固定资产应计提折旧总额和预计使用年限或预计工作总量。

1）固定资产应计提折旧总额

固定资产应计提折旧总额是指单项固定资产从开始使用至报废清理的全部使用年限内应计提的折旧总额。从理论上讲，某项固定资产应计提折旧总额并不等于该项固定资产的原值。这是因为固定资产在报废清理时会取得残值收入，这部分残值收入不需要通过计提折旧的方式予以补偿，应在计提折旧时预先估计，从原值中扣除；此外，固定资产在报废清理时还会发生清理费用，这部分清理费用应视为使用固定资产的必要支出，在计提折旧时应予以考虑，预计清理费用一般从预计残值收入中扣除。预计残值收入减去预计清理费用后的余额，称为预计净残值。某项固定资产的原值减去预计净残值，即为该项固定资产的应计提折旧总额。

在我国，预计净残值一般根据固定资产原值乘以预计净残值率计算。预计净残值率是指预计净残值与固定资产原值的比率。一般来说，各类固定资产预计净残值率的上下限由国家统一规定，各企业在其范围内确定本企业各类固定资产的预计净残值率。

2）固定资产预计使用年限

固定资产预计使用年限是指固定资产预计的经济使用年限，应考虑固定资产的有形损耗和无形损耗。

在我国，各类固定资产预计使用年限的上下限也由国家统一规定，各企业在其范围内确定本企业各类固定资产的预计使用年限。

3）固定资产预计工作总量

固定资产预计工作总量是指固定资产从开始使用至报废清理的全部使用年限内预计完成的工作总量。固定资产预计工作总量由各企业根据本企业各项固定资产的具体情况自行确定。

在以上三项因素中，固定资产应计提折旧总额是不论采用何种计提折旧的方法均应考虑的因素。如果企业按时间计提折旧，还应考虑固定资产预计使用年限；如果按完成的工作量计提折旧，则还应考虑固定资产预计工作总量。

5.3.3 折旧的计算方法

企业应当根据与固定资产有关的经济利益的预期实现方式，合理选择折旧方法。企业选用不同的固定资产折旧方法，将影响固定资产使用寿命内不同时期的折旧费用，因此，固定资产的折旧方法一经确定，不得随意变更。常用的固定资产折旧计算方法可以分为两类：直线法和加速折旧法。

1）直线法

直线法是指按照时间或完成的工作量平均计提折旧的方法，主要包括平均年限法和工作量法。

（1）平均年限法

平均年限法是指按照固定资产的预计使用年限平均计提折旧的方法，其累计折旧额为使用时间的线性函数。采用这种方法，假定固定资产的服务潜力随着时间的推移而逐渐递减，其效能与固定资产的新旧程度无关。因此，固定资产的应计提折旧总额可以均匀摊配于预计使用年限内的各个会计期间。其计算公式为：

$$固定资产年折旧额=\frac{固定资产原值-预计净残值}{预计使用年限}$$

月折旧额=年折旧额÷12

上述公式为固定资产折旧平均年限法的一般原理。在实际工作中，固定资产折旧额一般根据固定资产原值乘以折旧率计算。在平均年限法下，固定资产折旧率是固定资产折旧额与固定资产原值的比率。其计算公式为：

$$年折旧率=\frac{1-预计净残值率}{预计使用年限}\times 100\%$$

月折旧率=年折旧率÷12

月折旧额=固定资产原值×月折旧率

采用平均年限法计提折旧，其折旧方式分为个别折旧和分类折旧两种方式：

①个别折旧方式是指按照各项固定资产分别计提折旧的方式，某项固定资产的折旧额根据该项固定资产原值乘以该项固定资产个别折旧率计算。

【例5-6】某企业某项固定资产原值为700 000元，预计净残值率为4%，预计使用年限为10年，其个别折旧率和月折旧额计算如下：

该项固定资产折旧率=（1-4%）÷10×100%=9.6%

该项固定资产月折旧率=9.6%÷12=0.8%

该项固定资产月折旧额=700 000×0.8%=5 600（元）

采用个别折旧方式计提折旧，折旧额计算的准确性较高，但计算工作量较大。个别折旧方式一般只适用于固定资产数量不多或数量虽多但各月之间变化不大的企业。

②分类折旧方式是指按照固定资产类别计提折旧的方式，某类固定资产的折旧额根据该类固定资产原值乘以该类固定资产平均分类折旧率计算。在我国，平均分类折旧率一般是在新建企业时按投入固定资产的类别平均计算确定的。在企业的持续经营期间内，如果国家没有调整各类固定资产的预计净残值率和预计平均使用年限，各类固定资产的分类折旧率一般不予调整。分类折旧率一般采用下列公式计算：

$$某类固定资产年折旧率=\frac{1-平均预计净残值率}{平均预计使用年限}\times 100\%$$

【例5-7】某企业某类固定资产共有10台，该类固定资产原值之和为500 000元，平均预计净残值率为3.4%，平均预计使用年限为10年，该类固定资产的分类折旧率和月折旧率计算如下：

该类固定资产年折旧率=（1-3.4%）÷10×100%=9.66%

该类固定资产月折旧率=9.66%÷12=0.805%

该类固定资产月折旧额=500 000×0.805%=4 025（元）

采用分类折旧方式计提折旧，折旧额是按固定资产类别计算的，与个别折旧方式相比，各项固定资产折旧额计算的准确性相对差些；但是，由于固定资产的类别不是很多，因而计提折旧的工作量较小。采用平均年限法计提折旧的企业，均可采用分类折旧方式。

（2）工作量法

工作量法是指按照固定资产预计完成的工作总量平均计提折旧的方法，其累计折旧额为完成工作量的线性函数。采用这种方法，假定固定资产的服务潜力随着完成工作量的增加而逐渐递减，其效能与固定资产的新旧程度无关。因此，固定资产的应计提折旧总额可以均匀摊配于预计的每一单位工作量。采用工作量法计提折旧，也应首先确定固定资产应计提折旧总额；然后根据固定资产应计提折旧总额和预计完成的工作总量，确定单位工作量折旧额；最后根据单位工作量折旧额和某月实际完成的工作量，就可以计算出该月折旧额。其计算公式如下：

$$\text{某项固定资产单位工作量折旧额}=\frac{\text{该项固定资产应计提折旧总额}}{\text{该项固定资产预计完成的工作总量}}$$

该项固定资产月折旧额=该项固定资产单位工作量折旧额×该项固定资产该月实际完成的工作总量

不同的固定资产，其工作量有不同的表现形式。对于运输设备来说，其工作量表现为运输里程；对于机器设备来说，其工作量表现为机器工时和机器台班。

【例5-8】某企业有运输汽车一辆，原值为300 000元，预计净残值率为4 %，预计行驶总里程为800 000千米。该汽车采用工作量法计提折旧。某月该汽车行驶6 000千米。该汽车的单位工作量折旧额和该月折旧额计算如下：

单位工作量折旧额=300 000×（1−4%）÷800 000=0.36（元/千米）

该月折旧额=0.36×6 000=2 160（元）

工作量法一般适用于价值较高的大型精密机床以及运输设备等固定资产的折旧计算。这些固定资产的价值较高，各月的工作量一般不很均衡，采用平均年限法计提折旧，会使各月成本费用的负担不够合理。

2）加速折旧法

加速折旧法也称为递减费用法，是指在固定资产使用初期计提折旧较多而在后期计提折旧较少，从而相对加速折旧的方法。采用加速折旧法，各年的折旧额呈递减趋势。加速折旧法一般只采用个别折旧方式。

为了简化折旧计算工作，月折旧额一般按年折旧额除以12计算。如果某项固定资产开始计提折旧的时间不是年初（1月份），则该年度各月的折旧额以及下一年度前几个月的折旧额（即开始计提折旧1年之内各月的折旧额），均按年折旧额的月平均数计算。较常用的加速折旧法有双倍余额递减法和年数总和法两种。

（1）双倍余额递减法

双倍余额递减法是指按固定资产净值和双倍直线折旧率计提折旧的方法。

双倍直线折旧率=2÷预计使用年限×100%

固定资产年折旧额=固定资产期初净值×双倍直线折旧率

固定资产月折旧额=固定资产年折旧额÷12

采用双倍余额递减法计提折旧，一般不考虑固定资产预计净残值。但是，必须注意：采用双倍余额递减法计提固定资产折旧，一般应在固定资产使用寿命到期前两年内，将固定资产账面净值扣除预计净残值后的余额平均摊销。

【例5-9】某企业某项固定资产原值为60 000元，预计净残值为2 000元，预计使用年限为5年，该项固定资产采用双倍余额递减法计提折旧，年折旧率及各年折旧额计算见表5-1。

表5-1　　**折旧计算表（双倍余额递减法）**　　金额单位：元

年份	期初净值	年折旧率	年折旧额	累计折旧	期末净值
1	60 000	40%	24 000	24 000	36 000
2	36 000	40%	14 400	38 400	21 600
3	21 600	40%	8 640	47 040	12 960
4	12 960	—	5 480	52 520	7 480
5	7 480	—	5 480	58 000	2 000

（2）年数总和法

年数总和法是指按固定资产应计提折旧总额和某年尚可使用年数占各年尚可使用年数总和的比重（即年折旧率）计提折旧的方法。

年折旧率=（该年尚可使用年数÷各年尚可使用年数总和）×100%

$$= \frac{\text{预计使用年限} - \text{已使用年限}}{\text{预计使用年限} \times (\text{预计使用年限} + 1) \div 2}$$

年折旧额=应计提折旧总额×年折旧率

【例5-10】某企业某项固定资产原值为60 000元，预计净残值为3 000元，预计使用年限为5年，该项固定资产按年数总和法计提折旧，该项固定资产的年数总和为：

年数总和=5+4+3+2+1=15或=5×（5+1）÷2=15

各年折旧率和折旧额计算见表5-2。

表5-2　　**折旧计算表（年数总和法）**　　金额单位：元

年份	应计提折旧总额	年折旧率	年折旧额	累计折旧
1	60 000-3 000=57 000	5/15	19 000	19 000
2	57 000	4/15	15 200	34 200
3	57 000	3/15	11 400	45 600
4	57 000	2/15	7 600	53 200
5	57 000	1/15	3 800	57 000

3）直线法与加速折旧法的比较

采用直线法计提折旧，固定资产的转移价值平均摊配于其使用的各个会计期间或完成的工作量，优点是使用方便，易于理解。但是，这种方法没有考虑固定资产使用过程中相关支出摊配于各个会计期间或完成的工作量的均衡性。因为随着固定资产使用时间的推移，其磨损程度也会逐渐增加，使用后期的维修费支出将会高于使用前期的维修费支出，即使各个会计期间或单位工作量负担的折旧费相同，但各个会计期间或单位工作量负担的固定资产使用成本（折旧费与维修费之和）将会不同。

采用加速折旧法计提折旧，克服了直线法的不足。因为这种方法前期计提的折旧费较多而维修费较少，后期计提的折旧费较少而维修费较多，从而保持了各个会计期间负担的固定资产使用成本的均衡性。此外，由于这种方法前期计提的折旧费较多，能够使固定资产投资在前期较多地收回，在税法允许将各种方法计提的折旧费作为税前费用扣除的前提下，还能够减少前期的所得税税额，符合谨慎性原则。但是，在固定资产各期工作量不均衡的情况下，这种方法可能导致单位工作量负担的固定资产使用成本不够均衡。此外，由于这种方法不适宜采用分类折旧方式，在固定资产数量较多的情况下，计提折旧的工作量较大。

企业在计提折旧时，可以根据具体情况，选择各种折旧计算方法。但是，需要指出的是，按照可比性原则，折旧方法一经选定，不应随意改变，以保证会计核算方法的前后期一致，便于进行比较分析。如果企业根据具体情况的变化决定改变折旧方法，其变更时间一般应为年初，以保持年度内折旧方法的一致性，并将变更理由及折旧方法改变后对损益的影响在会计报表附注中予以揭示。

4）计提折旧的范围

采用工作量法，应于月末根据该月固定资产完成的工作量计提折旧。

采用其他方法，除了已经提足折旧继续使用的固定资产以及过去单独估价入账的土地不提折旧以外，其他固定资产均应计提折旧。此外，提前报废的固定资产不补提折旧，其未提足折旧的净损失应计入营业外支出。

5.3.4 固定资产折旧的会计处理

固定资产应当按月计提折旧，计提的折旧应通过“累计折旧”科目核算，并根据用途计入相关资产的成本或者当期损益。

企业基本生产车间所使用的固定资产，其计提的折旧应计入制造费用。

管理部门所使用的固定资产，其计提的折旧应计入管理费用。

销售部门所使用的固定资产，其计提的折旧应计入销售费用。

自行建造固定资产过程中使用的固定资产，其计提的折旧应计入在建工程成本。

经营租出的固定资产，其计提的折旧应计入其他业务成本。

未使用的固定资产，其计提的折旧应计入管理费用。

5.4 固定资产的后续计量

固定资产的后续支出，是指固定资产投入使用以后发生的修理和改扩建等支出。

5.4.1 固定资产的修理

固定资产在长期使用过程中，因自然损耗或使用磨损等原因，往往发生部分零件的损耗。为了保证固定资产的正常运转及使用，企业需要对固定资产进行必要的修理。

1）固定资产修理的特点

固定资产的修理，按每次修理的零部件的复杂程度分类，可以分为日常修理和大修理两类。

日常修理的特点是：修理范围小，成本支出少，修理次数多，间隔时间短。但是，需要指出的是，日常修理的间隔时间短，不一定意味着其受益期限短。这是因为日常修理范围小，这次修理这一部分，下次修理另一部分，每次修理的零部件不一定是同一零部件，对于某一零部件来说，修理后的受益期也可能较长。

大修理的特点是：修理范围大，成本支出多，修理次数少，间隔时间长。但是也需要指出，大修理的成本支出多，是指某项固定资产的大修理成本支出相对于日常修理成本支出而言较多，其支出数额在企业全部成本费用中的比重则不一定较大。

2）固定资产修理的核算方法

固定资产日常修理和大修理虽然各有特点，但界限的划分比较困难。固定资产修理间隔时间长短与受益期限的关系不很明确，成本支出数额多少又是相对而言的，因此在实际工作中，日常修理和大修理往往一并核算，根据不同情况采用不同的核算方法。我国现行会计准则规定，固定资产修理的核算应采用直接摊销法。

直接摊销法是指将实际发生的修理成本支出，直接计入产品成本或当期费用。采用直接摊销法，应将实际发生的修理成本支出，按用途进行分配，按发生的修理费用，借记“制造费用”、“管理费用”、“销售费用”和“其他业务成本”等科目；按支付的增值税进项税额，借记“应交税费——应交增值税（进项税额）”科目；按照发生的全部价款，贷记“银行存款”等科目。

5.4.2 固定资产的改扩建

1）固定资产改扩建的特点

固定资产的改扩建是指对原有固定资产进行的改良和扩充。固定资产改良（即改建）是指为了提高固定资产的质量而实施的长期措施，如以自动装置替换非自动装置等。固定资产扩充（即扩建）是指为了提高固定资产的生存能力而采取的措施，如房屋增加楼层等。由于固定资产改扩建后，可以使固定资产的质量有所提高，或实物量有所增加，因而其原值也会有所增加。固定资产改扩建后，有些会延长使用年限从而增加生产能力，有些则仅仅会提高产品质量或增加生产能力而不延长使用年限。

2）固定资产改扩建的核算

企业在固定资产进行改扩建的期间，由于停止使用，工期又比较长，因而应在改扩建之前，将其账面价值转作在建工程，借记“在建工程”“累计折旧”“固定资产减值准备”科目，贷记“固定资产”科目。

固定资产改扩建工程支出的核算方法与自建工程支出的核算方法相同，应通过“在建工程”科目核算，固定资产改扩建过程中拆除的原有部件，其残值计价回收时，应冲减改扩建工程支出，借记“原材料”等科目，贷记“在建工程”科目。固定资产改扩建工程完工后，应将改扩建工程的全部成本转为改扩建后的固定资产原值，借记“固定资产”科目，贷记“在建工程”科目。

另外，固定资产的改扩建支出满足固定资产确认条件的，应当计入固定资产成本，如有被替换的部分，应同时将被替换部分的账面价值从该固定资产原账面价值中扣除。

【例5-11】某企业改建机器设备一台，改建前的原值为100 000元，预计使用年限为10年，预计净残值为5 000元，已使用8年，采用平均年限法以个别折旧方式计提折旧；该机器设备采用出包方式进行改建，用银行存款支付改建工程款30 000元；改建机器设备拆除部件的残值计价2 000元入库；工程完工后，延长使用年限2年，预计净残值提高到6 000元。根据以上资料，编制分录如下：

（1）将改建的固定资产原值及累计折旧注销，将其净值转作在建工程。

原值=100 000元

累计折旧=（100 000-5 000）×8÷10=76 000（元）

净值=100 000-76 000=24 000（元）

借：在建工程　　24 000
　　累计折旧　　76 000
　贷：固定资产　　100 000

（2）用银行存款支付改建工程款30 000元。

借：在建工程　　30 000
　贷：银行存款　　30 000

（3）拆除部件的残料计价2 000元入库。

借：原材料　　2 000
　贷：在建工程　　2 000

（4）改建工程完工，全部工程成本52 000元（24 000+30 000-2 000）计入固定资产原值。

借：固定资产　　52 000
　贷：在建工程　　52 000

（5）改建后第9～12年的各年折旧额计算。

改建后的年折旧额=（52 000-6 000）÷4=11 500（元）

5.4.3 固定资产的装修

企业对固定资产进行装修，如果装修的受益期限与固定资产整体的受益期限不同，则其装修支出在满足固定资产确认条件的情况下，应单独作为一类固定资产进行核算，单独计提折旧。

【例5-12】某企业购入一栋房屋，支付价款10 000 000元。购入后对房屋进行装修，支付装修费3 000 000元，装修完成后该房屋交付使用。

（1）购入固定资产。

借：在建工程——房屋　　10 000 000
　贷：银行存款　　10 000 000

（2）支付装修费。

借：在建工程——装修　　3 000 000
　贷：银行存款　　3 000 000

（3）房屋交付使用。

借：固定资产——房屋　　10 000 000
　　　　　　——装修　　3 000 000
　贷：在建工程——房屋　　10 000 000
　　　　　　　——装修　　3 000 000

5.5 固定资产的期末计价

5.5.1 固定资产的减值迹象

每年年末，企业应对固定资产的账面价值进行检查。如果出现下列情况之一，表明该固定资产已出现减值迹象，应对固定资产的可收回金额进行估计。

（1）固定资产的市价当期大幅度下跌，其下跌幅度明显高于因时间的推移或者正常使用而预计的下跌。

（2）企业经营所处的经济、技术或者法律等环境以及固定资产所处的市场在当期或者将在近期发生重大变化，从而对企业产生重大影响。

（3）市场利率或者其他市场投资报酬率在当期已经提高，从而影响企业计算固定资产预计未来现金流量现值的折现率，导致固定资产可收回金额大幅度降低。

（4）有证据表明固定资产已陈旧过时。

（5）固定资产已经或者将被闲置、终止使用或者计划提前处置。

（6）企业内部报告的证据表明固定资产的经济绩效已经低于或者将低于预期，如固定资产所创造的净现金流量或者实现的营业利润（或者发生的亏损）远远低于（或者高于）预计金额等。

（7）其他表明固定资产可能已经发生减值的迹象。

5.5.2 固定资产可收回金额的计量

固定资产可收回金额应当根据固定资产的公允价值减去处置费用后的净额与固定资产预计未来现金流量的现值两者之间较高者确定。

固定资产的公允价值，应当根据公平交易中销售协议价格确定。不存在销售协议但存在固定资产活跃市场的，应当按照固定资产的市场价格确定。固定资产的市场价格通常应当根据资产的买方出价确定。在不存在销售协议和固定资产活跃市场的情况下，应当以可获取的最佳信息为基础，估计固定资产的公允价值。

企业按照上述规定仍然无法可靠估计固定资产的公允价值减去处置费用后的净额的，应当以该固定资产预计未来现金流量的现值作为其可收回金额。

5.5.3 固定资产减值损失的确定

固定资产可收回金额的计量结果表明，固定资产可收回金额低于账面价值的，应当将固定资产的账面价值减计至可收回金额，借记“资产减值损失”科目，贷记“固定资产减值准备”科目。固定资产减值损失确认后，减值固定资产的折旧费用应当在未来期间作相应调整，以使该固定资产在剩余使用寿命内，系统地分摊调整后的固定资产账面价值。固定资产减值损失一经确认，以后不得转回。

【例5-13】某企业2017年1月31日购入一台机器设备，原值为200 000元，预计净残值8 000元，预计使用年限为5年，采用平均年限法计提折旧。2018年12月31日，该机器设备发生减值，公允价值减去处置费用后的净额为100 000元，未来现金流量的现值为110 000元。计提减值准备后，该机器设备的剩余使用年限预计为2年，预计净残值为2 000元。

（1）计算该机器设备2017年2月至2018年12月的累计折旧。

月折旧额=（200 000−8 000）÷（12×5）=3 200（元）

累计折旧=3 200×（11+12）=73 600（元）

（2）计算该机器设备2018年12月31日的账面净值。

200 000−73 600=126 400（元）

（3）计提减值准备。

可收回金额为公允价值减去处置费用后的净额与未来现金流量的现值两者中较高者，即110 000元，则：

应计提减值准备=126 400-110 000=16 400（元）

借：资产减值损失　　16 400

　贷：固定资产减值准备　　16 400

（4）2019年1月起的月折旧额。

（110 000-2 000）÷（12×2）=4 500（元）

5.6 固定资产的清理

固定资产的清理是指在固定资产出售或不能继续使用而报废时对固定资产进行的处置。

为了反映转入清理过程的固定资产账面价值、清理费支出、变价收入和其他收入的取得、清理净损益的情况，应设置“固定资产清理”科目。该科目借方登记清理过程中发生的各项费用，包括转入清理过程的固定资产账面价值、清理过程中的清理费用以及销售不动产等应缴纳的税金；贷方登记清理过程中发生的各项收入，包括转让收入、残料收入、预计应向保险公司或有关责任者收取的赔款等。该科目贷方发生额大于借方发生额的差额，为清理过程中的净收益，应作为营业外收入从该科目借方转出；反之，则为清理过程中发生的净损失，应作为营业外支出从该科目的贷方转出。人为原因造成的固定资产减少，能继续使用的记入“资产处置损益”科目。经过上述结转后，该科目应无余额。

5.6.1 固定资产的出售

1）出售固定资产账面价值的计算和结转

企业的固定资产出售时，首先应计算账面价值。固定资产账面价值应根据固定资产原值减去累计折旧和固定资产减值准备计算。

【例5-14】某企业某项固定资产的原值为10 000元，预计净残值为400元，预计使用年限为10年，采用平均年限法计提折旧。该项固定资产2019年1月31日投入使用，2022年8月31日停止使用并出售。根据以上资料，计算该项固定资产出售时的累计折旧及净值。

月折旧额=（10 000-400）÷（10×12）=80（元）

已提折旧月数=11（2019年，因1月份开始使用当月不提折旧）+12（2020年）+12（2021年）+8（2022年，8月停止使用当月照提折旧）=43

累计折旧=80×43=3 440（元）

账面净值=10 000-3 440=6 560（元）

【例5-15】某企业采用平均年限法以分类折旧方式计提折旧，某项固定资产购入时的原值为20 000元，该类固定资产月分类折旧率为0.5%。该项固定资产2019年8月开始使用，2023年12月出售。根据以上资料，计算该项固定资产出售时的累计折旧和净值。

月折旧额=20 000×0.5%=100（元）

已提折旧月数=4（2019年）+12×4（2020—2023年）=52

累计折旧=100×52=5 200（元）

账面净值=20 000−5 200=14 800（元）

企业出售固定资产后，其原值和累计折旧应予以注销（如计提固定资产减值准备，则计提的减值准备也一并注销），账面价值转入“固定资产清理“科目。结转出售固定资产账面价值、累计折旧和固定资产减值准备时，应按其账面价值借记“固定资产清理”科目，按累计折旧，借记“累计折旧”科目，按已提固定资产减值准备，借记“固定资产减值准备”科目，按原值贷记“固定资产”科目。

2）出售固定资产的清理费用

企业出售固定资产，有些不发生清理费用，有些则需要拆除，会发生清理费用。在固定资产清理过程中，应按实际发生的清理费用，借记“固定资产清理”科目，贷记“银行存款”等科目。

3）出售固定资产的收入

企业出售固定资产实际收取的价款，应借记“银行存款”等科目，贷记“固定资产清理”科目。

4）结转出售固定资产的净损益

企业出售固定资产的收入大于固定资产账面价值、清理费用的差额，为清理净收益，借记“固定资产清理”科目，贷记“资产处置损益”科目；出售固定资产的收入小于固定资产账面价值、清理费用的差额，为清理净损失，借记“资产处置损益”科目，贷记“固定资产清理”科目。

【例5−16】某企业某项固定资产出售，原值为50 000元，累计折旧为25 000元，已提固定资产减值准备5 000元，清理过程中用现金支付清理费用150元，取得出售收入22 000元存入银行，不考虑相关税费，根据以上资料，编制会计分录如下：

（1）注销固定资产原值和累计折旧。

借：固定资产清理	20 000	
累计折旧	25 000	
固定资产减值准备	5 000	
贷：固定资产		50 000

（2）支付清理费用。

借：固定资产清理	150	
贷：库存现金		150

（3）收取价款。

借：银行存款	22 000	
贷：固定资产清理		22 000

（4）结转固定资产清理净损益。

固定资产清理净收益=22 000−20 000−150=1 850（元）

借：固定资产清理	1 850	
贷：资产处置损益		1 850

5.6.2　固定资产的报废

固定资产报废的原因一般有两类：一类是由于使用期限已满不再继续使用而形成的正

常报废；另一类是由于对折旧年限估计不准确或非正常原因造成的提前报废，如确定预计使用年限时未考虑无形损耗而在技术进步时必须淘汰的固定资产，以及由于管理不善或自然灾害造成的固定资产毁损等。

正常报废的固定资产已提足折旧，其账面价值应为预计净残值。但由于实际净残值与预计净残值可能有所不同，因而在清理过程中也可能发生净损益。这部分净损益也应计入营业外收入或营业外支出。

提前报废的固定资产未提足折旧，为了简化核算工作，未提足的折旧不再补提，而是在计算清理净损益时一并考虑。此外，毁损的固定资产根据其毁损原因，有可能收回一部分赔款的，如自然灾害造成的损毁有可能取得保险公司的赔款，管理不善造成的毁损有可能取得有关责任者的赔偿，企业取得的赔款也视为清理过程中的一项收入，借记“其他应收款”等科目，贷记“固定资产清理”科目，在计算清理净损益时也应一并考虑。

【例5-17】某企业某项固定资产的原值为80 000元，预计净残值为2 500元，预计使用年限为10年，现已使用11年（超龄使用1年），由于不能继续使用而报废。报废时残料计价2 600元入库，用银行存款支付清理费用300元，根据以上资料，编制会计分录如下：

（1）注销固定资产原值和累计折旧。

由于超龄使用不再计提折旧，因而累计折旧为77 500元（80 000–2 500）。

借：固定资产清理	2 500	
累计折旧	77 500	
贷：固定资产		80 000

（2）支付清理费用。

借：固定资产清理	300	
贷：银行存款		300

（3）残料计价入库。

借：原材料	2 600	
贷：固定资产清理		2 600

（4）结转固定资产清理净损益。

固定资产清理净损失=2 500+300–2 600=200（元）

借：营业外支出	200	
贷：固定资产清理		200

5.7 固定资产的盘盈与盘亏

为了保证固定资产核算的真实性，企业应经常对固定资产进行盘点清查。一般来说，每年至少应在编制会计决算报告之前对固定资产进行一次全面清查，平时可以根据需要进行局部清查。对清查过程中发现的盘盈、盘亏的固定资产，应及时查明原因，并编制固定资产盘盈盘亏报告表，作为调整固定资产账簿的依据。

5.7.1 固定资产盘盈

在固定资产清查过程中发现的盘盈固定资产，经查明确属企业所有的，应确定固定资产的重置价值，并为其开立固定资产卡片。

企业盘盈的固定资产，一般是以前年度发生的会计差错，应根据重置价值借记“固定资产”科目，贷记“以前年度损益调整”科目。

【例5-18】某公司盘盈机器设备一台，重置价格为30 000元，将盘盈固定资产的净值转为以前年度损益调整，根据以上资料，编制会计分录如下：

（1）盘盈固定资产。

借：固定资产　　30 000

　贷：以前年度损益调整　　30 000

（2）有关部门批准后。

借：以前年度损益调整　　30 000

　贷：盈余公积——法定盈余公积　　3 000

　　　利润分配——未分配利润　　27 000

5.7.2　固定资产盘亏

在固定资产清查过程中发现的盘亏固定资产，应根据账面价值借记“待处理财产损溢”科目，根据已提折旧借记“累计折旧”科目，根据原值贷记“固定资产”科目；待有关部门审批之后，应借记“营业外支出”科目，贷记“待处理财产损溢”科目。

【例5-19】某企业盘亏机器设备一台，原值为40 000元，已提折旧26 000元，净值为14 000元，报有关部门审批后，将盘亏固定资产的净值转为营业外支出。根据以上资料，编制会计分录如下：

（1）盘亏固定资产。

借：待处理财产损溢　　14 000

　　累计折旧　　26 000

　贷：固定资产　　40 000

（2）有关部门批准后。

借：营业外支出　　14 000

　贷：待处理财产损溢　　14 000

章末练习题

一、单项选择题

1.甲公司于2017年3月用银行存款6 000万元购入不需安装的生产用固定资产。该固定资产预计使用寿命为20年，预计净残值为0，按直线法计提折旧。2017年12月31日，该固定资产公允价值为5 600万元，预计处置费用为56万元。2018年12月31日该固定资产公允价值为5 500万元，预计处置费用为25万元。无法合理确定该项资产的预计未来现金流量现值。假定不考虑其他因素，计提减值准备后固定资产的使用年限不变。2018年年末甲公司“固定资产减值准备”科目的余额为（　　）万元。

A.0　　B.219　　C.231　　D.156

2.下列各项交易，应当将固定资产划分为持有待售资产的是（　　）。

A.甲公司2018年10月1日与A公司签订不可撤销的销售协议，约定于2019年11月30日将一台生产设备转让给A公司

B.乙公司管理层作出决议，计划将一栋自用办公楼于本月底出售给B公司

C.丙公司与C公司签订一项销售协议，约定于次月1日将一条生产线出售给C公司，双方均已通过管理层决议

D.丁公司2019年1月1日与D公司达成协议，计划将于本年10月31日将一台管理用设备转让给D公司，但是此协议为口头协议，尚未签订正式的书面协议

二、多项选择题

1.下列有关固定资产处置的论断中，正确的有（　　）。

A.固定资产处置时需代收增值税销项税额

B.固定资产处置中的现金净流入量，应归入投资活动中“处置固定资产、无形资产和其他长期资产收回的现金净额”项目

C.固定资产出售净损失列支于“资产处置损益”科目中

D.固定资产处置收益应归入投资活动中“处置固定资产、无形资产和其他长期资产收回的现金净额”项目

2.下列固定资产应计提折旧的有（　　）。

A.融资租入的固定资产

B.经营租入的固定资产

C.达到预定可使用状态但未使用的固定资产

D.持有待售的固定资产

3.下列关于固定资产后续支出的会计处理中，正确的有（　　）。

A.固定资产的大修理费用，符合固定资产确认条件的部分，应予以资本化

B.固定资产的日常修理费用，金额较大时应采用预提或待摊方式

C.生产车间和行政管理部门等发生的固定资产修理费用应计入当期管理费用

D.经营租入固定资产的改良支出应直接计入当期损益

4.下列有关固定资产的说法中，正确的有（　　）。

A.固定资产的各组成部分具有不同使用寿命或者以不同方式为企业提供经济利益，适用不同折旧率或折旧方法的，应当分别将各组成部分确认为单项固定资产

B.与固定资产有关的后续支出均应在发生时计入当期损益

C.购买固定资产的价款超过正常信用条件延期支付，实质上具有融资性质的，其成本应以购买价款的现值为基础确定

D.自行建造固定资产的成本，由建造该项资产办理竣工结算手续前所发生的必要支出构成

5.关于固定资产的会计处理，下列各项中正确的有（　　）。

A.对于构成固定资产的各组成部分，如果各自具有不同的使用寿命或者以不同的方式为企业提供经济利益，从而适用不同的折旧率或者折旧方法，企业应将各组成部分单独确认为固定资产

B.已达到预定可使用状态的固定资产，无论是否交付使用，尚未办理竣工结算的，应

当按照估计价值确认为固定资产，并计提折旧；待办理了竣工结算手续后，再按实际成本调整原来的暂估价值，但不需要调整原已计提的折旧额

C.固定资产的可收回金额应当根据其公允价值减去处置费用后的净额与预计未来现金流量的现值两者之间较低者确定

D.企业出售、转让、报废固定资产或发生固定资产毁损，应将处置收入扣除账面价值和相关税费后的金额计入当期损益

三、综合题

某企业某项固定资产的原值为30 000元，累计折旧为13 000元，因自然灾害造成毁损。清理过程中残料出售，收取价款1 500元，用银行存款支付清理费用500元，应收保险公司的赔款为14 000元。

要求：根据以上资料编制会计分录。

章末练习题答案

第6章/ 无形资产

【学习目标】掌握：无形资产的初始计量、后续计量及无形资产处置的核算。
了解：无形资产的性质及分类。

6.1 无形资产概述

6.1.1 无形资产的性质

无形资产是指企业拥有或者控制的没有实物形态，且为企业带来多少经济利益具有较大不确定性的可辨认经济资源。一般来说，只有同时具有以下特征的经济资源才能确认为无形资产。

1）无实体性

无形资产没有实物形态。这一特征，主要是与固定资产等具有实物形态的资产相对而言的。但是，需要指出的是，没有实物形态并不是无形资产独有的特性，其他许多资产也不具有实物形态，如应收账款、交易性金融资产等。

2）长期性

无形资产应能在较长时期内供企业使用，一般来说，使用年限应在1年以上。这一特征，主要是与应收账款等没有实物形态的流动资产相对而言的。但是，需要指出的是，能在较长时期内供企业使用也不是无形资产的独有特征，其他许多资产也能在较长时期内供企业使用，如长期股权投资等。

3）不确定性

无形资产能为企业带来多少未来的经济利益具有较大的不确定性。当代科学技术的迅猛发展，使得许多无形资产的经济寿命难以准确地预计，因而也使得无形资产能为企业带来多少未来的经济利益难以准确地预计。这一特征，主要是与长期投资等既没有实物形态又能在较长时期内供企业使用的资产相对而言的。

4）可辨认性

无形资产能够从企业中分离或者划分出来，并能单独或者与相关合同、资产或负债一起，用于出售、转移、授予许可、租赁或者交换。这一特征，主要是与商誉等不可辨认经济资源相对而言的。

6.1.2 无形资产的分类

无形资产按照不同的标准，可以分为不同的类别。

1）按经济内容分类

无形资产按其反映的经济内容，可以分为专利权、非专利技术、商标权、著作权、土地使用权和特许权等。

（1）专利权

专利权是指经国家专利管理机关审定并授予发明者在一定年限内对其成果的制造、使用和出售的专门权利。专利权一般包括发明专利权、实用新型专利权和外观设计专利权等。专利权受法律保护。在某项专利权的有效期间内，该项专利权的非持有者如需使用与之相同的原理、结构和技术用于生产经营，应向该专利权的持有者支付专利使用费，否则就视为侵犯了专利权。

（2）非专利技术

非专利技术是指发明者未申请专利或不够申请专利的条件而未经公开的先进技术，包括先进的生产经验、先进的技术设计资料以及先进的原料配方等。非专利技术不需到有关管理机关注册登记，只靠少数技术持有者采用保密方式维持其独占性。只要非专利技术不泄露于外界，就可以由其持有者长期享用，因而非专利技术没有固定的有效期。

（3）商标权

商标权是指企业拥有的在某类指定的商品上使用特定名称或图案的权利。商标经商标管理机关核准后，成为注册商标，受法律保护。

（4）著作权

著作权也称为版权，是指著作者或文艺作品创作者以及出版商依法享有的在一定年限内发表、制作、出版和发行其作品的专有权利。著作权受法律保护，未经著作权所有者许可或转让，他人不得占有和行使。

（5）土地使用权

土地使用权是指企业经国家土地管理机关批准享有的在一定期间内对国有土地开发、利用和经营的权利。在我国，土地归国家所有，任何单位或个人只能拥有土地使用权，没有土地所有权。

（6）特许权

特许权是指企业经批准在一定区域内，以一定的形式生产经营某种特定商品的权利。特许权可以是政府授予的，也可以是某单位或个人授予的。

2）按来源途径分类

无形资产按其来源途径，可以分为外来无形资产和自创无形资产。

外来无形资产是指企业用货币资金或可以变现的资产从国内外科研单位及其他企业购进的无形资产以及接受投资或接受捐赠形成的无形资产。

自创无形资产是指企业自行开发、研制的无形资产

3）按经济寿命期限分类

无形资产按是否具备确定的经济寿命期限，可以分为期限确定的无形资产和期限不确定的无形资产。

期限确定的无形资产是指在有关法律中规定最长有效期限的无形资产，如专利权、商标权、著作权、土地使用权和特许权等。这些无形资产，在法律规定的有效期限内受法律保护；有效期满时，如果企业未继续办理有关手续，将不再受法律保护。

期限不确定的无形资产是指没有相应法律规定其有效期限，其经济寿命难以预先准确估计的无形资产，如非专利技术。这些无形资产的经济寿命取决于技术进步的快慢以及技术保密工作的好坏等因素。当新的可替代技术成果出现时，旧的非专利技术自然贬值；当技术不再是秘密时，也就无价值可言。

6.2 无形资产的初始计量

企业取得的无形资产，只有在其产生的经济利益很可能流入企业且其成本能够可靠地计量的情况下，才能加以确认。企业取得无形资产，主要有以下几种形式。

6.2.1 购入的无形资产

企业购入无形资产的实际成本，包括购买价款、相关税费以及直接归属于使该项资产达到预定用途所发生的如律师费、咨询费、公证费、鉴定费、注册登记费等其他支出。企业应根据购入无形资产的实际成本，借记“无形资产”科目，贷记“银行存款”等科目。

如果企业购买无形资产的价款超过正常信用条件延期支付，实质上具有融资性质的，无形资产的成本应以购买价款的现值为基础确定。实际支付的价款与购买价款的现值之间的差额，除按照会计准则的规定应予资本化以外，应当在信用期间内计入当期财务费用。

【例6-1】某企业购入一项专利技术，双方协商确认的价值为600 000元，以银行存款支付。不考虑相关税费。

借：无形资产——专利技术	600 000	
贷：银行存款		600 000

6.2.2 接受投资的无形资产

企业接受无形资产投资时，应按双方协商确认的价值计价，借记“无形资产”科目，贷记“实收资本”科目。如果无形资产的价值大于投资方在企业注册资本中占有的份额，其差额应贷记“资本公积”科目。

【例6-2】某企业接受投资者以土地使用权投资，经资产评估机构评估，土地使用权作价550 000元。

借：无形资产——土地使用权	550 000	
贷：实收资本		550 000

6.2.3 接受捐赠的无形资产

企业接受捐赠的无形资产，应按下列情况分别进行计价：

（1）如果捐赠者提供了有关凭据，应按凭据中的金额加上应支付的相关税费计价。

（2）如果捐赠者没有提供有关凭据，则应按下列顺序计价：

①同类或类似无形资产存在活跃的市场，应参照同类或类似无形资产的市场价格，加

上应支付的相关税费计价。

②同类或类似无形资产不存在活跃的市场，应按其预计未来现金流量的现值计价。

企业接受无形资产捐赠时，应根据确定的价值，借记“无形资产”科目，贷记“营业外收入”科目。

【例6-3】某企业接受一项专利技术捐赠，捐赠者提供的有关凭据表明该项专利技术的价值为400 000元。

借：无形资产——专利技术　　400 000

　贷：营业外收入　　400 000

6.2.4　自行研究开发的无形资产

企业自行研究开发项目的支出，应当区分研究阶段支出与开发阶段支出。研究是指为获取并理解新的科学或技术知识而进行的独创性的有计划调查。开发是指在进行商业性生产或使用前，将研究成果或其他知识应用于某项计划或设计，以生产出新的或具有实质性改进的材料、装置、产品等。

研究阶段的特点在于其属于探索性的过程，是为了进一步的开发活动进行资料及相关方面的准备。从已经进行的研究活动看，将来是否能够转入开发、开发后是否会形成无形资产等具有较大的不确定性。为此，企业研究阶段发生的支出，应予以费用化。企业应根据自行研究开发项目在研究阶段发生的支出，借记“研发支出——费用化支出”科目，贷记有关科目；期末应根据发生的全部研发支出，借记“管理费用”科目，贷记“研发支出——费用化支出”科目。

开发阶段相对于研究阶段而言，应当是完成了研究阶段的工作，在很大程度上形成一项新产品或新技术的基本条件已经具备。企业自行研究开发项目在开发阶段发生的支出，同时满足下列条件的，应当确认为无形资产：

（1）完成该无形资产以使其能够使用或出售在技术上具有可行性；

（2）具有完成该无形资产并使用或出售的意图；

（3）无形资产产生经济利益的方式，包括能够证明运用该无形资产生产的产品存在市场或无形资产自身存在市场，无形资产将在内部使用的，应当证明其有用性；

（4）有足够的技术、财务资源和其他资源支持，以完成该无形资产的开发，并有能力使用或出售该无形资产；

（5）归属于该无形资产开发阶段的支出能够可靠地计量。

企业开发阶段发生的研发支出，不满足资本化条件的，借记“研发支出——费用化支出”科目，满足资本化条件的，借记“研发支出——资本化支出”科目，贷记“原材料”“银行存款”“应付职工薪酬”等科目。研究开发项目，达到预定用途形成无形资产的，应该按照“研发支出——资本化支出”科目的余额，借记“无形资产”科目，贷记“研发支出——资本化支出”科目。期（月）末，应将“研发支出——费用化支出”科目归集的金额转入“管理费用”科目，借记“管理费用”科目，贷记“研发支出——费用化支出”科目。如果无法可靠区分研究阶段的支出和开发阶段的支出，应将其所发生的研发支出全部费用化，计入当期损益，记入“管理费用”科目。

【例6-4】某企业自行开发某项专利技术，实际发生的相关支出和注册登记费等共计

300 000元。全部符合资本化条件，该项专利技术研究成功。

（1）发生各项支出。

借：研发支出——资本化支出　　300 000

　贷：银行存款（或原材料、应付职工薪酬等）　　300 000

（2）登记注册后。

借：无形资产——专利技术　　300 000

　贷：研发支出——资本化支出　　300 000

6.3 无形资产的后续计量

6.3.1 无形资产的摊销

1）无形资产的摊销期限

企业应当于取得无形资产时分析判断其使用寿命。如果无形资产的使用寿命是有限的，则应估计该使用寿命的年限或者构成使用寿命的产量等类似计量单位的数量；无法预见无形资产为企业带来经济利益期限的，应当视为使用寿命不确定的无形资产。

使用寿命有限的无形资产，其应摊销金额应当在使用寿命内系统合理摊销。如果预计使用寿命超过了相关合同规定的受益年限或法律规定的有效年限，无形资产的摊销期限，一般按下列原则确定：

（1）合同规定了受益年限，而法律未规定有效年限，摊销年限以合同规定的受益年限为上限；

（2）合同未规定受益年限，而法律规定了有效年限，摊销年限以法定有效年限为上限；

（3）合同规定了受益年限，法律也规定了有效年限，摊销年限以受益年限与有效年限中较短者为上限。

使用寿命不确定的无形资产不应摊销。

2）无形资产的摊销方法

无形资产的摊销方法，应当反映与该项无形资产有关的经济利益的预期实现方式，可以采用平均年限法、工作量法、双倍余额递减法和年数总和法等。无法可靠确定预期实现方式的，应当采用平均年限法摊销。

无形资产的应摊销金额为其成本扣除预计残值后的金额。已计提减值准备的无形资产，还应扣除已计提的无形资产减值准备累计金额。使用寿命有限的无形资产，如果有第三方承诺在无形资产使用寿命结束时购买该无形资产，或可以根据活跃市场得到预计残值信息，并且该市场在无形资产使用寿命结束时很可能存在的，则可以预计其净残值；否则，其残值应当视为零。

为了分别反映无形资产的原始价值和累计摊销额，应设置“累计摊销”这一备抵科目。摊销无形资产价值时，应借记“管理费用”“其他业务成本”等科目，贷记“累计摊销”科目。

【例6-5】以【例6-1】资料为例，该项专利权法律规定的有效年限为40年，合同规定的受益年限为20年，采用平均年限法摊销，无预计净残值。

年摊销额=600 000÷20=30 000（元）

月摊销额=30 000÷12=2 500（元）

借：管理费用　　2 500

　贷：累计摊销　　2 500

6.3.2　无形资产的出租

无形资产的出租，是指将无形资产的使用权让渡给他人，企业仍保留对无形资产的所有权。

企业出租无形资产取得的收入，应作为其他业务收入处理。取得收入时，应借记“银行存款”等科目，贷记“其他业务收入”科目。

企业取得无形资产出租收入以后，还应缴纳增值税、城市维护建设税和教育费附加等。按照配比原则，这些税费应由取得的收入来补偿。

企业在出租无形资产的过程中，还可能支付律师费、咨询费等费用。这些费用，也应由取得的收入来补偿。支付费用时，应借记“其他业务成本”科目，贷记“银行存款”等科目。

企业出租无形资产以后，无形资产价值的摊销，一般有以下几种处理方法：

（1）全部计入其他业务成本，由取得的收入来补偿。如果企业在出租无形资产以后，自己不再使用该项无形资产，则按照配比原则，其摊销价值应全部计入其他业务成本，而不应再计入管理费用。摊销时，应借记“其他业务成本”科目，贷记“累计摊销”科目。

（2）一部分计入其他业务成本，由取得的收入来补偿；另一部分计入管理费用。如果企业在出租无形资产以后，自己仍在使用该项无形资产，则按照配比原则，其摊销价值应按照一定标准进行分配，一部分计入其他业务成本，由出租收入来补偿，另一部分计入管理费用。摊销时，应借记“其他业务成本”“管理费用”科目，贷记“累计摊销”科目。

（3）全部计入管理费用。如果企业出租无形资产取得的收入所占比例不大，按照重要性原则，也可以将无形资产的摊销价值全部计入管理费用。

6.3.3　无形资产的减值

1）无形资产的可收回金额

每年年末，企业应对无形资产的账面价值进行检查。如果出现减值迹象，应对无形资产的可收回金额进行估计。可收回金额应当根据无形资产的公允价值减去处置费用后的净额与无形资产预计未来现金流量的现值两者之间较高者确定。

2）无形资产的减值损失

无形资产可收回金额的计量结果表明，无形资产的可收回金额低于其账面价值的，应当将无形资产的账面价值减计至可收回金额，将其差额借记“资产减值损失”科目，贷记“无形资产减值准备”科目。

无形资产减值损失确认后，减值无形资产的摊销费用应当在未来期间作相应调整，以使该无形资产在剩余使用寿命内，系统地分摊调整后的无形资产账面价值。

无形资产减值损失一经确认，在以后会计期间不得转回。

【例6-6】某企业2015年1月5日购入一项专利权，实际支付价款300 000元，预计使用年限为10年。2018年12月31日，该项专利权发生减值，预计未来现金流量的现值为120 000元，无公允价值。该项专利权发生减值以后，预计剩余使用年限为5年。

（1）计算该项专利权在计提减值准备前的账面余额。

账面价值=300 000−300 000÷10×4=180 000（元）

（2）计提减值准备。

应计提的减值准备=180 000−120 000=60 000（元）

借：资产减值损失　　60 000

　贷：无形资产减值准备　　60 000

（3）计算剩余使用年限摊销额。

剩余使用年限内摊销额=120 000÷5=24 000（元）

6.4 无形资产的处置和报废

6.4.1 无形资产的出售

无形资产的出售是指将无形资产的所有权让渡给他人。即在出售以后，企业不再对该项无形资产拥有占用、使用、收益、处置的权利。

企业出售无形资产时，应将出售所得的价款扣除该项无形资产账面价值后的差额，确认为当期损益。企业应按出售无形资产所得价款，借记“银行存款”等科目；按无形资产的累计摊销额，借记“累计摊销”科目；按无形资产的原始价值，贷记“无形资产”科目（如果计提了减值准备，还应借记“无形资产减值准备”科目）；并按其差额，贷记“资产处置损益”（盈利）或借记“资产处置损益”（亏损）科目。

【例6-7】某企业出售一项无形资产，收取价款100 000元，用银行存款支付律师费2 500元，该项无形资产的原始价值为150 000元，累计摊销额为40 000元，计提减值准备200 000元。不考虑相关税费。

借：银行存款　　100 000

　　无形资产减值准备　　200 000

　　累计摊销　　40 000

　贷：无形资产　　150 000

　　银行存款　　2 500

　　资产处置损益　　187 500

6.4.2 无形资产的报废

无形资产报废是指无形资产由于已被其他新技术所代替或不再受法律保护等，预期不能为企业带来经济利益而进行的处置。无形资产报废时，应按照累计摊销额，借记“累计摊销”科目；按照计提的减值准备，借记“无形资产减值准备”科目；按照原始价值，贷记“无形资产”科目；按照账面价值，借记“营业外支出”科目。

章末练习题

一、单项选择题

1.下列关于无形资产的表述中，正确的是（　　）。

A.自行研究开发项目所发生的研究支出应计入无形资产成本

B.出租无形资产的摊销金额计入销售费用

C.使用寿命不确定的无形资产应按月摊销

D.转让无形资产所有权净收益计入营业外收入

2.下列各项中，属于本企业无形资产的是（　　）。

A.企业自创的品牌　　B.吸收合并中形成的商誉

C.经营租入的专利权　　D.企业的经营特许权

3.某股份有限公司于2018年7月1日以50万元（不含税）的价格转让一项商标权的所有权，并开出增值税专用发票，增值税税率为6%，同时发生处置费用3万元。该无形资产系2015年7月1日购入并投入使用的，其入账价值为300万元，预计使用年限为5年，法律规定的有效年限为10年，该无形资产按照直线法摊销。假定不考虑其他因素，该公司转让该无形资产发生的净损失为（　　）万元。

A.70　　B.73　　C.100　　D.103

4.某公司于2018年7月1日购入一项无形资产，初始入账价值为600万元。该无形资产预计使用年限为10年，预计净残值为0，采用直线法摊销。2019年年末预计可收回金额为493万元，计提减值准备后该无形资产原预计使用年限、净残值、摊销方法不变。2020年年末该无形资产的账面价值为（　　）万元。

A. 325　　B. 375　　C. 435　　D. 493

5.2018年1月20日，甲公司自行研发的某项非专利技术已经达到预定可使用状态，累计研究支出为100万元，累计开发支出为300万元（其中符合资本化条件的支出为220万元），但使用寿命不能合理确定。2018年12月31日，该项非专利技术的可收回金额为160万元。假定不考虑相关税费，甲公司应就该项非专利技术计提的减值准备为（　　）万元。

A.60　　B.70　　C.140　　D.160

6.出售商标权净收益应记入（　　）科目。

A.“投资收益”　　B.“其他业务收入”

C.“营业外收入”　　D.“主营业务收入”

二、多项选择题

1.下列各项关于无形资产会计处理的表述中，错误的有（　　）。

A.内部产生的商誉应确认为无形资产

B.计提的无形资产减值准备在该资产价值恢复时应予转回

C.使用寿命不确定的无形资产账面价值均应按10年平均摊销

D.以支付土地出让金方式取得的自用土地使用权应单独确认为无形资产

2. 关于自行研究开发无形资产的处理，下列表述中正确的有（　　）。

A. 企业内部研究开发项目研究阶段的支出，也可能记入“研发支出——资本化支出”科目

B. 企业内部研究开发项目研究阶段的支出，应当于发生当期计入当期损益

C. 无法区分研究阶段与开发阶段的支出，应当在发生当期费用化

D. 内部研发项目开发阶段的支出，应全部资本化，记入“研发支出——资本化支出”科目

3. 下列关于无形资产摊销的表述中，不正确的有（　　）。

A. 无形资产的摊销方法包括直线法、产量法以及加速摊销法等

B. 使用寿命不确定的无形资产不需要进行摊销

C. 已计提减值准备的无形资产仍应以原入账价值为基础进行摊销

D. 无形资产的使用年限发生变更的，应按变更时的账面价值和预计总使用年限进行摊销

4. 下列关于无形资产会计处理的表述中，正确的有（　　）。

A. 无形资产均应确定预计使用年限并分期摊销

B. 有偿取得的自用土地使用权应确认为无形资产

C. 内部研发项目研究阶段的支出应全部确认为费用

D. 无形资产减值损失一经确认在以后会计期间不得转回

三、判断题

1. 土地使用权在地上建筑物达到预定可使用状态时与地上建筑物一并确认为固定资产。（　　）

2. 为建造固定资产购入的土地使用权确认为无形资产。（　　）

3. 内部研究开发无形资产的成本仅包括满足资本化条件的时点至无形资产达到预定用途前发生的支出总和。（　　）

4. 为引入新产品（无形资产）进行宣传发生的广告费、管理费用及其间接费用应该作为无形资产的初始计量成本予以确认。（　　）

5. 企业无法可靠区分研究阶段和开发阶段支出的，应将其所发生的研发支出全部资产化计入无形资产成本。（　　）

四、综合题

东方股份有限公司（以下简称东方公司）有关无形资产的经济业务如下：

（1）2015年1月，东方公司以银行存款1 600万元购入一项土地使用权作为无形资产核算（不考虑相关税费）。该土地使用权预计使用年限为25年，采用直线法摊销，无残值。

（2）2015年6月，东方公司研发部门准备研究开发一项专利技术。在研究阶段，企业为了研究成果的应用研究、评价，以银行存款支付了相关费用800万元。

（3）2015年8月，上述专利技术经研究具有可开发性，转入开发阶段。企业将研究成果应用于该项专利技术的设计，直接发生的研发人员工资、材料费以及相关设备折旧费分别为1 000万元、1 600万元和500万元，同时以银行存款支付了其他相关费用500万元。

以上开发支出均满足无形资产的确认条件。

（4）2018年5月，东方公司研发的专利技术预期不能为企业带来经济利益，经批准将其予以转销。

要求：

（1）编制东方公司2015年1月购入土地使用权的会计分录。

（2）编制土地使用权2015年摊销的会计分录，并计算东方公司2015年12月31日该项土地使用权的账面价值。

（3）编制东方公司2015年研发专利技术的有关会计分录。

（4）编制东方公司2018年5月将该项专利技术予以转销的会计分录。

（答案中的金额单位用万元表示）

章末练习题答案

第7章/ 投资性房地产

【学习目标】掌握：投资性房地产的初始确认及初始计量、投资性房地产的后续计量、投资性房地产的后续计量模式的变更。

理解：投资性房地产的概念。

7.1 投资性房地产概述

投资性房地产，是指为赚取租金或资本增值，或者两者兼有而持有的房地产，主要包括已出租的土地使用权、持有并准备增值后转让的土地使用权和已出租的建筑物。投资性房地产应当能够单独计量和出售。

7.1.1 属于投资性房地产的项目

1）已出租的土地使用权

已出租的土地使用权是指企业通过出让和转让方式取得，并以经营租赁方式出租的土地使用权。企业计划用于出租但尚未出租的土地使用权，不属于此类。

2）持有并准备增值后转让的土地使用权

持有并准备增值后转让的土地使用权是指企业通过出让或转让方式取得并准备增值后转让的土地使用权。但是，按照国家有关规定认定的闲置土地，不属于持有并准备增值后转让的土地使用权。

3）已出租的建筑物

已出租的建筑物是指企业拥有产权并以经营租赁方式出租的房屋等建筑物。企业计划用于出租但尚未出租的建筑物，不属于此类。

企业将建筑物出租，按租赁协议向承租人提供相关的辅助服务在整个协议中不重大的或企业将办公楼出租并向承租人提供保安、维修等辅助服务的，应当将建筑物确认为投资性房地产。

7.1.2 不属于投资性房地产的项目

1）自用房地产

自用房地产即为生产商品、提供劳务或者经营管理而持有的房地产，包括自用建筑物（固定资产）和自用土地使用权（无形资产）。

2）作为存货的房地产

作为存货的房地产通常是指房地产开发企业在正常经营过程中销售的或为销售而正在开发的商品房和土地。

7.2 投资性房地产的确认和初始计量

7.2.1 投资性房地产的确认

投资性房地产的确认首先应当符合投资性房地产的概念，其次要同时满足投资性房地产的两个确认条件：

（1）与该投资性房地产相关的经济利益很可能流入企业；

（2）该投资性房地产的成本能够可靠地计量。

7.2.2 投资性房地产的初始计量

投资性房地产应当按照成本进行初始计量。

1）外购的投资性房地产

对于企业外购的房地产，只有在购入房地产的同时开始对外出租或用于资本增值，才能称之为外购的投资性房地产。外购的投资性房地产的成本，包括购买价款、相关税费和可直接归属于该资产的其他支出。

借：投资性房地产

　贷：银行存款

【例7-1】2017年1月5日，甲公司购入一幢建筑物用于出租，取得的增值税专用发票上注明的价款为800 000元，增值税税额为80 000元，款项以银行存款转账支付。假定不考虑其他相关税费。

借：投资性房地产	800 000	
应交税费——应交增值税（进项税额）	80 000	
贷：银行存款		880 000

2）自行建造的投资性房地产

企业自行建造（或开发）的房地产，只有在自行建造或开发活动完成（即达到预定可使用状态）的同时开始对外出租或用于资本增值，才能将其确认为投资性房地产。自行建造的投资性房地产的成本，由建造该项房地产达到预定可使用状态前发生的必要支出构成。

7.3 投资性房地产的后续计量

投资性房地产的后续计量通常应当采用成本模式进行。只有符合规定条件的，才可以采用公允价值模式进行计量。计量模式一经确定，不得随意变更。成本模式转为公允价值模式的，应当作为会计政策变更，将转换时公允价值与账面价值的差额，调整期初留存收益（未分配利润）。

已采用公允价值模式的，不得转为成本模式。

7.3.1 采用成本模式计量

成本模式下，应对投资性房地产计提折旧或摊销。计提折旧或摊销适用《企业会计准则第4号——固定资产》《企业会计准则第6号——无形资产》。如存在减值迹象，应按《企业会计准则第8号——资产减值》进行减值测试，并计提相应减值准备。

1）外购或自行建造

借：投资性房地产

　贷：银行存款

　　　在建工程

2）按期（月）计提折旧或进行摊销

借：其他业务成本

　贷：投资性房地产累计折旧（摊销）

3）取得租金收入

借：银行存款

　贷：其他业务收入

4）经减值测试后确定发生减值的，应计提减值准备

借：资产减值损失

　贷：投资性房地产减值准备

【例7-2】2017年2月，甲公司某投资性房地产计提的折旧为20 000元，另一投资性房地产计提的摊销金额为1 000元。

借：其他业务成本	21 000	
贷：投资性房地产累计折旧		20 000
投资性房地产累计摊销		1 000

【例7-3】2017年3月31日，乙公司某投资性房地产账面原价为400 000元，已计提折旧5 000元，之前未计提减值准备，可回收金额为38 500元。

应计提减值准备=（400 000−5 000）−385 000=10 000（元）

借：资产减值损失	10 000	
贷：投资性房地产减值准备		10 000

7.3.2 采用公允价值模式进行计量

采用公允价值模式的前提条件：

（1）投资性房地产所在地存在活跃交易市场；

（2）企业能够从房地产交易市场取得同类或类似房地产的市场价格及其他相关信息，从而对投资性房地产的公允价值作出合理的估计。

采用公允价值模式进行后续计量的会计处理：

（1）外购或自行建造。

借：投资性房地产——成本

　贷：银行存款

　　　在建工程

（2）不计提折旧或摊销，以期末公允价值为基础，公允价值与原账面价值的差额计入

当期损益。

借：投资性房地产——公允价值变动

　　贷：公允价值变动损益

公允价值低于原账面价值的差额，作相反的会计分录。

（3）取得租金收入。

借：银行存款

　　贷：其他业务收入

7.4 投资性房地产后续计量模式的变更

成本模式转为公允价值模式，则借记“投资性房地产——成本”“投资性房地产累计折旧（摊销）”“投资性房地产减值准备”科目，贷记“投资性房地产”科目，差额借记或贷记“利润分配——未分配利润”“盈余公积”等科目。不得从公允价值模式转为成本模式。

7.5 投资性房地产的转换和处置

7.5.1 投资性房地产的转换形式及转换日

投资性房地产的转换，实质上是因房地产用途发生改变而对房地产进行的重新分类。企业有确凿证据表明房地产用途发生改变，且满足下列条件之一的，应当将投资性房地产转化为其他资产或者将其他资产转换为投资性房地产：

（1）投资性房地产开始自用，转换日是指房地产达到自用状态，企业开始将房地产用于生产商品、提供劳务或者经营管理的日期。

（2）作为存货的房地产改为出租，转换日应当为租赁期开始日。

（3）自用建筑物或土地使用权停止自用改为出租，转换日应当为租赁期开始日。

（4）自用建筑物或土地使用权停止自用改用于资本增值，转换日应当为自用土地使用权停止自用后，确定用于资本增值的日期。

7.5.2 投资性房地产转换的会计处理

1）成本模式下的转换

非投资性房地产和采用成本模式计量的投资性房地产互相转换，都是成本模式，二者分录对调即可。（成本模式转为成本模式）

（1）转为自用

将出租的厂房收回并用于本企业生产商品（投资性房地产转为非投资性房地产）。

【例7-4】2018年5月1日，甲企业将出租在外的厂房收回，开始用于本企业生产商品。该项房地产账面价值为4 765万元，其中，原价6 000万元，累计已提折旧2 235万元。假设甲企业采用成本计量模式。

甲企业的账务处理如下：

借：固定资产　　60 000 000

　　投资性房地产累计折旧　　22 350 000

贷：投资性房地产　　60 000 000

累计折旧　　22 350 000

（2）作为存货的房地产转为投资性房地产

将作为存货的房地产转换为采用成本模式计量的投资性房地产（非投资性房地产转为投资性房地产）

【例7-5】2018年10月1日，甲企业将用于出售的本企业商品房，开始用于出租。该项房地产账面价值为4 765万元，其中，原价6 000万元，已计提存货跌价准备2 235万元。假设甲企业采用成本计量模式。

借：投资性房地产　　47 650 000

存货跌价准备　　22 350 000

贷：开发产品　　60 000 000

（3）自用土地使用权或建筑物转为投资性房地产

企业将自用土地使用权或建筑物转换为采用成本模式计量的投资性房地产时,应当按该项建筑物或土地使用权在转换日的原价、累计折旧、减值准备等，分别转入“投资性房地产”“投资性房地产累计折旧（摊销）”“投资性房地产减值准备”科目，按其账面余额，借记“投资性房地产”科目，贷记“固定资产”或“无形资产”科目，按已计提的折旧或摊销，借记“累计折旧”或“累计摊销”科目，贷记“投资性房地产累计折旧（摊销）”科目，原已计提减值准备的，借记“固定资产减值准备”或“无形资产减值准备”，贷记“投资性房地产减值准备”科目。

【例7-6】甲公司拥有一栋本公司总部办公使用的办公楼，公司董事会就将该栋办公楼用于出租形成了书面决议。2018年4月10日，甲公司与乙公司签订了经营租赁协议，将这栋办公楼整体出租给乙公司使用，租赁期开始日为2018年5月1日，租赁期为5年。2018年5月1日，这栋办公楼的账面余额为500 000 000元，已计提折旧5 000 000元。假设甲公司所在城市不存在活跃的房地产交易市场。甲公司2018年5月1日的账务处理如下：

借：投资性房地产——办公楼　　500 000 000

累计折旧　　5 000 000

贷：固定资产——办公楼　　500 000 000

投资性房地产累计折旧　　5 000 000

2）公允价值模式下的转换

（1）投资性房地产转为自用

企业将采用公允价值模式计量的投资性房地产转换为自用房地产时，应当以其转换当日的公允价值作为自用房地产的账面价值，公允价值与原账面价值的差额计入当期损益。转换日，按该项投资性房地产的公允价值，借记“固定资产”或“无形资产”科目，按该项投资性房地产的成本，贷记“投资性房地产——成本”科目，按该项投资性房地产的累计公允价值变动，贷记或借记“投资性房地产——公允价值变动”科目，按其差额，贷记或借记“ 公允价值变动损益”科目。

【例7-7】2018年11月1日，租赁期满，甲公司将出租的写字楼收回，公司董事会就将该写字楼作为办公楼用于本公司的行政管理形成了书面决议。2018年11月1日，该写字楼正式开始自用，相应由投资性房地产转换为自用房地产，当日的公允价值为72 000 000元。该房地产原账面价值70 000 000元，其中成本67 000 000元，公允价值变动为增值3 000 000元。

甲公司的账务处理如下：

借：固定资产——写字楼　72 000 000

　贷：投资性房地产——写字楼（成本）　67 000 000

　　　　　　　　——写字楼（公允价值变动）　3 000 000

　　公允价值变动损益　2 000 000

（2）作为存货的房地产转换为投资性房地产

企业将作为存货的房地产转换为采用公允价值计量的投资性房地产时，应当按该项房地产在转换日的公允价值，借记“投资性房地产——成本”，原已计提跌价准备的，借记“存货跌价准备”科目，按其账面余额，贷记“开发产品”等科目，同时，转换日的公允价值小于账面价值的，按其差额，借记“公允价值变动损益”科目，转换日的公允价值大于账面价值的，按其差额，贷记“其他综合收益”科目。待该项投资性房地产处置时，因转换计入其他综合收益的部分转入当期损益。

【例7-8】2018年4月15日，甲房地产开发公司（甲公司）董事会形成书面决议，将其开发的一栋写字楼用于出租。甲公司遂与乙公司签订了租赁协议，租赁期开始日为2018年5月1日，租赁期为5年。2018年5月1日，该写字楼的账面余额为400 000 000元，公允价值为430 000 000元。

甲公司的账务处理如下：

借：投资性房地产——写字楼（成本）　430 000 000

　贷：开发产品　400 000 000

　　其他综合收益——公允价值变动　30 000 000

（3）自用土地使用权或建筑物转换为投资性房地产

转换时应当按该项土地使用权或建筑物在转换日的公允价值，借记“投资性房地产——成本”科目，按已计提的折旧或摊销，借记“累计折旧”或“累计摊销”科目，原已计提减值准备的，借记“固定资产减值准备”或“无形资产减值准备”，按其账面余额，贷记“固定资产”或“无形资产”科目，同时，转换日的公允价值小于账面价值的，按其差额，借记“公允价值变动损益”科目，转换日的公允价值大于账面价值的，按其差额，贷记“其他综合收益”科目。待该项投资性房地产处置时，因转换计入其他综合收益的部分转入当期损益。

【例7-9】2018年8月，甲公司打算搬迁至新建办公楼，甲公司准备将原办公楼出租赚取租金，已经公司董事会批准形成书面决议。2018年12月底，甲公司完成了搬迁工作，原办公楼停止自用。2019年1月1日，甲公司与乙公司签订了租赁协议，约定租赁期开始日为2019年1月1日，租期3年。

假定甲公司对出租的该办公楼采用公允价值模式计量，2019年1月1日，该办公楼的公允价值为380 000 000元，其原价为550 000 000元，已提折旧150 000 000元。

甲公司的账务处理如下：

借：投资性房地产——办公楼（成本）　　380 000 000

　　公允价值变动损益——投资性房地产　　20 000 000

　　累计折旧　　150 000 000

　贷：固定资产　　550 000 000

7.5.3 投资性房地产的处置

当投资性房地产被处置，或者永久退出使用且预计不能从其处理中取得经济利益时，应当终止确认该项投资性房地产。

企业出售、转让、报废投资性房地产或者发生投资性房地产毁损，应当将处置收入扣除其账面价值和相关税费后的金额计入当期损益。将实际收到的处置收入计入其他业务收入，所处置投资性房地产的账面价值计入其他业务成本。

1）成本模式计量的投资性房地产的处置

借：银行存款（实际收到的金额）

　贷：其他业务收入

借：投资性房地产累计折旧（摊销）

　　投资性房地产减值准备

　　其他业务成本（差额）

　贷：投资性房地产（账面余额）

2）公允价值模式计量的投资性房地产的处置

借：银行存款

　贷：其他业务收入

借：其他业务成本

　贷：投资性房地产——成本

贷或借：投资性房地产——公允价值变动

同时，借或贷：公允价值变动损益

　　　贷或借：其他业务收入

转换日：

借：其他综合收益

　贷：其他业务收入

同时结转投资性房地产累计公允价值变动。若存在原转换日计入其他综合收益的金额，也一并结转。

章末练习题

一、单项选择题

1.按照我国企业会计准则的规定，下列有关投资性房地产的会计处理中，说法正确的有（　）。

A.采用公允价值模式计量的投资性房地产，应该计提折旧或进行摊销，并进行减值测试

B.采用成本模式计量的土地使用权，期末应当计提土地使用权当期的摊销额

C.存货转换为采用公允价值模式计量的投资性房地产，应当按照该项投资性房地产转换当日的账面价值计量

D.采用公允价值模式计量的投资性房地产转为成本模式计量，应当作为会计政策变更进行处理

2.下列说法中不正确的是（　　）。

A.外购投资性房地产的成本，包括购买价款、相关税费和可直接归属于该资产的其他支出

B.只要与投资性房地产有关的经济利益很可能流入企业，就应确认为投资性房地产

C.与投资性房地产有关的后续支出，满足投资性房地产准则规定的确认条件的，应当计入投资性房地产成本；不满足准则规定的确认条件的，应当在发生时计入当期损益

D.自行建造投资性房地产的成本，由建造该项资产达到预定可使用状态前所发生的必要支出构成

3.企业出售、转让、报废投资性房地产时，应当将所处置投资性房地产的账面价值计入（　　）。

A.公允价值变动损益　　B.营业外支出

C.其他业务成本　　D.其他综合收益

4.A公司于2018年3月15日将采用公允价值模式计量的投资性房产转为行政管理部门使用，转换日的公允价值1 500万元，预计尚可使用年限15年，采用平均年限法计提折旧，无残值，则A公司在2018年对该资产应计提的折旧额是（　　）万元。

A.72.5　　B.75　　C.100　　D.145

5.某企业投资性房地产采用成本计量模式。2018年3月5日购入一幢建筑物用于出租。该建筑物的成本为450万元，预计使用年限为15年，预计净残值为30万元。采用直线法计提折旧。2018年应该计提的折旧额为（　　）万元。

A.28　　B.21　　C.23.33　　D.22.5

6.A企业的投资性房地产采用公允价值计量模式。2018年3月5日，A企业将一间厂房转换为投资性房地产。该厂房的账面余额为150万元，已提折旧40万元，已经计提的减值准备为15万元。该投资性房地产的公允价值为75万元。转换日投资性房地产的入账价值为（　　）万元。

A.95　　B.75　　C.150　　D.110

7.某企业对投资性房地产的后续计量采用公允价值模式。2019年2月1日，该企业将一项投资性房地产转为本企业车间用房，转换日该投资性房地产的公允价值为250万元，账面所属“成本”明细科目余额为230万元、“公允价值变动”明细科目借方余额为40万元。该企业在转换日编制的会计分录正确的有（　　）（金额单位以万元表示）。

A.借：固定资产　　270

　　贷：投资性房地产——成本　　230

　　　　　　　　——公允价值变动　　40

B.借：固定资产　　270

贷：投资性房地产 230

公允价值变动损益 40

C.借：固定资产 250

其他综合收益 20

贷：投资性房地产——成本 230

——公允价值变动 40

D.借：固定资产 250

公允价值变动损益 20

贷：投资性房地产——成本 230

——公允价值变动 40

8.A企业2017年1月1日外购一办公楼，不含增值税售价450万元，该办公楼用于出租，年租金18万元，每年年末收取。该企业采用公允价值模式对其进行后续计量。2017年12月31日该办公楼的公允价值为490万元，2018年12月31日该办公楼的公允价值为500万元，2019年1月15日A企业出售该办公楼，不含增值税售价520万元，处置时影响损益的金额合计是（　　）万元。

A.0　　B.10　　C.20　　D.30

9.阳光公司2019年1月1日外购一幢建筑物。该建筑物的售价（不含增值税）为400万元，款项已经通过银行存款结算。该建筑物用于出租，年租金为20万元。每年年初收取租金。该企业对投资性房地产采用公允价值模式进行后续计量。2019年年末该建筑物的公允价值为430万元。2019年该项交易影响当期损益的金额为（　　）万元。

A.40　　B.20　　C.30　　D.50

10.房地产公司的开发商品转换为采用公允价值模式计量的投资性房地产，投资性房地产应当按照转换当日的公允价值计量。转换当日的公允价值小于原账面价值的，其差额通过（　　）科目核算。

A.“公允价值变动损益”　　B.“营业外收入”

C.“其他综合收益”　　D.“其他业务收入”

11.甲公司处置一项以公允价值模式计量的投资性房地产，实际收到的金额为100万元，投资性房地产的账面余额为80万元。其中成本为70万元，公允价值变动为10万元。该项投资性房地产是由自用房地产转换的，转换日公允价值大于账面价值的差额为10万元。假设不考虑相关税费，则处置该项投资性房地产的净收益为（　　）万元。

A.30　　B.20　　C.40　　D.10

12.2017年1月1日，甲公司购入一幢建筑物用于出租，取得的发票上注明的价款为130万元，增值税为13万元，款项以银行存款支付。购入该建筑物发生的契税为2万元，以银行存款支付，购入后发生装修费用12万元（符合资本化条件），于2017年3月达到预定可使用状态。该投资性房地产的入账价值为（　　）万元。

A.140　　B.144　　C.132　　D.130

13.某企业投资性房地产采用成本计量模式。2017年1月1日购入一幢建筑物用于出租。该建筑物的成本为270万元，预计使用年限为20年，预计净残值为30万元。采用直线法计提折旧。2017年应计提的折旧额为（　　）万元。

A.12　　B.20　　C.11　　D.10

14.A公司2018年3月20日外购一幢建筑物。该建筑物的买价（含契税不含增值税）为800万元，款项以银行存款支付。该建筑物购买后立即用于出租，租期3年，租金总额300万元。当年应收取的租金为75万元。A公司对该建筑物采用公允价值模式计量，2018年12月31日，该建筑物的公允价值为830万元，则该投资性房地产对当年损益的影响金额为（　　）万元。

A.105　　B.56　　C.21　　D.75

15.甲公司将一写字楼转换为采用成本模式计量的投资性房地产，该写字楼的账面原值为2 500万元，已计提的累计折旧为50万元，已计提的固定资产减值准备150万元，转换日的公允价值为3 000万元，则记入“投资性房地产”科目的金额是（　　）万元。

A.3 000　　B.2 300　　C.2 500　　D.2 800

二、多项选择题

1.下列表述正确的有（　　）。

A.某项投资性房地产部分用于出租，部分用于自用，能够区分的，用于出租的部分应当确认为投资性房地产

B.按照国家有关规定认定的闲置土地不属于持有并准备转让的土地使用权

C.某项投资性房地产部分用于出租，部分用于自用，能够区分的分开核算出租部分和自用部分，不能区分的全部作为投资性房地产核算

D.某项投资性房地产部分用于出租，部分用于自用，能够区分的分开核算出租部分和自用部分，不能区分的全部作为自用房产核算

2.下列属于企业的投资性房地产的有（　　）。

A.企业自行建造后已经出租的房地产

B.企业持有并准备增值后转让的土地使用权

C.企业以经营租赁方式出租的生产线

D.企业以经营租赁方式出租的厂房

3.与投资性房地产有关的后续支出，下列描述不正确的有（　　）。

A.采用成本模式计量下当月增加的土地当月进行摊销

B.采用成本模式计量下当月增加的房屋当月不计提折旧

C.采用公允模式计量下当月增加的土地下月开始摊销

D.采用公允模式计量下当月增加的房屋当月开始计提折旧

4.企业将作为管理用的一栋办公楼转换为采用公允价值模式计量的投资性房地产，下列说法正确的有（　　）。

A.该项投资性房地产应当按照办公楼的账面余额计量

B.该项投资性房地产应当按照转换当日办公楼的公允价值计量

C.转换当日的公允价值大于原账面价值的差额计入其他综合收益

D.转换当日的公允价值小于原账面价值的差额计入公允价值变动损益

5.下列关于成本计量模式下企业处置投资性房地产会计处理的说法中，正确的

有（　　）。

A.应同时转销已经计提的投资性房地产累计折旧（摊销）和投资性房地产减值准备

B.应按实收金额贷记“其他业务收入”科目

C.应按投资性房地产的账面价值借记“其他业务成本”科目

D.应按实收金额与投资性房地产账面价值之差贷记“其他业务收入”科目

6.摊销投资性房地产可能贷记的科目是（　　）。

A.“资产减值损失”　　B.“投资性房地产累计折旧”

C.“投资性房地产减值准备”　　D.“投资性房地产累计摊销”

7.下列（　　）情形可以将投资性房地产转换为其他资产或将其他资产转换成投资性房地产。

A.自用土地使用权停止自用，用于资本增值

B.企业将持有准备增值的土地使用权开始建造管理用的办公楼

C.自用厂房停止自用，改为出租

D.转为存货的投资性房地产

8.根据《企业会计准则第3号——投资性房地产》，下列项目属于投资性房地产的是（　　）。

A.已出租的建筑物

B.持有并准备增值后转让的房屋建筑物

C.已出租的土地使用权

D.持有并准备增值后转让的土地使用权

9.对投资性房地产的后续计量，下列说法中不正确的是（　　）。

A.企业只能采用成本价值模式对投资性房地产进行后续计量

B.企业通常应当采用成本模式对投资性房地产进行后续计量，也可采用公允价值模式对投资性房地产进行后续计量

C.企业选择采用成本模式对投资性房地产进行后续计量的，以后期间也可采用公允价值模式对投资性房地产进行后续计量

D.企业选择采用公允价值模式对投资性房地产进行后续计量的，以后期间也可采用成本模式对投资性房地产进行后续计量

10.下列项目中，属于投资性房地产的是（　　）。

A.企业已出租给合营企业的房地产

B.已出租的房屋租赁期届满，收回后继续用于出租

C.企业出租后收回自用的厂房

D.房地产企业持有并准备增值后出售的房屋

三、综合题

1.碧海房地产公司于2017年1月1日将一幢商品房对外出租并采用公允价值模式计量，租期为3年，每年12月31日收取租金200万元，出租时，该幢商品房的成本为5 000万元，公允价值为6 000万元，2017年12月31日，该幢商品房的公允价值为6 300万元，2018年12月31日该幢商品房的公允价值为6 600万元，2019年12月31日，该幢商品房的

公允价值为6 700万元，2020年1月10日将其销售，收到6 800万元存入银行。不考虑相关税费。

要求：编制有关会计分录（假定按年确认公允价值变动损益和租金收入）。

2. 阳光电子股份公司于2017年12月31日将一办公楼对外出租并采用成本模式计量，租期3年，每年12月31日收取租金150万元，出租时该办公楼原值为2 800万元，已提折旧500万元，已提减值准备300万元，尚可使用年限20年，公允价值为1 800万元，采用年限平均法计提折旧，并假定无残值。2018年12月31日该建筑物的公允价值减去处置费用后的净额为2 000万元，预计未来现金流量现值为1 950万元。2019年12月31日该建筑物的公允价值减去处置费用后的净额为1 650万元，预计未来现金流量现值为1 710万元。2020年12月31日该建筑物的公允价值减去处置费用后的净额为1 650万元，预计未来现金流量现值为1 700万元。2020年12月31日租赁期满，将该投资性房地产转为自用房地产投入行政管理部门使用。假定转换后折旧方法、折旧年限、净残值等均未发生变化。2021年12月31日该建筑物的公允价值减去处置费用后的净额为1 540万元，预计未来现金流量现值为1 560万元。2022年1月5日将该建筑物对外出售，收到1 540万元存入银行。假定不考虑相关税费。

要求：编制上述经济业务的会计分录。

章末练习题答案

第8章/
非货币性资产交换

【学习目标】掌握：非货币性资产交换的含义及其具体判断；非货币性资产交换计量基础的确定；非货币性资产交换的具体会计处理。

8.1 非货币性资产交换的认定

非货币性资产交换，是指交易双方主要以存货、固定资产、无形资产和长期股权投资等非货币性资产进行的交换。该交换不涉及或只涉及少量的货币性资产（即补价）。其中，货币性资产，是指企业持有的货币资金和将以固定或可确定的金额收取的资产，包括库存现金、银行存款、应收账款和应收票据以及准备持有至到期的债券投资等。非货币性资产，是指货币性资产以外的资产。

非货币性资产交换准则不涉及如下交易和事项：一是与所有者或所有者以外方面的非货币性资产非互惠转让。所谓非互惠转让是指资产的单方向转让，通常发生在企业与所有者之间，或企业接受捐赠或企业对外捐赠等。非货币性资产交换准则所述的非货币性资产交换是企业之间主要以非货币性资产形式的互惠转让，即企业取得一项非货币性资产，必须以付出自己拥有的非货币性资产作为代价，而不是单方向的非互惠转让。实务中，与所有者的非互惠转让如以非货币性资产作为股利发放给股东等，属于资本性交易，适用《企业会计准则第37号——金融工具列报》。企业与所有者以外方面发生的非互惠转让，如政府无偿提供非货币性资产给企业建造固定资产，属于政府以非互惠方式提供非货币性资产，适用《企业会计准则第16号——政府补助》。二是在企业合并、债务重组中和发行股票取得的非货币性资产。在企业合并、债务重组中取得的非货币性资产，其成本确定分别适用《企业会计准则第20号——企业合并》和《企业会计准则第12号——债务重组》；企业以发行股票形式取得的非货币性资产，相当于以权益工具（如发行股票方式）换入非货币性资产，其成本确定适用《企业会计准则第37号——金融工具列报》。

《企业会计准则第7号——非货币性资产交换》（以下简称非货币性资产交换准则）着重解决了以非货币性资产交换方式换入资产的成本确定和资产交换产生损益的确认问题。

非货币性资产交换的认定：涉及少量货币性资产的交换为非货币性资产交换，通常以补价占整个资产交换金额的比例低于25%作为参考。支付的货币性资产占换入资产公允价值（或占换出资产公允价值与支付的货币性资产之和）的比例低于25%（不含25%）的，视为非货币性资产交换；高于25%（含25%）的，则视为用货币性资产取得非货币性资产。

即：认定涉及少量货币性资产的交换为非货币性资产交换，通常以补价占整个资产交换金额的比例低于25%作为参考。若补价÷整个资产交换金额<25%，则属于非货币性资产交换；若补价÷整个资产交换金额≥25%的，视为以货币性资产取得非货币性资产，适用其他相关准则。

8.2 非货币性资产交换的确认和计量

8.2.1 非货币性资产交换的确认和计量原则

非货币性资产交换，应当以公允价值和应支付的相关税费作为换入资产的成本，公允价值和换出资产账面价值的差额计入当期损益，但有下列情形之一时，应当以换出资产的账面价值和应支付的相关税费作为换入资产的成本，不确认换出资产的当期损益：

（1）该交换不具有商业实质；

（2）换入资产和换出资产的公允价值都无法可靠地计量。

其中，应支付的相关税费是指企业直接为换入资产支付的税费，而企业为换出资产支付的税费不应计入换入资产的成本。

因此，在确定换入资产成本的计量基础和交换所发生损益的确认原则时，需要判断该项交换是否具有商业实质，以及换入资产或换出资产的公允价值能否可靠地计量。

8.2.2 商业实质的判断

满足下列条件之一的非货币性资产交换具有商业实质：

（1）换入资产的未来现金流量在风险、时间和金额方面与换出资产显著不同。

这种情形主要包括以下几种情形：

①未来现金流量的风险、金额相同，时间显著不同；

②未来现金流量的时间、金额相同，风险显著不同；

③未来现金流量的风险、时间相同，金额显著不同。

（2）换入资产与换出资产的预计未来现金流量现值不同，且其差额与换入资产和换出资产的公允价值相比是重大的。

8.2.3 公允价值能否可靠计量的判断

属于以下三种情形之一的，公允价值视为能够可靠计量：

（1）换入资产或换出资产存在活跃市场。

（2）换入资产或换出资产不存在活跃市场，但同类或类似资产存在活跃市场。

（3）换入资产或换出资产不存在同类或类似资产可比市场交易，采用估值技术确定的公允价值。采用估值技术确定的公允价值必须符合以下条件之一，视为能够可靠计量：

①采用估值技术确定的公允价值估计数的变动区间很小；

②在公允价值估计数变动区间内，各种用于确定公允价值估计数的概率能够合理确定。

8.2.4 非货币性资产交换的会计处理

1）以公允价值计量的非货币性资产交换的会计处理

非货币性资产交换同时满足下列条件的，应当以公允价值和应支付的相关税费作为换入资产的成本，公允价值与换出资产账面价值的差额计入当期损益：①该项交换具有商业实质；②换入资产或换出资产的公允价值能够可靠地计量。

换入资产和换出资产公允价值均能够可靠计量的，应当以换出资产的公允价值作为确定换入资产成本的基础，但有确凿证据表明换入资产的公允价值更加可靠的除外。

（1）换入资产入账价值的确定。

①若给定换入资产公允价值。

换入资产成本=换入资产公允价值+支付的应计入换入资产成本的相关税费

②若未给定换入资产公允价值。

a.不涉及补价的情况。

换入资产成本=换出资产公允价值+换出资产增值税销项税额-换入资产可抵扣的增值税进项税额+支付的应计入换入资产成本的相关税费

b.涉及补价的情况。

换入资产成本=换出资产公允价值+换出资产增值税销项税额-换入资产可抵扣的增值税进项税额+支付的应计入换入资产成本的相关税费+支付的补价

换入资产成本=换出资产公允价值+换出资产增值税销项税额-换入资产可抵扣的增值税进项税额+支付的应计入换入资产成本的相关税费-收到的补价

（2）换出资产公允价值与其账面价值的差额的会计处理。

换出资产公允价值与其账面价值的差额，应当分别不同情况处理：

①换出资产为存货的，应当作为销售处理，按其公允价值确认收入，同时结转相应的成本。

②换出资产为固定资产、无形资产的，换出资产公允价值与其账面价值的差额，计入资产处置损益。

③换出资产为长期股权投资、其他权益工具投资的，应当作为处置处理，换出资产公允价值与其账面价值的差额，计入投资收益，并将长期股权投资持有期间形成的“其他综合收益”（不能结转损益的除外）、“资本公积——其他资本公积”科目余额转入投资收益，将其他权益工具投资持有期间形成的“其他综合收益”科目余额转入留存收益。

（3）相关税费的处理。

①与换出资产有关的相关税费与出售资产相关税费的会计处理相同，如换出固定资产结转的固定资产清理计入资产处置损益等。

②与换入资产有关的相关税费与购入资产相关税费的会计处理相同，如换入资产的运费和保险费计入换入资产的成本等。

【例8-1】2019年5月1日，甲公司以2017年购入的生产经营用设备交换乙公司生产的一批钢材，甲公司换入的钢材作为原材料用于生产，乙公司换入的设备继续用于生产钢材。甲公司设备的账面原价为1 500 000元，在交换日的累计折旧为525 000元，公允价值为1 404 000元，甲公司此前没有为该设备计提资产减值准备。此外，甲公司以银行存款支付清理费1 500元。乙公司钢材的账面价值为1 200 000元，在交换日的市场价格为

1 404 000元，计税价格等于市场价格，乙公司此前也没有为该批钢材计提存货跌价准备。

甲公司、乙公司均为增值税一般纳税人，适用的增值税税率为16%。假设甲公司和乙公司在整个交易过程中没有发生除增值税以外的其他税费，甲公司和乙公司均开具了增值税专用发票。

甲公司的账务处理如下：

换出设备的增值税销项税额=1 404 000×16%=224 640（元）

借：固定资产清理	975 000	
累计折旧	525 000	
贷：固定资产——××设备		1 500 000
借：固定资产清理	1 500	
贷：银行存款		1 500
借：固定资产清理	224 640	
贷：应交税费——应交增值税（销项税额）		224 640
借：原材料——钢材	1 404 000	
应交税费——应交增值税（进项税额）	224 640	
贷：固定资产清理		1 628 640
借：固定资产清理	427 500	
贷：资产处置损益——处置非流动资产利得		427 500

其中，资产处置损益的金额为换出设备的公允价值1 404 000元与其账面价值975 000元（1 500 000−525 000）并扣除清理费用1 500元后的余额，即427 500元。

乙公司的账务处理如下：

企业以库存商品换入其他资产，应计算增值税销项税额，缴纳增值税。

换出钢材的增值税销项税额=1 404 000×16%=224 640（元）

换入设备的增值税进项税额=1 404 000×16%=224 640（元）

借：固定资产——××设备	1 404 000	
应交税费——应交增值税（进项税额）	224 640	
贷：主营业务收入——钢材		1 404 000
应交税费——应交增值税（销项税额）		224 640
借：主营业务成本——钢材	1 200 000	
贷：库存商品——钢材		1 200 000

【例8-2】甲公司经协商以其拥有的一栋自用写字楼与乙公司持有的对联营企业丙公司的长期股权投资交换。在交换日，该栋写字楼的账面原价为6 000 000元，已提折旧1 200 000元，未计提减值准备，在交换日的不含税公允价值为6 081 081元；乙公司持有的对丙公司长期股权投资的账面价值为4 500 000元，没有计提减值准备，在交换日的公允价值为6 000 000元，乙公司支付750 000元给甲公司。乙公司换入写字楼后用于经营出租目的，并拟采用成本计量模式。

甲公司换入丙公司投资仍然作为长期股权投资，并采用权益法核算。甲公司因转让写字楼向乙公司开具的增值税专用发票上注明的销售额为6 081 081元，销项税额为608 108元。假定除增值税外，该项交易过程中不涉及其他相关税费。

本例中，该项资产交换涉及收付货币性资产，即甲公司收到的750 000元，其中包括由于换出和换入资产公允价值不同收到的补价81 081元，以及转出资产销项税额与换入资产进项税额（本例中为零）的差额608 108元。对甲公司而言，收到的补价（81 081元）÷换出资产的公允价值（6 081 081元）（或换入长期股权投资公允价值6 000 000元+收到的补价81 081元）为1.3%，小于25%，属于非货币性资产交换。

对于乙公司而言，支付的补价（81 081元）÷换入资产的公允价值（6 081 081元）（或换出长期股权投资公允价值6 000 000元+支付的补价81 081元）为1.3%，小于25%，属于非货币性资产交换。

本例属于以固定资产交换长期股权投资。由于两项资产的交换具有商业实质，且长期股权投资和固定资产的公允价值均能够可靠估计，因此，甲、乙公司均应当以公允价值为基础确认换入资产的成本，并确认产生的损益。

甲公司的账务处理如下：

借：固定资产清理	4 800 000	
累计折旧	1 200 000	
贷：固定资产——写字楼		6 000 000
借：固定资产清理	608 108	
贷：应交税费——应交增值税（销项税额）		608 108
借：长期股权投资——丙公司	6 000 000（注）	
银行存款	750 000	
贷：固定资产清理		6 750 000
借：固定资产清理	1 341 892	
贷：资产处置损益——处置非流动资产利得		1 341 892

注：此处的账务处理只反映长期股权投资的初始计量，不考虑权益法核算调整。

乙公司的账务处理如下：

借：投资性房地产	6 081 081	
应交税费——应交增值税（进项税额）	608 108	
贷：长期股权投资——丙公司		4 500 000
银行存款		750 000
投资收益		1 439 189

2）以账面价值计量的非货币性资产交换的会计处理

未同时满足准则规定的两个条件的非货币性资产交换（即①该项交换具有商业实质；②换入资产或换出资产的公允价值能够可靠地计量）应当以换出资产的账面价值和应支付的相关税费作为换入资产的成本，无论是否支付补价，均不确认损益。

$$\text{换入资产成本}=\text{换出资产账面价值}+\text{换出资产增值税销项税额}-\text{换入资产可抵扣的增值税进项税额}+\text{支付的应计入换入资产成本的相关税费}$$

【例8-3】甲公司以其持有的对联营企业丙公司的长期股权投资交换乙公司拥有的商

标权。在交换日，甲公司持有的长期股权投资账面价值为5 000 000元，长期股权投资减值准备为1 400 000元，该长期股权投资在市场上没有公开报价，公允价值也不能可靠计量；乙公司商标权的账面价值为4 200 000元，累计已摊销金额为600 000元，其公允价值也不能可靠计量，乙公司没有为该项商标权计提减值准备。

乙公司将换入的对丙公司的投资仍作为长期股权投资，并采用权益法核算。乙公司因转让商标权向甲公司开具的增值税专用发票注明的销售额为3 600 000元，销项税额为216 000元。假设除增值税外，整个交易过程中没有发生其他相关税费。

本例中，该项资产交换没有涉及收付货币性资产，因此属于非货币性资产交换。本例中属于以长期股权投资交换无形资产。由于换出资产与换入资产的公允价值都无法可靠计量，因此，甲、乙公司换入资产的成本均应当按照换出资产的账面价值确认，不确认损益。

甲公司账务处理如下：

借：无形资产——商标权	3 384 000	
应交税费——应交增值税（进项税额）	216 000	
长期股权投资减值准备——丙公司股权投资	1 400 000	
贷：长期股权投资——丙公司		5 000 000

乙公司账务处理如下：

借：长期股权投资——丙公司	3 816 000	
累计摊销	600 000	
贷：无形资产——商标权		4 200 000
应交税费——应交增值税（销项税额）		216 000

【例8-4】甲公司拥有一个距离生产基地较远的仓库，该仓库账面原价3 500 000元，已计提折旧2 350 000元；乙公司拥有一项长期股权投资，账面价值1 050 000元，两项资产均未计提减值准备。由于仓库离市区较远，公允价值不能可靠计量；乙公司拥有的长期股权投资在活跃市场中没有报价，其公允价值也不能可靠计量。双方商定，乙公司以两项资产账面价值的差额为基础，支付甲公司100 000元补价，以长期股权投资换取甲公司拥有的仓库。甲公司因转让仓库向乙公司开具的增值税专用发票注明的销售额为1 150 000元，销项税额为115 000元。

甲公司账务处理如下：

借：固定资产清理	1 150 000	
累计折旧	2 350 000	
贷：固定资产——仓库		3 500 000
借：固定资产清理	115 000	
贷：应交税费——应交增值税（销项税额）		115 000
借：长期股权投资——××公司	1 176 500	
银行存款	100 000	
贷：固定资产清理		1 276 500

乙公司的账务处理如下：

借：固定资产——仓库　　1 035 000
　　应交税费——应交增值税（进项税额）　　115 000
　　贷：长期股权投资——××公司　　1 050 000
　　　　银行存款　　100 000

3）涉及多项非货币性资产交换的会计处理

（1）非货币性资产交换具有商业实质，且换入资产的公允价值能够可靠计量。

非货币性资产交换具有商业实质，且换入资产的公允价值能够可靠计量的，应当按照换入各项资产的公允价值占换入资产公允价值总额的比例，对换入资产的成本总额进行分配，确定各项换入资产的成本。

每项换入资产成本=该项资产的公允价值÷换入资产公允价值总额×换入资产的成本总额

（2）非货币性资产交换不具有商业实质，或者虽具有商业实质但换入资产的公允价值不能可靠计量。

非货币性资产交换不具有商业实质，或者虽具有商业实质但换入资产的公允价值不能可靠计量的，应当按照换入各项资产的原账面价值占换入资产原账面价值总额的比例，对换入资产的成本总额进行分配，确定各项换入资产的成本。

每项换入资产成本=该项资产的原账面价值÷换入资产原账面价值总额×换入资产的成本总额

【例8-5】为适应业务发展的需要，经与乙公司协商，甲公司决定以生产经营过程中使用的机器设备和库存商品换入乙公司生产经营过程中使用的10辆货运车、5台专用设备和15辆客运汽车。

甲公司机器设备账面原价为4 050 000元，在交换日的累计折旧为1 350 000元，不含税公允价值为2 800 000元；库存商品的账面余额为4 500 000元，不含税公允价值为5 250 000元。

乙公司货运车的账面原价为2 250 000元，在交换日的累计折旧为750 000元，不含税公允价值为2 250 000元；专用设备的账面原价为3 000 000元，在交换日的累计折旧为1 350 000元，不含税公允价值为2 500 000元；客运汽车的账面原价为4 500 000元，在交换日的累计折旧为1 200 000元，不含税公允价值为3 600 000元。

乙公司另外收取甲公司以银行存款支付的348 000元，其中包括由于换出和换入资产公允价值不同而支付的补价300 000元，以及换出资产销项税额与换入资产进项税额的差额48 000元。

假定甲公司和乙公司都没有为换出资产计提减值准备；甲公司换入乙公司的货运车、专用设备、客运汽车均作为固定资产使用和管理；乙公司换入甲公司的机器设备作为固定资产使用和管理，换入的库存商品作为原材料使用和管理。甲公司和乙公司均为增值税一般纳税人，适用的增值税税率均为16%，甲、乙公司均开具了增值税专用发票。

本例中，交换涉及收付货币性资产，应当计算甲公司支付的货币性资产占甲公司换出资产公允价值与支付的货币性资产之和的比例，即300 000÷（2 800 000+5 250 000+300 000）=3.59%＜25%。可以认定这一涉及多项资产的交换行为属于非货币性资产交换。对于甲公司而言，为了拓展运输业务，需要客运汽车、专用设备、货运车等，乙公司为了满足生产，需要机器设备、原材料等，换入资产对换入企业均能发挥更大的作用，因此，该项涉及多项资产的非货币性资产交换具有商业实质。

同时，各单项换入资产和换出资产的公允价值均能可靠计量，因此甲、乙公司均应当以公允价值为基础确定换入资产的总成本，确认产生的相关损益。同时，按照各单项换入资产的公允价值占换入资产公允价值总额的比例，确定各单项换入资产成本。

甲公司的账务处理如下：

（1）换出机器设备的增值税销项税额=2 800 000×16%=448 000（元）

换出库存商品的增值税销项税额=5 250 000×16%=840 000（元）

换入货运车、专用设备和客运汽车的增值税进项税额=（2 250 000+2 500 000+3 600 000）×16%=1 336 000（元）

（2）计算换入资产、换出资产公允价值总额。

换出资产公允价值总额=2 800 000+5 250 000=8 050 000（元）

换入资产公允价值总额=2 250 000+2 500 000+3 600 000=8 350 000（元）

（3）计算换入资产总成本。

换入资产总成本=换出资产公允价值+支付的补价+应支付的相关税费

=8 050 000+300 000+0=8 350 000（元）

或：换入资产总成本=8 050 000+（448 000+840 000）−1 336 000+ 348 000=8 350 000（元）

（4）计算确定换入各项资产的成本。

货运车的成本=8 350 000×（2 250 000÷8 350 000×100%）=2 250 000（元）

专用设备的成本=8 350 000×（2 500 000÷8 350 000×100%）=2 500 000（元）

客运汽车的成本=8 350 000×（3 600 000÷8 350 000×100%）=3 600 000（元）

（5）会计分录。

借：固定资产清理	2 700 000	
累计折旧	1 350 000	
贷：固定资产——机器设备		4 050 000
借：固定资产——货运车	2 250 000	
——专用设备	2 500 000	
——客运汽车	3 600 000	
应交税费——应交增值税（进项税额）	1 336 000	
贷：固定资产清理		2 700 000
主营业务收入		5 250 000
应交税费——应交增值税（销项税额）		1 288 000
银行存款		348 000
资产处置损益——处置非流动资产利得		100 000
借：主营业务成本	4 500 000	
贷：库存商品		4 500 000

乙公司的账务处理如下：

（1）换入机器设备的增值税进项税额=2 800 000×16%=448 000（元）

换入库存商品的增值税进项税额=5 250 000×16%=840 000（元）

换出货运车、专用设备和客运汽车的增值税销项税额 =（2 250 000+2 500 000+3 600 000）×16%=1 336 000（元）

（2）计算换入资产、换出资产公允价值总额。

换出资产公允价值总额=2 250 000+2 500 000+3 600 000=8 350 000（元）

换入资产公允价值总额=2 800 000+5 250 000=8 050 000（元）

（3）确定换入资产总成本。

换入资产总成本=换出资产公允价值-收取的补价+应支付的相关税费

=8 350 000-300 000+0=8 050 000（元）

或：换入资产总成本=8 350 000+1 336 000 -（448 000+840 000）- 348 000=8 050 000（元）

（4）计算确定换入各项资产的成本。

机器设备的成本=8 050 000×（2 800 000÷8 050 000×100%）=2 800 000（元）

原材料的成本=8 050 000×（5 250 000÷8 050 000×100%）=5 250 000（元）

（5）会计分录。

借：固定资产清理	6 450 000	
累计折旧	3 300 000	
贷：固定资产——货运车		2 250 000
——专用设备		3 000 000
——客运汽车		4 500 000
借：固定资产清理	1 336 000	
贷：应交税费——应交增值税（销项税额）		1 336 000
借：固定资产——机器设备	2 800 000	
原材料	5 250 000	
应交税费——应交增值税（进项税额）	1 288 000	
银行存款	348 000	
贷：固定资产清理		9 686 000
借：固定资产清理	1 900 000	
贷：资产处置损益——处置非流动资产利得		1 900 000

章末练习题

一、单项选择题

1.下列交易中，不属于非货币性资产交换的是（　　）。

A.以公允价值为1 200万元的土地使用权换取一座办公楼，另收取补价240万元

B.以公允价值为840万元的专利技术换取一台设备，另支付补价160万元

C.以公允价值为2 400万元的厂房换取一项无形资产，另收取补价600万元

D.以公允价值为1 080万元的厂房换取一项股票投资，另支付补价120万元

2.企业在采用估值技术确定金融资产公允价值时，下列各项中，属于第一层次输入值的是（　　）。

A.活跃市场中类似金融资产的报价

B.非活跃市场中相同或类似金融资产的报价

C.市场验证的输入值

D.相同金融资产在活跃市场上未经调整的报价

二、多项选择题

1.甲公司发生的下列涉及补价的交易中，属于非货币性资产交换的有（　）

A.以一项账面价值50 000元，公允价值54 000元的交易性金融资产换入乙公司公允价值60 000元的产品一批，以银行存款支付增值税9 600元和补价6 000元

B.以一项账面价值80 000元，公允价值100 000元的专利权换入丙公司一项公允价值为120 000元的长期股权投资，以银行存款支付补价20 000元

C.以一栋账面原值90 000元，已计提折旧30 000元，公允价值70 000元的仓库换入丁公司一批公允价值为50 000元，增值税税额为8 000元的原材料，收取补价20 000元

D.以一栋账面价值135 000元，公允价值100 000元的厂房换入戊公司的公允价值为75 000元的债权投资，收取补价25 000元

2.按企业会计准则的规定，下列各项中，不属于非货币性资产交换的有（　　）。

A.以专利技术换取长期股权投资

B.以应收账款换取无形资产

C.以固定资产换取未到期应收票据

D.以作为交易性金融资产的股票投资换取固定资产

3.下列各项中，一定不属于非货币性资产交换的有（　　）。

A.以交易性金融资产换入固定资产

B.以应收账款换入无形资产

C.以长期股权投资换入债权投资

D.以存货换入投资性房地产

三、判断题

1.多项非货币性资产交换具有商业实质，且换入资产的公允价值能够可靠计量的，应当按照换入资产的公允价值作为换入资产的入账价值。（　　）

2.非货币性资产交换具有商业实质且公允价值能够可靠计量的，无论是否发生补价，均应考虑确认资产处置损益。（　　）

3.在交易具有商业实质且换出或者换入资产的公允价值能够可靠计量的情况下，收到补价的企业，按换出资产公允价值减去补价，加上为换入资产发生的相关税费，作为换入资产的入账价值。（　　）

四、综合题

甲公司因经营战略发生较大转变，产品结构发生较大调整，原生产厂房、专利技术等已不符合生产新产品的需要，经与乙公司协商，甲公司将其生产厂房连同专利技术与乙公司正在建造过程中的一幢建筑物、乙公司对联营企业丙公司的长期股权投资（采用权益法核算）进行交换。

甲公司换出生产厂房的账面原价为2 000 000元，已提折旧1 250 000元；专利技术账面原价为750 000元，已摊销375 000元。

乙公司在建工程截至交换日的成本为875 000元，对丙公司的长期股权投资成本为250 000元。

甲公司的厂房公允价值难以取得，专利技术在市场上并不多见，公允价值也不能可靠计量。乙公司的在建工程因完工程度难以合理确定，其公允价值不能可靠计量，由于丙公司不是上市公司，乙公司对丙公司长期股权投资的公允价值也不能可靠计量。假定甲、乙公司均未对上述资产计提减值准备。根据《关于全面推开营业税改征增值税试点的通知》（财税〔2016〕36号），转让专利技术免征增值税。甲公司因转让厂房向乙公司开具的增值税专用发票上注明的销售额为750 000元，销项税额为75 000元；乙公司因转让在建工程向甲公司开具的增值税专用发票上注明的销售额为875 000元，销项税额为87 500元。

要求：

（1）对甲公司相关业务进行账务处理。

（2）对乙公司相关业务进行账务处理。

章末练习题答案

第9章/ 长期股权投资

【学习目标】掌握：长期股权投资的核算范围和初始投资成本的确定；成本法核算的使用范围和核算方法；权益法核算的使用范围和核算方法；成本法和权益法转换的会计处理。

9.1 长期股权投资概述

9.1.1 长期股权投资的性质

长期股权投资，是指企业能够对被投资企业实施控制、共同控制或施加重大影响的权益性投资。在确定长期股权投资的日常会计处理和报表列报方法时，应重点考虑投资企业与被投资企业的关系。

9.1.2 投资企业与被投资企业的关系

按照投资企业对被投资企业的影响程度，投资企业与被投资企业的关系可以分为以下几种类型：

1）控制

控制，是指企业拥有的通过参与被投资企业的相关活动而享有可变回报的权利，并且有能力运用该权利影响其回报金额。

企业参与被投资企业的相关活动，是指对被投资企业的回报产生重大影响的活动，通常包括商品或劳务的销售和购买、金融资产的管理、资产的购买和处置、研究与开发活动以及融资活动等。企业如果有能力主导被投资企业的相关活动，而不论其是否实际行使该权利，均视为拥有控制被投资企业的权利。

企业在判断是否拥有控制被投资企业的权利时，应当仅考虑与被投资企业相关的实质性权利，包括自身所享有的实质性权利以及其他投资方所享有的实质性权利。

一般来说，企业拥有下列实质性权利，可以视为能够对被投资企业实施控制：

（1）持有被投资企业半数以上的表决权。

（2）持有被投资企业半数或以下的表决权，但通过与其他表决权持有人之间的协议能够控制半数以上表决权。

（3）持有被投资企业半数或以下的表决权且未与其他表决权持有人签订协议不能够控

制半数以上表决权，但综合考虑下列事实和情况后，如果认为企业持有的表决权足以使其目前有能力主导被投资企业相关活动的，视为对被投资企业拥有控制的权力：

①持有的表决权相对于其他投资方持有的表决权份额较大，以及其他投资方持有的表决权比较分散；

②持有被投资企业的潜在表决权，如可转换公司债券、可执行认股权证等；

③其他合同安排生产的权利；

④被投资企业以往的表决权行使情况等其他相关事实和情况。

（4）在难以判断其享有的实质性权利是否足以使其拥有控制被投资企业的权力时，如果存在其具有实际能力以单方面主导被投资企业相关活动的证据，视为拥有控制被投资企业的权力。这些证据包括但不限于下列选项：

①能够任命或批准被投资企业的关键管理人员；

②能够出于其自身利益决定或否决被投资企业的重大交易；

③能够掌握被投资企业董事会等类似权力机构成员的任命程序；

④与被投资企业的关键管理人员或董事会等类似权力机构中的多数成员存在关联方关系。

需要说明的是，在某些情况下，其他投资方享有的实质性权利有可能会阻止企业对被投资企业的控制。在这种情况下，企业尽管存在前述对被投资企业的权力，也不能视为对被投资企业的控制。例如，东方公司持有华夏公司60%的表决权股份，但华夏公司章程规定，任何投资方均有对华夏公司重大相关活动的一票否决权，则东方公司对华夏公司不存在控制权。

拥有控制权的投资企业一般称为母公司；被母公司控制的企业，一般称为子公司。

2）共同控制

共同控制，是指按照相关约定对被投资企业所共有的控制，并且该被投资企业的相关活动必须经过分享控制权的各投资方一致同意后才能决策。

被各投资方共同控制的企业，一般称为投资企业的合营企业。

需要说明的是，共同控制的特点是实施共同控制的任何一个投资方都不能够单独控制被投资企业，对被投资企业具有共同控制的任何一个投资方均能够阻止其他投资方单独控制被投资企业。此外，共同控制不要求所有投资方都对被投资企业实施共同控制。

3）重大影响

重大影响，是指企业对被投资企业的财务和经营政策有参与决策的权力，但不能够控制或参与其他投资方一起共同控制这些政策的制定。一般来说，如果投资企业在被投资企业的董事会中派有董事，或能够参与被投资企业的财务和经营决策的制定，但不构成控制或共同控制，则可以认为对被投资企业形成重大影响。在确定能否对被投资单位施加重大影响时，应当考虑投资企业和其他投资方持有的被投资企业当期可转换公司债券、当期可执行认股权证等潜在表决权因素。

投资企业能够对被投资企业施加重大影响，则被投资企业为投资企业的联营企业。

9.2 长期股权投资的取得

企业的长期股权投资可以分为两大类：一类是形成控股合并的长期股权投资；另一类是未形成控股合并的长期股权投资。控股合并是指一家公司通过股权投资取得对另一家公司控制权的行为。形成控股合并的长期股权投资，又分为同一控制下控股合并和非同一控制下控股合并的长期股权投资。未形成控股合并的长期股权投资，包括对合营企业和联营企业的长期股权投资。不同方式取得的长期股权投资，其会计处理方法有所不同。

9.2.1 同一控制下控股合并形成的长期股权投资

同一控制下的控股合并，是指参与合并的企业在合并前后均受同一方或相同的多方最终控制，且该控制并非暂时性的。例如，东方公司为华夏公司和同泰公司的母公司，东方公司将其持有同泰公司60%的股权转让给华夏公司。转让股权后，华夏公司持有同泰公司60%的股权，但华夏公司和同泰公司仍由东方公司所控制。

同一控制下的控股合并，在合并日取得对其他参与合并企业控制权的一方为合并方，参与合并的其他企业为被合并方。合并日，是指合并方实际取得对被合并方控制权的日期。

同一控制下的控股合并，合并双方的合并行为不完全是自愿进行和完成的，这种控股合并不属于交易行为，而是参与合并各方资产和负债的重新组合，因此，合并方应以被合并方所有者权益的账面价值为基础，对长期股权投资进行初始计量。

合并方以支付货币资金、转让非现金资产或承担债务等方式取得被合并方的股权，应在合并日按照享有被合并方所有者权益账面价值的份额作为长期股权投资的初始投资成本，借记“长期股权投资——投资成本”科目。按照支付的货币资金或转让非现金资产、承担债务的账面价值，贷记“银行存款”以及相应的资产或负债类科目。长期股权投资初始投资成本大于支付的现金、转让的非现金资产以及所承担债务账面价值的差额，调增资本公积，即贷记“资本公积——资本溢价（或股本溢价）”科目；长期股权投资初始投资成本小于支付的现金、转让的非现金资产以及所承担债务账面价值的差额，调减资本公积，资本公积不足冲减的，冲减留存收益，即依次借记“资本公积——资本溢价（或股本溢价）”“盈余公积”“利润分配——未分配利润”科目。投资企业支付的价款中如果含有已宣告发放但尚未领取的现金股利，应作为债权处理，不计入长期股权投资成本。

合并方以发行股票等方式取得被合并方的股权，应在合并日按照取得被合并方所有者权益账面价值的份额作为长期股权投资的初始投资成本，借记“长期股权投资——投资成本”科目；按照发行股份的面值总额作为股本，贷记“股本”科目。长期股权投资初始投资成本大于所发行股份面值总额的差额，贷记“资本公积——资本溢价（或股本溢价）”科目。

合并方为进行企业合并发生的各项直接相关费用，包括支付的审计费用、评估费用、法律服务费用等，应当于发生时计入当期损益，借记“管理费用”科目，贷记“银行存款”等科目。

在企业合并中，合并方发行债券或承担其他债务支付的手续费、佣金等，应当计入所发行债券及其他债务的初始成本。

在企业合并中，发行权益性证券发生的手续费、佣金等费用，应当抵减权益性证券溢价收入，溢价收入不足冲减的，冲减留存收益。

【例9-1】东方公司为华夏公司和同泰公司的母公司。2017年10月1日，东方公司将其持有同泰公司60%的股权转让给华夏公司，双方协商确定的价格为4 000 000元，以货币资金支付；此外，华夏公司还以货币资金支付审计、评估费5 000元。合并日，同泰公司所有者权益的账面价值为6 000 000元；华夏公司资本公积余额为1 000 000元。根据以上资料，编制华夏公司取得长期股权投资的会计分录如下：

华夏公司长期股权投资的初始投资成本=6 000 000 × 60% =3 600 000（元）

借：长期股权投资——投资成本	3 600 000	
资本公积——资本溢价	400 000	
管理费用	5 000	
贷：银行存款		4 005 000

【例9-2】东方公司为华夏公司和同泰公司的母公司，持有华夏公司70%的股权，持有同泰公司60%的股权。2017年10月1日，华夏公司以发行每股面值为1元的股票1 000 000股，换取东方公司持有的同泰公司60%的股权，并以银行存款支付发行股票手续费100 000元。合并日，同泰公司所有者权益的账面价值为6 000 000元。根据以上资料，编制华夏公司取得长期股权投资的会计分录如下：

华夏公司长期股权投资初始投资成本=6 000 000×60%=3 600 000（元）

借：长期股权投资——投资成本	3 600 000	
贷：股本		1 000 000
银行存款		100 000
资本公积——资本溢价		2 500 000

9.2.2 非同一控制下控股合并形成的长期股权投资

非同一控制下的控股合并，是指参与合并的各方在合并前后不受同一方或相同的多方最终控制。相对于同一控制下的控股合并而言，非同一控制下的控股合并是合并各方自愿进行的交易行为，作为一种公平的交易，应当以公允价值为基础进行计量。

非同一控制下的控股合并，在购买日取得对其他参与合并企业控制权的一方为购买方，参与合并的其他企业为被购买方。购买日，是指购买方实际取得对被购买方控制权的日期。

购买方在购买日以支付货币资金的方式取得被购买方的股权，应以支付的货币资金作为初始投资成本，借记“长期股权投资——投资成本”科目，贷记“银行存款”科目。购买方支付的价款中如果含有已宣告发放但尚未领取的现金股利，应作为债权处理，不计入长期股权投资成本。

购买方在购买日以付出货币资金以外的其他资产的方式取得被购买方的股权，付出的资产应按资产处置方式进行处理，应按照资产的公允价值作为初始投资成本，借记“长期股权投资——投资成本”科目；按照资产的价值，贷记“主营业务收入”“其他业务收入”“固定资产清理”“应交税费——应交增值税（销项税额）”等科目；同时结转付出资产的成本，将其公允价值与账面价值的差额计入当期损益。

购买方以承担债务的方式取得被购买方的股权，应按照债务的公允价值作为初始投资成本，借记“长期股权投资——投资成本”科目，贷记有关负债科目。

购买方以发行股票等方式取得被购买方的股权，应在购买日按照发行股票等的公允价值作为长期股权投资的初始投资成本，借记“长期股权投资——投资成本”科目；按照发行股票的面值总额作为股本，贷记“股本”科目；按照长期股权投资初始投资成本与所发行股票面值总额之间的差额，贷记“资本公积——股本溢价”科目。

购买方为进行长期股权投资发生的审计、法律服务、评估咨询等中介费用以及其他相关费用，应于发生时计入当期损益，借记“管理费用”科目，贷记“银行存款”等科目。

【例9-3】宝利来公司于2018年10月1日，以货币资金5 000 000元以及一批库存商品、机器设备购入东方公司70%的股权。库存商品的账面价值为450 000元，未计提存货跌价准备，不含增值税的公允价值为500 000元，增值税销项税额为80 000元；机器设备的原始价值为4 000 000元，累计折旧为1 500 000元，不含增值税的公允价值为3 000 000元，增值税销项税额为480 000元。此外，宝利来公司还以货币资金支付审计、评估费100 000元。购买日，东方公司所有者权益的账面价值为1 250 000元，宝利来公司与东方公司不属于关联方。根据以上资料，编制宝利来公司取得长期股权投资的会计分录如下：

宝利来公司长期股权投资的初始投资成本=5 000 000+500 000+3 000 000+560 000=9 060 000（元）

借：长期股权投资——投资成本　　9 060 000
　　管理费用　　100 000
　贷：银行存款　　5 100 000
　　　主营业务收入　　500 000
　　　固定资产清理　　3 000 000
　　　应交税费——应交增值税（销项税额）　　560 000
借：主营业务成本　　450 000
　贷：库存商品　　450 000
借：固定资产清理　　2 500 000
　　累计折旧　　1 500 000
　贷：固定资产　　4 000 000
借：固定资产清理　　500 000
　贷：资产处置损益　　500 000

9.2.3　未形成控股合并的长期股权投资

未形成控股合并的长期股权投资，其初始投资成本的确定与形成非统一控制下控股合并的长期股权投资成本的确定方法基本相同。但发生的审计、法律服务、评估咨询等中介费用以及其他相关费用应计入长期股权投资成本。

【例9-4】东方公司于2018年10月1日以银行存款购入华夏公司40%的股权，确认为长期股权投资，对华夏公司有重大影响，实际支付购买价款2 000 000元，并支付相关审计费10 000元；购买日，华夏公司所有者权益账面价值为4 500 000元，公允价值为5 250 000元。根据以上资料，编制东方公司取得长期股权投资的会计分录如下：

借：长期股权投资——投资成本　　2 010 000

贷：银行存款　　　　2 010 000

9.3 长期股权投资核算的成本法

长期股权投资的后续计量，有成本法和权益法两种处理方法。其中，成本法适用于对子公司的长期股权投资进行核算，权益法适用于对合营企业和联营企业的长期股权投资进行核算。

采用成本法核算的长期股权投资，应按照初始投资成本计价，一般不予变更，只有在追加或收回投资以及长期股权投资减值时，才调整长期股权投资的账面价值。

投资企业在被投资企业宣告发放现金股利时，应作为投资收益处理，借记“应收股利”等科目，贷记“投资收益”科目；收到现金股利时，应借记“银行存款”等科目，贷记“应收股利”科目。如果收到的股利为股票股利，则只调整持股数量，降低每股成本，不作账务处理。

【例9-5】承【例9-3】，宝利来公司根据发生的有关长期股权投资业务，编制会计分录如下：

（1）2019年5月15日，东方公司宣告发放现金股利，共计1 000 000元。

宝利来公司应收现金股利=1 000 000×70%=700 000（元）

借：应收股利　　　　700 000

贷：投资收益　　　　700 000

（2）2019年5月25日，收到东方公司发放的现金股利700 000元，存入银行。

借：银行存款　　　　700 000

贷：应收股利　　　　700 000

9.4 长期股权投资核算的权益法

9.4.1 权益法的适用范围

长期股权投资核算的权益法，是指长期股权投资的账面价值要随着被投资企业的所有者权益变动而相应变动，反映在被投资企业所有者权益中占有的份额。

长期股权投资核算的权益法，适用于实施共同控制的合营企业或投资企业对被投资企业具有重大影响的联营企业的长期股权投资后续计量。

需要说明的是，投资企业对联营企业的权益性投资，其中一部分通过风险投资机构、共同基金、信托公司或包括投连险基金在内的类似主体间接持有的，无论以上主体是否对这部分投资具有重大影响，投资企业都可以将间接持有的该部分投资确认为交易性金融资产，并对其余部分确认为长期股权投资，采用权益法核算。

9.4.2 权益法核算的科目设置

采用权益法进行长期股权投资的核算，可以在“长期股权投资”科目下设置“投资成本”“损益调整”“其他综合收益”“其他权益变动”等明细科目。权益法下，“长期股权投资”科目的余额，反映全部投资成本。其中“投资成本”明细科目反映购入股权时在被投资企业按公允价值确定的所有者权益中占有的份额及初始投资成本大于占有份额形成的商誉；“损益调整”明细科目反映购入股权以后随着被投资企业留存收益的增减变动而变动的享有份额的调整数；“其他综合收益”明细科目反映购入股权以后随着被投资企业其他综合收益的增减变动而变动的享有份额的调整数。

9.4.3　权益法下初始投资成本的调整

采用权益法进行长期股权投资的核算，投资企业为了更为客观地反映在被投资企业所有者权益中享有的份额，应将初始投资成本按照被投资企业可辨认净资产公允价值和持股比例进行调整。可辨认净资产的公允价值，是指被投资企业可辨认资产的公允价值减去负债及或有负债公允价值后的余额。

长期股权投资的初始投资成本大于投资时应享有被投资企业可辨认净资产公允价值份额的差额，性质与商誉相同，不调整长期股权投资的初始投资成本，在投资期间也不摊销；长期股权投资的初始投资成本小于投资时应享有被投资企业可辨认净资产公允价值份额的差额，应计入当期损益，同时调整长期股权投资的成本，借记“长期股权投资——投资成本”科目，贷记“营业外收入”科目。

【例9-6】承【例9-4】，东方公司调整初始投资成本与享有华夏公司可辨认净资产公允价值份额的差额，编制会计分录如下：

东方公司享有华夏公司可辨认净资产公允价值的份额=5 250 000×40%=2 100 000（元）

东方公司应调整投资成本=2 100 000-2 010 000=90 000（元）

借：长期股权投资——投资成本　　　　90 000

　贷：营业外收入　　　　　　　　　　　　90 000

9.4.4　权益法下投资损益的确认

1）投资收益的确认

企业持有的对合营企业或联合企业的投资，一方面应按照享有被投资企业净利润的份额确认为投资收益；另一方面作为追加投资，借记“长期股权投资——损益调整”科目，贷记“投资收益”科目。

权益法下，由于长期股权投资的初始投资成本已经按照股权取得日被投资企业可辨认净资产的公允价值进行了调整，因此，被投资企业的净利润应以其购买日各项可辨认资产等的公允价值为基础进行调整后加以确定。基于重要性原则，通常应考虑的调整因素为：以取得投资时被投资企业固定资产、无形资产的公允价值为基础计提的折旧额或摊销额，投资企业与被投资企业之间购买商品等形成的内部利润，以及减值准备的金额对被投资企业净利润的影响。其他项目如为重要的，也应进行调整。

如果无法合理确定取得投资时被投资企业各项可辨认资产的公允价值，或者投资时被投资企业可辨认资产的公允价值与账面价值相比，两者之间的差额不具有重要性，也可以按照被投资企业的账面净利润与持股比例计算的结果确认投资收益，但应在附注中说明这一事实，以及无法合理确定被投资企业各项可辨认资产公允价值的原因。

权益法下，如果投资企业与合营企业或联营企业之间发生内部交易，不论是投资企业向合营企业或联营企业销货（即顺流交易）还是合营企业或联营企业向投资企业销货（即逆流交易），其未实现的内部损益中属于投资企业享有的份额，投资企业在确认投资收益时均应予以扣除。在顺流交易的情况下，投资企业已经在个别报表中确认了销售损益，而合营企业或联营企业未实现销售，即损益未能最终实现；但是，在合营企业或联营企业未实现的权益中，属于其他股东享有的份额，从投资企业的角度看其损益已经实现，不需要进行抵销处理，因此只是其中属于投资企业享有的份额应在确认投资收益时予以抵销。在逆流交易的情况下，合营企业或联营企业在个别报表中确认了销售损益，而投资企业未实现销售，即损益也未能最终实现；但是，在投资企业未实现的损益中，属于其他股东享有的份额，从投资企业的角度看相当于向其他股东购买货物的价值，合营企业或联营企业的销售损益已经实现，不需要进行抵销处理，因此也只是需要将其中属于投资企业享有的份额在确认投资收益时予以抵销。

【例9-7】承【例9-6】，东方公司2018年10月1日取得投资时，华夏公司的固定资产账面价值为1 500 000元，公允价值为2 250 000元，其他可辨认资产的公允价值与账面价值一致。按照固定资产账面价值计提的年折旧额为100 000元，按照公允价值应计提的年折旧额为150 000元。华夏公司2018年度实现的账面净利润为750 000元，不考虑所得税影响，按照被投资企业的账面净利润计算确定的投资收益应为300 000元（750 000×40%）；基于投资时固定资产的公允价值调整的净利润为700 000元（750 000-（150 000-100 000）），东方公司按照持股比例计算确认的当期投资收益为280 000元（700 000×40%）。根据以上资料，编制东方公司确认投资收益的会计分录如下：

借：长期股权投资——损益调整　　280 000

　贷：投资收益　　280 000

2018年12月31日，东方公司长期股权投资的账面余额为：

投资成本=2 100 000元

损益调整=280 000元

合计=2 380 000元

【例9-8】承【例9-7】，华夏公司2018年度实现的账面净利润为1 200 000元，当年华夏公司向东方公司销售一件商品，不含增值税的销售价格为1 500 000元，商品销售成本为1 200 000元；东方公司将购入的商品确认为管理用固定资产，折旧年限为5年，采用直线法计提折旧，不考虑净残值。其他条件同【例9-7】。

华夏公司2018年度基于投资时固定资产的公允价值调整后的净利润为1 150 000元（1 200 000-（150 000-100 000））；此外，华夏公司向东方公司销售商品视为未实现的利润300 000元（1 500 000-1 200 000）以及东方公司计提折旧的影响额60 000元（1 500 000÷5-1 200 000÷5）应予以抵销。因此，东方公司按照持股比例计算确认的2018年度投资收益应为364 000元（（1 150 000-300 000+60 000）×40%）。根据以上资料，编制东方公司确认投资收益的会计分录如下：

借：长期股权投资——损益调整　　364 000

　贷：投资收益　　364 000

2）投资损失的确认

如果被投资企业发生亏损，投资企业也应按持股比例确认应分担的损失，借记“投资收益”科目，贷记“长期股权投资——损益调整”科目。被投资企业的净亏损也应以其购买日各项可辨认资产等的公允价值为基础进行调整后加以确认；如发生内部交易，其未实现内部损益也应一并调整。

由于投资企业承担有限责任，因此投资企业在确认投资损失时，应以长期股权投资的账面价值以及其他实质上构成对被投资企业净投资的长期权益减计至零为限，投资企业负有承担额外损失义务的除外。其他实质上构成对被投资企业净投资的长期权益，通常是指长期性的应收项目，如企业对被投资企业的长期应收款，该款项的清偿没有明确的计划且在可预见的未来期间难以收回的，实质上构成长期权益。企业在存在其他实质上构成对被投资企业净投资的长期权益项目以及负有承担额外损失义务的情况下，在确认应分担被投资企业发生的亏损时，应当按照以下顺序进行处理：

（1）减计长期股权投资的账面价值，同时确认投资损失。

（2）长期股权投资的账面价值减计至零时，如果存在实质上构成对被投资企业净投资的长期权益，应以长期权益的账面价值为限减计长期权益的账面价值，同时确认投资损失。

（3）长期权益的价值减计至零时，如果按照投资合同或协议的约定需要企业承担额外义务的，应按预计承担的金额确认为预计负债，同时确认投资损失。

按照以上顺序处理后，如果仍有尚未确定的投资损失，投资企业应在备查簿上登记，在被投资企业以后期间实现盈利时，在其收益分享额弥补未确定的亏损分担额后，恢复确认收益分享额。

【例9-9】东方公司持有华夏公司30%的股权，采用权益法进行长期股权投资的核算。2018年12月31日，东方公司长期股权投资的账面价值为600 000元，其中“投资成本”为500 000元，“损益调整”为100 000元；长期应收款账面价值为150 000元，属于实质上构成对华夏公司净投资的长期权益。2018年度，华夏公司发生巨额亏损，以可辨认资产等的公允价值为基础调整后的净亏损为2 650 000元。2019年度，华夏公司以可辨认资产等的公允价值为基础调整后实现的净利润为350 000元。根据以上资料，编制东方公司调整投资损益的会计分录如下：

（1）2018年年末的相关会计处理。

应分担的投资损失=2 650 000×30%=795 000（元）

以长期股权投资和长期权益账面价值为限实际确认的投资损失=600 000+150 000=750 000（元）

未确认的投资损失=795 000-750 000=45 000（元）

借：投资收益	750 000	
贷：长期股权投资——损益调整		600 000
长期应收款		150 000

2018年年末：

长期股权投资账面价值：0

长期应收款账面价值：0

（2）2019年度的相关会计处理。

应享有的投资收益=350 000×30%=105 000（元）

实际确认的投资收益=105 000-45 000=60 000（元）

借：长期应收款	60 000	

贷：投资收益 60 000

2019年年末：

长期股权投资账面价值：0

长期应收款账面价值：60 000元

9.4.5 权益法下被投资企业分派股利的调整

采用权益法进行长期股权投资的核算，被投资企业分派的现金股利应视为投资的收回。投资企业应按照被投资企业宣告分派的现金股利和持股比例计算的应分得现金股利，相应减少长期股权投资的账面价值，借记“应收股利”科目，贷记“长期股权投资——损益调整”科目。实际收到分派的现金股利时，借记“银行存款”等科目，贷记“应收股利”科目。

【例9-10】承【例9-7】，华夏公司2019年5月10日宣告分派现金股利500 000元；5月25日实际发放现金股利500 000元。根据以上资料，编制东方公司确认投资收益的会计分录如下：

（1）5月10日确认应收现金股利的会计处理。

东方公司应收股利=500 000×40%=200 000（元）

借：应收股利 200 000

贷：长期股权投资——损益调整 200 000

（2）5月25日实际收到现金股利的会计处理。

借：银行存款 200 000

贷：应收股利 200 000

9.4.6 权益法下被投资企业所有者权益变动的变动调整

采用权益法进行长期股权投资的核算，被投资企业除净损益以外所有者权益的变动，投资企业应调整长期股权投资的账面价值，并计入其他综合收益，借记“长期股权投资——其他综合收益”科目，贷记“其他综合收益”科目，如果被投资企业除净损益以外所有者权益减少，投资企业作相反的处理。

【例9-11】承【例9-7】，华夏公司2018年其他综合收益增加400 000元。根据以上资料，编制东方公司确认所有者权益其他变动的会计分录如下：

东方公司其他综合收益=400 000×40%=160 000（元）

借：长期股权投资——其他综合收益 160 000

贷：其他综合收益 160 000

2018年12月31日，东方公司长期股权投资余额如下：

投资成本=2 100 000元

损益调整=280 000+364 000-200 000=444 000（元）

其他综合收益=160 000元

合计=2 704 000元

9.5 长期股权投资的处置

处置长期股权投资时，其账面价值与实际取得价款的差额，应当计入当期损益，投资企业应根据实际收到的价款，借记“银行存款”等科目；根据处置长期股权投资的账面价值，贷记“长期股权投资”等科目；根据两者的差额，借记或贷记“投资收益”科目。采用权益法核算的长期股权投资，因被投资企业除净损益以外所有者权益的其他变动而计入其他综合收益的数额，也应转入当期损益。

【例9-12】承【例9-11】，2018年10月10日，东方公司将持有的华夏公司股权全部出售，收取价款2 750 000元。根据以上材料，编制东方公司处置长期股权投资的会计分录如下：

借：银行存款	2 750 000	
贷：长期股权投资——投资成本		2 100 000
——损益调整		444 000
其他综合收益		160 000
投资收益		46 000
借：其他综合收益	160 000	
贷：投资收益		160 000

9.6 长期股权投资的减值

9.6.1 长期股权投资的可收回金额

每年年末，企业应对长期股权投资的账面价值进行检查。如果出现减值迹象，应对其可收回金额进行估计。可收回金额应当根据长期股权投资的公允价值减去处置费用后的净额与长期股权投资预计未来现金流量的现值两者之间较高者确定。

9.6.2 长期股权投资减值损失

如果长期股权投资可收回金额的计量结果表明其可收回金额低于账面价值，说明长期股权投资已经发生减值，应当将其账面价值减计至可收回金额，借记“资产减值损失”科目，贷记“长期股权投资减值准备”科目。

长期股权投资减值损失一经确认，在以后会计期间不得转回。

【例9-13】承【例9-3】，2018年12月31日宝利来公司确认持有的东方公司长期股权投资的可收回金额为8 000 000元，确认长期股权投资减值损失1 060 000元。2019年10月10日，宝利来公司将持有的东方公司股权全部出售，收取价款8 050 000元。根据以上材料，编制东方公司确认投资收益的会计分录如下：

（1）确认长期股权投资减值损失。

借：资产减值损失	1 060 000	
贷：长期股权投资减值准备		1 060 000

（2）处置长期股权投资。

借：银行存款	8 050 000	
长期股权投资减值准备	1 060 000	
贷：长期股权投资		9 060 000
投资收益		50 000

9.7 长期股权投资后续计量方法的转换

企业在投资期间，由于追加投资或处置部分投资，会使投资企业与被投资企业的关系发生变化，其长期股权投资的后续计量方法也应随之进行相应调整。

9.7.1 处置部分长期股权投资后续计量方法的调整

1）处置部分长期股权投资后由控制转为共同控制或重大影响

投资企业因处置部分投资对被投资企业不再具有控制权，但仍存在共同控制或重大影响的，应当将剩余投资改按权益法进行核算，并对该剩余股权视同自取得时即采用权益法核算进行调整。剩余长期股权投资账面价值大于原投资时按照剩余持股比例计算应享有被投资企业可辨认净资产公允价值份额的差额，视为商誉，不需要对剩余长期股权投资的初始成本进行调整；剩余长期股权投资账面价值小于原投资时按照剩余持股比例计算应享有被投资企业可辨认净资产公允价值份额的差额，应在调整长期股权投资初始成本的同时，调整期初盈余公积及未分配利润。对于原投资日至处置日之间被投资企业实现的以公允价值为基础计量的净利润、分配的现金股利和所有者权益的其他变动，投资企业应采用权益法进行追溯调整，在调整长期股权投资账面价值的同时，调整期初盈余公积、未分配利润、当期投资收益和其他综合收益。

【例9-14】东方公司2018年10月1日以银行存款1 050 000元购入华夏公司60%的股权，形成非同一控制下的控股合并。2018年10月1日华夏公司可辨认净资产公允价值为1 500 000元（假定可辨认净资产公允价值与账面价值相同），初始投资成本中含有的投资商誉为150 000元（1 050 000-1 500 000×60%）。2018年12月31日，东方公司将持有的华夏公司20%的股权出售给同泰公司，收取价款360 000元。华夏公司2018年实现净利润150 000元，未分派现金股利；2019年实现净利润200 000元，分派现金股利100 000元，资本公积增加75 000元。2019年12月31日华夏公司可辨认净资产公允价值为1 800 000元，账面价值为1 775 000元（即按照原投资日可辨认净资产公允价值持续计量的公允价值）。根据以上资料，编制东方公司2018年12月31日与处置长期股权投资相关的会计分录如下：

（1）处置长期股权投资。

借：银行存款	360 000	
贷：长期股权投资——投资成本		350 000
投资收益		10 000

处置投资后，剩余长期股权投资的初始成本为700 000元，按照剩余投资比例计算原投资日享有华夏公司可辨认净资产公允价值的份额为600 000元（1 500 000×40%），剩余长期股权投资的初始成本大于享有华夏公司可辨认净资产公允价值的份额100 000元，属于商誉投资，不需要对剩余长期股权投资初始成本进行调整。

（2）采用权益法对享有华夏公司2018年10月1日至2019年12月31日净资产变动份额的调整如下：

调整以前年度法定盈余公积=（150 000+200 000-100 000）×40%×10%=10 000（元）

调整年初未分配利润=（150 000+200 000-100 000）×40%×90%=90 000（元）

调整资本公积=75 000×40%=30 000（元）

借：长期股权投资——损益调整　　100 000

　　　　　　　　——其他综合收益　　30 000

　贷：盈余公积　　10 000

　　　利润分配——未分配利润　　90 000

　　　资本公积——其他资本公积　　30 000

经过上述调整后，东方公司长期股权投资账面价值为830 000元（1 050 000−350 000+100 000+30 000），其中，享有按照投资日华夏公司可辨认净资产公允价值持续计量的公允价值40%的份额为710 000元（1 775 000×40%），投资商誉为120 000元。原投资日至处置日华夏公司可辨认净资产公允价值与账面价值的新增差额为25 000元（1 800 000−1 775 000），东方公司不需要进行调整。

2）处置部分长期股权投资后不存在控制、共同控制或重大影响

投资企业因处置部分长期股权投资丧失了对被投资单位的控制、重大影响或共同控制，处置后剩余的长期股权投资应当视为处置，再根据管理意图确认为交易性金融资产或其他权益工具投资，应将其公允价值与账面价值之间的差额计入当期损益。转换日，企业应当根据剩余股权的公允价值，借记“交易性金融资产”或“其他权益工具投资”科目；根据剩余股权的账面价值，贷记“长期股权投资”科目；根据其差额，贷记或借记“投资收益”科目。

原股权投资因采用权益法核算而确认的其他综合收益，也应当转入当期损益，借记或贷记“其他综合收益”科目，贷记或借记“投资收益”科目。

【例9-15】承【例9-14】，2019年12月31日东方公司持有华夏公司40%股份，账面价值为830 000元，另确认其他综合收益30 000元。东方公司于2020年12月31日再次将持有华夏公司30%的股权出售给同泰公司，收取价款750 000元，对华夏公司不再具有重大影响，当日剩余股份的公允价值为250 000元。华夏公司2020年实现净利润250 000元，未分派现金股利。根据以上资料，编制东方公司2020年12月31日与处置长期股权投资相关的会计分录如下：

（1）确认2020年的投资收益。

投资收益=250 000×40%=100 000（元）

借：长期股权投资——损益调整　　100 000

　贷：投资收益　　100 000

（2）处置投资。

处置投资的账面价值=（830 000+100 000）×30%÷40%=697 500（元）

借：银行存款　　750 000

　贷：长期股权投资——投资成本　　525 000

　　　　　　　　　——损益调整　　150 000

　　　　　　　　　——其他综合收益　　22 500

　　　投资收益　　52 500

（3）将剩余投资账面价值确认为交易性金融资产。

剩余投资成本=700 000-525 000=175 000（元）

剩余投资损益调整=200 000-150 000=50 000（元）

剩余投资其他综合收益=30 000-22 500=7 500（元）

剩余投资账面价值=175 000+50 000+7 500=232 500（元）

借：交易性金融资产　　250 000

　贷：长期股权投资——投资成本　　175 000

　　　　　　　　——损益调整　　50 000

　　　　　　　　——其他综合收益　　7 500

　　　投资收益　　17 500

（4）结转原确认的其他综合收益。

借：其他综合收益　　30 000

　贷：投资收益　　30 000

9.7.2　追加股权投资后续计量方法的调整

1）追加股权投资后对被投资企业形成控制

投资企业因追加股权投资形成非同一控制下的控股合并，应当按照原持有的股权投资账面价值与新增投资成本之和，作为改按成本法核算的初始投资成本。调整原投资账面价值时，应按照改按成本法核算的初始投资成本，借记“长期股权投资”科目；按照原权益法核算的长期股权投资账面价值，贷记“长期股权投资”科目；按照原交易性金融资产的账面价值，贷记“交易性金融资产”科目；按照其他权益工具投资的账面价值，贷记“其他权益工具投资”等科目。

原持有的股权投资确认为长期股权投资的，因采用权益法核算而确认的其他综合收益，应当在处置该项投资时确认为投资收益，借记或贷记“其他综合收益”科目，贷记或借记“投资收益”科目。

原持有的股权投资确认为其他权益工具投资的，原计入其他综合收益的累计公允价值变动应当在改按成本法核算时确认为投资收益，借记或贷记“其他综合收益”科目，贷记或借记“投资收益”科目。

2）追加股权投资后对被投资企业形成共同控制或重大影响

投资企业因追加投资能够对被投资企业实施共同控制或者施加重大影响但不构成控制的，应当按照原持有的股权投资的公允价值与新增投资成本之和，作为改按权益法核算的初始投资成本，借记“长期股权投资”科目，贷记“交易性金融资产”或“其他权益工具投资”等科目。

原持有的股权投资确认为其他权益工具投资的，原计入其他综合收益的累计公允价值变动应当在改按权益法核算时确认为投资收益，借记或贷记“其他综合收益”科目，贷记或借记“投资收益”科目。

【例9-16】东方公司2018年7月1日购入华夏公司股票1 000 000股，占华夏公司股本的2%，锁定期为12个月，对华夏公司不具有重大影响，确认为其他权益工具投资，实际支付股票价款4 000 000元，另支付相关税费20 000元；2018年12月31日，华夏公司股票每股市价为4.5元；2019年7月1日，东方公司又购入华夏公司股票10 000 000股，每股价格为4.9元，实际支付股票价款49 000 000元，另支付相关税费250 000元，能够对华夏公司施加重大影响，确认为长期股权投资。根据以上资料，编制东方公司购入华夏公司股票的相关会计分录如下：

（1）2018年7月1日购入股票。

借：其他权益工具投资——成本　　4 020 000

　贷：银行存款　　4 020 000

（2）2018年12月31日确认公允价值变动。

华夏公司股票公允价值变动=4.5×1 000 000−4 020 000=480 000（元）

借：其他权益工具投资——公允价值变动　　480 000

　贷：其他综合收益　　480 000

（3）2019年7月1日再次购入股票。

借：长期股权投资——投资成本　　49 250 000

　贷：银行存款　　49 250 000

（4）2019年7月1日将其他权益工具投资转为长期股权投资。

其他权益工具投资公允价值=4.9×1 000 000=4 900 000（元）

借：长期股权投资——投资成本　　4 900 000

　贷：其他权益工具投资——成本　　4 020 000

　　　　　　　　　　——公允价值变动　　480 000

　　投资收益　　400 000

（5）2019年7月1日将其他综合收益转为投资收益。

借：其他综合收益　　480 000

　贷：投资收益　　480 000

2019年7月1日，东方公司对华夏公司长期股权投资的初始投资成本为54 150 000元（49 250 000+4 900 000），后续采用权益法进行计量。

章末练习题

一、单项选择题

1.企业以发行权益性证券取得的长期股权投资，在不构成企业合并的情况下，应当按照发行权益性证券的（　　）作为初始投资成本。

A.账面价值　　B.公允价值　　C.支付的相关税费　　D.市场价格

2.关于同一控制下的企业合并形成的长期股权投资，下列表述中正确的是（　　）。

A.初始投资成本一般为支付的现金、转让非现金资产及所承担债务的账面价值

B.合并方取得的净资产账面价值份额与支付对价账面价值（或发行股份面值总额）的差额，应先调整资本公积（资本溢价或股本溢价），资本公积（资本溢价或股本溢价）不足冲减再调整留存收益

C.直接相关费用均应计入初始投资成本

D.同一控制下的企业合并，是指参与合并的各方在合并后受同一方或相同的多方最

终控制，且该控制并非暂时性的

3.华泰公司持有兴隆公司40%股权，对兴隆公司具有重大影响，截至2018年12月31日长期股权投资账面价值为1 250万元，明细科目为投资成本800万元、损益调整250万元、其他权益变动200万元。2019年1月5日处置了所持有的兴隆公司股权中的75%，处置价款为1 000万元，处置之后对兴隆公司不再具有重大影响，则处置75%部分对损益的影响为（　　）万元。

A.262.5　　　B.200　　　C.212.5　　　D.350

4.华泰公司于2018年1月1日用货币资金450万元从证券市场上购入兴隆公司发行在外股份的20%，投资时兴隆公司各项可辨认资产、负债的公允价值与其账面价值相同，可辨认净资产公允价值及账面价值的总额均为2 200万元，另支付相关税费5万元。华泰公司取得投资后即派人参与兴隆公司生产经营决策，但无法对兴隆公司实施控制。华泰公司2018年1月1日应确认的长期股权投资成本为（　　）万元。

A.450　　　B.455　　　C.440　　　D.445

5.华泰公司持有兴隆公司20%的股权，对被投资单位具有重大影响，采用权益法核算该项长期股权投资。兴隆公司2018年实现净利润200万元，在此之前，华泰公司对兴隆公司的长期股权投资账面价值为0，备查簿中登记的损失为60万元，则2018年年末华泰公司应该确认的投资收益金额是（　　）万元。

A.40　　　B.0　　　C.−20　　　D.60

6.华泰公司2018年1月1日取得兴隆公司30%的股权，采用权益法核算。投资当日兴隆公司除一批存货的账面价值为400万元、公允价值为500万元外，其他项目的账面价值与公允价值均相等。当年兴隆公司实现净利润1 000万元。假定年底兴隆公司上述存货的60%对外销售。2018年8月5日，兴隆公司出售一批商品给华泰公司，商品成本为400万元，售价为600万元，华泰公司购入的商品作为存货。至2018年年末，华泰公司已将从兴隆公司购入商品的60%出售给外部独立的第三方。则2018年华泰公司因该项投资计入投资收益的金额为（　　）万元。

A.448　　　B.258　　　C.300　　　D.282

7.华泰公司2018年4月1日购得兴隆公司10%的股份，买价为560万元，发生手续费等必要支出3万元，不具有重大影响，华泰公司将其作为其他权益工具投资核算。2019年4月1日华泰公司又购入兴隆公司30%的股份，买价为1 800万元，取得该部分股权投资后对兴隆公司具有重大影响。当日，华泰公司原持有的股权投资的账面价值为590万元，公允价值为600万元。不考虑其他因素，则2019年4月1日该长期股权投资的初始投资成本为（　　）万元。

A.2 400　　　B.2 390　　　C.2 360　　　D.1 800

8.华泰公司于2018年7月22日以固定资产作为合并对价，取得兴隆公司80%的股权。投资日，兴隆公司所有者权益账面价值总额为2 000万元，公允价值为2 200万元。华泰公司所付出固定资产的账面价值为3 000万元，公允价值为3 300万元。合并过程中另发生审计费和法律咨询费等中介费用40万元。假定合并前华泰公司与兴隆公司不存在任何关联方关系。不考虑其他因素，则华泰公司长期股权投资的初始投资成本是（　　）万元。

A.1 640　　　B.3 300　　　C.3 340　　　D.1 760

9.2018年年初华泰公司购入兴隆公司30%的股权，成本为60万元。2018年年末长期股权投资的可收回金额为50万元，因此计提长期股权投资减值准备10万元。2019年年末该项长期股权投资的可收回金额为70万元，则2019年年末华泰公司应恢复长期股权投资减值准备（　）万元。

A.10　　　B.20　　　C.30　　　D.0

10.下列有关长期股权投资初始计量的表述中，正确的是（　）。

A.以非现金资产为对价取得长期股权投资的，应确认非现金资产的转让损益

B.以发行权益性证券的方式取得长期股权投资的，权益性证券发行费用应从发行溢价中扣除，溢价不足扣减的，应当冲减盈余公积和未分配利润

C.以发行公司债券方式完成企业合并的，公司债券的发行费用应追加债券发行折价，或冲减债券发行溢价，溢价不够冲减时再调整留存收益

D.长期股权投资初始投资成本等于入账价值

11.华泰、兴隆两家公司均是同一家公司的子公司。华泰公司于2018年7月1日以发行股票的方式从兴隆公司的股东手中取得兴隆公司60%的股份。华泰公司发行4 000万股普通股股票，该股票每股面值1元。兴隆公司2018年7月1日所有者权益账面价值为7 000万元，华泰公司该项长期股权投资的成本为（　）万元。

A.3 200　　　B.4 100　　　C.4 000　　　D.4 200

12.华泰公司2018年8月1日从兴隆公司购入其持有的B公司10%的股份（B公司为非上市公司），华泰公司以银行存款支付买价1 040万元，同时支付相关税费10万元。华泰公司购入B公司股份后准备长期持有，B公司2018年8月1日的所有者权益账面价值总额为10 000万元，B公司可辨认净资产的公允价值为11 000万元。则华泰公司应确认的长期股权投资初始投资成本为（　）万元。

A.520　　　B.1 050　　　C.500　　　D.550

13.2019年1月2日，华泰公司以货币资金取得兴隆公司30%的股权，初始投资成本为2 200万元，投资时兴隆公司各项可辨认资产、负债的公允价值与其账面价值相同，可辨认净资产公允价值及账面价值的总额均为8 000万元，华泰公司取得投资后即派人参与兴隆公司的生产经营决策，但无法对兴隆公司实施控制。兴隆公司2018年实现净利润800万元，假定不考虑所得税因素，该项投资对华泰公司2018年度损益的影响金额为（　）万元。

A.300　　　B.200　　　C.240　　　D.440

14.长期股权投资采用权益法核算时，初始投资成本大于应享有被投资单位可辨认净资产公允价值份额之间的差额，正确的会计处理是（　）

A.计入其他资本公积　　　B.冲减资本公积

C.计入其他综合收益　　　D.不调整初始投资成本

15.华泰公司出资1 000万元，取得了兴隆公司70%的控股权，华泰公司对该项长期股权投资应采用（　）核算。

A.权益法　　　B.成本法　　　C.市价法　　　D.成本与市价孰低法

二、多项选择题

1.下列关于长期股权投资的减值说法中正确的有（　　）。

A.对被投资单位具有重大影响的长期股权投资，期末减值时应将账面价值大于可收回金额的差额确认为资产减值损失

B.对被投资单位具有共同控制的长期股权投资，应将账面价值小于可收回金额的差额作为减值金额的回升，转回资产减值损失

C.对被投资单位具有控制的长期股权投资，期末减值时应将账面价值大于可收回金额之间的差额确认为资产减值损失

D.由于长期股权投资减值而产生的账面价值与计税基础的差异应确认递延所得税

2.下列关于长期股权投资的说法中，不正确的有（　　）。

A.企业持有的能够对被投资单位实施控制的长期股权投资采用权益法核算

B.成本法下，当被投资企业发生盈亏时，投资企业不作账务处理

C.成本法下，当被投资企业宣告分配现金股利时，投资企业应将分得的现金股利确认为投资收益

D.权益法下，期末投资方确认的投资收益等于被投资方实现的账面净利润乘以持股比例

3.下列经济业务或事项中应通过“投资收益”科目核算的有（　　）。

A.企业确认的交易性金融资产的公允价值变动

B.企业的债权投资在持有期间取得的投资收益和处置损益

C.长期股权投资采用成本法核算的，被投资单位宣告发放的现金股利或利润

D.长期股权投资采用权益法核算的，资产负债表日根据被投资单位实现的净利润或经调整的净利润计算应享有的份额

4.采用权益法核算时，能引起长期股权投资账面价值发生增减变动的事项有（　　）。

A.被投资单位实现净利润

B.实际收到现金股利

C.被投资企业持有的其他权益工具投资公允价值发生变动

D.被投资企业宣告分派现金股利

5.采用权益法核算，下列各项业务发生时，会引起投资企业资本公积发生变动的有（　　）。

A.被投资企业接受控股股东的现金捐赠

B.被投资企业其他权益工具投资公允价值变动

C.被投资企业发放股票股利

D.被投资企业以权益结算的股份支付确认资本公积

6.下列投资中，不应作为长期股权投资核算的有（　　）。

A.对联营企业、合营企业的投资

B.对子公司的投资

C.对分公司的出资

D.在活跃市场中有报价、公允价值能可靠计量的不具有控制、共同控制和重大影响

的权益性投资

7.同一控制下吸收合并在合并日的会计处理不正确的有（　）。

A.合并方取得被合并方净资产账面价值与支付的合并对价账面价值的差额调整未分配利润

B.合并方取得的被合并方的资产和负债应当按照合并日公允价值计量

C.合并方以支付现金、非现金资产作为合并对价的，发生的各项直接相关费用计入管理费用

D.合并方取得被合并方净资产账面价值与支付的合并对价账面价值的差额调整资本公积（资本溢价或股本溢价），资本公积（资本溢价或股本溢价）不足冲减的，调整留存收益

8.企业处置长期股权投资时，正确的处理方法有（　）。

A.处置长期股权投资时，持有期间计提的减值准备也应一并结转

B.采用权益法核算的长期股权投资，因被投资单位除净损益、利润分配以及其他综合收益以外所有者权益的其他变动而计入所有者权益的，处置该项投资时应当将原计入所有者权益的部分转入营业外收入

C.权益法下减资后仍采用权益法核算的，因被投资方除净损益、其他综合收益和利润分配以外的其他所有者权益变动而确认的所有者权益，应当全部结转入当期投资收益

D.处置长期股权投资，其账面价值与实际取得价款的差额，应当计入投资收益

9.企业按成本法核算时，下列事项中不会引起长期股权投资账面价值变动的有（　）。

A.被投资单位以盈余公积转增资本

B.被投资单位宣告分派现金股利

C.期末计提长期股权投资减值准备

D.被投资方实际发放股票股利

10.下列说法中正确的有（　）。

A.为发行权益性证券支付的手续费、佣金等应自权益性证券的溢价发行收入中扣除，溢价收入不足的，应冲减盈余公积和未分配利润

B.取得投资时，支付的价款中包含的已宣告但尚未发放的现金股利应单独作为应收项目处理

C.长期股权投资的减值应按照《企业会计准则第8号——资产减值》进行处理

D.处置长期股权投资应将出售所得价款与处置长期股权投资账面价值之间的差额计入投资收益

三、计算题

1.华夏公司有关投资资料如下：

（1）2016年1月1日，华夏公司以银行存款1 000万元从乙公司购入其持有的隆昌公司80 %的股权，同时支付相关直接费用10万元。华夏公司和隆昌公司没有关联方关系。

（2）2016年3月25日，隆昌公司宣告分配2015年实现的净利润，其中分配现金股利200万元。

（3）2016年4月25日，华夏公司收到现金股利160万元。

（4）2017年，隆昌公司实现净利润10 000万元。

（5）2017年3月20日，隆昌公司宣告分配2016年净利润，分配的现金股利为400万元。

（6）2017年4月20日，收到现金股利320万元。

（7）2017年隆昌公司发生巨额亏损。华夏公司预计对隆昌公司投资按当时市场收益率确定的未来现金流量现值为950万元。

（8）2018年3月10日，华夏公司将持有的隆昌公司80%的股权转让给丙公司，收到股权转让款1 050万元。

要求：根据上述资料，编制华夏公司的有关会计分录。

2.华夏上市公司发生下列长期股权投资业务：

（1）2016年1月3日，购入隆昌公司股票580万股，占隆昌公司有表决权股份的25%，对隆昌公司的财务和经营决策具有重大影响，华夏公司将其作为长期股权投资核算，每股购入价为16元，每股价格中包含已宣告但尚未发放的现金股利0.5元，另外支付相关税费14万元。款项均以银行存款支付。每日，隆昌公司所有者权益的账面价值（与其公允价值不存在差异）为36 000万元。

（2）2016年3月16日，收到隆昌公司宣告分派的现金股利。

（3）2016年度，隆昌公司实现净利润6 000万元。

（4）2017年2月16日，隆昌公司宣告分派2016年度股利，每股分派现金股利0.4元。

（5）2017年3月12日，华夏上市公司收到隆昌公司分派的2016年度的现金股利。

（6）2018年1月4日，华夏上市公司出售所持有的全部隆昌公司的股票，共取得价款10 400万元（不考虑长期股权投资减值及相关税费）。

要求：根据上述资料，编制华夏上市公司长期股权投资的会计分录。

（“长期股权投资”科目要求写出明细科目，答案中的金额单位用万元表示）

3.兴隆股份有限公司（以下简称“兴隆公司”）系一家上市公司，2017年对华兴股份有限公司（以下简称“华兴公司”）投资业务的有关资料如下：

资料1：兴隆公司于2017年1月1日购入华兴公司20%的股份，购买价款为2 600万元，支付手续费等相关费用400万元，并自取得投资之日起派一名董事参与华兴公司的财务和生产经营决策。取得投资日，华兴公司可辨认净资产公允价值为16 000万元（包含一项固定资产评估增值2 000万元，预计剩余使用年限为10年，采用直线法计提折旧，预计净残值为0）。

资料2：华兴公司于2017年实现净利润4 000万元，其他权益工具投资公允价值上升400万元。

兴隆公司与华兴公司的会计年度及采用的会计政策相同。假定兴隆、华兴公司间未发生任何内部交易。假定不考虑所得税等其他因素。

要求：

（1）根据资料1，编制兴隆公司2017年1月1日取得华兴公司20%股权的会计分录。

（2）根据资料1和资料2，计算2017年12月31日兴隆公司长期股权投资账面价值，并编制2017年权益法后续计量的相关会计分录。

4.2017年1月1日，华夏公司以700万元取得隆昌公司10%的股权，款项以银行存款支付，华夏公司对隆昌公司没有重大影响。华夏公司将购买的隆昌公司股份划分为其他权益工具投资。隆昌公司2017年1月1日可辨认净资产公允价值总额为3 000万元（假定其公允价值等于账面价值），华夏公司每年均按10%提取盈余公积。

2017年隆昌公司实现净利润1 200万元，未分派现金股利。华夏公司持有隆昌公司股权投资的公允价值为800万元。

2018年1月1日，华夏公司又以1 680万元取得隆昌公司20%的股权，款项以银行存款支付，当日隆昌公司可辨认净资产公允价值总额为8 000万元。2018年1月1日。华夏公司原持有的隆昌公司10%股权的公允价值为900万元。

取得该部分股权后，华夏公司能够对隆昌公司施加重大影响，因此华夏公司将对隆昌公司的长期股权投资改用权益法核算。

要求：编制华夏公司股权投资的有关会计分录。

5.2016年1月1日，华夏公司以6 400万元取得隆昌公司60%的股权，款项以银行存款支付，隆昌公司2016年1月1日可辨认净资产公允价值总额为5 000万元（假定其公允价值等于账面价值），华夏公司对隆昌公司具有控制权，并对该项投资采用成本法核算。华夏公司每年均按10%提取盈余公积。

（1）2016年，隆昌公司实现净利润1 600万元，未分派现金股利。

（2）2017年，隆昌公司实现净利润2 400万元，未分派现金股利。

（3）2018年1月3日，华夏公司出售隆昌公司30%的股权，取得出售价款4 400万元，款项已收入银行存款户，当日隆昌公司可辨认净资产公允价值总额为16 000万元。出售该部分股权后，华夏公司不能再对隆昌公司实施控制，但能够对隆昌公司施加重大影响，因此华夏公司将对隆昌公司的股权投资由成本法改为权益法核算。

要求：编制华夏公司长期股权投资的有关会计分录。

四、综合题

1.东方公司发生下列与长期股权投资相关的业务：

（1）2016年1月7日，购入宝来公司有表决权的股票200万股。占宝来公司股份的25%，从而对宝来公司的财务和经营政策有重大影响。该股票每股买入价为8元，其中每股含已宣告分派但尚未领取的现金股利0.20元；另外，东方公司在购买股票时还支付相关税费20 000元，款项均由银行存款支付（假定在取得投资时未发生股权投资差额）。

（2）2016年2月15日，收到宝来公司宣告分派的现金股利。

（3）2016年度，宝来公司实现净利润4 000 000元。

（4）2017年1月6日，宝来公司宣告分派2016年度股利，每股分派现金股利0.10元。

（5）2017年2月15日，东方公司收到宝来公司分派的2016年度的现金股利（不考虑相关税费）。

（6）2017年度，宝来公司发生亏损200 000元。

（7）2018年1月7日，东方公司出售所持有的宝来公司的股票20万股，每股销售价格为10元（假定不考虑相关税费；东方公司售出部分股票后，仍能对宝来公司财务与经营政策产生重大影响）。

要求：假定不考虑长期投资减值因素，根据上述业务，编制东方公司相关会计分录（“长期股权投资”科目要求写出明细科目及专栏）。

2.2015年1月1日，东方公司以其库存商品对宝来公司投资，投出商品的成本为360万元，公允价值和计税价格均为400万元，增值税税率为16%（不考虑其他税费），东方公司对宝来公司的投资占宝来公司注册资本的20%，东方公司采用权益法核算该项长期股权投资。按照投资合同的约定，被投资方如果发生巨额亏损，投资方应按照亏损额1%的比例支付宝来公司扶助款项，以帮助宝来公司尽快盈利。

2016年1月1日，宝来公司所有者权益总额（公允价值）为2 000万元。宝来公司2016年实现净利润1 000万元。

2017年宝来公司发生亏损2 000万元。假定东方公司账上有应收宝来公司长期应收款60万元，但东方公司无任何清收计划。

2018年在调整了经营方向后，宝来公司扭亏为盈，当年盈利1 600万元。

要求：根据上述资料，编制东方公司对宝来公司投资相关的会计分录（金额单位为万元）。

章末练习题答案

第10章/ 流动负债

【学习目标】掌握：短期借款的核算；应付票据的核算；应付职工薪酬的核算；应交增值税、消费税的核算。

理解：应付账款的核算；应交城市维护建设税的核算、教育费附加的核算；其他应付及预收款项的核算。

了解：流动负债的性质和入账价值。

10.1 流动负债概述

10.1.1 流动负债的性质

流动负债是指企业在1年或超过1年的一个营业周期内，需要以流动资产或增加其他负债来抵偿的债务，主要包括短期借款、应付票据、应付账款、预收账款、应付职工薪酬、应付股利、应交税费、其他应付款等。

确认流动负债的目的，主要是将其与流动资产进行比较，反映企业的短期偿债能力。短期偿债能力是债权人非常关心的财务指标，在资产负债表上必须将流动负债与非流动负债分别列示。

10.1.2 流动负债的分类

流动负债按照不同的标准，可以分为不同的类别，以满足不同的需要。

1）按照偿付手段分类

流动负债按照偿付手段分类，可以分为货币性流动负债和非货币性流动负债。

（1）货币性流动负债。货币性流动负债是指需要以货币资金来偿还的流动负债，主要包括短期借款、应付票据、应付账款、应付职工薪酬、应付股利、应交税费和其他应付款。

（2）非货币性流动负债。非货币性流动负债是指不需要用货币资金来偿还的流动负债，主要包括预收账款。预收账款一般需要以商品或劳务来偿还。

2）按照偿付金额是否确定分类

流动负债按照偿付金额是否确定分类，可以分为金额可以确定的流动负债和金额需要估计的流动负债。

（1）金额可以确定的流动负债。金额可以确定的流动负债是指有确切的债权人和偿付日期并有确切的偿付金额的流动负债，主要包括短期借款、应付票据、已经取得结算凭证的应付账款、预收账款、应付职工薪酬、应付股利、应交税费和其他应付款等。

（2）金额需要估计的流动负债。金额需要估计的流动负债是指没有确切的债权人和偿付日期，或虽有确切的债权人和偿付日期但其偿付金额需要估计的流动负债，主要包括没有取得结算凭证的应付账款等。结算凭证尚未到达但已经入库的存货，其应付账款应于月末估计确定。

3）按照形成方式分类

流动负债按照形成方式分类，可以分为融资活动形成的流动负债和营业活动形成的流动负债。

（1）融资活动形成的流动负债。融资活动形成的流动负债是指企业从银行和其他金融机构筹集资金形成的流动负债，主要包括短期借款和预提的借款利息。

（2）营业活动形成的流动负债。营业活动形成的流动负债是指企业在正常的生产经营活动中形成的流动负债，可以分为外部业务结算形成的流动负债和内部往来形成的流动负债。外部结算业务形成的流动负债主要包括应付票据、应付账款、预收账款、应交税费、其他应付款中应付外单位的款项等；内部往来形成的流动负债主要包括应付职工薪酬和其他应付款中应付企业内部单位或职工的款项。

10.1.3 流动负债的计价

负债是企业应在未来偿付的债务，从理论上讲，应按未来应付金额的现值计价。流动负债也是负债，从理论上讲也不应例外。但是，流动负债的偿付时间一般不超过1年，未来应付的金额与折现值相差不多，按照重要性原则，其差额往往忽略不计，因而，流动负债一般按照业务发生时的金额计价。

不同业务形成的流动负债，发生时的金额既可能是未来应付的金额，也可能是未来应付金额的现值。如果形成流动负债的业务发生时，双方协定不计算利息，则发生时的金额即为未来应付的金额。

10.2 短期借款

短期借款是指企业从银行或其他金融机构借入的偿还期在1年以内（特殊情况下在超过1年的一个营业周期以内）的款项。

10.2.1 短期借款的取得

企业从银行或其他金融机构借入款项时，应签订借款合同，注明借款金额、借款利率和还款时间等。取得短期借款时，应借记“银行存款”科目，贷记“短期借款”科目。“短期借款”科目应按债权人以及借款种类、还款时间设置明细账。

【例10-1】某企业4月1日从银行取得偿还期为6个月的借款80 000元，年利率为6%，每季度结息一次。

借：银行存款	80 000	
贷：短期借款		80 000

10.2.2　短期借款的利息费用

企业取得短期借款而发生的利息费用，一般应作为财务费用处理，计入当期损益。银行或其他金融机构一般按季度在季末月份结算借款利息，每季度的前两个月不支付利息。

按照权责发生制原则，当月应负担的利息费用，即使在当月没有支付，也应作为当月的利息费用处理，应在月末估计当月的利息费用数额，进行计提，借记“财务费用”科目，贷记“应付利息”科目。在实际支付利息的月份，可以根据已经计提的数额，借记“应付利息”科目，贷记“银行存款”科目。

【例10-2】以【例10-1】的资料为例。该企业有关利息费用的核算，编制会计分录如下：

（1）4、5月份各月预提利息费用400元，共预提800元。

借：财务费用	400	
贷：应付利息		400

（2）6月份实际支付借款利息1 200元。

借：应付利息	800	
财务费用	400	
贷：银行存款		1 200

10.2.3　短期借款的偿还

企业在短期借款到期偿还借款本金时，应借记“短期借款”科目，贷记“银行存款”科目。

【例10-3】以【例10-1】的资料为例。该企业偿还短期借款80 000元，编制会计分录如下：

借：短期借款	80 000	
贷：银行存款		80 000

10.3　应付票据与应付账款

应付票据和应付账款均属于企业在购货过程中形成的流动负债。

10.3.1　应付票据

应付票据是指企业采用商业汇票结算方式延期付款购入货物应付的票据款。在我国，商业汇票的付款期限最长为6个月，因而应付票据即短期应付票据。

1）商业汇票的签付

商业汇票结算方式是一种延期付款的结算方式。企业采用商业汇票结算方式购入货物，应向供货单位签付已承兑的商业汇票。企业也可以签付商业汇票，用以抵偿应付账款。商业汇票按承兑人分类，可以分为商业承兑汇票和银行承兑汇票两种；按是否带息分类，可以分为不带息商业汇票和带息商业汇票两种，但在我国一般均为不带息商业汇票。

企业签付不带息的商业汇票，不论是商业承兑汇票还是银行承兑汇票，其到期价值即为票面价值。按照重要性原则，应付票据应按业务发生时的金额即票面价值（亦即到期价值）入账。企业取得结算凭证并签付商业汇票后，应按票面价值借记“原材料”“应交税费”等科目，贷记“应付票据”科目。企业向银行申请承兑支付的手续费，应计入财务费用。

2）商业汇票的到期

企业签付的商业汇票到期时，应无条件支付票据款。由于企业筹集付款资金的方法和能力有所不同，到期时可能会出现有能力支付票据款和无力支付票据款两种情况。

（1）有能力支付票据款。

在商业汇票到期时，如果企业有能力支付票据款，则企业的开户银行在收到商业汇票付款通知时，无条件支付票据款。企业在收到开户银行的付款通知时，核销应付票据。

支付不带息的票据款时，应借记“应付票据”科目，贷记“银行存款”科目。

支付带息的票据款时，应按商业汇票账面价值，借记“应付票据”科目；按已计提的利息，借记“应付利息”科目；按尚未计提的应计利息，借记“财务费用”科目；按实际支付的票据款，贷记“银行存款”科目。

（2）无力支付票据款。

在商业汇票到期时，如果企业无力支付票据款，则应根据不同承兑人承兑的商业汇票作不同的处理。

采用商业承兑汇票进行结算，承兑人即为付款人。如果付款人无力支付票据款，银行将把商业承兑汇票退还给收款人，由收、付款双方协商解决。由于商业汇票已经失效，付款人应将应付票据款转为应付账款，应付的利息也应计入应付账款。如果是不带息的商业汇票，企业应按票面价值借记“应付票据”科目，贷记“应付账款”科目。如果是带息的商业汇票，企业应借记“应付票据”“应付利息”“财务费用”科目，贷记“应付账款”科目。

采用银行承兑汇票进行结算，承兑人为承兑银行。如果付款人无力支付票据款，承兑银行将代为支付票据款，并将其转为对付款人的逾期贷款。由于商业汇票已经失效，付款人应将应付票据款转为短期借款，应付的利息也应计入短期借款。如果是不带息的商业汇票，企业应按票面价值借记“应付票据”科目，贷记“短期借款”科目；如果是带息的商业汇票，企业应借记“应付票据”“应付利息”“财务费用”科目，贷记“短期借款”科目。企业支付的罚息，应计入财务费用。

【例10-4】某企业2018年6月1日购入原材料一批，买价为10 000元，增值税为1 600元，共计11 600元，原材料已验收入库，采用商业汇票结算方式进行结算，该企业签付一张商业承兑汇票，付款期限3个月。9月1日用银行存款支付票据款11 600元。

①6月1日签付商业承兑汇票11 600元。

借：原材料	10 000	
应交税费——应交增值税（进项税额）	1 600	
贷：应付票据		11 600

②9月1日支付票据款11 600元。

借：应付票据	11 600	
贷：银行存款		11 600

10.3.2　应付账款

应付账款是指企业在正常的生产经营过程中因购进货物或接受劳务应在1年以内偿付的债务，属于流动负债。

1）应付账款的入账时间

从理论上讲，应付账款的入账时间应为结算凭证取得的时间。因为在赊购的情况下，企业取得结算凭证的同时可以取得货物，也意味着取得了该项货物的产权，应在确认资产的同时确认负债。在实际工作中，由于应付账款的偿付期限较短，往往在月内能够付款，为了简化核算工作，一般在取得结算凭证时不作账务处理，而在实际支付货款时作为资产入账。但是，结算凭证已到而月末仍未支付货款的，则应确认资产和负债。

如果购进的货物已验收入库，而结算凭证在月末仍未到达，企业应对其进行估价，同时确认资产和负债。但为了规范实际支付货款时的核算方法，应在下月1日编制相反会计凭证予以冲销。

2）应付账款的入账价值

一般来说，应付账款不再单独计算利息，业务发生时的金额即为未来应付的金额，延期付款期间的利息已经隐含在业务发生时的金额之内，按照重要性原则，应付账款一般按照业务发生时的金额即未来应付的金额入账。企业确认应付账款时，应借记有关科目，贷记“应付账款”科目；偿付应付账款时，应借记“应付账款”科目，贷记“银行存款”等科目。

如果应付账款中含有现金折扣，其入账价值的确定方法有总价法和净价法两种。

（1）总价法。

总价法的特点是购进的货物和应付账款均按结算凭证中的价格入账，借记“原材料”“应交税费”等科目，贷记“应付账款”科目。企业在折扣期内支付了货款，取得了现金折扣，则将其视为提前付款取得的利息收入，冲减财务费用，按应付账款的总价借记“应付账款”科目，按实际支付的价款贷记“银行存款”科目，按取得的现金折扣贷记“财务费用”科目；如果未取得现金折扣，按总价支付货款时，应借记“应付账款”科目，贷记“银行存款”科目。

【例10-5】某企业2018年6月3日赊购原材料一批，发票中注明的买价为10 000元，增值税为1 600元，共计11 600元，原材料已验收入库，付款条件为“2/10，1/20，n/30”。该企业采用总价法进行核算。6月13日实际支付价款11 368元（11 600×（1-2%）），取得现金折扣232元。

①6月3日购入原材料，按总价入账。

借：原材料	10 000	
应交税费——应交增值税（进项税额）	1 600	
贷：应付账款		11 600

②6月13日支付价款11 368元。

借：应付账款	11 600	
贷：银行存款		11 368
财务费用		232

（2）净价法。

净价法的特点是购进的货物和应付账款均按结算凭证中的价格扣除了最大现金折扣后的金额入账。在我国，现金折扣在销货方不能抵减增值税销项税额，因而在购货方也不应抵减增值税进项税额，而应抵减购货成本。企业购进货物以后，应按购进货物发票上的买价扣除最大现金折扣后的金额借记“原材料”等科目，按发票中注明的增值税进项税额借记“应交税费”科目，按发票的全部价款扣除最大现金折扣后的金额贷记“应付账款”科目。企业支付货款时，如果取得了最大的现金折扣，应按实际支付的价款借记“应付账款”科目，贷记“银行存款”科目；如果未能取得最大的现金折扣，比应付账款账面价值多付的金额，一般视为迟付货款多付的利息，计入财务费用，应按应付账款账面价值借记“应付账款”科目，按多付的价款借记“财务费用”科目，按实际支付的价款贷记“银行存款”科目。

需要指出的是，采用净价法时，为了正确反映应付账款的数额，对于期末已经丧失的现金折扣应予以调整，丧失的现金折扣一般也视为迟付货款多付的利息，计入财务费用。调整丧失的现金折扣时，应借记“财务费用”科目，贷记“应付账款”科目。

【例10-6】以【例10-5】的资料为例。该企业采用净价法进行核算，编制会计分录如下：

①6月3日购入原材料，按净价入库。

最大现金折扣=11 600×2%=232（元）

应付账款净价=11 600-234=11 368（元）

原材料入账净值=10 000-232=9 768（元）

借：原材料	9 768	
应交税费——应交增值税（进项税额）	1 600	
贷：应付账款		11 368

② 6月13日支付价款11 368元。

借：应付账款	11 368	
贷：银行存款		11 368

如果该企业6月13日未支付货款，而在6月23日支付货款，则只能取得1%现金折扣116元，实际支付价款11 484元（11 600-116）。

借：应付账款	11 368	
财务费用	116	
贷：银行存款		11 484

如果该企业6月30日仍未支付货款，则现金折扣232元全部丧失，应予调整。

借：财务费用	232	
贷：应付账款		232

上述总价法和净价法都是应付账款核算较为常用的方法，各有利弊。

从经营管理者的角度以及购进货物计价的客观性来说，净价法具有较大的优越性。在规范的市场经济条件下，现金折扣是促使购买者尽快付款的有效手段。因为在较短的时间内取得较大的现金折扣，对购买者具有较大的吸引力。

如果企业因筹资不力而丧失了现金折扣，采用总价法在会计报表中不予揭示，而采用净价法则将丧失的现金折扣在财务费用明细表中以购货折扣损失项目予以揭示，可以引起管理者的重视。此外，基于上述原因，企业一般都可以取得现金折扣，采用净价法可以正确反映购进货物的价值，而总价法则会多计购进货物的价值。

但是从价值控制的角度来说，采用总价法购进货物的入账价值与发票所列价格相同，便于进行控制；而采用净价法购进货物的入账价值与发票上所列的价格不符，不便于进行控制。

说明：我国现行会计制度规定，要求按总价法进行核算。

10.4 应付职工薪酬

10.4.1 应付职工薪酬的性质

职工薪酬，是指职工在职期间和离职后提供给职工的全部货币性薪酬和非货币性薪酬，既包括提供给职工本人的薪酬，也包括提供给职工配偶、子女或其他被赡养人的福利等。职工薪酬包括：

（1）职工工资、奖金、津贴和补贴；

（2）职工福利费；

（3）医疗保险费、养老保险费、失业保险费、工伤保险费和生育保险费等社会保险费；

（4）住房公积金；

（5）工会经费和职工教育经费；

（6）非货币性福利；

（7）因解除与职工的劳动关系给予的补偿；

（8）其他与获得职工提供的服务相关的支出。

为了反映职工薪酬的发放和提取情况，企业应设置“应付职工薪酬”科目进行核算，该科目应按照职工薪酬的类别设置明细科目。

10.4.2 应付工资

1）工资总额

工资总额是指企业在一定时期内实际支付给职工的劳动报酬总数。企业的工资总额一般由计时工资、计件工资、奖金、津贴和补贴、加班加点工资和特殊情况下支付的工资六个部分组成。

（1）计时工资。计时工资是按照职工的计时工资标准和工作时间支付给职工的劳动报酬。实行结构工资制企业的计时工资包括基础工资和职务（或岗位）工资。

（2）计件工资。计件工资是按照计件工资标准和职工完成工作的数量支付给职工的劳动报酬。计件工资分为个人计件工资和集体计件工资。

（3）奖金。奖金是按照职工的超额劳动工作量和增收节支业绩支付给职工的劳动报酬，如综合奖、节约奖等。

（4）津贴和补贴。津贴是为了补偿职工特殊或额外的劳动消耗和其他特殊原因支付给职工的劳动报酬，如保健津贴等；补贴是为了保证职工的工资水平不受物价变动的影响支付给职工的劳动报酬，如物价补贴等。

（5）加班加点工资。加班加点工资是按照规定的标准和职工加班加点的时间支付给职工的劳动报酬，如节日加班工资等。

（6）特殊情况下支付的工资。特殊情况下支付的工资是按照国家法律、法规和政策的规定支付给职工的非工作时间的劳动报酬，如病假、产假、探亲假工资等。

2）工资结算

工资的核算分为工资结算的核算和工资分配的核算。

工资结算包括工资的计算和工资的发放。一般来说，企业发放工资的时间在月度的上、中旬，由于无法统计职工当月的出勤时间或产量，往往按照上月的出勤和产量记录计算发放当月的工资。企业有时还为某些部门代扣一些款项，如代扣社会保险费等，应付职工的工资总额减去代扣款，即为应付给职工的工资。为了反映企业工资总额的构成，便于进行工资结算的核算，企业应编制工资结算汇总表。工资结算汇总表应按照职工类别和工资总额构成项目分别反映。

【例10-7】黄河公司11月份的工资结算汇总表见表10-1。

表10-1 **工资结算汇总表**

项目	应付工资							代扣款项	代扣个人所得税	应发工资
	计时工资	计件工资	奖金	津贴补贴	加班加点工资	其他工资	合计			
生产工人	50 000		8 000	4 000			80 000	5 000	3 000	72 000
车间管理人员	3 000		1 000	500			4 500	500	100	3 900
企业管理人员	11 000	10 000	2 500	1 200	6 000	2 000	14 700	1 600	530	12 570
销售人员	2 000		1 000	300			3 300	200	70	3 030
在建工程人员	4 000		1 500	1 000			6 500	200	200	6 100
合计	70 000	10 000	14 000	7 000	6 000	2 000	109 000	7 500	3 900	97 600

为了反映企业与职工的工资结算情况，应在“应付职工薪酬”科目下设置“工资”明细科目。

企业在发放工资之前，应按照应发工资合计数提取现金，借记“库存现金”科目，贷记“银行存款”科目；实际发放工资时，按照实发工资数额，借记“应付职工薪酬——工资”科目，贷记“库存现金”科目；如果企业将应发给职工的工资通过银行转账方式直接转入职工的银行存款账户，则不必提取现金，应按照实发工资数额，借记“应付工资薪酬——工资”科目，贷记“银行存款”科目。

结转代扣款时，借记“应付职工薪酬——工资”科目，贷记“其他应付款”等科目。

结转代扣个人所得税时，借记“应付职工薪酬——工资”科目，贷记“应交税费”科目。

【例10-8】黄河公司11月份根据有关的工资结算业务，编制会计分录如下：

（1）通过银行转账方式，实际发放工资97 600元。

借：应付职工薪酬——工资　　97 600

　　贷：银行存款　　97 600

(2) 结转代扣款。

借：应付职工薪酬——工资　　7 500

　贷：其他应付款　　7 500

(3) 结转代扣个人所得税3 900元。

借：应付职工薪酬——工资　　3 900

　贷：应交税费　　3 900

3) 工资分配

工资分配是指将企业发放的工资于月末按照用途进行分配。

按照权责发生制原则，企业当月分配的工资额，应为按照职工当月的出勤或产量记录计算的工资额，但是采用这种方法，月末计算职工工资的工作量很大，影响财务报表的及时报送。在企业各月工资总额相差不多的情况下，为了简化核算工作，也可以按照当月实际支付的工资额进行分配，也就是说，当月分配的工资额，为按照职工上月出勤或产量记录计算的工资额，采用这种方法，“应付职工薪酬——工资”科目月末没有余额。

企业进行工资分配时，应按照工资的用途分别记入有关科目。一般来说，应根据生产车间职工工资计入产品成本，其中生产工人的工资借记“生产成本”科目；车间管理人员的工资借记“制造费用”科目；应根据销售人员的工资借记“销售费用”科目；应根据在建工程人员工资借记“在建工程”科目；应根据自行开发无形资产人员工资借记“研发支出”科目；应根据其他人员的工资借记“管理费用”科目；应根据职工工资额贷记“应付职工薪酬——工资”科目。

为了便于进行工资分配的核算，企业应编制工资分配汇总表。

【例10-9】黄河公司11月份的工资分配汇总表见表10-2（工资额按上月出勤和产量记录计算）。

表10-2　**工资分配汇总表**

应借科目	生产工人	车间管理人员	企业管理人员	销售人员	在建工程人员	合计
生产成本	80 000					80 000
制造费用		4 500				4 500
管理费用			14 700			14 700
销售费用				3 300		3 300
在建工程					6 500	6 500
合计	80 000	4 500	14 700	3 300	6 500	109 000

根据工资分配汇总表，编制会计分录如下：

借：生产成本　　80 000

　　制造费用　　4 500

　　管理费用　　14 700

　　销售费用　　3 300

　　在建工程　　6 500

贷：应付职工薪酬——工资　　109 000

10.4.3 应付福利费

在我国，企业职工从事生产经营活动除了领取劳动报酬以外，还享受一定的福利补助，如医疗费等。为了反映职工福利的支付与分配情况，应在“应付职工薪酬”科目下设置“职工福利”明细科目。

1）应付福利费的支出

企业发生福利费支出时，应借记“应付职工薪酬——职工福利”科目，贷记有关科目。

【例10-10】黄河公司11月份用现金支付职工洗理费500元，编制会计分录如下：

借：应付职工薪酬——职工福利　　500

　贷：库存现金　　500

2）应付福利费的分配

月末，企业应按照用途对发生的职工福利费进行分配。在各月实际发生的职工福利费相差不多的情况下，可以根据实际发生的金额进行分配；如果各月发生的职工福利费相差较大，则应根据估计的金额进行分配。

企业分配职工福利费时，应借记“生产成本”“制造费用”“管理费用”“销售费用”“在建工程”“研发支出”等科目，贷记“应付职工薪酬——职工福利”科目。

10.4.4 应付社会保险费和住房公积金

1）社会保险费和住房公积金的计提

社会保险费是按国家规定由企业和职工共同负担的费用，包括医疗保险费、养老保险费、失业保险费、工伤保险费和生育保险费等。住房公积金是按照国家规定由企业和职工共同负担用于解决职工住房问题的费用。为了反映社会保险费和住房公积金的提取和缴纳情况，应在“应付职工薪酬”科目下设置“社会保险费”和“住房公积金”明细科目。

应由职工个人负担的社会保险费和住房公积金，属于职工工资的组成部分，应根据职工工资的一定比例计算，并在职工工资中扣除，借记“应付职工薪酬——工资”科目，贷记“其他应付款”科目。

应由企业负担的社会保险费和住房公积金，应在职工为其提供服务的会计期间，根据职工工资的一定比例计算，并按照规定的用途进行分配，借记“生产成本”、“制造费用”、“管理费用”、“销售费用”、“在建工程”和“研发支出”等科目，贷记“应付职工薪酬——社会保险费（或住房公积金）”科目。

2）社会保险费和住房公积金的缴纳

企业缴纳社会保险费和住房公积金时，应根据职工负担部分，借记“其他应付款”科目；根据企业负担部分，借记“应付职工薪酬——社会保险费”和“应付职工薪酬——住房公积金”科目；根据缴纳的全部社会保险费和住房公积金，贷记“银行存款”科目。

10.4.5 应付工会经费和职工教育经费

1）工会经费和职工教育经费的计提

工会经费是按照国家规定由企业负担的用于工会活动方面的经费。职工教育经费是按国家规定由企业负担的用于职工教育方面的经费。为了反映工会经费和职工教育经费的提取和使用情况，应在“应付职工薪酬”科目下设置“工会经费”和“职工教育经费”明细科目。

企业计提工会经费和职工教育经费时，应根据职工工资的一定比例计算，并按职工工资的用途进行分配，借记“生产成本”、“制造费用”、“管理费用”、“销售费用”、“在建工程”和“研发支出”等科目，贷记“应付职工薪酬——工会经费（或职工教育经费）”科目。

2）工会经费和职工教育经费的使用

企业的工会作为一个组织，一般可以在银行独立开户，实行独立核算。企业划拨工会经费时，应借记“应付职工薪酬——工会经费”科目，贷记“银行存款”科目。如果企业的工会经费由企业代管，则在发生工会经费支出时，借记“应付职工薪酬——工会经费”科目，贷记有关科目。

企业计提的职工教育经费，一般由企业代管，发生各项支出时，借记“应付职工薪酬——职工教育经费”科目，贷记有关科目。

10.4.6 应付非货币性福利

1）非货币性福利的支付

非货币性福利是指企业以非货币性资产支付给职工的薪酬，主要包括企业以自己的产品或其他有形资产发放给职工作为福利，向职工无偿提供自己拥有的资产供其使用，以及为职工无偿提供类似医疗保健服务等。为了反映非货币性福利的支付与分配情况，应在“应付职工薪酬”科目下设置“非货币性福利”明细科目进行核算。

企业以其生产的产品或外购商品作为非货币性福利提供给职工的，应当作为正常产品（商品）销售处理，按照该产品（商品）的公允价值确定非货币性福利金额，借记“应付职工薪酬——非货币性福利”科目，贷记“主营业务收入”“应交税费——应交增值税（销项税额）”科目。

企业无偿向职工提供住房等资产使用的，应当根据该住房每期应计提的折旧确定非货币性福利金额，借记“应付职工薪酬——非货币性福利”科目，贷记“累计折旧”等科目。租赁住房等资产供职工无偿使用的，应当根据将每期应付的租金确定非货币性福利金额，借记“应付职工薪酬——非货币性福利”科目，贷记“银行存款”等科目。

2）非货币性福利的分配

企业应按照用途对实际发生的非货币性福利进行分配。企业分配非货币性福利时，应借记“生产成本”、“制造费用”、“管理费用”、“销售费用”、“在建工程”和“研发支出”等科目，贷记“应付职工薪酬——非货币性福利”科目。

10.4.7 因解除与职工的劳动关系给予的补偿

1）解除劳动关系补偿的提取

因解除与职工的劳动关系给予的补偿是指企业为职工发放的辞退福利。辞退福利一般包括两方面的内容：一是在职工劳动合同尚未到期前，不论职工本人是否愿意，企业决定解除与职工的劳动关系而给予的补偿；二是在职工劳动合同尚未到期前，为鼓励职工自愿接受裁减而给予的补偿，职工有权利选择继续在职或接受补偿离职。辞退福利通常采取解除劳动关系时一次性支付补偿的方式，也有通过提高退休后养老金或其他离职后福利标准的方式，或者将职工薪酬的工资部分支付到辞退后未来某一期末的方式。

企业在职工劳动合同到期之前解除与职工的劳动关系，或者为鼓励职工自愿接受裁减而提出给予补偿的建议，同时满足下列条件的，应当确认因解除与职工的劳动关系给予补偿而产生的预计负债，同时计入当期损益：

（1）企业已经制订正式的解除劳动关系计划或提出自愿裁减建议，并即将实施。该计划或建议应当包括拟解除劳动关系或裁减的职工所在部门、职位及数量；根据有关规定按工作类别或职位确定的解除劳动关系或裁减补偿金额；拟解除劳动关系或裁减的时间。

（2）企业不能单方面撤回解除劳动关系计划或裁减建议。

为了反映解除劳动关系补偿的提取和支付情况，应在“应付职工薪酬”科目下设置“辞退福利”明细科目。

对于职工没有选择权的辞退计划，应当根据计划条款规定拟解除劳动关系的职工数量、每一职位的辞退补偿等计提应付职工薪酬（预计负债）；对于自愿接受裁减的建议，由于接受裁减的职工数量不确定，企业应当预计将会接受裁减建议的职工数量，根据预计的职工数量和每一职位的辞退补偿等，确认应付职工薪酬（辞退福利）。

正式的辞退计划或建议应当经过董事会或类似权力机构批准。辞退工作一般应当在一年内实施完毕，但因付款程序等原因使部分付款推迟到一年后支付的，视为符合应付职工薪酬负债的确认条件。

由于被辞退职工不再能给企业带来任何经济利益，辞退福利应当计入当期费用而不计入资产成本。企业应当根据已确定的解除劳动关系计划或自愿裁减建议，借记“管理费用”科目，贷记“应付职工薪酬——辞退福利”科目。

职工虽然没有与企业解除劳动合同，但未来不再为企业带来经济利益，企业承诺提供实质上具有辞退福利性质的经济补偿，比照辞退福利处理。

2）解除劳动关系补偿的支付

企业实际支付辞退福利时，应借记“应付职工薪酬——辞退福利”科目，贷记“银行存款”等科目。

10.5 应交税费

应交税费是指企业在生产经营过程中产生的应向国家缴纳的各种税费，主要包括增值税、消费税、城市维护建设税、教育费附加和所得税等。

10.5.1 应交税费概述

企业根据税法的规定应缴纳的各种税费包括：增值税、消费税、城市维护建设税、资源税、企业所得税、土地增值税、房产税、车船税、城镇土地使用税、教育费附加、矿产资源补偿费、印花税、耕地占用税等。

企业代扣代缴的个人所得税等，也通过“应交税费”科目核算。因为缴纳的印花税、耕地占用税等不需要预计应交的税金，所以不通过“应交税费”科目核算。

10.5.2　应交增值税

1）增值税概述

（1）增值税是以商品（含应税劳务、应税行为）在流转过程中实现的以增值额作为计税依据而征收的一种流转税。我国增值税相关法规规定，在我国境内销售货物、提供加工修理或修配劳务（以下简称应税劳务），销售应税服务、无形资产、不动产（以下简称应税行为），以及进口货物的企业单位和个人为增值税的纳税人。其中，应税服务包括交通运输服务、邮政服务、电信服务、金融服务、现代服务、生活服务。

（2）根据经营规模大小及会计核算健全程度，增值税纳税人分为一般纳税人和小规模纳税人。

（3）一般纳税人采用购进扣税法计算当期增值税应纳税额，即先按当期销售额和适用税率计算出销项税额，然后对当期购进项目向对方支付的税款进行抵扣，从而间接算出当期的应纳税额。其计算公式如下：

当期应纳税额=当期销项税额-当期进项税额

（4）可以抵扣增值税进项税额的法定凭证通常包括：

①增值税专用发票上注明的增值税税额；

②海关完税凭证上注明的增值税税额；

③购进农产品，按照农产品收购发票或者销售发票上注明的农产品买价和12%或10%扣除率计算的进项税额；

④接受境外单位或个人提供应税服务，从税务机关或者境内代理人取得的解缴税款凭证上注明的增值税税额。

（5）增值税税率见表10-3。

表10-3　**增值税税率表**

行　业	税　率	
销售或进口货物 提供加工修理或修配劳务	16%	全部 （除10%以外）
有形动产租赁	16%	
交通运输、邮政、基础电信、建筑、不动产租赁服务，销售不动产， 转让土地使用权、农产品、自来水、天然气	10%	
金融服务、增值电信服务、现代服务（租赁服务除外）、生活服务、 销售无形资产（土地使用权除外）	6%	
简易计税方法销售不动产、提供不动产经营租赁服务	5%（征收率）	
小规模纳税人	3%（征收率）	

2）一般纳税人的账务处理

（1）增值税核算应设置的会计科目。

①“应交税费——应交增值税”明细科目：“进项税额”专栏，记录一般纳税人购进

货物、加工修理修配劳务、服务、无形资产或不动产而支付或负担的、准予从当期销项税额中抵扣的增值税税额；“已交税金”专栏，记录一般纳税人当月已缴纳的应交增值税税额；“减免税款”专栏，记录一般纳税人按现行增值税制度的规定准予减免的增值税税额；“转出未交增值税”和“转出多交增值税”专栏，分别记录一般纳税人月度终了转出当月应交未交或多交的增值税税额；“销项税额抵减”专栏，记录一般纳税人按照现行增值税制度的规定因扣减销售额而减少的销项税额；“销项税额”专栏，记录一般纳税人销售货物、加工修理修配劳务、服务、无形资产或不动产应收取的增值税税额；“进项税额转出”专栏，记录一般纳税人购进货物、加工修理修配劳务、服务、无形资产或不动产等发生非正常损失以及其他原因而不应从销项税额中抵扣、按规定转出的进项税额；“出口抵减内销产品应纳税额”专栏，记录实行“免、抵、退”办法的一般纳税人按规定计算的出口货物的进项税额抵减内销产品的应纳税额；“简易计税”专栏，记录一般纳税人采用简易计税方法应缴纳的增值税税额。

②“应交税费——未交增值税”明细科目，核算一般纳税人月度终了从“应交增值税”或“预缴增值税”明细科目转入当月应交未交、多交或预缴的增值税税额，以及当月缴纳以前期间未交的增值税税额。

③“应交税费——预缴增值税”明细科目，核算一般纳税人转让不动产、提供不动产经营租赁服务、提供建筑服务、采用预收款方式销售自行开发的房地产项目等，按现行增值税制度规定应预缴的增值税税额。

④“应交税费——待抵扣进项税额”明细科目，核算一般纳税人已取得增值税扣税凭证并经税务机关认证，按照现行增值税制度的规定准予以后期间从销项税额中抵扣的进项税额。

⑤“应交税费——待认证进项税额”明细科目，核算一般纳税人由于未取得增值税扣税凭证或未经税务机关认证而不得从当期销项税额中抵扣的进项税额。

⑥“应交税费——待转销项税额”明细科目，核算一般纳税人销售货物、加工修理修配劳务、服务、无形资产或不动产，已确认相关收入（或利得）但尚未发生增值税纳税义务而需于以后期间确认为销项税额的增值税税额。

（2）取得资产、接受应税劳务或应税行为。

①一般纳税人购进货物、接受加工修理修配劳务或服务、取得无形资产或固定资产（动产），根据增值税专用发票上注明的增值税税额记入“应交税费——应交增值税（进项税额）”科目。

【例10-11】甲公司为增值税一般纳税人，适用的增值税税率为16%，原材料按实际成本核算，销售商品价格为不含增值税的公允价格。2018年6月发生的交易或事项如下：

5日，购入原材料一批，增值税专用发票上注明的价款为120 000元，增值税税额为19 200元，材料尚未到达，全部款项已用银行存款支付。

借：在途物资	120 000	
应交税费——应交增值税（进项税额）	19 200	
贷：银行存款		139 200

10日，收到5日购入的原材料并验收入库，实际成本总额为120 000元。同日，与运输公司结清运输费用，增值税专用发票上注明的运费金额为5 000元，增值税税额为500元，运输费用和增值税税额已用转账支票付讫。

借：原材料　　125 000
　　应交税费——应交增值税（进项税额）　　500
　贷：银行存款　　5 500
　　　在途物资　　120 000

15日，购入不需安装的生产设备一台，增值税专用发票上注明的价款为180 000元，增值税税额为28 800元，款项尚未支付。

借：固定资产　　180 000
　　应交税费——应交增值税（进项税额）　　28 800
　贷：应付账款　　208 800

20日，购入农产品一批，农产品收购发票上注明的买价为200 000元，规定的扣除率为10%，货物尚未到达，价款已用银行存款支付。

借：在途物资（200 000×90%）　　180 000
　　应交税费——应交增值税（进项税额）（200 000×10%）　　20 000
　贷：银行存款　　200 000

25日，生产车间委托外单位修理机器设备，对方开具的增值税专用发票上注明的修理费为20 000元，增值税税额为3 200元，款项已用银行存款支付。

借：管理费用　　20 000
　　应交税费——应交增值税（进项税额）　　3 200
　贷：银行存款　　23 200

②购进不动产或不动产在建工程按规定进项税额分年抵扣。增值税一般纳税人2016年5月1日后购入固定资产（不动产），以及2016年5月1日后发生的不动产在建工程，其进项税额应按照有关规定自取得之日起分2年从销项税额中抵扣，第一年抵扣比例为60%，第二年抵扣比例为40%。

基本账务处理为：购入时，借记“在建工程”、“固定资产”、“应交税费——应交增值税（进项税额）”（进项税额×60%）、“应交税费——待抵扣进项税额”（进项税额×40%）等科目，贷记“银行存款”等科目。

第二年（第13个月），借记“应交税费——应交增值税（进项税额）”（进项税额×40%）科目，贷记“应交税费——待抵扣进项税额”（进项税额×40%）科目。

【例10-12】沿用【例10-11】，2018年6月10日，该公司购进一幢简易办公楼，并于当月投入使用。6月25日，纳税人取得该大楼的增值税专用发票并认证相符，专用发票上注明的价款为800 000元，增值税进项税额为88 000元，款项已用银行存款支付。不考虑其他相关因素。

借：固定资产　　800 000
　　应交税费——应交增值税（进项税额）（88 000×60%）　　52 800
　　　　　　——待抵扣进项税额（88 000×40%）　　35 200

贷：银行存款　　888 000

③ 货物等已验收入库但尚未取得增值税扣税凭证的账务处理。购进的货物等已到达并验收入库，但尚未收到增值税扣税凭证的，应按货物清单或相关合同协议上的价格暂估入账。

【例10-13】沿用【例10-11】，2018年6月25日，该公司购进原材料一批已验收入库，但尚未收到增值税扣税凭证，款项也未支付。随货同行的材料清单列明的原材料销售价格为260 000元，估计未来可抵扣的增值税税额为41 600元。

验收入库时：

借：原材料　　260 000

应交税费——待认证进项税额　　41 600

贷：应付账款　　301 600

下月初，取得的相关增值税专用发票上注明的价款为260 000元，增值税税额为41 600元，增值税专用发票已认证。全部款项以银行存款支付。

借：应付账款　　301 600

应交税费——应交增值税（进项税额）　　41 600

贷：应交税费——待认证进项税额　　41 600

银行存款　　301 600

④ 进项税额转出的账务处理。企业购进的货物由于管理不善等原因造成的非正常损失，以及将购进货物、加工修理修配劳务或服务、无形资产或不动产改变用途（如用于简易计税项目、免税项目、集体福利或个人消费等），其进项税额不能再抵扣，应转入"应交税费——应交增值税（进项税额转出）"科目。

【例10-14】沿用【例10-11】，2018年6月份，该公司发生进项税额转出事项如下：

（1）10日，库存材料因管理不善发生意外火灾损失，有关增值税专用发票注明的材料成本为20 000元，增值税税额为3 200元。

借：待处理财产损溢　　23 200

贷：原材料　　20 000

应交税费——应交增值税（进项税额转出）　　3 200

（2）18日，领用一批外购原材料用于集体福利消费，该批原材料的成本为60 000元，购入时支付的增值税进项税额为9 600元。

借：应付职工薪酬　　69 600

贷：原材料　　60 000

应交税费——应交增值税（进项税额转出）　　9 600

（3）销售货物、提供应税劳务、发生应税行为（销项税额）。

①企业销售货物、加工修理修配劳务、服务、无形资产或不动产时，按照不含税收入和增值税税率计算确认应交增值税销项税额。

发生销售退回的，应根据税务机关开具的红字增值税专用发票作相反的会计分录。会计上收入或利得确认时点先于增值税纳税义务发生时点的，应将相关销项税额记入"应交税费——待转销项税额"科目，待实际发生纳税义务时再转入"应交税费——应交增值税

（销项税额）或（简易计税）”科目。

【例10-15】沿用【例10-11】，2018年6月份，该公司发生与销售相关的交易如下：

（1）15日，销售产品一批，开具的增值税专用发票上注明的价款为500 000元，增值税税额为80 000元，提货单和增值税专用发票已交给买方，款项尚未收到。

借：应收账款　580 000
　贷：主营业务收入　500 000
　　　应交税费——应交增值税（销项税额）　80 000

（2）28日，为外单位代加工电脑桌500个，每个收取加工费80元，已加工完成。开具的增值税专用发票上注明的价款为40 000元，增值税税额为6 400元，款项已收到并存入银行。

借：银行存款　46 400
　贷：主营业务收入　40 000
　　　应交税费——应交增值税（销项税额）　6 400

② 视同销售。企业将自产或委托加工的货物用于集体福利或个人消费，将自产、委托加工或购买的货物作为投资、分配给股东或投资者、无偿赠送他人等，税法上视为视同销售行为，计算确认增值税销项税额。

【例10-16】沿用【例10-11】，2018年6月份，该公司将自己生产的产品用于自行建造职工俱乐部。该批产品的成本为200 000元，计税价格为300 000元。

企业在建工程领用自产产品的销项税额=计税价格×适用税率=300 000×16%=48 000（元）

借：在建工程　248 000
　贷：库存商品　200 000
　　　应交税费——应交增值税（销项税额）　48 000

6月25日，用一批原材料对外进行长期股权投资。该批原材料实际成本为600 000元，双方协商的不含税价值为750 000元。

借：长期股权投资　870 000
　贷：其他业务收入　750 000
　　　应交税费——应交增值税（销项税额）　120 000
借：其他业务成本　600 000
　贷：原材料　600 000

（4）缴纳增值税。

企业当月缴纳增值税（预缴），通过“应交税费——应交增值税（已交税金）”科目核算。基本账务处理：缴纳当月应交增值税时，借记“应交税费——应交增值税（已交税金）”科目，贷记“银行存款”科目。缴纳以前期间未交增值税时，借记“应交税费——未交增值税”科目，贷记“银行存款”科目。

【例10-17】2018年6月份，甲公司发生销项税额合计为254 400元，进项税额转出合计为13 600元，进项税额为166 100元。该公司当月应交增值税计算结果如下：

应交增值税=254 400+13 600−166 100=101 900（元）

当月，该公司用银行存款缴纳增值税100 000元。

借：应交税费——应交增值税（已交税金）　　100 000

　　贷：银行存款　　100 000

（5）月末转出多交增值税和未交增值税。

月度终了，企业应当将当月应交未交或多交的增值税自“应交增值税”明细科目转入“未交增值税”明细科目。对于当月应交未交的增值税，借记“应交税费——应交增值税（转出未交增值税）”科目，贷记“应交税费——未交增值税”科目。对于当月多交的增值税，借记“应交税费——未交增值税”科目，贷记“应交税费——应交增值税（转出多交增值税）”科目。

【例10-18】沿用【例10-17】，月末，该公司将尚未缴纳的增值税税款1 900元结转。

借：应交税费——应交增值税（转出未交增值税）　　1 900

　　贷：应交税费——未交增值税　　1 900

次月月初，该公司缴纳上月未交增值税1 900元时：

借：应交税费——未交增值税　　1 900

　　贷：银行存款　　1 900

3）小规模纳税人的账务处理

小规模纳税人实行简易办法征收，按照3%的征收率征税。

小规模纳税人从一般纳税人处购买货物不得抵扣进项税额，其销售的货物一般纳税人也不得抵扣进项税额（取得增值税专用发票的除外）。

销售货物（服务）时，借记“银行存款”等科目，贷记“主营业务收入”“应交税费——应交增值税”科目。缴纳增值税时，借记“应交税费——应交增值税”科目，贷记“银行存款”科目。

10.5.3　应交消费税

1）纳税义务人

在我国境内生产、委托加工和进口应征消费税的消费品的单位和个人，为消费税的纳税义务人。

2）销售产品应交消费税

消费税与增值税不同，一般来说，属于价内税，即产品销售收入中包含消费税，也就是说，消费税应由产品销售收入来补偿。消费税实行从价定率或者从量定额的方法计算应纳税额，计算公式如下：

实行从价定率方法计算的应纳税额=销售额×税率

实行从量定额方法计算的应纳税额=销售数量×单位税额

上列公式中的销售额，与计征增值税的销售额口径相同，是指销售应税消费品向购买方收取的不含增值税的全部价款和价外费用。由于企业销售应税消费品的销售收入中含有应交消费税，在核算消费税时，应设置“税金及附加——消费税”科目。该科目属于费用类科目。

企业结转应交消费税时，应根据应纳税额借记“税金及附加——消费税”科目，贷记“应交税费——应交消费税”科目。实际缴纳消费税时，应借记“应交税费——应交消费税”科目，贷记“银行存款”科目。

【例10-19】某企业某月根据发生的有关消费税业务，编制会计分录如下：

（1）销售应税消费品一批，不含增值税的价款为50 000元，增值税销项税额为8 000元，共计58 000元，款项收到，存入银行。

借：银行存款　　580 000

　贷：主营业务收入　　50 000

　　　应交税费——应交增值税（销项税额）　　8 000

（2）该产品的消费税税率为10%，结转应交消费税5 000元。

借：税金及附加　　5 000

　贷：应交税费——应交消费税　　5 000

3）视同销售应交消费税

企业将自产的应税消费品用于本企业的生产经营、在建工程、集体福利、个人消费，或用于对外投资、分配给股东或投资者，或无偿捐赠给他人，均应视同销售。计算缴纳消费税，其销售额应按生产同类消费品的销售价格计算；没有同类消费品销售价格的，应按照组成计税价格计算，其计算公式为：

$$\text{组成计税价格} = \frac{\text{成本} + \text{利润}}{1 - \text{消费税税率}}$$

【例10-20】某企业2018年6月1日根据发生的有关视同销售业务，编制会计分录如下：

（1）管理部门领用自产的应税消费品甲产品1件，实际成本为5 000元，同类产品的销售价格为10 000元，消费税税率为20%。

应交消费税=10 000×20%=2 000（元）

借：管理费用　　7 000

　贷：库存商品　　5 000

　　　应交税费——应交消费税　　2 000

（2）将一批自产的应税消费品乙产品对外捐赠，实际成本为200 000元，没有同类产品的销售价格，该产品的成本利润率为60%，增值税税率为16%，消费税税率为20%。

组成计税价格=（200 000+200 000×60%）÷（1-20%）=400 000（元）

增值税销项税额=400 000×16%=64 000（元）

消费税税额=400 000×20%=80 000（元）

借：营业外支出　　344 000

　贷：库存商品　　200 000

　　　应交税费——应交增值税（销项税额）　　64 000

　　　　　　　——应交消费税　　80 000

4）委托加工应交消费税

企业委托外单位加工应税消费品，按税法规定，应由受托方在向委托方交货时代扣代缴消费税，其销售额应按受托方同类消费品的销售价格计算；没有同类消费品销售价格的，应按组成计税价格计算，其计算公式为：

$$组成计税价格=\frac{材料成本+加工费}{1-消费税税率}$$

企业收回委托加工的应税消费品，如果用于连续生产应税消费品，按税法的规定，缴纳的消费税可以抵扣，应借记“应交税费——应交消费税”科目，贷记“银行存款”等科目；在企业最终销售应税消费品时，再根据其销售额计算应交的全部消费税，借记“税金及附加”科目，贷记“应交税费——应交消费税”科目；应交的全部消费税扣除收回委托加工应税消费品时缴纳的消费税，为应补缴的消费税，缴纳消费税时，借记“应交税费——应交消费税”科目，贷记“银行存款”科目。

企业收回委托加工的应税消费品，如果不再加工，而是直接出售，则缴纳的消费税应计入收回的应税消费品的成本，借记“委托加工物资”等科目，贷记“银行存款”等科目；在应税消费品出售时，不必再计算缴纳消费税。

【例10-21】某企业2018年6月1日根据发生的有关委托加工应税消费品业务，编制会计分录如下：

（1）发出原材料一批，实际成本为100 000元，加工应税消费品。

借：委托加工物资　　100 000

　贷：原材料　　100 000

（2）收回加工完成的应税消费品，作为原材料入库，用银行存款实际支付不含税的加工费20 000元，增值税3 200元；消费税税率20%，支付消费税30 000元（（100 000+20 000）÷（1−20%）×20%），共计53 200元。

如果收回的应税消费品用于继续加工：

借：委托加工物资　　20 000

　　应交税费——应交增值税（进项税额）　　3 200

　　　　　　——应交消费税　　30 000

　贷：银行存款　　53 200

借：原材料　　120 000

　贷：委托加工物资　　120 000

如果收回的应税消费品直接出售：

借：委托加工物资　　50 000

　　应交税费——应交增值税（进项税额）　　3 200

　贷：银行存款　　53 200

借：原材料　　150 000

　贷：委托加工物资　　150 000

5）缴纳消费税

企业实际缴纳消费税时，应借记“应交税费——应交消费税”科目，贷记“银行存款”科目。

10.5.4　应交城市维护建设税

城市维护建设税是一种附加税。按照现行税法的规定，城市维护建设税应根据应交增值税、消费税之和的一定比例计算缴纳。城市维护建设税也是一种价内税，应由形成应交税费的各种收入来补偿。结转应交城市维护建设税时，应借记“税金及附加”“固定资产清理”等科目，贷记“应交税费——应交城市维护建设税”科目；实际缴纳城市维护建设税时，应借记“应交税费——应交城市维护建设税”科目，贷记“银行存款”科目。

【例10-22】某企业根据取得的各项收入形成的应交增值税、消费税及城市维护建设税税率（7%）计算并结转应交城市维护建设税的会计处理如下：

销售产品应交增值税	100 000	应交城市维护建设税	7 000
销售产品应交消费税	50 000	应交城市维护建设税	3 500
合计	150 000	合计	10 500

编制会计分录如下：

借：税金及附加　　10 500

　贷：应交税费——应交城市维护建设税　　10 500

10.5.5　应交教育费附加

教育费附加是一种附加费。应交教育费附加的计算方法与应交城市维护建设税的计算方法相同。结转应交教育费附加时，应借记“税金及附加”“固定资产清理”等科目，贷记“应交税费——应交教育费附加”科目；实际缴纳教育费附加时，应借记“应交税费——应交教育费附加”科目，贷记“银行存款”科目。

【例10-23】沿用【例10-22】的资料，计算并结算应交教育费附加（费率为3%）。

销售产品应交增值税	100 000	应交教育费附加	3 000
销售产品应交消费税	50 000	应交教育费附加	1 500
合计	150 000	合计	4 500

编制会计分录如下：

借：税金及附加　　4 500

　贷：应交税费——应交教育费附加　　4 500

10.6　其他应付及预收款项

10.6.1　其他应付款

其他应付款是指除了短期借款、应付票据、应付账款、应付职工薪酬、应交税费、应付利润以外的各种偿付期在1年以内的款项，如出租、出借包装物收取的押金等。

其他应付款的数额一般能够直接确定。发生其他应付款时，应借记有关科目，贷记“其他应付款”科目；偿付其他应付款时，应借记“其他应付款”科目，贷记“银行存款”等科目。

10.6.2　预收账款

预收账款是指企业在销货之前预先向购买方收取的款项，应在1年以内用产品或劳务来偿付。

企业发生的预收账款业务，一般可以通过“预收账款”科目核算。收到预收账款时，应借记“银行存款”科目，贷记“预收账款”科目；销售货物或提供劳务时，应借记“预收账款”科目，贷记“主营业务收入”“应交税费——应交增值税”等科目；退还多收的货款时，应借记“预收账款”科目，贷记“银行存款”科目；收到购买方补付的货款时，应借记“银行存款”科目，贷记“预收账款”科目。采用这种方式，在销货的全部价款大于预收账款而尚未收到购买方补付的账款时，“预收账款”科目所属的明细科目会有借方余额。月末，“预收账款”科目所属明细科目的借方余额，在资产负债表上，应列入“应收票据及应收账款”项目。

在企业预收账款业务不多的情况下，为了简化核算工作，也可以不设置“预收账款”科目，预收的账款记入“应收账款”科目的贷方。采用这种方式，“应收账款”科目所属的明细科目可能会有贷方余额。月末，“应收账款”科目所属明细科目的贷方余额，在资产负债表上，应列入“预收款项”项目。

【例10-24】2018年某企业根据发生的有关预收账款业务，编制会计分录如下：

（1）8月31日，预收长空公司货款20 000元，存入银行。

借：银行存款	20 000	
贷：预收账款——长空公司		20 000

（2）9月30日，长空公司发货一批，不含税的价款为50 000元，增值税为8 000元，用银行存款代垫运杂费100元，共计58 100元；长空公司尚未补付货款。

借：预收账款——长空公司	58 100	
贷：主营业务收入		50 000
应交税费——应交增值税（销项税额）		8 000
银行存款		100

9月30日，“预收账款——长空公司”明细科目借方余额38 100元，列入资产负债表的“应收票据及应收账款”项目。

（3）10月6日，收到长空公司补付的货款38 100元，存入银行。

借：银行存款	38 100	
贷：预收账款——长空公司		38 100

如果该企业不设置“预收账款“科目，发生上述业务应编制会计分录如下：

①8月31日，预收货款。

借：银行存款	20 000	
贷：应收账款——长空公司		20 000

8月31日“应收账款——长空公司”明细科目贷方余额20 000元，应列入资产负债表“预收款项”项目。

②9月30日发货。

借：应收账款——长空公司	58 100	
贷：主营业务收入		50 000
应交税费——应交增值税（销项税额）		8 000
银行存款		100

9月30日“应收账款——长空公司”明细科目借方余额38 100元，应列入资产负债表“应收票据及应收账款”项目。

③10月6日收到补付货款。

借：银行存款　　　　38 100

　贷：应收账款——长空公司　　　　38 100

章末练习题

一、单项选择题

1.甲公司为增值税一般纳税人。2018年8月1日，甲公司发出一批实际成本为240万元的原材料，委托乙公司加工应税消费品，收回后直接对外出售。2019年5月30日，甲公司收回乙公司加工的应税消费品并验收入库。甲公司根据乙公司开具的增值税专用发票向乙公司支付加工费12万元、增值税1.92万元，另支付消费税28万元。假定不考虑其他因素，甲公司收回该批应税消费品的入账价值为（　）万元。

A.252　　B.254.04　　C.280　　D.282.04

2.一般纳税企业在月度终了，对本月发生尚未抵扣的增值税进项税额的会计处理方法是（　）。

A.保留在“应交增值税”明细科目的借方

B.保留在“应交增值税”明细科目的贷方

C.将其转入“未交增值税”明细科目的贷方

D.将其转入“未交增值税”明细科目的借方

3.预收货款业务不多的企业，可以不设置“预收账款”科目，其所发生的预收货款，可以通过（　）核算。

A.“应收账款”科目借方　　B.“应付账款”科目借方

C.“应收账款”科目贷方　　D.“应付账款”科目贷方

4.某企业为增值税一般纳税人，于2018年9月2日从甲公司购入一批产品并已验收入库。增值税专用发票上注明该批产品的价款为150万元，增值税税额为24万元，合同中规定的现金折扣条件为“2/10，1/20，n/30”，假定计算现金折扣时不考虑增值税。该企业在2018年9月11日付清货款，企业购买产品时该应付账款的入账价值为（　）万元。

A.147　　B.150　　C.172.5　　D.174

5.企业发生赊购商品业务，下列各项中不影响应付账款入账金额的是（　）。

A.商品价款　　B.增值税进项税额　　C.现金折扣　　D.销货方代垫运杂费

6.下列各项中，不应通过“其他应付款”科目核算的是（　）。

A.应付的客户存入保证金

B.应付的因解除劳动合同而给予员工的经济补偿

C.应付的经营租入固定资产租金

D.应付租入包装物租金

7.下列各项中，进项税额不需要作转出处理的是（　）。

A.将外购的原计划用于产品生产的原材料发放给职工

B.购进货物由于管理不善发生非常损失

C.购进货物用于生产线建造

D.将购进的原计划用于产品生产的原材料转用于集体福利

8.假设企业每月月末计提利息，企业每季度末收到银行寄来的短期借款利息付款通知单时，应贷记（　　）科目。

A.“库存现金”　　B.“银行存款”　　C.“财务费用”　　D.“应付利息”

9.下列关于应付票据会计处理的说法中，不正确的是（　　）。

A.企业到期无力支付的商业承兑汇票，应按账面余额转入“短期借款”科目

B.企业支付的银行承兑汇票手续费，计入当期财务费用

C.企业到期无力支付的银行承兑汇票，应按账面余额转入“短期借款”科目

D.企业开出商业汇票，应当按其票面金额作为应付票据的入账金额

10.甲企业为增值税一般纳税人，本月发生进项税额1 700万元，销项税额5 100万元，进项税额转出51万元，同时月末以银行存款缴纳增值税1 000万元，那么本月尚未缴纳的增值税为（　　）万元。

A.4 349　　B.3 451　　C.2 349　　D.2 451

11.下列各项中，应列入资产负债表“其他应付款”项目的是（　　）。

A.应付租入包装物租金

B.应付融资租入固定资产租金

C.结转到期无力支付的应付票据

D.应付由企业负担的职工社会保险费

12.2018年10月，某企业将自产的300台加湿器作为福利发放给职工，每台成本为800元，市场不含税售价为1 500元，该企业适用的增值税税率为16%，假定不考虑其他因素，则该企业应确认的“应付职工薪酬”发生额为（　　）元。

A.522 000　　B.450 000　　C.240 000　　D.312 000

13.某一般纳税企业月初欠交增值税20万元，无尚未抵扣增值税。本月发生进项税额45万元，销项税额85万元，进项税额转出5万元，缴纳本月增值税25万元，则月末结账前，“应交税费——应交增值税”账户余额为（　　）万元。

A.35　　B.20　　C.18　　D.40

14.下列各项税金中，应记入“税金及附加”科目的是（　　）

A.企业所得税　　B.消费税　　C.耕地占用税　　D.增值税

15.企业对确实无法支付的应付账款，应转入（　　）账户

A.“其他业务收入”　　B.“资本公积”

C.“营业外收入”　　D.“投资收益”

二、多项选择题

1.2018年2月1日某企业购入原材料一批，开出一张面值为116 000元，期限为3个月的不带息商业承兑汇票。5月1日该企业无力支付票款时，下列会计处理中不正确的有（　　）。

A.借：应付票据　　116 000

　贷：短期借款　　116 000

B.借：应付票据　　116 000

贷：其他应付款　　116 000

C.借：应付票据　　116 000

贷：应付账款　　116 000

D.借：应付票据　　116 000

贷：预付账款　　116 000

2.企业缴纳的下列税费，不通过“应交税费”科目核算的有（　　）。

A.印花税　B.耕地占用税　C.城镇土地使用税　D.土地增值税

3.下列税金中，应计入存货成本的有（　　）。

A.由受托方代收代缴的委托加工后直接用于对外销售的商品负担的消费税

B.由受托方代收代缴的委托加工后继续用于生产应纳消费税的商品负担的消费税

C.进口原材料缴纳的进口关税

D.小规模纳税人购买原材料缴纳的增值税

4.下列各项中，生产部门人员的职工薪酬可能涉及的科目有（　　）。

A.“生产成本”　B.“制造费用”　C.“管理费用”　D.“劳务成本”

5.A企业与B企业签订购销合同销售一批产品，B企业预付货款120 000元，一个月后，A企业将产品发往B企业，开出的增值税专用发票上注明的价款为200 000元，增值税为32 000元，该批货物的成本为144 000元。当日B企业以银行存款支付剩余货款。根据资料，下列说法中不正确的有（　　）。

A.收到B企业预付货款时应确认为预收账款

B.A企业应在发出商品时确认收入200 000元

C.收到B企业预付货款时应确认收入120 000元

D.A企业在发出商品时确认收入8 000元

6.下列关于应付账款的说法中正确的有（　　）。

A.企业预付账款业务不多时，可以不设置“预付账款”科目，直接通过“应付账款”科目核算企业的预付账款

B.在所购货物已经验收入库，但发票账单尚未到达，待月末暂估入账时应该贷记“应付账款”科目

C.企业在购入资产时形成的应付账款账面价值是已经扣除了商业折扣和现金折扣后的金额

D.确实无法支付的应付账款，直接转入“营业外收入”科目

7.下列各项中，关于消费税的会计处理表述正确的有（　　）。

A.企业销售应税消费品应缴纳的消费税计入税金及附加

B.在建办公楼领用应税消费品应交的消费税计入在建工程成本

C.进口环节应交的消费税记入“应交税费——应交消费税”科目

D.委托加工环节受托方代扣代缴的消费税计入委托加工物资的成本

8.下列各项中，应计入其他应付款的有（　　）。

A.存入保证金

B.应付销货方代垫的运杂费

C.应付租入包装物租金

D.到期无力支付的商业承兑汇票

9.“预收账款”科目贷方登记（　　）。

A.预收货款的数额

B.企业向购货方发货后冲销的预收货款的数额

C.收到购货单位补付货款的数额

D.退回购货方多付货款的数额

10.企业缴纳的下列税金中，按照税法的规定，会直接影响利润的有（　　）。

A.车船税　　B.消费税　　C.城市维护建设税

D.增值税　　E.城镇土地使用税

三、计算题

1.企业于2018年6月1日购入材料一批，该批材料价款为300 000元，允许抵扣的增值税进项税额为48 000元，企业签发由银行承兑的期限为3个月的银行承兑汇票一张，通过银行转账支付银行承兑汇票的手续费1 000元。该批材料已验收入库，按实际成本核算。

要求：根据上述资料编制下列会计分录：

（1）2018年6月1日，购入材料，签发汇票；

（2）支付银行承兑汇票手续费；

（3）2018年9月1日，银行承兑汇票到期支付票款；

（4）2018年9月1日，银行承兑汇票到期企业无力支付票款。

2.2018年8月1日，兴科公司因急需流动资金，从银行取得5个月期限的借款200 000元，年利率为6%，按月计提利息，12月31日到期偿还本息，假定不考虑其他因素。

要求：编制兴科公司与短期借款有关的会计分录。

3.2018年10月30日，东方公司购进原材料一批，取得增值税专用发票，价款200万元，增值税税率16%；以银行存款支付运费10万元，增值税税率10%。材料验收入库，用银行存款支付货款11万元，其余货款开出为期6个月、年利率10%、金额为232万元，并委托银行承兑的银行承兑汇票付讫价税款，承兑手续费按承兑金额的1%计付。票据到期该企业存款不足支付票款。

要求：编制相关会计分录。

4.2018年5月20日，隆昌公司与甲企业签订销售合同，销售A产品10 000件，售价总额为80万元。合同规定，甲企业按售价总额的40%预付货款，隆昌公司发货后甲企业一次付清全部款项。6月2日，隆昌公司按合同要求发出A产品，开出增值税专用发票。发货时出借给甲企业包装物，收取押金100 000元。全部款项已收存银行。

要求：编制相关会计分录。

四、综合题

资料：华夏公司为增值税一般纳税人，原材料按实际成本核算，2018年6月发生下列有关业务：

（1）购入A材料一批，增值税发票上注明的原材料价款为400 000元，增值税为

64 000元，材料已验收入库，价款已用银行存款支付。

（2）购置生产用不需要安装的设备一台，发票上注明价款30 000元，增值税为4 800元，款项已通过银行支付。

（3）仓库被盗后盘点库存发现损失原材料30 000元，应分担增值税4 800元。

（4）销售产品一批，开出增值税专用发票，注明价款4 000 000元、增值税640 000元，款项已存入银行。

（5）投资转入材料一批，不含税价格为90 000元，增值税为14 400元。

（6）计算本月应交增值税并以银行存款上交。

要求：编制上述业务相关的会计分录。

章末练习题答案

第11章/非流动负债

【学习目标】掌握：非流动负债的性质与种类；长期借款、应付债券、可转换债券和长期应付款的会计处理。

11.1 非流动负债概述

11.1.1 非流动负债的性质与种类

非流动负债又称长期负债，是流动负债以外的负债，通常是指偿还期限超过一年的债务。与流动负债相比，非流动负债具有偿还期限较长、金额较大的特点。这就决定了其会计处理也具有不同于流动负债的特点。

由于非流动负债的偿还期限较长且金额较大，未来的现金流出量（未来支付的利息与本金）与其现值之间的差额较大，因而从理论上讲，非流动负债宜按其现值入账，不宜按其未来应偿付金额入账。由于非流动负债的利息额往往较大，因而利息的确认与计量，对于如实反映企业的财务状况与经营成果，便显得十分重要。此外，非流动负债的利息既可能是分期支付，也可能于到期还本时一次支付。因而，非流动负债的应付未付利息本身既可能是流动负债，也可能是非流动负债。

常见的非流动负债主要有长期借款、应付债券、长期应付款等。

11.1.2 与非流动负债有关的借款费用

企业对外借款、承担债务，要发生一定的借款费用。借款费用是指企业因借款而发生的利息、折价或溢价的摊销和辅助费用，以及因外币借款而发生的汇兑差额。

由于非流动负债的期限长，而且一般金额较大，因而利息是一项很重要的因素。利息的计算方法有单利和复利两种。

（1）单利。

单利是指在涉及两个或两个以上的计息期的情况下，各期的利息均只按最初的本金计算，所生利息不加入本金重复以后期间的利息计算。其计算公式如下：

单利利息=本金×利率×计息期数

本利和=本金×（1+利率×计息期数）

【例11-1】某企业向银行借入3年期借款200 000元，年利率8%，按单利计算，到期一次还本付息。

每年的利息=200 000×8%=16 000（元）

3年利息总额=200 000×8%×3=48 000（元）

本利和=200 000×（1+8%×3）=248 000（元）

（2）复利。

复利是一种将前期利息加入后期本金计算利息的方法，俗称利滚利。其计算公式如下：

本利和=本金×（1+利率）^{n}

若用R表示本利和，P表示本金，i表示利率，n表示期数，则有：

$R=P(1+i)^n$

【例11-2】假设【例11-1】中借款利息按复利计算。

本利和=200 000×（1+8%）^{3}

=200 000×1.25971

=251 942（元）

各年应付利息可分别计算如下：

第1年：200 000×8%=16 000（元）

第2年：（200 000+16 000）×8%=17 280（元）

第3年：（216 000+17 280）×8%=18 662（元）

3年累计利息：16 000+17 280+18 662=51 942（元）

借款费用的会计处理，就是确定一定时期的借款费用金额以及应归属何种会计要素的过程。具体来说，就是指借款费用究竟应作为期间费用（财务费用）计入当期损益，还是应计入相关资产的成本。前者称为借款费用的费用化，后者称为借款费用的资本化。

我国《企业会计准则第17号——借款费用》规定，企业发生的借款费用，可直接归属于符合资本化条件的资产的购建或者生产的，应当予以资本化，计入相关资产成本；其他借款费用，应当在发生时根据其发生额确认为费用，计入当期损益。符合资本化条件的资产，是指需要经过相当长时间的购建或者生产活动才能达到预定可使用或者可销售状态的固定资产、投资性房地产和存货等资产。

11.2 长期借款

11.2.1 长期借款的性质与核算内容

长期借款是企业从银行或其他金融机构借入的期限在1年以上（不含1年）的借款。

为了总括反映长期借款的增减变动等情况，企业应设置“长期借款”科目，该科目的贷方登记企业取得长期借款的增加额，借方登记企业长期借款的偿还金额，期末贷方余额，表示企业尚未偿还的长期借款。“长期借款”科目可按照贷款单位和贷款种类设置明细账，分别按“本金”“利息调整”等进行明细核算。

11.2.2 长期借款的账务处理

企业借入长期借款，按实际收到的金额，借记“银行存款”科目，按照合同约定的借款金额，贷记“长期借款——本金”科目；如果长期借款的本金与实际收到的银行存款金额有差额的，应当借记“长期借款——利息调整”科日。在资产负债表日，企业应当按照长期借款的摊余成本和实际利率计算确定长期借款的利息费用，借记“在建工程”“财务费用”等科目，按借款本金和合同利率计算确定的应付未付利息，贷记“应付利息”科目，按照借方合计数与贷方合计数的差额，贷记或借记“长期借款——利息调整”科目。

企业归还长期借款，按照归还的长期借款本金，借记“长期借款——本金”科目，按转销的利息调整金额，贷记“长期借款——利息调整”科目，按实际归还的款项，贷记“银行存款”科目，按照贷方合计数与借方合计数的差额，借记或贷记“在建工程”“财务费用”等科目。

【例11-3】2017年1月1日，甲企业与乙银行签订借款合同，约定借款金额为30 000万元，利率7%，该借款专门用于购建甲企业的一栋厂房，借款期限3年，发生与该借款直接相关的手续费、咨询费等300万元，由乙银行直接扣除，甲企业实际收到款项29 700万元，假定实际年利率为7.4%，按年支付利息，到期一次还本。借入款项已存入开户银行。

由于该项长期借款用于购建甲企业的一栋厂房，因而按期确认的借款利息应当资本化，计入在建工程成本。

（1）2017年1月1日，取得借款时：

借：银行存款	297 000 000	
长期借款——利息调整	3 000 000	
贷：长期借款——本金		300 000 000

（2）2017年12月31日，按该长期借款的摊余成本29 700万元与实际利率7.4%计算的利息费用，记入“在建工程”科目的借方，金额为2 200万元（29 700×7.41%）。按照借款合同约定的借款金额30 000万元与合同利率确定的应付利息，记入“应付利息”科目的贷方，金额为2 100万元（30 000×7%）。

借：在建工程	22 000 000	
贷：应付利息		21 000 000
长期借款——利息调整		1 000 000

支付利息时：

借：应付利息	21 000 000	
贷：银行存款		21 000 000

（3）2018年、2019年计提利息时的计算方法与2017年相同。

（4）2019年到期偿还本金时：

借：长期借款——本金	300 000 000	
贷：银行存款		300 000 000

11.3 应付债券

11.3.1 应付债券的概述

企业除直接向银行等金融机构取得借款补充自有资金的不足之外，还可以依照法定程序，以对外发行债券的形式筹集资金。企业发行债券通常是企业为筹集（长期）资金而发行的债券，企业在未来某一特定日期按债券所记载的利率（票面利率）、期限等约定还本付息。

债券的票面上一般都载明以下内容：（1）企业名称；（2）债券面值；（3）票面利率；（4）还本期限和还本方式；（5）利息的支付形式；（6）债券的发行日期等。

企业发行债券通常须经董事会及股东正式核准。若向社会公众公开发行，则须经有关证券管理机构核准。

11.3.2　应付债券的分类

企业发行的债券，可以按不同的方式进行分类。

1）按偿还本金的方式分类

（1）一次还本债券：全部在一个固定的到期日偿还本金的债券。

（2）分期还本债券：按不同的到期日分期偿还本金的债券。

2）按支付利息的方式分类

（1）到期一次付息债券：在到期日支付全部利息的债券。

（2）分期付息债券：每隔一段时期支付一次利息的债券。

3）按可否转换为发行企业股票分类

（1）可转换债券：可按一定条件转换为发行企业普通股股票的债券。

（2）不可转换债券：不能转换为企业普通股股票的债券。

4）按有无担保分类

（1）抵押债券：发行企业以特定资产作为抵押担保而发行的债券。

（2）信用债券：没有特定资产作为抵押担保，单凭发行企业的信用而发行的债券。

5）按是否记名分类

（1）记名债券：将持有人的姓名登记于发行公司的债券。

（2）不记名债券：不将持有人的姓名登记于发行公司的债券。

6）按债券发行时票面利率与市场利率的关系分类

（1）按面值发行债券：票面利率等于市场利率。

（2）溢价发行债券：票面利率高于同期市场利率（可以理解为溢价是企业以后多付利息而事先得到的补偿）。

（3）折价发行债券：票面利率低于同期市场利率（可以理解为折价是企业以后少付利息而预先给投资者的补偿）。

溢价或折价是发行债券企业在债券存续期内对利息费用的一种调整。

11.3.3　应付债券的账务处理

不管是面值发行、溢价发行还是折价发行，应付债券都应当按照债券的面值记入“应付债券——面值”科目，按照实际收到的款项，借记“银行存款”等科目，按照债券面值与实际收到的款项之间的差额，记入“应付债券——利息调整”科目。

资产负债表日，企业按照应付债券的摊余成本和实际利率计算确定的债券利息费用，借记“在建工程”“制造费用”“财务费用”等科目。按票面利率计算的应付未付利息，区别该利息的支付时点，如为分期付息到期还本方式，则贷记“应付利息”科目，如为到期一次还本付息，则贷记“应付债券——应计利息”科目。按借方与贷方的差额，借记或贷记“应付债券——利息调整”科目。

【例11-4】2017年1月1日，甲公司经批准发行3年期分期付息一次还本的公司债券30 000万元，每年1月5日支付上年利息，票面利率为7%，假定同期市场利率为6%。发行债券取得的资金用于补充公司流动资金的不足（计算结果保留三位小数）。

则甲公司发行该债券实际收到的金额为（不考虑手续费等相关费用）：

30 000×（P/F，6%，3）+30 000×7%×（P/F，6%，1）+30 000×7%×（P/F，6%，2）+30 000×7%×（P/F，6%，3）=30 813.3（万元）

2017年1月1日：

借：银行存款　　30 813.3

　贷：应付债券——本金　　30 000

　　　　　　——利息调整　　813.3

2017年12月31日：

借：财务费用（30 813.3×6%）　　1 848.80

　　应付债券——利息调整　　251.20（挤差）

　贷：应付利息（30 000×7%）　　2 100

2018年1月5日：

借：应付利息　　2 100

　贷：银行存款　　2 100

2018年12月31日：

借：财务费用（（30 813.3-251.20）×6%）　　1 833.73

　　应付债券——利息调整　　266.27（挤差）

　贷：应付利息（30 000×7%）　　2 100

2019年1月5日：

借：应付利息　　2 100

　贷：银行存款　　2 100

2019年12月31日：

借：财务费用　　1 804.17（挤差）

　　应付债券——利息调整（813.3-251.20-266.27）　　295.83

　贷：应付利息（30 000×7%）　　2 100

同时：

借：应付利息　　2 100

　贷：银行存款　　2 100

借：应付债券——本金　　30 000

　贷：银行存款　　30 000

11.4 可转换债券

11.4.1 可转换债券的性质

可转换债券是指可以在一定期间之后，按规定的转换比率或转换价格转换为发行企业股票的债券。

可转换债券具有债权性证券与权益性证券的双重性质，因而可称为混合性证券。对于可转换债券的持有者来说，一方面，他可以定期获取利息收入，到期收回本金，因而可转换债券具有一般债券的性质；另一方面，当债券发行企业的股票价格上涨时，他可以将债券按规定比率转换为债券发行企业的股票，从而享受股票增值的利益。

对于债券发行企业来说，一方面，要定期支付债券的利息，到期偿还债券的本金，因而可转换债券具有一般债券的债务性质；另一方面，由于赋予了债券持有者按规定条件将债券转换为本企业股票的权利，即转换权，这种转换权与认股权相似，因而从这个意义上说，可转换债券又具有所有者权益的性质。

可转换债券的发行价格由两部分构成：一是债券面值及面值利息按市场利率折算的现值；二是转换权的价值。

11.4.2 可转换债券的发行

可转换债券发行时的会计处理方法有两种：一是确认转换权价值；二是不确认转换权价值。我国现行企业会计准则要求采用第一种方法进行可转换债券发行时的会计计量，即确认转换权价值。采用这种方法，可在可转换债券发行时，要求转换权的价值单独确认入账。由于转换权的价值源于债券能转换为普通股，因而应类似比作资本公积处理。采用这种方法的前提条件是，能够比较客观地确认转换权的价值。

11.4.3 债券的转换

当债券持有人按规定将可转换债券转换为普通股股票时，企业一方面要注销这部分债券的账面价值，另一方面要反映所有者权益的增加。问题的关键是企业是否应确认转换损益。对此，有账面价值法与市价法两种会计处理方法。我国现行会计准则要求采用账面价值法。

1）账面价值法

这种方法的特点是：将被转换债券的账面价值作为换发股票的价值，不确认转换损益。其理由是：

（1）发行证券的交易不能产生损益，如有损益也应计入资本公积或冲减留存收益。

（2）发行可转换债券时，就已准备接受债券的转换，现在发生的债券转换，是按照预定条款办理的，由此发生的债券回收与股票发行是一笔不可分离的交易，因而无损益可言。

2）市价法

这种方法的特点是：换发股票按转换日股票的市价或债券的市价入账，股票的入账价值与债券的账面价值之间的差额，确认为转换损益。其理由主要有两个：

债券的转换可视为债券收回与股票发行两笔交易的混合，股票的发行应以市价为入账依据。

债券的转换属于企业的重要经济业务，而且股票与债券的市价比较容易取得，转换损益可以比较客观地确定，因此应当单独确认债券转换损益。

11.4.4 可转换债券的偿付

可转换债券发行后，除了债券持有者按规定主动将债券转换为发行企业的股票之外，还可能发生提前偿付与诱导转换的业务。至于到期偿付，则与一般债券类似，这里不再重复。这里主要介绍提前偿付及诱导转换的相关业务处理。

1）提前偿付

可转换债券的提前偿付，是指由可转换债券的发行企业通知赎回或从证券市场上提前购回。对于这种提前偿付的性质，有两种不同的观点。与此相对应，对这种业务的会计处理也有两种不同的方法。一种观点认为，可转换债券的提前偿付，与不可转换债券的提前偿付一样，属于债券的收回。因此，债券收回价格与债券账面价值之间的差额，应确认为当期损益。另一种观点认为，可转换债券具有股票的某些特征，这种债券在发行之后，其价值会随着债券发行企业的股票价值的波动而发生变动，在这种情况下提前偿付债券，可视为股票的收回。因此，债券收回价格与债券账面价值的差额，应调整资本公积，不应计入当期损益。

2）诱导转换

可转换债券的发行企业按照比原规定更为优惠的条件促使债券持有者提前转换，这种转换称为诱导转换。诱导转换的手段一般有三种：提高转换比例；发给额外的认股权；转换现金或其他资产。

与一般转换一样，诱导转换的会计处理方法有账面价值法与市价法两种。所不同的是，在诱导转换的情况下，若采用账面价值法，则应按多交付的证券及资产的公允市价确认债券转换费用。

11.5 长期应付款

长期应付款是指企业除长期借款和应付债券以外的各种长期应付款项，包括采用补偿贸易方式下引进国外设备价款应付的租赁费、融资租入固定资产的租赁费等。为了核算各种长期应付款，企业可以设置“长期应付款”科目，并按长期应付款的种类设置明细科目。

11.5.1 应付补偿贸易引进设备款

补偿贸易是从国外引进设备，再用该设备所生产的产品归还设备价款。应付补偿贸易引进设备款是企业依据与外商签订的补偿贸易合同而引进国外设备所发生的长期应付款项。它包括从国外引进的设备、随同设备一起进口的工具和零配件等的价款以及国外的运杂费等外币金额按规定折合率折合为人民币的金额，以及相应的利息支出和外币折算差额。企业在引进的设备安装完成投产后，按合同规定的还款方式，用出口产品所得收入归还。

【例11-5】某企业根据以补偿贸易方式从国外引进设备、专用工具及零件配件的有关业务，编制会计分录如下：

设备价款折合人民币900 000元，工具价款折合人民币50 000元，零配件价款折合人民币30 000元。设备已交付安装，工具及零配件已验收入库。

借：在建工程　900 000
　　低值易耗品　50 000
　　原材料　30 000
　贷：长期应付款——应付补偿贸易引进设备款　980 000

用银行存款支付进口关税50 000元，设备安装费30 000元。关税应由设备负担48 500元，工具负担1 000元，零配件负担500元。

借：在建工程　78 500
　　低值易耗品　1 000
　　原材料　500
　贷：银行存款　80 000

引进设备安装完毕交付使用，成本为978 500元（900 000+78 500）。

借：固定资产　978 500
　贷：在建工程　978 500

应付补偿贸易引进设备款的应计利息为54 000元。

借：财务费用　54 000
　贷：长期应付款——应付补偿贸易引进设备款　54 000

按补偿贸易合同的规定，企业出口一批产品，价款200 000元。

借：应收账款　200 000
　贷：主营业务收入　200 000

按合同的规定，第一批出口产品的价款全部用于还款。

借：长期应付款——应付补偿贸易引进设备款　200 000
　贷：应收账款　200 000

11.5.2 应付融资租赁款

应付融资租赁款，是指企业采用融资租赁方式租入固定资产而形成的长期负债。

企业融资租入的固定资产，在租赁期间没有所有权，但由于其风险和报酬已经实质性转移，企业具有实质的控制权，因而视同自有的固定资产进行核算。在租赁期内，企业一般分期等额支付租金，全部租金一般应能补偿出租方垫付的资本并使其获得相应的报酬。

按我国《企业会计准则第21号——租赁》的规定，融资租入的固定资产，按租赁开始日租赁资产的公允价值与最低租赁付款额的现值两者中较低者作为入账价值，按最低租赁付款额确认长期应付款，并将两者的差额作为未确认融资费用。在租赁谈判和签订租赁合同的过程中承租人发生的可直接归属于租赁项目的初始直接费用，如印花税、佣金、律师费、差旅费等，应当计入租入资产价值。

最低租赁付款额，是指在租期内，承租人应支付或可能被要求支付的各种款项（不包括或有租金和履约成本），加上由承租人或与其有关的第三方担保的资产余值。但是，如果承租人有购买租赁资产的选择权，并且所订立的购买价格预计将远低于行使选择权时租赁资产的公允价值，因而在租赁开始日就可以合理确定承租人将会行使这种选择权，则购买价格也应包括在内。资产余值是指租赁开始日估计的租赁期届满时租赁资产的公允价值。

承租人在计算最低租赁付款额现值时，如果能够取得出租人的租赁内含利率，应采用出租人的内含利率作为折现率；否则，应采用租赁合同规定的利率作为折现率。如果无法取得出租人的租赁内含利率且租赁合同没有规定利率的，应采用同期银行贷款利率作为折现率。

从理论上讲，应付融资租赁款作为非流动负债，应按现值入账。在实务中，按照我国现行准则的规定，所设置的"未确认融资费用"科目实质上是"长期应付款——应付融资租赁款"科目的备抵科目。因此，从整体上讲，负债的入账价值与融资租入固定资产的入账价值是一致的。

【例11-6】某企业以融资租赁方式租入一台设备，租赁开始日出租方设备的公允价值为204 000元，租赁合同规定的利率为10%，分5年付款，每年年末支付52 760元，该设备不需要安装。租赁期满后，该设备的所有权归承租方。根据以上资料，编制会计分录如下：

（1）租入设备：

租赁设备的公允价值=204 000元

最低租赁付款额=52 760×5=263 800（元）

最低租赁付款额的现值=52 760×（P/A，10%，5）

=52 760×3.79079

=200 000[①]（元）

由于租赁开始日，最低租赁付款额的现值低于设备的公允价值，故应以最低租赁付款额的现值作为租入设备的入账价值。

借：固定资产——融资租入固定资产　　200 000

　　未确认融资费用　　63 800

　贷：长期应付款——应付融资租赁款　　263 800

本例采用实际利率法分摊未确认融资费用，且以租赁合同规定的利率作为分摊率，详见表11-1。

表11-1　**未确认融资费用分摊表**　单位：元

期次	租金 （1）	确认的融资费用 （2）=期初×10%	应付本金减少额 （3）=（1）-（2）	应付本金期末余额 （4）=期初（4）-（3）
0				200 000
1	52 760	20 000	32 760	167 240
2	52 760	16 724	36 036	131 204
3	52 760	13 120	39 640	91 564
4	52 760	9 156	43 604	47 960
5	52 760	4 800*	47 960	0

注：*含尾数调整。

① 含尾数调整。

第一年：

借：长期应付款——应付融资租赁款　　52 760

　贷：银行存款　　52 760

借：财务费用　　20 000

　贷：未确认融资费用　　20 000

第二年：

借：长期应付款——应付融资租赁款　　52 760

　贷：银行存款　　52 760

借：财务费用　　16 724

　贷：未确认融资费用　　16 724

第三年：

借：长期应付款——应付融资租赁款　　52 760

　贷：银行存款　　52 760

借：财务费用　　13 120

　贷：未确认融资费用　　13 120

第四年：

借：长期应付款——应付融资租赁款　　52 760

　贷：银行存款　　52 760

借：财务费用　　9 156

　贷：未确认融资费用　　9 156

第五年：

借：长期应付款——应付融资租赁款　　52 760

　贷：银行存款　　52 760

借：财务费用　　4 800

　贷：未确认融资费用　　4 800

如果未确认融资费用采用直线法分摊，则：

各年确认的融资费用=（263 800−200 000）÷5=12 760（元）

各年编制会计分录如下：

借：长期应付款——应付融资租赁款　　52 760

　贷：银行存款　　52 760

借：财务费用　　12 760

　贷：未确认融资费用　　12 760

（2）租赁期满，将设备转为自有资产：

借：固定资产——机器设备　　200 000

　贷：固定资产——融资租入固定资产　　200 000

编制资产负债表时，“长期应付款”项目应根据“长期应付款”科目的期末余额，减去“未确认融资费用”科目期末余额后的金额填列。

章末练习题

一、单项选择题

1.借款费用准则中的专门借款是指（　　）。

A.为购建或者生产符合资本化条件的资产而专门借入的款项

B.发行债券收款

C.长期借款

D.技术改造借款

2.如果固定资产的购建活动发生非正常中断，并且中断时间连续超过（　　），应当暂停借款费用的资本化，将其确认为当期费用，直至资产的购建活动重新开始。

A.1年　　B.3个月　　C.半年　　D.2年

3.某企业于2017年10月1日从银行取得一笔专门借款600万元用于固定资产的建造，年利率为8%，2年期。至2018年1月1日该固定资产建造已发生资产支出600万元，该企业于2018年1月1日从银行取得1年期一般借款300万元，年利率为6%。借入款项存入银行，工程于2018年年底达到预定可使用状态。2018年2月1日用银行存款支付工程价款150万元，2018年10月1日用银行存款支付工程价款150万元。工程项目于2018年3月31日至2018年7月31日发生非正常中断。则2018年借款费用的资本化金额为（　　）万元。

A.7.5　　B.32　　C.95　　D.39.5

4.甲公司于2018年1月1日发行4年期公司债券5 000万元，实际收到发行价款5 000万元。该债券票面年利率为6%，半年付息一次，2018年12月31日公司对于该债券应确认的财务费用为（　　）万元。

A.300　　B.150　　C.100　　D.200

5.公司债券的发行方式有三种：即面值发行、溢价发行、折价发行。其中溢价是（　　）。

A.以后各期少付利息而预先给投资者的补偿

B.以后各期多付利息而事先得到的补偿

C.本期的利息收入

D.以后期间的利息收入

6.企业以折价方式发行债券时，每期实际负担的利息费用是（　　）。

A.按票面利率计算的利息减去应摊销的折价

B.按实际利率计算的利息减去应摊销的折价

C.按实际利率计算的利息

D.按实际利率计算的利息加上应摊销的折价

7.甲公司于2017年1月1日发行5年期、一次还本、分期付息的公司债券，每年12月31日支付利息。该债券票面利率为5%，面值总额为300 000万元，发行价格总额为313 347万元；支付发行费用120万元，发行期间冻结资金利息为150万元。该公司利息调整采用实际利率法进行摊销，实际利率为4%。2018年12月31日该应付债券的账面余额为（　）万元。

A.308 026.2　B.308 316.12　C.310 912.08　D.308 348.56

二、多项选择题

1.“应付债券”账户的贷方反映的内容有（　　）。

A.溢价发行时产生的利息调整费用

B.折价发行时利息调整费用的摊销

C.期末计提应付债券利息

D.溢价发行时利息调整费用的摊销

2.企业在计算最低租赁付款额的现值时，能够用来作为折现率的是（　　）。

A.租赁内含利率　B.租赁合同规定的利率

C.同期银行存款利率　D.同期银行贷款利率

3.下列项目中，属于“长期应付款”科目核算的内容的有（　　）。

A.政府作为企业所有者投入的具有特定用途的款项

B.以分期付款方式购入固定资产发生的应付款项

C.应付经营租入固定资产租赁费

D.企业采用补偿贸易方式引进国外设备发生的应付款项

4.借款费用包括（　　）。

A.因借款而发生的利息　B.折价或溢价的摊销

C.因外币借款而发生的汇兑差额　D.发行债券收款

5.借款费用开始资本化必须同时满足的条件包括（　　）。

A.资产支出已经发生

B.借款费用已经发生

C.为使资产达到预定可使用或者可销售状态所必要的购建或者生产活动已经开始

D.工程项目人员工资支出

三、判断题

1.“长期借款”科目的月末余额，反映企业尚未支付的各种长期借款的本金。（　　）

2.企业发行的应付债券的利息，均应通过“应付债券——应计利息”科目核算。（　　）

3.暂停资本化期间，专门借款和一般借款的借款费用均不得作资本化处理。（　　）

4.专门借款的辅助费用在所购建或者生产的符合资本化条件的资产达到预定可使用或者可销售状态之前发生的应予资本化。（　　）

5.如果购建固定资产需要试运行，则在试运行结果表明资产能够正常运转时，认为资产已经达到预定可使用状态，借款费用应当停止资本化。（　　）

四、综合题

甲企业于2018年1月1日发行2年期、到期时一次还本付息、利率为6%、面值总额为2 000 000元的债券，所筹资金用于厂房扩建，其扩建工程延长了厂房的使用寿命。该债券已按面值发行成功，款项已收存银行。甲企业每半年计提一次利息。厂房扩建工程于2018年1月1日开工建设，2018年12月31日达到预定可使用状态。假定2018年6月30日计提利息时，按规定实际利息支出的60%应予资本化。2018年12月31日计提利息时，按规定实际利息支出的90%应予资本化。债券到期时，以银行存款偿还本息。

要求：编制甲企业按面值发行债券、各期计提债券利息和债券还本付息的会计分录（“应付债券”科目需写出明细科目）。

章末练习题答案

第12章/ 所有者权益

【学习目标】掌握：实收资本的核算，资本公积及留存收益的核算。

理解：所有者权益的分类。

12.1 所有者权益概述

12.1.1 所有者权益的性质

所有者权益是指企业所有者对企业净资产的要求权。所谓净资产，在数量上等于企业全部资产减去全部负债后的余额，这可以通过对会计恒等式的变形来表示，即：资产-负债=所有者权益。企业的所有者和债权人均是企业资金的提供者，因而所有者权益和负债（债权人权益）二者均是对企业资产的要求权，但两者之间又存在着明显的区别。主要的区别有：

（1）性质不同。负债是企业对债权人承担的经济责任，债权人有优先获取企业用以清偿债务的资产的要求权；所有者权益则是所有者对剩余资产的要求权，这种要求权在顺序上置于债权人的要求权之后。

（2）权利不同。债权人只有获取企业用以清偿债务的资产的要求权，而没有经营决策的参与权和收益分配权；所有者则可以参与企业的经营决策及收益分配。

（3）偿还期限不同。企业的负债通常都有约定的偿还日期；所有者权益在企业的存续期内一般不存在抽回问题，即不存在约定的偿还日期，是企业的一项可以长期使用的资金，只有在企业清算时才予以偿还。

（4）风险不同。债权人获取的利息一般是按一定利率计算、预先可以确定的固定数额，企业不论盈利与否均应按期付息，债权人的风险较小；所有者获得多少收益，则视企业的盈利水平及经营政策而定，投资者的风险较大。风险不同，所要求的投资报酬率也不同。风险越大，所要求的投资报酬率越高。

（5）计量不同。负债必须在发生时按照规定的方法单独予以计量；所有者权益则不必单独计量，而是对资产和负债计量以后形成的结果。

12.1.2 所有者权益的分类

所有者权益按其构成，分为投入资本、资本公积和留存收益三类。

1）投入资本

投入资本是指所有者在企业注册资本的范围内实际投入的资本。所谓注册资本，是指企业在设立时向工商行政管理部门登记的资本总额，也就是全部出资者设定的出资额之和。企业对资本的筹集，应该按照法律、法规、合同和章程的规定及时进行。如果是一次筹集的，投入资本应等于注册资本；如果是分期筹集的，在所有者最后一次缴入资本以后，投入资本应等于注册资本。注册资本是企业的法定资本，是企业承担民事责任的财力保证。

一般情况下，企业的投入资本应相对固定不变，但在某些特定情况下，投入资本也可能发生增减变化。企业法人登记管理条例中规定，除国家另有规定外，企业的注册资本应当与实有资本相一致。

该条例还规定，企业法人实有资本比原注册资本数额增加或减少超过20%时，应持资金证明或者验资证明，向原登记机关申请变更登记。

在不同类型的企业中，投入资本的表现形式有所不同。在股份有限公司，投入资本表现为实际发行股票的面值，也称为股本；在其他企业，投入资本表现为所有者在注册资本范围内的实际出资额，也称为实收资本。

投入资本按照所有者的性质不同，可以分为国家投入资本、法人投入资本、个人投入资本和外方投入资本。国家投入资本是指有权代表国家投资的政府部门或者机构以国有资产投入企业所形成的资本；法人投入资本是指我国具有法人资格的单位以其依法可以支配的资产投入企业所形成的资本；个人投入资本是指我国公民以其合法财产投入企业所形成的资本；外方投入资本是指外国投资者以及我国香港、澳门和台湾地区的投资者将资产投入企业所形成的资本。

投入资本按照投入资产的形式不同，可以分为货币投资、实物投资和无形资产投资。

2）资本公积

资本公积是指归所有者所共有的、非收益转化而形成的资本，主要包括所有者实际投入的资产大于其在注册资本中所占份额的差额、资产重估增值以及受赠资产价值等。

在不同类型的企业中，所有者投入资产大于其在注册资本中所占份额的差额的表现形式有所不同。

在股份有限公司，表现为超面值缴入股本，即实际出资额大于股票面值的差额；在其他企业，则表现为资本溢价。

资产重估增值是指资产重估的价值大于原账面价值的差额；受赠资产价值是指接受捐赠资产的实际价值。

3）留存收益

留存收益是指归所有者所共有的、由收益转化而形成的所有者权益，可以分为盈余公积和未分配利润两部分。盈余公积主要包括法定盈余公积和任意盈余公积。法定盈余公积是指按照法律的规定根据净利润一定比例提取的盈余公积；任意盈余公积是指按照企业的规定根据净利润一定比例提取的盈余公积。未分配利润是指企业应向所有者分配而未分的，留于以后年度向所有者分配的利润。

12.2 实收资本

实收资本是指投资人作为资本投入到企业中的各种资产的价值，所有者向企业投入的资本，在一般情况下无需偿还，可以长期周转使用。由于企业组织形式不同，因此，所有者投入资本的会计核算方法也有所不同。除股份有限公司对股东投入资金应设置“股本”科目外，其余企业均应设置“实收资本”科目，核算企业实际收到的投资人投入的资本。

投资人可以用现金投资，也可以用现金以外的其他有形资产投资；符合国家规定比例的，可以用无形资产投资。企业收到投资时，一般应作如下账务处理：收到投资人投入的现金，应在实际收到或者存入企业开户银行时，按实际收到的金额，借记“库存现金”“银行存款”科目，贷记“实收资本”科目；以实物资产投资的，应在办理实物产权转移手续时，借记有关资产科目，贷记“实收资本”科目；以无形资产投资的，应按照合同、协议或公司章程的规定，在移交有关凭证时，借记“无形资产”科目，贷记“实收资本”科目。

12.2.1 国有独资公司的投入资本

根据我国公司法的规定，国有独资公司是由国家授权投资的机构或者国家授权的部门单独投资设立的有限责任公司。在公司法公布前已设立的国有企业，符合公司法规定设立有限责任公司条件的，可以依照公司改建为国有独资的有限责任公司。

在会计核算上，单独把国有独资公司作为一种类型，是因为这类企业组建时所有者投入的资本全部作为实收资本入账，而其他类型的企业，所有者投入的资本不一定全部作为实收资本。国有独资公司不发行股票，不会产生股票溢价发行收入；也不会在追加投资时，为维持一定的投资比例而产生资本公积。将国有独资公司国家投入的资本全部作为实收资本入账，是为了明确产权关系。

12.2.2 有限责任公司的投入资本

有限责任公司（简称有限公司），是指由两个以上股东共同出资，每个股东以其所认缴的出资额对公司承担有限责任，公司以其全部资产对其债务承担责任的企业法人。与独资企业的主要区别是：有限责任公司的投资者必须是两人以上，而独资企业是单一的投资者；对企业承担的责任以出资为限。

我国公司法将国家授权机构或者国家授权的部门可以单独投资设立的国有独资公司也划入有限责任公司的范围。由于单一投资者与多个投资者设立的企业，在会计核算上有区别，所以在论述所有者权益的核算问题时，我们把有限责任公司限定为两个以上股东共同出资设立的企业，而将国有独资公司单设一类。有限责任公司的投入资本在“实收资本”科目核算，其特点为：

（1）按照公司章程所规定的出资方式、出资额和出资缴纳期限出资。有限责任公司的投资者不是单一的，各投资者怎样出资、出资数额多少和何时出资必须事先约定，共同遵守，否则企业的生产经营将无法正常进行，同时破坏了事先约定的投资者应承担的义务。一旦投资者某一方未按规定缴纳出资的，企业有权向该投资者追缴。经追缴仍不履行义务的，企业还可依诉讼程序，请求人民法院追究投资者的违约责任。

（2）所有者投入资本应区别情况处理。初建有限责任公司时，各投资者按照合同、协议或公司章程投入企业的成本，应全部记入“实收资本”科目，企业的实收资本应等于企业的注册资本。在企业增资扩股时，如有新投资者介入，新介入的投资者缴纳的出资额大于其按约定比例计算的其在注册资本中所占的份额部分，不记入“实收资本”科目，而作为资本公积，记入“资本公积”科目。

（3）转让出资应经其他投资者同意。有限责任公司的投资者是有限的，除了以产权关系为纽带把各投资者联系在一起外，各投资者间的信誉、名誉、管理技能等，均可作为共同经营的先决条件。因此，在某个投资者要将其出资转让给有意介入的新投资者时，要事先经企业原有的其他超过半数的投资者同意。如果其他投资者有异议，应由其他投资者购买该转让的出资，如果不购买该转让的出资，视为同意转让。如其他投资者无异议，在同等条件下，原投资者具有优先购买权。

12.2.3 股份有限公司的投入资本

股份有限公司（简称股份公司）是指全部资本由等额股份构成并通过发行股票筹集资本，股东以其所持股份对公司承担有限责任，公司以其全部资产对公司债务承担责任的企业法人。股份有限公司与有限责任公司的主要区别有：有限责任公司的全部资本不分为等额股份；公司向股东签发出资证明而不发行股票；公司股东转让出资，需经股东会讨论通过；股东人数限制在2个以上50个以下。股份公司的全部资本划分为等额股份；以发行股票方式筹集资本；股票可以交易转让；股东人数有下限，没有上限。

股份公司投入资本核算的特点主要有：

（1）企业根据不同的设立方式，选择不同的会计处理方法。

股份公司设立有两种方式，即发起式和募集式。发起式设立的公司特点是公司的股份全部由发起人认购，不向发起人之外的任何人募集股份；募集式设立的公司特点是公司股份除发起人认购外，还可以采用其他法人或自然人发行股票的方式进行募集。公司设立方式不同，涉及所有者权益的会计处理方法也不同，其主要区别有：

①筹集资本的费用处理不同。采用发起式设立公司筹集资本，因股东是固定的，无需聘请证券商（如证券公司）向社会广泛募集。一般情况下，其筹集费用很低，如发生一些诸如股权证明印刷费等少量费用，可以直接计入开办费或管理费用。而采用向社会发行股票的方式来募集资本，需要由企业发起人聘请证券商发行股票，由于社会募集式设立的公司，发起人认购的股份不得少于公司发行股份总数的35%，其余部分可向社会公开募集，因而发行的股票数量大，印刷费用高，另外从广大投资者认购到实际出缴资金，需要进行大量的工作。所以，支付给证券商的发行费用一般较高，在会计上应进行特别的处理。采用溢价发行股票，其应付证券商的费用可以从溢价收入中支付；采用面值发行股票的，其支付给证券商的费用列作长期待摊费用，计入开业后的损益。

②筹集资本的风险不同。发起式设立公司，其所需资本由发起人一次认足，一般不会发生设立公司失败的情况，因此，其筹资风险小；社会募集股份，其筹资对象是广泛的，在资本市场不景气或股票的发行价格不恰当的情况下，有发行失败（即股票未被全部认购）的可能，因此，其筹资风险大。按照有关规定，发行失败损失由发起人负责，包括承担筹建费用，承担公司筹建过程中的债务，承担对认股人已缴纳的股款支付银行同期存款

利息等责任。

(2) 设置“股本”科目进行核算。

股份公司与其他企业比较，最显著的特点就是将企业的全部资本划分为等额股份，并通过发行股票的方式来筹集资本。股东以其所认购股份对公司承担有限责任。股份是很重要的指标。股票的面值与股份总数的乘积为股本，股本应等于企业的注册资本，所以，股本也是很重要的指标。为了直观地反映这一指标，在会计核算上股份公司应设置“股本”科目。

“股本”科目核算股东投入企业的股本，企业应将核定股本总额、股份总数、每股面值，在股本账户中作备查记录。为反映企业股份的构成情况，企业应在“股本”科目下，按普通股和优先股及股东单位或姓名设置明细账。企业的股本应在核定的股本总额范围内，发行股票取得。值得注意的是，企业发行股票取得的收入与股本总额往往不一致，公司发行股票取得的收入大于股本总额的，称为溢价发行；小于股本总额的，称为折价发行；等于股本总额的，为面值发行。我国不允许企业折价发行股票。在采用溢价发行股票的情况下，企业应将相当于股票面值的部分记入“股本”科目，其余部分在扣除发行手续费、佣金等发行费用后记入“资本公积”科目。

12.2.4　实收资本的增减变动的核算

一般情况下，企业的实收资本应相对固定不变，但在某些特定情况下，实收资本也可能发生增减变化。企业法人登记管理条例中规定，除国家另有规定外，企业的注册资本应当与实有资本相一致。

该条例还规定，企业法人实有资本比原注册资本数额增加或减少超过20%时，应持资金证明或者验资证明，向原登记机关申请变更登记。这表明，企业的实收资本，一般情况下，不得随意增减，如有必要增减，首先应具备一定的条件。

1) 实收资本增加的核算

一般企业增加资本的途径主要有三条：一是将资本公积转为实收资本。会计上应借记“资本公积”科目，贷记“实收资本”科目。二是将盈余公积转为实收资本。在会计上应借记“盈余公积”科目，贷记“实收资本”科目。这里要注意的是，资本公积和盈余公积均属所有者权益，转为实收资本时，如为独资企业比较简单，直接结转即可；如为股份公司或有限责任公司，应按原投资者所持股份同比例增加各股东的股权，股份公司具体可以采取发放新股的办法。三是所有者（包括原企业所有者和新投资者）投入。企业应在收到投资者投入的资金时，借记“银行存款”“固定资产”“原材料”等科目，贷记“实收资本”等科目。

股份公司以发放股票股利的方法实现增资。采用发放股票股利实现增资的，在发放股票股利时，按照股东原来持有的股数分配，如股东所持股份按比例分配的股利不足1股时，应采用恰当的方法处理。例如，股东会决议按股票面额的10%发放股票股利时（假如新股发行价格及面额与原股相同），对于所持股票不足10股的股东，将会发生不能领取1股的情况。在这种情况下，有两种方法可供选择：一是将不足1股的股票股利改为现金股利，用现金支付；二是由股东相互转让，凑为整股。无论采用哪种方法，都将改变企业的股权结构。

2）实收资本减少的核算

企业实收资本减少的原因大体有两种：一是资本过剩；二是企业发生重大亏损而需要减少实收资本。企业因资本过剩而减资，一般要发还股款。有限责任公司和一般企业发还投资的核算比较简单，按发还投资的数额，借记“实收资本”科目，贷记“银行存款”等科目。

股份有限公司由于采用的是发行股票的方式筹集股本，发还股款时，则要收购发行的股票，发行股票的价格与股票面值可能不同，收回股票的价格也可能与发行价格不同，会计核算较复杂。由于“股本”科目是按股票的面值登记的，收购本企业股票时，亦应按面值注销股本。超出面值付出的价格，可区别情况处理：收购的股票凡属溢价发行的，则首先冲销溢价收入，不足部分，凡提有盈余公积的，冲销盈余公积；如盈余公积仍不足以支付收购款的，冲销未分配利润。凡属面值发行的，直接冲销盈余公积、未分配利润。

12.3 资本公积

资本公积是指由投资者投入但不能构成实收资本，或从其他来源取得，由所有者享有的资金，它属于所有者权益的范畴。资本公积由全体股东享有，资本公积在转增资本时，按各个股东在实收资本中所占的投资比例计算的金额，分别转增各个股东的投资金额。资本公积与盈余公积不同，盈余公积是从净利润中取得的，而资本公积的形成有其特定的来源，与企业的净利润无关。

资本公积与实收资本虽然都属于所有者权益，但两者又有区别。实收资本是投资者对企业的投入，并通过资本的投入谋求一定的经济利益；而资本公积有特定来源，由所有投资者共同享有。某些来源形成的资本公积，并不需要由原投资者投入，也并不一定需要谋求投资回报。资本公积的内容主要包括：资本溢价和股本溢价、接受捐赠资产、外币资本折算差额等。

资本公积有其不同的来源，企业应当根据资本公积形成的来源，分别进行账务处理。资本公积一般应当设置以下明细科目：(1)“资本溢价（或股本溢价）”，反映企业实际收到的资本（或股本）大于注册资本（或股本）的金额。(2)“其他资本公积”，反映企业除上述各项资本公积以外的资本公积。

1）资本溢价

两个以上的投资者合资经营的企业（不含股份有限公司)，投资者依其出资份额对企业经营决策享有表决权；依其所认缴的出资额对企业承担有限责任。明确记录投资者认缴的出资额，真实地反映各投资者对企业享有的权利与承担的义务，是会计核算应注意的问题。为此，会计上应设置“实收资本”科目，核算企业投资者按照公司章程所规定的出资比例实际缴付的出资额。

在企业创立时，出资者认缴的出资额全部记入“实收资本”科目。在企业重组并有新的投资者加入时，为了维护原有投资者的权益，新加入的投资者的出资额，并不一定全部作为实收资本处理。这是因为，在企业正常经营过程中投入的资金即使与企业创立时投入的资金在数量上一致，但其获利能力却不一致。企业创立时，要经过筹建、试生产经营、为产品寻找市场、开辟市场等过程，从投入资金，到取得投资回报，这中间需要许多时间，并且这种投资具有风险性，在这个过程中资本利润率很低。而企业进行正常的生产经营后，在正常情况下，资本利润率要高于企业初创阶段。而这高于初创阶段的资本利润率是以初创时必要的垫支资本为基础的，企业创办者并为此付出了代价。因此，相同数量的投资，由于出资时间不同，其对企业的影响程度也不同，由此而带给投资者的权利也不同，往往前者大于后者。所以，新加入的投资者要付出大于原有投资者的出资额，才能取得与投资者相同的投资比例。另外，不仅原投资者原有投资从质量上发生了变化，就是从数量上也可能发生变化，这是因为企业经营过程中实现利润的一部分，留在企业，形成留存收益，而留存收益也属于投资者权益，但其未转入实收资本。新加入的投资者如与原投资者共享这部分留存收益，也要求其付出大于原有投资者的出资额，才能取得与原有投资者相同的投资比例。投资者投入的资本中按其投资比例计算的出资额部分，应记入“实收资本”科目，大于部分应记入“资本公积”科目。

例如，某有限责任公司由甲、乙、丙三位股东各自出资100万元设立。设立时的实收资本为300万元。经过3年的经营，该企业留存收益为150万元。这时又有丁投资者有意加入该企业，并表示愿意出资180万元而仅占该企业股份的25%。在会计核算时，将丁股东投入资金中的100万元记入“实收资本”科目，其余80万元记入“资本公积”科目。

2）股本溢价

股份有限公司是以发行股票的方式筹集股本，股票是企业签发的证明股东按其所持股份享有权利和承担义务的书面证明。由于股东按其所持企业股份享有权利和承担义务，为了反映和便于计算各股东所持股份占企业全部股本的比例，企业的股本总额应按股票的面值与股份总数的乘积计算。国家规定，实收股本总额应与注册资本相等。因此，为提供企业股本总额及其构成及注册资本等信息，在采用与股票面值相同的价格发行股票的情况下，企业发行股票取得的收入，应全部记入“股本”科目。

在采用溢价发行股票的情况下，企业发行股票取得的收入，相当于股票面值部分记入“股本”科目，超出股票面值的溢价收入记入“资本公积”科目。这里要注意，委托证券商代理发行股票而支付的手续费、佣金等，应从溢价发行收入中扣除，企业应按扣除手续费、佣金后的数额记入“资本公积”科目。在采用面值发行的情况下，企业没有溢价收入，应将发行收入全部记入“股本”科目，支付的发行股票费用则应作为长期待摊费用处理。

【例12-1】甲股份制公司委托某证券公司代理发行普通股500 000股，每股面值1元，按每股1.3元的价格发行。公司与受托单位约定，按发行收入的2%收取手续费，从发行收入中扣除。假如收到的股款已存入银行。根据资料，企业应作如下会计处理：

公司收到受托发行单位交来的现金=500 000×1.3×（1−2%）=637 000（元）

应记入“资本公积”科目的金额=溢价收入−发行手续费=150 000−13 000=137 000（元）

借：银行存款　　637 000

　　贷：股本　　500 000

　　　　资本公积　　137 000

上市公司配股或增发新股，上市公司的股东以其所拥有的其他企业的全部或部分股权作为配股资金，或作为认购新股的股款的，上市公司所接受的股权，应按照配股或增发新股所确定的价格，确认为初始股权投资成本，按照该股东配股或增发新股所享有的股份面值总额，作为股本，按其差额，作为资本公积（股本溢价）。

上市公司配股或增发新股，上市公司的股东以实物资产和可辨认的无形资产作为配股资金，或作为认购新股的股款的，上市公司所接受的实物资产和可辨认的无形资产，应当按照配股或增发新股所确定的价格作为其接受资产的成本，按照该股东配股或增发新股所享有的股份面值总额，作为股本，按其差额，作为资本公积（股票溢价）。

3）其他资本公积

其他资本公积，是除上述各项资本公积以外形成的资本公积，以及从各资本公积准备项目转入的金额。其他资本公积与资本溢价或股本溢价的性质基本相同，也属于所有者权益，但与所有者权益中的准备项目不同。记入“其他资本公积”科目的金额是已经实现的资本公积，可以按规定转增资本（或股本）。

12.4 留存收益

12.4.1 盈余公积的核算

根据《中华人民共和国公司法》等有关法律法规的规定，企业当年实现的净利润，一般应当按照如下顺序进行分配：

（1）提取法定盈余公积。法定盈余公积按照税后利润10%的比例提取。公司法定盈余公积累计额为公司注册资本的50%以上时，可以不再提取。

公司的法定盈余公积不足以弥补上一年度公司亏损的，在提取法定盈余公积之前，应当先用当年利润弥补亏损。

（2）提取任意盈余公积。公司在提取法定盈余公积后，经股东大会决议，可以提取任意盈余公积。

（3）向投资者分配利润或股利。公司弥补亏损和提取盈余公积后的剩余利润，有限责任公司按照股东的出资比例向股东分配利润；股份有限公司按照股东持有股份比例分配股利。

盈余公积是指企业按照规定从净利润中提取的各种积累资金。盈余公积根据其用途不同分为法定盈余公积和任意盈余公积两类。前者以国家的法律或行政规章为依据提取；后者则由企业自行决定提取。

企业提取盈余公积主要可以用于以下几个方面：

（1）用于弥补亏损。企业发生亏损时，应由企业自行弥补。弥补亏损的渠道主要的有三条：一是用以后年度税前利润弥补。按照现行制度的规定，企业发生亏损时，可以用以后五年内实现的税前利润弥补，即税前利润弥补亏损的期间为五年。二是用以后年度税后利润弥补。企业发生的亏损经过五年期间未弥补足额的，未弥补亏损应用所得税后的利润弥补。三是以盈余公积弥补亏损。企业以提取的盈余公积弥补亏损时，应当由公司董事会提议，并经股东大会批准。

（2）转增资本。企业将盈余公积转增资本时，必须经股东大会决议批准。在实际将盈余公积转增资本时，要按股东原有持股比例结转。盈余公积转增资本时，转增后留存的盈余公积的数额不得少于注册资本的25%。

盈余公积的提取实际上是对将企业当期实现的净利润向投资者分配利润的一种限制。提取盈余公积本身就属于利润分配的一部分，提取盈余公积相对应的资金，一经提取形成盈余公积后，在一般的情况下不得用于向投资者分配利润或股利。盈余公积的用途，并不是指其实际占用形态，提取盈余公积也并不是单独将这部分资金从企业资金周转过程中抽出。企业提取的盈余公积，无论是用于弥补亏损，还是用于转增资本，只不过是在企业所有者权益内部结构的转换，如企业以盈余公积弥补亏损时，实际是减少盈余公积留存的数额，以此抵补未弥补亏损的数额，并不引起企业所有者权益总额的变动。

企业以盈余公积转增资本时，也只是减少盈余公积结存的数额，但同时增加企业实收资本或股本的数额，也并不引起所有者权益总额的变动。至于企业盈余公积的结存数，实际上只表现企业所有者权益的组成部分，表明企业生产经营资金的一个来源而已，其形成的资金可能表现为一定的货币资金，也可能表现为一定的实物资产，如存货和固定资产等，随同企业的其他来源所形成的资金进行循环周转。

为了核算反映盈余公积形成及使用情况，企业应设置“盈余公积”科目。由于法定盈余公积和任意盈余公积有着不同的用途，企业应当分别进行明细核算。企业提取盈余公积时，借记“利润分配”科目，贷记“盈余公积”（法定盈余公积、任意盈余公积）科目。

企业将盈余公积转增资本时，应当按照转增资本前的实收资本结构比例，将盈余公积转增资本的数额记入“实收资本（或股本）”科目下各所有者的明细账，相应增加各所有者对企业的资本投资。

值得说明的是，外商投资企业按净利润的一定比例提取的储备基金、企业发展基金，以及中外合作经营企业按照规定在合作期间以利润归还投资者的投资，也作为盈余公积，在“盈余公积”科目下设置明细科目核算。

12.4.2　未分配利润的核算

未分配利润是企业留待以后年度进行分配的结存利润，也是企业所有者权益的组成部分。相对于所有者权益的其他部分来说，企业对于未分配利润的使用分配有较大的自主权。从数量上来说，未分配利润是期初未分配利润，加上本期实现的税后利润，减去提取的各种盈余公积和分出利润后的余额。

未分配利润有两层含义：一是留待以后年度处理的利润；二是未指定特定用途的利润。

在会计核算上，未分配利润是通过“利润分配”科目进行核算的，具体来说是通过“利润分配”科目下“未分配利润”明细科目进行核算的。企业在生产经营过程中取得的收入和发生的成本费用，最终通过“本年利润”科目进行归集，计算出当年盈余，然后转入“利润分配——未分配利润”科目进行分配，其结存于“利润分配——未分配利润”科目的贷方余额，则为未分配利润；如为借方余额，则为未弥补亏损。年度终了，再将“利润分配”科目下的其他明细科目（盈余公积转入、提取法定盈余公积、应付优先股股利、提取任意盈余公积、应付普通股股利、转作股本的普通股股利）的余额，转入“未分配利润”明细科目。结转后，“未分配利润”明细科目的贷方余额，就是未分配利润的数额。如出现借方余额，则表示未弥补亏损的数额。

12.4.3 弥补亏损的核算

企业在生产经营过程中既可能发生盈利，也有可能出现亏损。企业在当年发生亏损的情况下，与实现利润的情况相同，应当将本年发生的亏损自“本年利润”科目转入“利润分配——未分配利润”科目，借记“利润分配——未分配利润”科目，贷记“本年利润”科目，结转后“利润分配”科目的借方余额即为未弥补亏损的数额，然后通过“利润分配”科目核算有关亏损的弥补情况。

企业发生的亏损可以以次年实现的税前利润弥补。在以次年实现的税前利润弥补以前年度亏损的情况下，企业当年实现的利润自“本年利润”科目转入“利润分配——未分配利润”科目，将本年实现的利润结转到“利润分配——未分配利润”科目的贷方，其贷方发生额与“利润分配——未分配利润”科目的借方余额自然抵补。因此，以当年实现净利润弥补以前年度结转的未弥补亏损时，不需要进行专门的账务处理。

由于未弥补亏损形成的时间长短不同，以前年度未弥补亏损有的可以以当年实现的税前利润弥补，有的则须用税后利润弥补。无论是以税前利润还是以税后利润弥补亏损，其会计处理方法相同，所不同的只是两者计算缴纳所得税时的处理不同而已。在以税前利润弥补亏损的情况下，其弥补的数额可以抵减当期企业应纳税所得额，而以税后利润弥补的数额，则不能作为纳税所得扣除处理。

【例12-2】某企业2013年发生亏损1 200 000元。在年度终了时，企业应当结转本年发生的亏损，即编制如下会计分录：

借：利润分配——未分配利润　　1 200 000

　贷：本年利润　　1 200 000

假设2014年至2018年，该企业每年均实现利润200 000元。按照现行制度的规定，企业在发生亏损以后的5年内可以以税前利润弥补亏损。该企业在2014年至2018年均可在税前弥补亏损。此时，该企业在2014年至2018年年度终了时，均应编制如下会计分录：

借：本年利润　　200 000

　贷：利润分配——未分配利润　　200 000

2014年至2018年账户期末余额为借方余额200 000元，即2019年年末未弥补亏损为200 000元。假设该企业2019年实现税前利润400 000元，按现行制度的规定，该企业只能用税后利润弥补以前年度亏损。在2019年年度终了时，该企业首先应当按照当年实现的税前利润计算缴纳当年应负担的所得税，然后再将当期扣除计算缴纳的所得税税后的净利润转入利润分配。在本例中，假设该企业适用的所得税税率为25%，该企业在2019年年度计算缴纳所得税时，其应纳税所得额为400 000元，当年应缴纳的所得税为100 000元（400 000×25%）。此时，该企业应编制如下会计分录：

（1）计算缴纳所得税：

借：所得税费用　　100 000

　贷：应交税费——应交所得税　　100 000

借：本年利润　　100 000

　贷：所得税费用　　100 000

（2）结转本年利润，弥补以前年度未弥补亏损：

借：本年利润　　300 000

　贷：利润分配——未分配利润　　300 000

（3）上述核算的结果，该企业2019年"利润分配——未分配利润"科目的期末贷方余额为：

300 000-200 000=100 000（元）

12.4.4　上年利润调整

企业年度会计报表报出后，如果由于以前年度记账差错等导致多计或少计利润，但以前年度的账目已经结清，不能再调整以前年度的利润的，会计核算时，按照股份有限公司会计制度的规定：一是不再调整以前年度的账目。通过"以前年度损益调整"科目，归集所有需要调整以前年度损益的事项，以及相关所得税的调整，并将其余额转入"利润分配——未分配利润"科目。二是不再调整以前年度会计报表，仅调整本年度会计报表相关项目的年初数，但在对外提供比较会计报表时，应当调整会计报表相关项目的数字。

【例12-3】某股份有限公司2019年6月发现2018年一项已完工投入使用的固定资产未结转在建工程，该项固定资产原始价值为350 000元，2018年应提折旧30 000元。该公司所得税税率为25%。根据上述资料，该公司应作如下会计处理：

（1）结转在建工程：

借：固定资产　　350 000

　贷：在建工程　　350 000

（2）调整上年利润：

借：以前年度损益调整　　30 000

　贷：累计折旧　　30 000

（3）计算多交的所得税：

多交所得税=30 000×25%=7 500（元）

借：应交税费——应交所得税　　7 500

　贷：以前年度损益调整　　7 500

（4）结转未分配利润：

借：利润分配——未分配利润　　22 500

　贷：以前年度损益调整　　22 500

章末练习题

一、单项选择题

1. 在接受投资时，非股份有限公司应通过（　　）科目核算。

A. "资本公积——其他资本公积"　　B. "未分配利润"

C. "实收资本"　　D. "股本"

2.甲、乙公司均为增值税一般纳税人，适用的增值税税率为16%。甲公司接受乙公司投资转入原材料一批，账面价值为1 000 000元，投资协议约定的价值1 200 000元，假定投资协议约定的价值与公允价值相符，增值税进项税额由投资方支付，并开具了增值税专用发票，该项投资没有产生资本溢价。甲公司实收资本应增加（　　）元。

A.1 000 000　　B.192 000　　C.1 200 000　　D.1 392 000

3.甲股份有限公司由A、B、C三位股东各自出资300万元设立，设立时注册资本为900万元。甲公司经营5年后，2017年11月25日D公司决定投资380万元，占甲公司注册资本的25%，追加投资后，注册资本由900万元增加到1 280万元。该投资协议于2017年12月10日经D公司临时股东大会批准，12月31日经甲公司董事会、股东会批准，增资手续于2018年1月5日办理完毕，同日D公司已将全部款项投入给甲公司。甲公司记入“资本公积——股本溢价”科目的金额是（　　）万元。

A.60　　B.80　　C.380　　D.150

4.下列有关盈余公积的表述中正确的是（　　）。

A.企业计提法定盈余公积的基数包括年初未分配利润

B.企业提取的盈余公积可以用于弥补亏损、转增资本和扩大生产经营

C.企业在提取盈余公积之前可以向投资者分配利润

D.企业发生亏损时，可以用以后5年内实现的税前利润弥补，不得用税后利润弥补

5.下列各项中，能够导致企业留存收益减少的是（　　）。

A.提取盈余公积　　B.以资本公积转增资本

C.宣告分配现金股利　　D.以盈余公积弥补亏损

二、多项选择题

1.下列事项中，会导致股份有限公司股本发生增减变动的有（　　）。

A.资本公积转增资本　　B.盈余公积转增资本

C.盈余公积弥补亏损　　D.股东大会宣告发放现金股利

2.下列关于实收资本（或股本）及其核算的表述中，正确的有（　　）。

A.公司法定盈余公积转增为注册资本的，验资证明应当载明留存的该项盈余公积不少于转增前公司注册资本的25%

B.股份有限公司发放股票股利和宣告发放现金股利的处理相同

C.以权益结算的股份支付行权时，会增加实收资本或股本

D.股份有限公司回购股票会增加所有者权益

3.甲公司委托证券公司发行普通股股票20 000万股，每股面值1元，按每股6元的价格发行，受托单位按照发行价格的1%收取手续费。下列相关表述中正确的有（　　）。

A.确认资本公积（股本溢价）贷方金额100 000万元

B.确认股本贷方金额20 000万元

C.确认资本公积（股本溢价）贷方金额98 800万元

D.确认银行存款借方金额120 000万元

4.下列各项中，需要通过“资本公积”科目进行会计核算的有（　　）。

A.以权益结算的股份支付

B.以公允价值计量且其变动计入当期损益的金融资产公允价值大于账面价值

C.以摊余成本计量的金融资产转换为以公允价值计量且其变动计入其他综合收益的金融资产公允价值与账面价值的差额

D.在长期股权投资采用权益法核算的情况下，被投资单位发生的其他权益变动

5.企业弥补亏损的渠道主要有（　）。

A.用资本公积弥补　　B.用以后年度税前利润弥补

C.用以后年度税后利润弥补　　D.用盈余公积弥补

6.下列各项中，年度终了需要转入“利润分配——未分配利润”科目的有（　）。

A.“本年利润”　　B.“利润分配——应付现金股利”

C.“利润分配——盈余公积补亏”　　D.“利润分配——提取法定盈余公积”

章末练习题答案

第13章/ 收入、费用和利润

【学习目标】掌握：营业收入与营业成本的核算；税金及附加的核算；销售费用、管理费用、财务费用的核算；所得税费用的核算；利润形成的核算。

理解：费用、成本、支出的关系，营业收入与营业成本的确认；资产减值损失、公允价值变动损益、投资收益、其他收益的核算；营业外收支的核算。

了解：收入、费用、利润的分类。

13.1 收 入

13.1.1 收入概述

1）收入的定义与范畴

收入有广义收入和狭义收入之分。狭义收入是指企业在日常活动中形成的，会导致所有者权益增加的，与所有者投入资本无关的经济利益的总流入。我国企业会计准则中的收入就是狭义收入。狭义收入包括营业收入和投资收益。营业收入是指企业在销售商品、提供劳务和让渡资产使用权等日常经营活动中取得的经济利益的总流入；投资收益是指企业在对外投资活动中取得的经济利益的净流入（各项投资业务取得的收入大于其成本的差额）。狭义收入来自于企业“日常”的“营业”活动。

广义收入是指企业在某一会计期间形成的，会导致所有者权益增加的，与所有者投入资本无关的经济利益的流入。广义的收入除了包括狭义收入之外，还包括计入当期损益的利得，即公允价值变动收益、其他收益和营业外收入。公允价值变动收益是指以公允价值计量且收益计入当期损益的资产或负债的公允价值变动形成的收益；其他收益是指与企业日常活动相关，但又不宜确认收入或冲减成本费用的政府补助；营业外收入是指与企业生产经营活动没有直接关系的各种经济利益的流入。也就是说，广义收入除了企业日常经营活动取得的收入，还包括非日常的经营活动取得的收入以及非营业活动取得的收入。

除非特别说明，否则本节下文所指的收入均为企业会计准则中定义的收入，广义收入在13.3中讨论。

2）收入的特征

收入具有以下特征：

（1）收入是企业在日常活动中形成的经济利益的总流入；

（2）收入会导致企业所有者权益增加；

（3）收入与所有者投入资本无关；

（4）收入的发生会表现为资产的增加、负债的减少或二者兼而有之。

3）收入的分类

收入可以按照性质和企业经营业务的主次进行分类。

（1）按收入的性质划分

按照收入的性质，收入可分为销售商品收入、提供劳务收入和让渡资产使用权取得的收入。

①销售商品收入，是指企业通过销售商品实现的收入。商品包括企业为销售而生产的产品、为转售而购进的商品以及企业销售的其他存货。

②提供劳务收入，是指企业通过提供劳务实现的收入，如旅游、运输、饮食、培训、咨询、软件开发、安装维修、宣传媒介、艺术表演等劳务收入。

③让渡资产使用权收入，是指企业将资产让渡给其他主体使用而取得的收入。通常包括让渡现金使用权而形成的利息收入（这里主要指金融企业贷款形成的利息收入以及同业之间发生往来形成的利息收入）、转让无形资产使用权的收入及出租固定资产的租金收入、债券投资的利息收入及股权投资形成的股利收入等。

（2）按经营业务的主次划分

收入按其在经营业务中所占的比重，可分为主营业务收入和其他业务收入。

①主营业务收入，是指企业为完成其经营目标所从事的经常性活动实现的收入，如工业企业生产并销售产品、商品流通企业销售商品、咨询公司提供咨询服务、软件公司为客户开发软件、安装公司提供安装服务、租赁公司出租资产等实现的收入。

②其他业务收入，是指企业发生的与经常性活动相关的其他活动实现的收入，如工业企业出售原材料、对外转让无形资产使用权等所形成的收入。

13.1.2　收入的确认

收入的确认是指收入何时入账并列示于利润表中。

1）收入的确认条件

按照《企业会计准则第14号——收入》的规定，企业应当在履行了合同中的履约义务，即在客户取得相关商品控制权时确认收入。取得相关商品控制权，是指能够主导该商品的使用并从中获得几乎全部的经济利益。

当企业与客户之间的合同同时满足下列条件时，企业应当在客户取得相关商品控制权时确认收入：

（1）合同各方已批准该合同并承诺将履行各自义务。

（2）该合同明确了合同各方与所转让商品或提供劳务（以下简称“转让商品”）相关的权利和义务。

（3）该合同有明确的与所转让商品相关的支付条款。

（4）该合同具有商业实质，即履行该合同将改变企业未来现金流量的风险、时间分布或金额；没有商业实质的非货币性资产交换，不确认收入。如两家石油公司之间同意交换石油以便及时满足其位于不同指定地点的客户需求的合同，该合同由于没有改变企业未来现金流量的风险、时间分布或金额，因此不具有商业实质，不确认收入。

（5）企业因向客户转让商品而有权取得的对价很可能收回。如果在合同开始日该对价不是很可能收回，企业应当对其进行持续评估，直到其很可能收回才确认收入。对于已收取的对价，企业只有在不再负有向客户转让商品的剩余义务，且已向客户收取的对价无需退回时，才能将已收取的对价确认为收入；否则，应当将已收取的对价作为负债进行会计处理。

【例13-1】X供电公司自某年1月1日起每月向客户Y供电，并约定在月末收取电费。在合同签订时，X公司向Y收取了一次性入网费1 000元，并预期能够取得2年的全部电费收入，合同期限为2年。Y从第7个月起未支付电费。根据当地相关法律的规定，X公司不能立即停止供电，需要先履行催交程序。Y经催告后，仍不缴费，则X公司可自首次欠费后的第5个月（即该年12月）起停止供电。

对于每月供电收入：7月份，客户停止缴费，但是企业经过评估认为仍很有可能取得对价，所以此时仍满足合同成立的条件，仍应继续确认供电收入，但同时需要考虑计提应收账款的坏账；9月份，客户已持续2个月未缴费，企业经评估认为不是很可能收回对价，此时已不再满足合同成立的条件，不再继续确认供电收入。

对于一次性入网费收入：9月份，合同已经不再满足成立的条件，企业收取的一次性入网费（在24个月内摊销）无需退还，但是企业仍负有向客户转让商品（或提供服务）的剩余履约义务（需要持续供电到12月份），所以此时不应将入网费确认为收入，而应作为负债；12月份，此时企业收取的一次性入网费无需退还，并且企业不再负有向客户转让商品（或提供服务）的剩余履约义务（已经持续供电到12月份），所以此时可将尚未摊销的入网费确认为收入。

企业与同一客户（或该客户的关联方）同时订立或在相近时间内先后订立的两份或多份合同，在满足下列条件之一时，应当合并为一份合同进行会计处理：

（1）该两份或多份合同基于同一商业目的而订立并构成一揽子交易。

（2）该两份或多份合同中的一份合同的对价金额取决于其他合同的定价或履行情况。

（3）该两份或多份合同中所承诺的商品（或每份合同中所承诺的部分商品）构成单项履约义务。

【例13-2】软件公司A与客户B签订授权许可协议，允许客户B使用其开发的客户关系管理软件。3天后，软件公司A与客户B签订了另一份咨询服务协议，软件公司A将根据客户B的IT运行环境，对B的客户关系管理软件进行重大的修改或定制。客户B在定制服务完成之前不能使用该软件。

对于软件公司A，由于这两份合同几乎是在同一时间与同一客户签订的，合同中的商品或服务从整体上看是一个定制软件，即仅有一项履约义务，因此，两个合同应合并为一份合同进行会计处理。

2）收入确认时间和方法

合同开始日，企业应当对合同进行评估，识别该合同所包含的各单项履约义务，并确定各单项履约义务是在某一时段内履行，还是在某一时点履行，然后，在履行了各单项履约义务时分别确认收入。

（1）某一时段履行履约义务的收入确认。

满足下列条件之一的属于在某一时段内履行履约义务：①客户在企业履约的同时即取得并消耗企业履约所带来的经济利益。②客户能够控制企业履约过程中在建的商品。③企业履约过程中所产出的商品具有不可替代用途，且该企业在整个合同期间内有权就累计至今已完成的履约部分收取款项。

其中，具有不可替代用途，是指因合同限制或实际可行性限制，企业不能轻易地将商品用于其他用途。有权就累计至今已完成的履约部分收取款项，是指在由于客户或其他方原因终止合同的情况下，企业有权就累计至今已完成的履约部分收取能够补偿其已发生成本和合理利润的款项，并且该权利具有法律约束力。

对于在某一时段内履行的履约义务，企业应当在该段时间内按照履约进度确认收入，但是，履约进度不能合理确定的除外。企业应当考虑商品的性质，采用产出法或投入法确定恰当的履约进度。其中，产出法是根据已转移给客户的商品对于客户的价值确定履约进度；投入法是根据企业为履行履约义务的投入确定履约进度。对于类似情况下的类似履约义务，企业应当采用相同的方法确定履约进度。当履约进度不能合理确定时，企业已经发生的成本预计能够得到补偿的，应当按照已经发生的成本金额确认收入，直到履约进度能够合理确定为止。

【例13-1】中X供电公司的收入确认就属于在某一时段内履行履约义务因而在该时段内确认收入的情形。

（2）某一时点履行履约义务的收入确认。

不符合某一时段履行履约义务的，则属于在某一时点履行履约义务。对于在某一时点履行的履约义务，企业应当在客户取得相关商品控制权时点确认收入。在判断客户是否已取得商品控制权时，企业应当考虑下列迹象：

①企业就该商品享有现时收款权利，即客户就该商品负有现时付款义务。

②企业已将该商品的法定所有权转移给客户，即客户已拥有该商品的法定所有权。

③企业已将该商品实物转移给客户，即客户已实物占有该商品。

④企业已将该商品所有权上的主要风险和报酬转移给客户，即客户已取得该商品所有权上的主要风险和报酬。

⑤客户已接受该商品。

⑥其他表明客户已取得商品控制权的迹象。

（3）相关概念。

①履约义务。

履约义务是指合同中企业向客户转让可明确区分商品的承诺。履约义务既包括合同中明确的承诺，也包括由于企业已公开宣布的政策、特定声明或以往的习惯做法等导致合同订立时客户合理预期企业将履行的承诺。企业为履行合同而应开展的初始活动，通常不构成履约义务，除非该活动向客户转让了承诺的商品。

企业向客户转让一系列实质相同且转让模式相同的、可明确区分商品的承诺，也应当作为单项履约义务。转让模式相同，是指每一项可明确区分商品均满足在某一时段内履行履约义务的条件，且采用相同方法确定其履约进度。

②可明确区分商品。

同时满足条件：客户能够从该商品本身或从该商品与其他易于获得资源一起使用中受益和企业向客户转让该商品的承诺与合同中其他承诺可单独区分的商品应当作为可明确区分商品。

下列情形通常表明企业向客户转让该商品的承诺与合同中其他承诺不可单独区分：

a.企业需提供重大的服务以将该商品与合同中承诺的其他商品整合成合同约定的组合产出转让给客户。例如，某客户为购买一项安装妥当的机器签订了一份合同，安装服务只能由机器销售方提供，因此客户无法从该机器或亲自安装机器上获益。在这种情况下，该安装服务和机器是一项履约义务。

b.该商品将对合同中承诺的其他商品予以重大修改或定制。

c.该商品与合同中承诺的其他商品具有高度关联性。

（4）合同变更情形下的收入确认。

合同变更是指经合同各方批准对原合同范围或价格作出的变更。企业应当区分下列三种情形对合同变更分别进行会计处理：

①合同变更增加了可明确区分的商品及合同价款，且新增合同价款反映了新增商品单独售价的，应当将该合同变更部分作为一份单独的合同进行会计处理。

②合同变更不属于情形①，且在合同变更日已转让的商品或已提供的服务（以下简称“已转让的商品”）与未转让的商品或未提供的服务（以下简称“未转让的商品”）之间可明确区分的，应当视为原合同终止，同时，将原合同未履约部分与合同变更部分合并为新合同进行会计处理。

③合同变更不属于情形①，且在合同变更日已转让的商品与未转让的商品之间不可明确区分的，应当将该合同变更部分作为原合同的组成部分进行会计处理，由此产生的对已确认收入的影响，应当在合同变更日调整当期收入。

【例13-3】某箱包厂与客户签订箱包销售合同，承诺以160万元的价格向客户出售1 600个箱包，每个箱包售价1 000元，成本为700元。箱包厂在交付箱包时转移对箱包的控制。箱包需在3个月内转让给客户，箱包厂已经转让给客户1 000个箱包。

（1）对于剩下的600个箱包，双方协议售价54万元（单价900元）。请问箱包厂如何确认收入？

（2）假设该客户又追加购买200个箱包，双方协议售价18万元（单价900元），即箱包厂还需转让给该客户800个箱包，原合同中的600个箱包维持原价。请问箱包厂如何确认收入？

（3）如果因已交付的1 000个箱包有瑕疵，需要补偿，因此，剩下的600个箱包双方协议售价为36万元（单价600元），追加的200个箱包双方协议售价18万元（单价900元）。请问箱包厂如何确认收入？

以上三种情形都属于合同变更。

对于情形（1），由于新增合同价款54万元反映了新增商品的单独售价，且价格公允，因此，应当将剩下的600个箱包作为一份单独的合同进行会计处理，确认收入54万元。

对于情形（2），原合同中剩余600个箱包与已转让的1 000个箱包可以明确区分，因此可以视同原合同终止，将原合同未履约部分600个箱包与合同变更部分追加200个箱包合并为新合同进行会计处理，即箱包厂对于800个箱包可以确认收入为78万元。

对于情形（3），由于剩余600个箱包的售价36万元已经低于成本42万元，显然这个不公允的价格与已经出售的1 000个箱包密切相关，不可明确区分，因此，应当将该合同变更部分作为原合同的组成部分进行会计处理，也就是说，1 600个箱包的总收入为136万元，平均每个售价850元，因此已经确认的100万元收入应调整为85万元，由此产生的对已确认收入的影响，应当在合同变更日调整当期收入，假设合同变更日所在期间转让500个箱包，则合同变更当期确认的这500个箱包的销售收入为275 000元（500×850-150 000）。假设合同变更的下一个期间，转让剩余箱包300个（600-500+200），则合同变更的下一个期间确认收入为265 000元（100×850+180 000）。

13.1.3　收入的计量

收入的计量是指收入应以多少金额入账并列示于利润表中。按照《企业会计准则第14号——收入》的规定，企业应当按照分摊至各单项履约义务的交易价格计量收入。交易价格是指企业因向客户转让商品而预期有权收取的对价金额。企业代第三方收取的款项以及企业预期将退还给客户的款项，应当作为负债进行会计处理，不计入交易价格。

企业应当根据合同条款，并结合其以往的习惯做法确定交易价格。在确定交易价格时，企业应当考虑可变对价、合同中存在的重大融资成分、非现金对价、应付客户对价等因素的影响。

1）可变对价

可变对价是企业根据合同有权收取的对价，只不过金额不确定，包括折扣、回扣、退款、抵免、价格折让、激励措施、业绩奖金、罚款、退货权等。这是企业正常经营活动的组成部分，由企业和客户协商决定。合同中存在可变对价的，企业应当按照期望值或最可能发生金额确定可变对价的最佳估计数，但包含的可变对价的交易价格，应当不超过在相关不确定性消除时累计已确认收入极可能不会发生重大转回的金额。企业在评估累计已确认收入是否极可能不会发生重大转回时，应当同时考虑收入转回的可能性及其比重。每一资产负债表日，企业应当重新估计应计入交易价格的可变对价金额。

【例13-4】某承包商按100 000元的价格签订了一份建造资产的合同，并且可能获得0至50 000元的履约奖金。该承包商估计，获得50 000元奖励的概率是60%，获得45 000元奖励的概率是30%，获得40 500元奖励的概率是10%。

该承包商认为，由于奖金在0至50 000元之间，不存在一个最可能收到的确定奖金金额，因此，在合同签订时，该公司采用预期价值法对可能收到的奖励金额进行估计，通过将各种奖励出现的概率加权平均，计算得出奖金的收入为：147 550元（100 000 +（0.6×50 000）+（0.3×45 000）+（0.1×40 500））。

如果合同规定建造资产在规定日期完工，承包商将收到25 000元奖金。该项合同预计需要3年时间完工。该承包商认为，根据其过去的经验，该合同将在目标日期顺利完工的概率是95%，交易价格应当是最可能的金额，因此该合同的交易价格是125 000元。

2）合同中存在重大融资成分

合同中存在重大融资成分的，企业应当按照假定客户在取得商品控制权时即以现金支付的应付金额确定交易价格。该交易价格与合同对价之间的差额，应当在合同期间内采用实际利率法摊销。但是，基于重要性原则，合同开始日，企业预计客户取得商品控制权与客户支付价款间隔不超过1年的，可以不考虑合同中存在的重大融资成分。

【例13-5】A公司向客户销售一个产品，销售价格为121万元，该价款必须在交货后的24个月内支付。客户在合同开始时即获得了该产品的控制权。合同允许客户在90天内无条件退回产品。该产品是一个新产品，且A公司没有任何相关的产品退货历史证据或任何其他可获得的市场证据。该产品的单独售价为100万元，它代表了在合同开始时点，按相同条款和条件出售相同产品，并于交货时支付货款的价格。该产品的成本为80万元。

该案例中，A公司应当于无条件退货期满后，即90天后确认产品销售收入。这是因为存在退货权，并且A公司缺乏相关的历史证据，这意味着A公司无法确定已确认的累计收入金额是否极可能不会发生重大转回。

具体来说，A公司的会计处理如下：

（1）在合同开始，向客户转让商品时：

借：发出商品	800 000	
贷：库存商品		800 000

（2）90天退货期满后，按折现后对价确认收入（不考虑相关税费）：

借：应收账款	1 000 000	
贷：主营业务收入		1 000 000
借：主营业务成本	800 000	
贷：发出商品		800 000

（3）在付款期限内，按实际利率10%分期确认利息收入：

借：应收账款	210 000	
贷：财务费用——利息收入		210 000

（4）客户实际付款时：

借：银行存款	1 210 000	
贷：应收账款		1 210 000

3）非现金对价

非现金对价的形式包括材料、设备、人工等，客户支付非现金对价的，企业应当按照非现金对价的公允价值确定交易价格。非现金对价的公允价值不能合理估计的，企业应当参照其承诺向客户转让商品的单独售价间接确定交易价格。非现金对价的公允价值因对价形式以外的原因而发生变动的，应当作为可变对价，按照上述可变对价的规定进行会计处理。单独售价，是指企业向客户单独销售商品的价格。

【例13-6】A公司与B公司签订合同，为B公司建造一项大型设备。合同约定，B公司向A公司支付1 000万元现金，以及一批材料。该批材料公允价值为500万元，A公司无需为该批材料额外支付价款，且必须将该批材料用于该设备的建造。设备于3个月内建造完成并移交B公司，B公司在该时点获得了设备的控制权。

本案例中，A公司所获得的材料，无需单独支付对价，因此，A公司应将该批材料按公允价值计量，作为设备销售的收入进行确认，即该大型设备的销售收入为1 500万元。

4）应付客户对价

应付客户对价包括向客户支付的现金或授予的奖励积分等，如礼品券、折扣券、批量回扣、货架展位付款等。企业应付客户（或向客户购买本企业商品的第三方，下同）对价的，应当将该应付对价冲减交易价格，并在确认相关收入与支付（或承诺支付）客户对价二者孰晚的时点冲减当期收入，但应付客户对价是为了向客户取得其他可明确区分商品的除外。

企业应付客户对价是为了向客户取得其他可明确区分商品的，应当采用与本企业其他采购相一致的方式确认所购买的商品。企业应付客户对价超过向客户取得可明确区分商品公允价值的，超过金额应当冲减交易价格。向客户取得的可明确区分商品公允价值不能合理估计的，企业应当将应付客户对价全额冲减交易价格。

【例13-7】某消费品制造商A公司签订了一项合同，向一家全球大型连锁零售店客户销售商品，合同期限为1年。该零售商承诺，在合同期限内以约定价格购买至少价值1 500万元的产品。合同同时约定，A公司需在合同开始时向该零售商支付150万元的不可退回款项。该款项旨在就零售商需更改货架以使其适合放置A公司产品而作出的补偿。

本案例中，A公司根据前述应付给客户对价的相关规定，首先分析应付客户款项的性质。A公司认为，由于该款项并非为获取单独可区分的商品或服务，因为A公司并不享有改造货架的任何控制权。因此，A公司得出结论，应将向零售商支付的150万元款项作为后续销售商品收入的抵减项。根据合同约定，零售商承诺购货总价为1 500万元，因此，所支付的150万元相当于给予了每项商品10%的折扣，A公司在确认每项商品销售收入时，按10%的折扣确认收入金额。

5）合同中包含两项或多项履约义务的交易价格的确定

合同中包含两项或多项履约义务的，企业应当在合同开始日，按照各单项履约义务所承诺商品的单独售价的相对比例，将交易价格分摊至各单项履约义务。企业不得因合同开始日之后单独售价的变动而重新分摊交易价格。

企业在类似环境下向类似客户单独销售商品的价格，应作为确定该商品单独售价的最佳证据。单独售价无法直接观察的，企业应当综合考虑其能够合理取得的全部相关信息，采用市场调整法、成本加成法、余值法等方法合理估计单独售价。在估计单独售价时，企业应当最大限度地采用可观察的输入值，并对类似的情况采用一致的估计方法。市场调整法，是指企业根据某商品或类似商品的市场售价考虑本企业的成本和毛利等进行适当调整后，确定其单独售价的方法。成本加成法，是指企业根据某商品的预计成本加上其合理毛利后的价格，确定其单独售价的方法。余值法，是指企业根据合同交易价格减去合同中其他商品可观察的单独售价后的余值，确定某商品单独售价的方法。企业在商品近期售价波动幅度巨大，或者因未定价且未曾单独销售而使售价无法可靠确定时，可采用余值法估计其单独售价。

对于合同折扣，企业应当在各单项履约义务之间按比例分摊。有确凿证据表明合同折扣仅与合同中一项或多项（而非全部）履约义务相关的，企业应当将该合同折扣分摊至相关一项或多项履约义务。合同折扣仅与合同中一项或多项（而非全部）履约义务相关，且企业采用余值法估计单独售价的，应当首先按照前款规定在该一项或多项（而非全部）履约义务之间分摊合同折扣，然后采用余值法估计单独售价。合同折扣，是指合同中各单项履约义务所承诺商品的单独售价之和高于合同交易价格的金额。

13.1.4 收入的核算

1）账户设置

企业应设置“主营业务收入”“主营业务成本”“其他业务收入”“其他业务成本”“税金及附加”“销售费用”等账户进行各项收入、成本的核算。

（1）主营业务收入。

该账户从性质上讲属于损益类账户，用来核算企业在销售商品、提供劳务及让渡资产使用权等主要日常活动中所产生的收入。其贷方反映企业实现的营业收入，借方反映销货退回时冲减的营业收入，期末结转前的余额一般在贷方。期末结转时将该余额一次性转入“本年利润”账户，结转后，该账户无余额。该账户可以按商品类别设置明细账。

（2）主营业务成本。

该账户从性质上讲属于损益类账户，用来核算企业在为实现主营业务收入而发生的成本。该账户与主营业务收入为对象配比账户。其借方登记企业售出的商品或劳务的成本，贷方登记销货退回时冲减的营业成本，期末结转前的余额一般在借方。期末结转时将该余额一次性转入“本年利润”账户，结转后，该账户无余额。该账户可以按商品类别设置明细账。

（3）其他业务收入。

该账户从性质上讲属于损益类账户，用来核算企业除了主营业务收入以外的其他业务所取得的收入，比如销售不需用的材料，转让无形资产使用权，出租包装物和固定资产、投资性房地产的收入。其贷方反映企业实现的各项收入，借方反映各项事项冲减的其他业务收入，期末结转前的余额一般在贷方。期末结转时将该余额一次性转入“本年利润”账户，结转后，该账户无余额。该账户可以按其他业务类别设置明细账。

（4）其他业务成本。

该账户从性质上讲属于损益类账户，用来核算企业在为实现其他业务收入而发生的成本。该账户与其他业务收入为对象配比账户。其借方登记各项商品或劳务的成本，如有退回等事项而冲减的成本登记在贷方，期末结转前的余额一般在借方。期末结转时将该余额一次性转入“本年利润”账户，结转后，该账户无余额。该账户可以按其他业务类别设置明细账。

2）步骤

收入确认程序分为下面五个步骤：

步骤1：识别客户合同——合同是指双方或多方之间订立有法律约束力的权利义务协议。

步骤2：识别合同中的履约义务——合同包括向客户转让商品或服务的承诺。如果这些商品或服务可明确区分，则对应的承诺即为履约义务并且应当分别进行会计处理。如果客户能够从某项商品或服务本身，或从该商品或服务与其他易于获得资源一起使用中受益，且企业向客户转让该商品或服务的承诺与合同中其他承诺可单独区分，则该商品或服务可明确区分。

步骤3：确定交易价格——交易价格是企业因向客户转让商品或服务而预期有权收取的对价金额。交易价格可以是固定的客户对价金额，但有时也可能包含可变对价或非现金对价。交易价格还应当就货币的时间价值影响（若合同中存在重大融资成分）及任何应付客户对价作出调整。如果对价是可变的，则企业应估计其因转让商品或服务而有权收取的对价金额。但包含可变对价的交易价格，应当不超过在相关不确定性消除时累计已确认收入极可能不会发生重大转回的金额。

步骤4：将交易价格分摊至合同中的履约义务——企业通常按照各单项履约义务所承诺商品的单独售价的相对比例，将交易价格分摊至各单项履约义务。如果单独售价无法直接观察，企业应对其作出估计。有时，交易价格包含仅与合同中一项或多项履约义务相关的折扣或可变对价金额。有关要求对企业何时应将折扣或可变对价分摊至合同中一项或多项（而非全部）履约义务作出了规定。

步骤5：在企业履行履约义务时（或履约过程中）确认收入——企业应在其通过向客户转让商品或服务履行履约义务时（或履约过程中）（当客户取得对商品或服务的控制权时）确认收入，即"控制权转移"模型。

所确认的收入金额为分摊至履约义务的金额。履约义务可在某一时点（对向客户转让商品的承诺而言较为常见）或在某一时段内（对向客户转让服务的承诺而言较为常见）履行。对于在某一时段内履行的履约义务，企业应通过选择计量企业履约义务的履约进度的适当方法在一段时间内确认收入。

3）核算

（1）一般情况下收入的会计核算。

企业销售商品时，应在符合收入的确认条件时确认销售收入，并结转销售成本。应根据具体情况，借记"银行存款""应收票据""应收账款"等科目，根据实际价款，贷记"主营业务收入"科目，根据收取的增值税销项税额，贷记"应交税费——应交增值税（销项税额）"科目。

【例13-8】蓝天公司2018年1月10日采用托收承付方式向大海公司发出甲产品10台，每台售价1 200元，销售价款12 000元，该产品的增值税税率为16%，应收取增值税1 920元，开具增值税专用发票，已办妥托收手续，货款尚未收到，甲产品单位销售成本为8 000元。2月15日，该公司如数收到大海公司支付的货款和增值税。

1月10日，蓝天公司已将甲产品的控制权转移给大海公司，交易价格为12 000元，符合收入的确认条件，按照收入确认的步骤，可以确认收入。会计处理如下：

借：应收账款	13 920	
贷：主营业务收入		12 000
应交税费——应交增值税（销项税额）		1 920
借：主营业务成本	8 000	
贷：库存商品		8 000

2月15日，收到货款。

借：银行存款　　13 920

　贷：应收账款　　13 920

【例13-9】蓝天公司为减少不合理库存，处理不需用材料一批，售价4 000元，该材料账面实际成本为3 400元，增值税税率为16%，货款已经收到。蓝天公司编制会计分录如下：

借：银行存款　　4 640

　贷：其他业务收入　　4 000

　　　应交税费——应交增值税（销项税额）　　640

借：其他业务成本　　3 400

　贷：原材料　　3 400

（2）销售商品的特殊业务的会计核算。

①附有销售退回条款的销售。

对于附有销售退回条款的销售，企业应当在客户取得相关商品控制权时，按照因向客户转让商品而预期有权收取的对价金额（不包含预期因销售退回将退还的金额）确认收入，按照预期因销售退回将退还的金额确认负债；同时，按照预期将退回商品转让时的账面价值，扣除收回该商品预计发生的成本（包括退回商品的价值减损）后的余额，确认为一项资产，按照所转让商品转让时的账面价值，扣除上述资产成本的净额结转成本。

每一资产负债表日，企业应当重新估计未来销售退回的情况，如有变化，应当作为会计估计变更进行会计处理。

【例13-10】A公司销售甲产品10件，单价100元，单位成本70元，合同中约定客户3个月内可无条件退货。根据甲产品以往的销售经验，预计退货率为20%。（假定不考虑相关税费）

A公司提供的3个月内可无条件退货的质量保证符合预计负债的确认条件，因此，A公司作如下会计处理：

借：银行存款　　1 000

　贷：主营业务收入　　800

　　　预计负债　　200

借：主营业务成本　　560

　　发出商品　　140

　贷：库存商品　　700

②附有质量保证条款的销售。

对于附有质量保证条款的销售，企业应当评估该质量保证是否在向客户保证所销售商品符合既定标准之外提供了一项单独的服务。客户能够选择单独购买质量保证的，该质量保证构成单项履约义务，则企业在履行了合同中的履约义务，即在客户取得相关商品控制权时确认收入。企业未提供额外服务的，与质量保证责任相关的义务同时满足下列条件的，应当确认为预计负债：a.该义务是企业承担的现时义务；b.履行该义务很可能导致经济利益流出企业；c.该义务的金额能够可靠地计量。预计负债应当按照履行相关现时义务所需支出的最佳估计数进行初始计量。所需支出存在一个连续范围，且该范围内各种结果发生的可能性相同的，最佳估计数应当按照该范围内的中间值确定。企业在确定最佳估计数时，应当综合考虑与或有事项有关的风险、不确定性和货币时间价值等因素。货币时间价值影响重大的，应当通过对相关未来现金流出进行折现后确定最佳估计数。企业清偿预计负债所需支出全部或部分预期由第三方补偿的，补偿金额只有在基本确定能够收到时才能作为资产单独确认。确认的补偿金额不应当超过预计负债的账面价值。

在评估质量保证是否在向客户保证所销售商品符合既定标准之外提供了一项单独的服务时，企业应当考虑该质量保证是否为法定要求、质量保证期限以及企业承诺履行任务的性质等因素。

【例13-11】某企业是电脑制造商和销售商，其提供质保期为90天的保证型质保。该企业提供可选"延长保修"计划。按照该计划，从保证型质保到期之后的3年内该企业将对任何损坏的部件进行保修或更换。电脑销售和延长质保的总交易价格为3 500元。该企业确定各自的单独售价分别为3 200元和300元。电脑的存货成本为1 440元。基于其自身经验，该企业估计维修在保证型质保的90天保修期内出现损坏的部件将花费200元。

（1）确认销售电脑收入。

借：银行存款	3 200	
贷：主营业务收入		3 200
借：主营业务成本	1 440	
贷：库存商品		1 440

（2）确认保证型质保费用。

借：销售费用	200	
贷：预计负债		200

（3）确认延长保修收入。

借：银行存款	300	
贷：主营业务收入		100
预收账款		200

③售后回购。

售后回购，是指企业销售商品的同时承诺或有权选择日后再将该商品（包括相同或几乎相同的商品，或以该商品作为组成部分的商品）购回的销售方式。

对于售后回购交易，企业应当区分下列两种情形分别进行会计处理：

a.企业因存在与客户的远期安排而负有回购义务或企业享有回购权利的，表明客户在销售时点并未取得相关商品控制权，企业应当作为租赁交易或融资交易进行相应的会计处理。回购价格低于原售价的，应当视为租赁交易，按照《企业会计准则第21号——租赁》的相关规定进行会计处理。回购价格不低于原售价的，应当视为融资交易，在收到客户款项时确认金融负债，并将该款项和回购价格的差额在回购期间内确认为利息费用等。企业到期未行使回购权利的，应当在该回购权利到期时终止确认金融负债，同时确认收入。

b.企业负有应客户要求回购商品义务的，应当在合同开始日评估客户是否具有行使该要求权的重大经济动因。客户具有行使该要求权重大经济动因的，企业应当将售后回购作为租赁交易或融资交易进行相应的会计处理。否则，企业应当将其作为附有销售退回条款的销售交易，在客户取得相关商品控制权时，按照因向客户转让商品而预期有权收取的对价金额（不包含预期因销售退回将退还的金额）确认收入，按照预期因销售退回将退还的金额确认负债；同时，按照预期将退回商品转让时的账面价值，扣除收回该商品预计发生的成本（包括退回商品的价值减损）后的余额，确认为一项资产，按照所转让商品转让时的账面价值，扣除上述资产成本的净额结转成本。每一资产负债表日，企业应当重新估计未来销售退回情况，如有变化，应当作为会计估计变更进行会计处理。

【例13-12】2018年1月1日，红光公司与客户签订了有形资产销售合同，价格为100万元。请分别以下情形说明红光公司该如何进行会计处理。

（1）该合同赋予红光公司可在2018年12月31日或之前以110万元的价格回购资产的权利。

（2）合同规定红光公司有义务在2018年12月31日或之前因应客户要求以90万元的价格回购资产，该资产2018年12月31日的市场价值预计为75万元。

情形（1）因为红光公司存在与客户的远期安排而享有回购权利，表明客户在销售时点并未取得相关商品控制权。由于红光公司回购价格大于原价，因此，该售后回购属于融资交易，销售环节不能确认收入，而应将收到的款项确认为负债，多支付的10万元应该在合同期内确认为财务费用。

情形（2）因红光公司存在与客户的远期安排而负有回购义务，表明客户在销售时点并未取得相关商品控制权。由于红光公司回购价格小于原价，且回购价大于回购时的市场价，因此，评估客户具有行驶该要求权的重大经济动因，因此，应该作为租赁处理。

④向客户收取的无需退回的初始费。

企业在合同开始（或接近合同开始）日向客户收取的无需退回的初始费（如俱乐部的入会费等）应当计入交易价格。企业应当评估该初始费是否与向客户转让已承诺的商品相关。该初始费与向客户转让已承诺的商品相关，并且该商品构成单项履约义务的，企业应当在转让该商品时，按照分摊至该商品的交易价格确认收入。该初始费与向客户转让已承诺的商品相关，但该商品不构成单项履约义务的，企业应当在包含该商品的单项履约义务履行时，按照分摊至该单项履约义务的交易价格确认收入。该初始费与向客户转让已承诺的商品不相关的，该初始费应当作为未来将转让商品的预收款，在未来转让该商品时确认为收入。

企业收取了无需退回的初始费且为履行合同应开展初始活动，但这些活动本身并没有向客户转让已承诺的商品的，该初始费与未来将转让的已承诺商品相关，应当在未来转让该商品时确认为收入，企业在确定履约进度时不应考虑这些初始活动；企业为该初始活动发生的支出应当确认为一项资产或计入当期损益。

【例13-13】某健身俱乐部规定客户入会需支付不可退还的入会费100元。客户签订一年合同收费1 200元。俱乐部为客户注册的行为并未向客户转移任何服务，因此不是履约义务。但俱乐部在续约时不会再要求客户支付会员预付款，因而这100元入会费实质上是向客户提供优惠续约费用。基于经验，俱乐部认为其客户在终止合同前平均会续约两次。因此，该入会费为向客户提供两年优惠续约价格的权利。因此，该100元入会费与向客户提供的会员服务不相关，该初始费应当作为未来将转让商品的预收款，在未来两年内客户续约时确认为收入。

⑤附有客户额外购买选择权的销售。

对于附有客户额外购买选择权的销售，企业应当评估该选择权是否向客户提供了一项重大权利。企业提供重大权利的，应当作为单项履约义务，需要将交易价格分摊至该履约义务，在客户未来行使购买选择权取得相关商品控制权时，或者该选择权失效时，确认相应的收入。

a.合同中包含两项或多项履约义务的，企业应当在合同开始日，按照各单项履约义务所承诺商品的单独售价的相对比例，将交易价格分摊至各单项履约义务。企业不得因合同开始日之后单独售价的变动而重新分摊交易价格。

b.企业在类似环境下向类似客户单独销售商品的价格，应作为确定该商品单独售价的最佳证据。单独售价无法直接观察的，企业应当综合考虑其能够合理取得的全部相关信息，采用市场调整法、成本加成法、余值法等方法合理估计单独售价。在估计单独售价时，企业应当采用可观察的输入值，并对类似的情况采用一致的估计方法。

c.企业在商品近期售价波动幅度巨大，或者因未定价且未曾单独销售而使售价无法可靠确定时，可采用余值法估计其单独售价。

客户额外购买选择权的单独售价无法直接观察的，企业应当综合考虑客户行使和不行使该选择权所能获得的折扣的差异、客户行使该选择权的可能性等全部相关信息后，予以合理估计。

客户虽然有额外购买商品的选择权，但客户行使该选择权购买商品时的价格反映了这些商品单独售价的，不应被视为企业向该客户提供了一项重大权利。

【例13-14】某企业签订合同，以100元的价格销售产品A，并在合同中约定，如果客户在未来30天内再额外购买该产品，在限额100元的范围内可以享受六折优惠。此外，作为其季度促销的一部分，该企业打算在未来30天内对所有销售实行九折优惠。取得六折优惠券的客户不能同时享受九折优惠。企业估计客户兑现折扣券的可能性为80%，且每位客户将平均购买50元的额外产品。请问该企业应该怎样对该选择权进行会计处理？

该选择权的单独售价=50×（40%-10%）×80%=12（元）

$$该商品分摊的交易价格=100\times\frac{100}{100+12}=89.29（元）$$

该选择权分摊的交易价格=100-89.29=10.71（元）

该企业在未来30天内顾客使用折扣券时确认该收入，对于没有使用的折扣券，在第30天确认收入。

⑥向客户授予知识产权许可。

企业向客户授予知识产权许可（如软件及技术，电影、音乐及其他媒体和娱乐形式，特许权，专利权，商标权和版权等），构成单项履约义务的，同时满足下列条件时，应当作为在某一时段内履行的履约义务确认相关收入；否则，应当作为在某一时点履行的履约义务确认相关收入：一是合同要求或客户能够合理预期企业将从事对该项知识产权有重大影响的活动；二是该活动对客户将产生有利或不利影响；三是该活动不会导致向客户转让某项商品。

企业向客户授予知识产权许可，并约定按客户实际销售或使用情况收取特许权使用费的，应当在客户后续销售或使用行为实际发生和企业履行相关履约义务这两项孰晚的时点确认收入。

【例13-15】某企业是一家连环漫画创作公司，其将三组连环漫画的漫画角色的形象和名称的使用权授予一家游艇运营商，为期4年。该游艇运营商在合理的指引范围内能够以不同的方式使用该企业创作的角色，如展览或巡游。合同要求客户使用角色的最新形象。作为授予许可的交换，该企业在4年合同期内每年会收到100万元的固定付款。请问以下两种情形下应该如何确认收入，时点还是时段？

（1）每组连环漫画都涉及一些主要角色，4年内角色并不发生变化；（2）漫画创作公司定期创作新的角色，且角色的形象随时间变化而变化。

对于情形（1），该项知识产权在4年内都不会发生变化，因此提供知识产权的义务形成的收入就是时点确认；而对于情形（2），该项知识产权在4年内会定期更新，则提供知识产权的义务所取得的收入就需要按照时段进行确认。

【例13-16】某企业与客户签订特许经营许可合同，授权其在5年内使用该企业的商标并销售该企业的产品。此外，该企业还承诺提供专卖店运营所需的必要设备。许可证使用费为该客户每月销售额的8%。该设备的单独售价为100 000元，货到付款。请问提供特许经营权服务和出售设备是一项还是两项履约义务？该怎样确认收入？

由于该许可证的使用权承诺与合同中的设备销售可以明确区分，因此该许可证的使用权与出售设备为两项单独的履约义务。出售设备的收入在该设备控制权转移给客户时点确认收入，特许使用权的收入需要根据该客户的销售额确定，因此，属于按时段确认收入。

⑦转售业务与代理业务。

企业应当根据其在向客户转让商品前是否拥有对该商品的控制权，来判断其从事交易时的身份是主要责任人还是代理人。企业在向客户转让商品前能够控制该商品的，该企业为主要责任人，应当按照已收或应收对价总额确认收入；否则，该企业为代理人，应当按照预期有权收取的佣金或手续费的金额确认收入，该金额应当按照已收或应收对价总额扣除应支付给其他相关方的价款后的净额，或者按照既定的佣金金额或比例等确定。

企业向客户转让商品前能够控制该商品的情形包括：

a.企业自第三方取得商品或其他资产控制权后，再转让给客户。在具体判断向客户转让商品前是否拥有对该商品的控制权时，企业不应仅局限于合同的法律形式，而应当综合考虑所有相关事实和情况，这些事实和情况包括：企业承担向客户转让商品的主要责任；企业在转让商品之前或之后承担了该商品的存货风险；企业有权自主决定所交易商品的价格；其他相关事实和情况。

b.企业能够主导第三方代表本企业向客户提供服务。

c.企业自第三方取得商品控制权后，通过提供重大的服务将该商品与其他商品整合成某组合产出转让给客户。

【例13-17】A公司是一家电子商务企业，主要经营一家购物网站。用户通过该购物网站向供应商购买商品，供应商则通过该网站直接向客户交付商品。根据A公司与供应商的合同约定，当用户通过该网站购买商品时，A公司有权获得相当于售价10%的佣金。相关商品由供应商定价，客户通过该网站向供应商支付货款。客户在订货时需预先支付货款，货款由A公司网站暂时锁定，待客户收到商品并确认验收后向供应商支付。A公司在安排向客户提供产品之后没有进一步的义务，如果商品出现任何质量问题，由供应商与客户协商退换。

B公司与主要航空公司协商，以低于航空公司直接销售给公众的票价的折扣价购买机票。B公司同意购买特定数量的机票，并且无论其是否能转售这些机票，都必须进行支付。B公司为每张购买的机票支付的折扣价提前进行协商并达成一致。B公司自行决定销售给客户的机票价格，其销售机票并在客户购买机票时，向客户收取对价。B公司还帮助客户解决针对航空公司提供服务的投诉。但是，各家航空公司负责履行与机票相关的义务，包括因客户对服务表示不满意而进行的补偿。

请问A公司与B公司是主要责任人还是代理人？

A公司不承担向客户交付商品的主要责任，在转让商品之前或之后都不承担商品的存货风险，且A公司无权自主决定商品的价格。因此，A公司不拥有对该交易商品的控制权，因此，A公司为代理人。

B公司承担向客户转让机票的主要责任，因为无论其是否能转售这些机票，都必须进行支付，在转让机票之前或之后承担了该机票的存货风险，且B公司有权自主决定机票的价格。因此，B公司拥有对该机票的控制权，因此，B公司为主要责任人。

⑧预收商品款销售业务。

企业向客户预收销售商品款项的，应当首先将该款项确认为负债，待履行了相关履约义务时再转为收入。当企业预收款项无需退回，且客户可能会放弃其全部或部分合同权利时，企业预期将有权获得与客户所放弃的合同权利相关的金额的，应当按照客户行使合同权利的模式按比例将上述金额确认为收入；否则，企业只有在客户要求其履行剩余履约义务的可能性极低时，才能将上述负债的相关余额转为收入。

【例13-18】D公司为增值税一般纳税人。2018年6月3日，D公司与甲企业签订供货合同，向其出售一批设备，货款金额共计100 000元，应缴纳增值税16 000元。根据购货合同的规定，甲企业在购货合同签订一周内，应当向D公司预付货款60 000元，剩余货款在交货后付清。2018年6月8日，D公司收到甲企业交来的预付款60 000元，并存入银行；6月18日，D公司将货物发到甲企业并开出增值税专用发票，甲企业验收合格后付清了剩余货款。D公司的有关会计处理如下：

6月8日收到甲企业交来的预付款60 000元：

借：银行存款	60 000	
贷：预收账款——甲企业		60 000

6月18日D公司发货后收到甲企业剩余货款：

借：预收账款——甲企业	116 000	
贷：主营业务收入		100 000
应交税费——应交增值税（销项税额）		16 000

甲企业补付的货款=116 000-60 000=56 000（元）

借：银行存款　56 000

　贷：预收账款——甲企业　56 000

本例中，假若D公司只能向甲企业供货40 000元，则D公司应退回预收账款13 600元，有关会计分录如下：

借：预收账款——甲企业　60 000

　贷：主营业务收入　40 000

　　应交税费——应交增值税（销项税额）　6 400

　　银行存款　13 600

13.1.5　收入的列报

企业应当根据本企业履行履约义务与客户付款之间的关系在资产负债表中列示合同资产或合同负债。企业拥有的、无条件（仅取决于时间流逝）向客户收取对价的权利应当作为应收款项单独列示。

合同资产，是指企业已向客户转让商品而有权收取对价的权利，且该权利取决于时间流逝之外的其他因素。如企业向客户销售两项可明确区分的商品，企业因已交付其中一项商品而有权收取款项，但收取该款项还取决于企业交付另一项商品的，企业应当将该收款权利作为合同资产。合同负债，是指企业已收或应收客户对价而应向客户转让商品的义务。如企业在转让承诺的商品之前已收取的款项。

企业应当在附注中披露与收入有关的下列信息：

（1）收入确认和计量所采用的会计政策、对于确定收入确认的时点和金额具有重大影响的判断以及这些判断的变更，包括确定履约进度的方法及采用该方法的原因、评估客户取得所转让商品控制权时点的相关判断，在确定交易价格、估计计入交易价格的可变对价、分摊交易价格以及计量预期将退还给客户的款项等类似义务时所采用的方法、输入值和假设等。

（2）与合同相关的下列信息：

①与本期确认收入相关的信息，包括与客户之间的合同产生的收入、该收入按主要类别（如商品类型、经营地区、市场或客户类型、合同类型、商品转让的时间、合同期限、销售渠道等）分解的信息以及该分解信息与每一报告分部的收入之间的关系等。

②与应收款项、合同资产和合同负债的账面价值相关的信息，包括与客户之间的合同产生的应收款项、合同资产和合同负债的期初和期末账面价值、对上述应收款项和合同资产确认的减值损失、在本期确认的包括在合同负债期初账面价值中的收入前期已经履行（或部分履行）的履约义务在本期调整的收入、履行履约义务的时间与通常的付款时间之间的关系以及此类因素对合同资产和合同负债账面价值的影响的定量或定性信息、合同资产和合同负债的账面价值在本期内发生的重大变动情况等。

③与履约义务相关的信息，包括履约义务通常的履行时间、重要的支付条款、企业承诺转让的商品的性质（包括说明企业是否作为代理人）、企业承担的预期将退还给客户的款项等类似义务、质量保证的类型及相关义务等。

④与分摊至剩余履约义务的交易价格相关的信息，包括分摊至本期期末尚未履行（或

部分未履行）履约义务的交易价格总额、上述金额确认为收入的预计时间的定量或定性信息、未包括在交易价格的对价金额（如可变对价）等。

（3）与合同成本有关的资产相关的信息，包括确定该资产金额所作的判断、该资产的摊销方法、按该资产主要类别（如为取得合同发生的成本、为履行合同开展的初始活动发生的成本等）披露的期末账面价值以及本期确认的摊销及减值损失金额等。

（4）企业因预计客户取得商品控制权与客户支付价款间隔未超过1年而未考虑合同中存在的重大融资成分，或者因合同取得成本的摊销期限未超过1年而将其在发生时计入当期损益的，应当披露该事实。

13.1.6　合同成本

与合同有关的支出可以分为取得合同环节发生的支出和合同履行环节发生的支出。对于这两部分的支出，会计处理上都要解决资本化还是费用化的问题。

1）取得合同环节发生的支出

企业为取得合同发生的增量成本预期能够收回的，应当作为合同取得成本确认为一项资产；但是，该资产摊销期限不超过1年的，可以在发生时计入当期损益。增量成本，是指企业不取得合同就不会发生的成本（如销售佣金等）。企业为取得合同发生的、除预期能够收回的增量成本之外的其他支出（如无论是否取得合同均会发生的差旅费等），应当在发生时计入当期损益，但是明确由客户承担的除外。

2）履行合同环节发生的支出

资本化的支出称为履约成本。企业为履行合同发生的支出，不属于其他企业会计准则规范范围且同时满足下列条件的，应当作为合同履约成本确认为一项资产：

（1）该成本与一份当前或预期取得的合同直接相关，包括直接人工、直接材料、制造费用（或类似费用）、明确由客户承担的成本以及仅因该合同而发生的其他成本。

（2）该成本增加了企业未来用于履行履约义务的资源。

（3）该成本预期能够收回。该资产应当采用与该资产相关的商品收入确认相同的基础进行摊销，计入当期损益。

与合同成本有关的资产，其账面价值高于企业因转让与该资产相关的商品预期能够取得的剩余对价与为转让该相关商品估计将要发生的成本这两者的差额的，超出部分应当计提减值准备，并确认为资产减值损失。以前期间减值的因素之后发生变化，使得上述两者的差额高于该资产账面价值的，应当转回原已计提的资产减值准备，并计入当期损益，但转回后的资产账面价值不应超过假定不计提减值准备情况下该资产在转回日的账面价值。

履行合同环节应该费用化的支出包括：

（1）管理费用；

（2）非正常消耗的直接材料、直接人工和制造费用（或类似费用），这些支出为履行合同发生，但未反映在合同价格中；

（3）与履约义务中已履行部分相关的支出；

（4）无法在尚未履行的与已履行的履约义务之间区分的相关支出。

【例13-19】诚信会计师事务所向新客户提供5年的管理咨询服务，并在随后的每一年进行续约，与客户签订合同的平均期限为7年。该事务所为取得合同而发生的成本包括：

尽职调查律师费100 000元、差旅费5 000元、销售人员佣金30 000元。在提供服务之前，事务所设计并建立一个供事务所内部使用并与客户系统接口的技术平台。该平台未转移至客户，但是将用于向客户提供服务。建立平台的支出包括：设计支出40 000元、软件支出7 000元、硬件支出14 000元、数据中心迁移及测试支出5 400元。请问上述支出属于什么阶段的支出，应该资本化还是费用化？

取得合同的支出：尽职调查律师费10 000元、差旅费5 000元、销售人员佣金30 000元。其中，销售人员佣金应该资本化，确认为一项合同资产，在5年内摊销。尽职调查律师费10 000元、差旅费5 000元作为期间费用。

履行合同的支出：设计支出40 000元和数据中心迁移及测试支出5 400元应该确认为一项合同资产，在7年内摊销。

而建设技术平台发生的软件支出7 000元、硬件支出14 000元，分别应该确认为无形资产和固定资产。

13.2 费 用

13.2.1 费用概述

1）费用的定义、分类与范畴

费用是与收入相配比的会计要素。与收入一样，费用也有广义和狭义之分。狭义费用是指企业在日常活动中发生的，会导致所有者权益减少的，与向所有者分配利润无关的经济利益的总流出。我国企业会计准则中的费用就是狭义费用。狭义费用包括营业成本、期间费用和税金及附加。营业成本是指企业在销售商品、提供劳务和让渡资产使用权等日常经营活动中为取得营业收入而发生的经济利益的流出，营业成本与营业收入为对象配比关系。期间费用是指销售费用、管理费用和财务费用等三项期间费用。税金及附加[①]是指企业经营活动发生的消费税、城市维护建设税、资源税、教育费附加及房产税、城镇土地使用税、车船税、印花税等相关税费。期间费用、税金及附加与营业收入都是期间配比关系，两者都需要从营业收入中得到补偿，但是前者是为取得营业收入而发生的耗费，后者属于因营业收入的发生而产生的税费性质的耗费。总而言之，狭义费用产生于企业“日常”的“营业”活动。

广义费用是指企业在某一会计期间发生的，会导致所有者权益减少的，与向所有者分配利润无关的经济利益的流出。广义的费用除了包括狭义费用之外，还包括计入当期损益的损失，即公允价值变动损失、资产减值损失、营业外支出和所得税费用。公允价值变动损失是指以公允价值计量且收益计入当期损益的资产或负债的公允价值变动所导致的损失；资产减值损失是指各项资产发生减值而导致的损失；营业外支出是指与企业生产经营活动没有直接关系的各种经济利益的流出；所得税费用是指企业经营利润应缴纳的所得税。也就是说，广义费用除了企业日常经营活动发生的费用，还包括非日常的经营活动发生的费用以及非营业活动发生的费用。

除非特别说明，否则本节下文所指的费用均为企业会计准则中定义的费用。广义费用

① 根据财会〔2016〕22号文，全面推开营业税改征增值税后，“营业税金及附加”科目名称调整为“税金及附加”科目；利润表中的“营业税金及附加”项目调整为“税金及附加”项目。

在13.3中讨论。

2）费用的特征

费用具有以下特征：

（1）费用是企业在日常活动中发生的经济利益的总流出；

（2）费用会导致企业所有者权益减少；

（3）费用与向所有者分配利润无关；

（4）费用的发生会表现为资产的减少、负债的增加或二者兼而有之。

13.2.2　费用的确认与计量

费用应该按照权责发生制和配比原则确认。权责发生制要求，凡属于本期发生的费用，不论其款项是否支付，均确认为本期费用；反之不属于本期的费用，即使其款项已在本期支付，也不确认为本期费用。配比原则具体包括以下两个原则：

（1）对象配比，也称直接配比。也就是某产品的收入必须与该产品的耗费相匹配。比如主营业务收入和主营业务成本，两者匹配的正向结果一般称为主营业务毛利（反之为主营业务亏损）。再如其他业务收入和其他业务成本，两者匹配的正向结果一般称为其他业务毛利（反之为其他业务亏损）。

（2）期间配比，也称间接配比。即将一定时期的收入与同时期的费用相配比。比如行政管理部门发生的费用，推销产品而发生的费用，以及为筹集使用资金而发生的费用等，这些费用虽然与收入不像营业成本与收入那样具有直接的因果关系，但与收入产生的会计期间紧密相连，其效果直接影响该会计期间的收入，因而也应将其视为与某一期间收入相匹配的费用。

13.2.3　费用的核算

1）账户设置

企业的费用主要通过“主营业务成本”“其他业务成本”“管理费用”“财务费用”“销售费用”“税金及附加”账户进行核算。由于“主营业务成本”和“其他业务成本”账户在13.1中已经介绍，本节仅阐述其他费用账户。

（1）管理费用。

管理费用是指企业行政管理部门为组织和管理生产经营活动而发生的各项费用，包括企业在筹建期间内发生的开办费、董事会和行政管理部门在企业的经营管理中发生的或者应由企业统一负担的公司经费（包括行政管理部门职工工资及福利费、物料消耗、低值易耗品摊销、办公费和差旅费等）、工会经费、董事会费（包括董事会成员津贴、会议费和差旅费等）、聘请中介机构费、咨询费、诉讼费、业务招待费、研究费用、排污费，以及企业生产车间和行政管理部门发生的固定资产修理费用等。

企业应设置“管理费用”账户来核算管理费用的发生和结转情况。该账户从性质上讲属于损益类账户。其借方登记企业发生的各项管理费用，贷方登记各种情形冲减的管理费用，期末结转前，该账户余额在借方。期末结转时，将该借方余额转入“本年利润”账户的贷方，结转后该账户无余额。该账户应按管理费用的费用项目设置明细账户，格式一般为多栏式。

企业发生管理费用，借记“管理费用”账户，贷记“库存现金”“银行存款”“原材料”“累计折旧”“应付职工薪酬”等账户。

（2）财务费用。

财务费用是指企业筹集生产经营所需资金而发生的费用，包括利息净支出（减利息收入）、汇兑净损失（减汇兑收益）、金融机构手续费以及筹集生产经营资金发生的其他费用等。

企业应设置“财务费用”账户来核算财务费用的发生和结转情况。该账户从性质上讲属于损益类账户。其借方登记企业发生的各项财务费用，贷方登记各种情形冲减的财务费用，期末结转前，该账户余额在借方。期末结转时，将该借方余额转入“本年利润”账户的贷方，结转后该账户无余额。该账户应按财务费用的费用项目设置明细账户。

企业发生财务费用，借记“财务费用”账户，贷记“银行存款”“应付利息”“长期借款”等账户。企业取得利息收入，其数额与利息支出相比一般比较小，在我国未单设“利息收入”账户进行核算，因此应抵减利息支出，借记“银行存款”等科目，贷记“财务费用”科目。

（3）销售费用。

销售费用是指企业在销售商品和材料、提供劳务过程中发生的各项费用，包括保险费、包装费、展览费、广告费、商品维修费、预计产品质量保证损失、运输费、装卸费等费用，以及为销售本企业商品而专设的销售机构（含销售网点、售后服务网点等）的职工薪酬、业务费、折旧费、固定资产修理费等费用。

企业应设置“销售费用”账户来核算销售费用的发生和结转情况。该账户从性质上讲属于损益类账户。其借方登记企业发生的各项销售费用，贷方登记各种情形冲减的销售费用，期末结转前，该账户余额在借方。期末结转时，将该借方余额转入“本年利润”账户的贷方，结转后该账户无余额。该账户应按销售费用的费用项目设置明细账户。

企业发生销售费用，借记“销售费用”账户，贷记“库存现金”“银行存款”“原材料”“累计折旧”“应付职工薪酬”“预计负债”等账户。

（4）税金及附加。

对于企业经营活动发生的消费税、城市维护建设税、资源税、教育费附加以及房产税、城镇土地使用税、车船税、印花税等相关税费，企业应设置“税金及附加”账户进行核算。该账户从性质上讲属于损益类账户，用来核算税金及附加的发生和结转情况。其借方登记按规定计算的企业应负担的税金及附加，贷方登记期末转入“本年利润”账户的税金及附加，结转后该账户无余额。

计提各项税金时，借记“税金及附加”账户，贷记“应交税费——应交消费税”“应交税费——应交城市维护建设税”“应交税费——应交教育费附加”“应交税费——应交资源税”“应交税费——应交房产税”“应交税费——应交城镇土地使用税”“应交税费——车船税”。企业缴纳的印花税，不需要计提，可以不通过应交税费核算。在购买印花税票时即借记“税金及附加”账户，贷记“库存现金”或“银行存款”账户。

2）核算

【例13-20】飞龙公司2018年12月发生下列与费用有关的经济业务：以银行存款支付本月业务招待费4 000元、电话费600元、广告费10 000元、车间固定资产修理费1 500

元、管理人员报销的差旅费3 000元、短期借款利息500元。月末计提本月管理用固定资产折旧5 000元、管理用无形资产的累计摊销1 000元、本月管理人员工资12 000元、销售人员工资8 000元。(假设上述业务均不涉及增值税)。

上述费用中，业务招待费、电话费、车间固定资产修理费、管理人员报销的差旅费、管理用固定资产折旧费、管理用无形资产摊销、管理人员工资均属于管理费用；广告费、销售人员工资属于销售费用；短期借款利息属于财务费用。对上述业务可以分别编制如下会计分录：

借：管理费用——业务招待费　4 000
　贷：银行存款　4 000
借：管理费用——电话费　600
　贷：银行存款　600
借：销售费用——广告费　10 000
　贷：银行存款　10 000
借：管理费用——修理费　1 500
　贷：银行存款　1 500
借：管理费用——差旅费　3 000
　贷：银行存款　3 000
借：财务费用——利息费　500
　贷：银行存款　500
借：管理费用——折旧费　5 000
　贷：累计折旧　5 000
借：管理费用——无形资产摊销费　1 000
　贷：累计摊销　1 000
借：管理费用——工资费　12 000
　贷：应付职工薪酬　12 000
借：销售费用——工资费　8 000
　贷：应付职工薪酬　8 000

【例13-21】飞龙公司2018年12月8日销售其所生产的化妆品，价款1 000 000元（不含增值税），商品已经转移给客户，货款已经收到。该商品适用的增值税税率为16%，消费税税率为30%。该企业应作会计分录如下：

借：银行存款　1 160 000
　贷：主营业务收入　1 000 000
　　应交税费——应交增值税　160 000

应交消费税额=1 000 000×30%=300 000（元）

借：税金及附加　300 000
　贷：应交税费——应交消费税　300 000

【例13-22】飞龙公司适用的城市维护建设税税率为6%，教育费附加征收率为3%。2018年12月该企业实际缴纳增值税2 000 000元、土地增值税30 000元、消费税100 000

元、资源税20 000元。该企业12月份应缴纳的城市维护建设税和教育费附加的金额计算及编制的会计分录如下：

应交城市维护建设税=（2 000 000+100 000）×6%=126 000（元）

应交教育费附加=（2 000 000+100 000）×3%=63 000（元）

借：税金及附加	189 000	
贷：应交税费——应交城市维护建设税		126 000
——应交教育费附加		63 000

13.3 利 润

13.3.1 利润的定义与范畴

利润是指企业中一定会计期间的经营成果，是收入扣除费用之后的结果。由于收入与费用有不同范畴的界定，利润也随之有不同的表现形式。具体说来，利润有“毛利”、“营业利润”、“利润总额”和“净利润”等多种表现形式。

1）毛利

如果收入仅指营业收入，费用仅为与其对象配比的营业成本，则两者相减后的结果就称为“毛利”。毛利不考虑期间费用的影响，只从成本的角度分析销售的盈利情况。它是其他几种利润的基础，反映企业的初始盈利能力，是盈利能力分析的重要指标。毛利的计算过程可以用下面的公式表示：

毛利=营业收入-营业成本

2）营业利润

如果收入指营业收入、投资收益、公允价值变动收益、其他收益，费用指营业成本、税金及附加、期间费用（管理费用、销售费用、财务费用）、资产减值损失，则这些收入和这些费用相抵之后的结果称为“营业利润”。营业利润与毛利的不同之处在于其在毛利的基础上进一步考虑了其他营业活动带来的收益（公允价值变动收益、投资收益、其他收益）以及为取得上述收益发生的其他费用（期间费用、税金及附加、资产减值损失）。因此，营业利润反映企业全部经营业务的获利能力，既包括日常业务利润（毛利-期间费用-税金及附加+投资收益+其他收益），还包括非日常活动产生的但与营业活动有关的利得和损失（公允价值变动损益和资产减值损失）。用公式表示营业利润的计算过程如下：

（1）“收入-费用”思路。

按照“收入-费用”的思路，营业利润的计算过程用公式表述如下。

营业利润=（营业收入+投资收益+公允价值变动收益+其他收益）-（营业成本+管理费用+财务费用+销售费用+税金及附加+资产减值损失）

（2）区分日常活动思路。

按照营业活动产生于日常活动还是非日常活动，营业利润的计算过程如下。

营业利润=日常活动利润［毛利-税金及附加-期间费用（管理费用+财务费用+销售费用）+投资收益（-投资损失）+其他收益］+非日常但与营业活动有关的利得（公允价值变动收益）-非日常但与营业活动有关的损失（资产减值损失）

如果当期发生公允价值变动损失，则上述公式就变为：

营业利润=日常业务利润［毛利−税金及附加−期间费用（管理费用+财务费用+销售费用）+投资收益（−投资损失）+其他收益］−非日常但与营业活动有关的损失（资产减值损失+公允价值变动损失）

（3）利润表顺序。

按照现行利润表中营业利润的计算过程，可以表述为如下公式。

营业利润=营业收入−营业成本−管理费用−财务费用−销售费用−税金及附加+公允价值变动收益（−公允价值变动损失）−资产减值损失+投资收益（−投资损失）+其他收益

3）利润总额

利润总额是企业在营业利润的基础上考虑营业外收支的影响后计算出来的利润指标，是企业税前财务成果，反映企业综合的获利能力，用公式表述如下。

利润总额=营业利润+营业外收入-营业外支出

4）净利润

净利润是利润总额扣除所得税费用之后的结果，也称为税后利润，是企业最终的财务成果，是利润分配的来源，用公式表述如下。

净利润=利润总额-所得税费用

由此可见，不同的利润范畴具有不同的财务意义，这也是区分不同的利润范畴的意义所在。

鉴于前面两节已经阐释了营业收入、营业成本、期间费用、税金及附加的核算，本节仅讨论利润计算过程中的其他项目及利润的核算。

13.3.2　公允价值变动损益的核算

公允价值变动损益是指企业交易性金融资产、交易性金融负债，以及采用公允价值模式计量的投资性房地产、衍生工具、套期保值业务中公允价值变动形成的应计入当期损益的利得或损失、指定为以公允价值计量且其变动计入当期损益的金融资产或金融负债公允价值变动形成的应计入当期损益的利得或损失等。

1）账户设置

企业应当设置“公允价值变动损益”账户来反映上述资产及负债因公允价值变动而产生的损益。该账户从性质上看属于损益类账户，贷方登记公允价值变动收益；借方登记公允价值变动损失。期末结转前，如果余额在贷方，反映本期累计公允价值变动净收益；反之，则反映本期累计公允价值变动净损失。期末结转时，将余额转至“本年利润”账户，结转后该账户无余额。该账户应当按照交易性金融资产、交易性金融负债、投资性房地产等进行明细核算。

资产负债表日，企业应按交易性金融资产的公允价值高于其账面余额的差额，借记“交易性金融资产——公允价值变动”账户，贷记“公允价值变动损益”账户；如果公允价值低于其账面余额的差额，作相反的会计分录。

出售交易性金融资产时，应按实际收到的金额，借记“银行存款”等科目，按其账面余额，贷记“交易性金融资产——成本、公允价值变动”账户，贷记或借记“投资收益”账户。同时，按“交易性金融资产——公允价值变动”账户的余额，借记或贷记“公允价值变动损益”账户，贷记或借记“投资收益”账户。期末，应将该账户余额转入“本年利润”账户，结转后该账户无余额。

2）核算

【例13-23】蓝天公司2018年发生以下与交易性金融资产有关的业务：5月1日，购入面值100万元，年利率3%的债券，划分为交易性金融资产。取得时支付价款103万元，另支付交易费用2万元。6月30日，债券的公允价值为90万元。12月31日，债券的公允价值为93万元。2019年1月16日，将该债券处置，售价120万元。对此，蓝天公司编制会计分录如下。

（1）2018年5月1日，购入债券作为交易性金融资产。

借：交易性金融资产——债券（成本） 1 030 000
　　投资收益 20 000
　贷：其他货币资金 1 050 000

（2）2018年6月30日，初次确认公允价值变动损益。

借：公允价值变动损益 130 000
　贷：交易性金融资产——债券（公允价值变动） 130 000

（3）2018年12月31日，再次确认公允价值变动损益。

借：交易性金融资产——债券（公允价值变动） 30 000
　贷：公允价值变动损益 30 000

（4）2018年12月31日，结转本年实现的公允价值变动损益至“本年利润”账户。

借：本年利润 120 000
　贷：投资收益 20 000
　　　公允价值变动损益 100 000

（5）2019年1月16日，出售债券。

借：其他货币资金 1 200 000
　　交易性金融资产——债券（公允价值变动） 100 000
　贷：交易性金融资产——债券（成本） 1 030 000
　　　投资收益 270 000

借：投资收益 100 000
　贷：公允价值变动损益 100 000

13.3.3 资产减值损失的核算

资产减值损失是指企业资产的账面价值高于其可收回金额而造成的损失。资产的本质特征在于能够给企业带来经济利益的流入，在历史成本计量属性下，资产能够给企业带来的经济利益以账面价值进行计量。但是，如果有迹象表明企业资产的可收回金额低于其账面价值，则说明该资产能够给企业带来的经济利益发生了减少，即发生了减值。根据谨慎性原则，企业必须确认这些减值，一方面减少资产账面价值（备抵法下，通过计提减值准备抵减资产账面价值），另一方面确认资产减值损失。

从理论上讲，企业所有的资产都有可能发生减值，原则上都应当及时加以确认和计量。但是由于各资产特性不同，其减值会计处理也有所差别。根据现行企业会计准则，应收款项、存货、债权投资、长期股权投资、固定资产、无形资产、成本模式计量的投资性房地产、生物性资产、商誉、探明石油天然气矿区权益和井及相关设施等资产的减值通过

“资产减值损失”账户进行核算，同时计提相应的减值准备。

企业在资产负债表日应当判断资产是否存在可能发生减值的迹象，有确凿证据表明资产存在减值迹象的，应当在资产负债表日进行减值测试，估计资产的可收回金额。然后将所估计的资产可收回金额与其账面价值相比较，以确定资产是否发生了减值，以及是否需要计提资产减值准备并确认相应的减值损失。

资产减值损失确认后，减值资产的折旧或者摊销费用应当在未来期间作相应调整，以使该资产在剩余使用寿命内，系统地分摊调整后的资产账面价值（扣除预计净残值）。比如，固定资产计提了减值准备后，固定资产账面价值将根据计提的减值准备相应抵减，固定资产在未来计提折旧时，应当按照新的固定资产账面价值为基础计提每期折旧。

企业在计提了坏账准备、存货跌价准备、债权投资减值准备后，相关资产的价值又得以恢复的，应在原已计提的减值准备金额内按恢复增加的金额，借记“坏账准备”“存货跌价准备”“债权投资减值准备”等科目，贷记“资产减值损失”科目。而对于长期股权投资、固定资产、无形资产、商誉等资产发生减值后，一方面价值回升的可能性比较小，另一方面从会计信息谨慎性要求考虑，为了避免确认资产重估增值和操纵利润，资产减值准则规定，上述资产的减值损失一经确认，在以后会计期间不得转回。以前期间计提的资产减值准备，在资产处置、出售、对外投资、以非货币性资产交换方式换出、在债务重组中抵偿债务等时，才可予以转出。

1）账户设置

为了正确核算企业确认的资产减值损失和计提的资产减值准备，企业应当设置“资产减值损失”账户，反映各类资产在当期确认的资产减值损失金额；同时，应当根据不同的资产类别，分别设置“坏账准备”“存货跌价准备”“债权投资减值准备”“长期股权投资减值准备”“固定资产减值准备”“在建工程减值准备”“投资性房地产减值准备”“无形资产减值准备”“商誉减值准备”“生产性生物资产减值准备”等科目。“资产减值损失”账户从性质上讲属于损益类账户。其借方登记本期发生的各项资产减值损失，贷方登记本期转回的减值损失以及处置资产时转出的减值准备。期末结转前，余额在借方，反映本期发生的减值净损失。期末，将其转入“本年利润”账户，结转后，该账户无余额。该账户可以按照发生减值的资产类别设置明细账户。

2）核算

【例13-24】蓝天公司2018年年末清查固定资产时发现，一台设备原账面净值为480 000元，但由于技术进步等原因造成设备贬值，预计可收回金额为360 000元，2019年该固定资产市价下跌，预计可收回金额为320 000元。计提减值准备，编制会计分录如下。

2018年年末该企业应提资产减值准备120 000元（480 000-360 000），会计分录为：

借：资产减值损失　　120 000

　贷：固定资产减值准备　　120 000

2019年年末由于可收回金额低于2018年，应补提资产减值准备40 000元（360 000-320 000），会计分录为：

借：资产减值损失　　40 000

　贷：固定资产减值准备　　40 000

13.3.4 投资收益的核算

投资收益是指企业进行各项对外投资活动取得的收益。所谓对外投资，就是企业在其本身经营的主要业务以外，以现金、实物、无形资产等方式，或以购买股票、债券等有价证券方式，向境内外的其他单位进行投资，在未来获得投资收益的经济行为。企业的对外投资业务从会计的角度可以看成是用一种资产（现金、实物、债权、无形资产等）换取另外一种资产（交易性金融资产、债权投资、其他权益工具投资、长期股权投资等）的交易，而交易的目的就是获取投资收益，也就是对外投资活动取得的收入大于其成本的差额，若取得的收入小于其成本，其差额就称为投资损失。因此，投资收益是一个净额概念。

根据现行企业会计准则的要求，企业设置"投资收益"账户来核算对外投资活动发生的投资收益或投资损失。该账户从性质上讲属于损益类账户，其贷方用来核算本期发生的各项投资收益（收取股利、利息、处置投资时处置收入大于成本的差额、处置交易性金融资产时前期确认的累计公允价值变动收益结转数等），借方用来核算本期发生的各项投资损失（处置投资时处置收入小于成本的差额、取得交易性金融资产时支付的交易费用、处置交易性金融资产时前期确认的累计公允价值变动损失结转数等）。期末结转前，若余额在贷方，说明本期对外投资发生了净收益；若余额在借方，说明本期对外投资遭受了净损失。期末结转时，要将该余额转至"本年利润"账户，结转后，该账户无余额。该账户可以按照对外投资类别设置明细账户进行明细核算。

13.3.5 其他收益的核算

"其他收益"账户专门用来反映与企业日常活动相关，但又不宜确认收入或冲减成本费用的政府补贴。该账户从性质上看属于损益类账户，贷方登记实际收到的收益类政府补助，期末将余额转至"本年利润"账户，结转后，该账户无余额。

【例13-25】碧海公司生产一种先进的数控机床，按照国家的相关规定，该企业的这种产品适用增值税先征后返政策，即先按规定征收增值税，然后按实际缴纳的增值税税额返还70%。2018年11月，该企业实际缴纳的增值税税额为100万元。2018年12月，该企业实际收到返还的增值税税额为70万元。

2018年12月，碧海公司实际收到返还的增值税税额时，会计分录为：

借：银行存款	700 000	
贷：其他收益		700 000

13.3.6 营业外收支的核算

营业外收支是指企业发生的与日常活动无直接关系的各项收支，营业外收支虽然与企业生产经营活动没有直接的关系，但从企业主体来考虑，同样带来收入或形成企业的支出，也是增加或减少利润的因素，对企业的利润总额及净利润产生较大的影响。

1）营业外收入

营业外收入是指企业发生的与日常活动无直接关系的各项利得。营业外收入并不是由企业经营资金耗费所产生的，不需要企业付出代价，实际上是一种纯收入，不可能也不需要与有关费用进行配比。因此，在会计处理上应当严格区分营业外收入与营业收入的界限。营业外收入主要包括非流动资产处置利得、非货币性资产交换利得、债务重组利得、政府补助、盘盈利得、捐赠利得、罚没收入、无法偿付的应收款项等。

非流动资产处置利得，包括固定资产处置利得和无形资产出售利得。固定资产处置利得是指企业出售固定资产所取得价款或报废固定资产的残料价值和变价收入等，扣除固定资产的账面价值、清理费用、处置相关税费后的净收益。无形资产出售利得是指企业出售无形资产所取得价款扣除出售无形资产的账面价值、出售相关税费后的净收益。

非货币性资产交换利得是指在非货币性资产交换中换出资产为固定资产、无形资产的，扣除相关费用后，计入营业外收入的金额。

债务重组利得，指重组债务的账面价值超过清偿债务的现金、非现金资产的公允价值，所转股份的公允价值，或者重组后债务账面价值之间的差额。

盘盈利得是指企业对于现金等资产，清查盘点中盘盈的资产，报经批准后，计入营业外收入的金额。

政府补助是指企业从政府无偿取得货币性资产或非货币性资产形成的利得，但不包括政府作为企业投资者投入的资本。需要说明的是，企业接受的与其日常活动相关的政府补助计入其他收益或冲减成本费用，只有与其日常活动无关的政府补助才计入营业外收入。

捐赠利得是指企业接受捐赠产生的利得。企业接受的捐赠和债务豁免，按照会计准则的规定，符合确认条件的，通常应当确认为当期收益，但是企业接受控股股东（或控股股东的子公司）或非控股股东（或非控股股东的子公司）直接或间接代为偿债，债务豁免或捐赠，经济实质表明属于控股股东或非控股股东对企业的资本性投入，应当将相关利得计入所有者权益（资本公积）。

罚没利得是指企业取得的各项罚款，在弥补由于对方违反合同或协议而造成的经济损失后的罚款净收益。

无法支付的应付款项是指由于债权单位撤销或其他原因无法支付的，或将应付款项划给关联方等其他企业而无法支付或无需支付的，按照规定程序报经批准后转入当期损益的应付款项。

企业发生破产重整，其非控股股东因执行人民法院批准的破产重整计划，通过让渡所持有的该企业部分股份向企业债权人偿债的，企业应当将非控股股东让渡股份按照其在让渡之日的公允价值计入所有者权益（资本公积），减少所豁免债务的账面价值，并将让渡股份公允价值小于被豁免的债务账面价值之间的差额计入营业外收入，控股股东按照破产重整计划让渡了所持有的部分该企业股权向企业债权人偿债的，该企业也按此原则处理。

企业取得的各项营业外收入，通过“营业外收入”账户核算，该账户按照营业外收入的项目进行明细分类核算，其贷方登记企业确认的各项营业外收入，借方登记期末转入本年利润账户的营业外收入，结转后该账户无余额。

2）营业外支出

营业外支出是指企业发生的与日常活动无直接关系的各项损失，主要包括：非流动资产处置损失、非货币性资产交换损失、公益性捐赠支出、非常损失、盘亏损失等。

非流动资产处置损失，包括固定资产处置损失和无形资产出售损失。固定资产处置损失，指企业出售固定资产所取得价款或报废固定资产的残料价值和变价收入等，不足抵补处置固定资产的账面价值、清理费用、处置相关税费后的净损失；无形资产出售损失，指企业出售无形资产所取得价款不足抵补出售无形资产的账面价值、出售相关税费后的净损失。

非货币性资产交换损失，指非货币性资产交换中换出资产为固定资产、无形资产的，换入资产公允价值小于换出资产账面价值的差额，扣除相关费用后，计入营业外支出的金额。

债务重组损失，指重组债权的账面余额超过受让资产的公允价值、所转让股份的公允价值，或者重组后债权的账面价值之间的差额。

公益性捐赠支出，指企业对外进行公益性捐赠发生的支出。

罚没支出，指企业由于违反经济合同、税收法规等规定而支付的各种罚款，如税收罚款、工商罚款、违反经济合同的违约金等。

非常损失，指企业对于因客观因素，如自然灾害等造成的损失，在扣除保险公司赔偿后，计入营业外支出的净损失。

企业发生的各项营业外支出，通过“营业外支出”账户核算，该账户从性质上讲属于损益类账户。其借方登记企业确认的各项营业外支出，贷方登记期末转入本年利润的营业外支出，结转后该账户无余额。该账户可以按营业外支出的项目进行明细分类核算。

需要注意的是，由于营业外收入和营业外支出都是按照净额进行计量的，两者没有必然的因果关系，因此应当分别核算。在具体核算时不得以营业外支出直接冲减营业外收入，也不得以营业外收入冲减营业外支出。

【例13-26】大德公司2018年5月10日销售一批材料给明星公司，含税价格为116 000元，增值税税率为16%。当年10月明星公司发生财务困难，无法按合同的规定偿还债务。经双方协商，大德公司同意减免明星公司30 000元的债务，余额立即以银行存款清偿。已知大德公司为该笔应收账款计提了10 000元的坏账准备。请分别为大德公司和明星公司编制债务重组的会计分录。

（1）大德公司。

债务重组日，可收回的债权金额为76 000元（116 000-30 000-10 000）。

借：银行存款	76 000	
坏账准备	10 000	
营业外支出——债务重组损失	30 000	
贷：应收账款		116 000

（2）明星公司。

借：应付账款	116 000	
贷：银行存款		86 000
营业外收入——债务重组利得		30 000

【例13-27】大德公司2018年5月为地震灾区捐款100 000元。该公司为此笔公益性捐赠编制的会计分录为：

借：营业外支出	100 000	
贷：银行存款		100 000

13.3.7　所得税费用的核算

所得税是国家对企业生产经营所得和其他所得依法课征的一种税。根据《中华人民共和国企业所得税法》的规定，凡实行独立经济核算的国有企业、集体企业，私营企业、联营企业、股份制企业以及有生产经营所得和其他所得的其他组织，均为企业所得税的纳税义务人，纳税对象是这些企业或组织的生产经营所得和其他所得。对企业而言，缴纳所得税导致经济利益流出企业，且该经济利益流出会导致所有者权益减少，但与向所有者分配利润无关，因此，应将其确认为企业的费用。

1）所得税会计的处理方法

所得税的会计处理方法有应付税款法和纳税影响会计法。纳税影响会计法，包括递延法和债务法，债务法又分为利润表债务法和资产负债表债务法。由于资产负债表债务法能够全面反映各类不同业务的纳税影响，从而可以弥补利润表债务法的缺陷，因此，我国企业会计准则规定采用资产负债表债务法对企业的所得税费用进行会计处理，本文也仅阐述这种方法。资产负债表债务法从资产负债表出发，通过比较资产负债表上列示的资产、负债的账面价值（按照企业会计准则的规定确定）与计税基础（按照税法的规定确定），将两者之间的差额确认为应纳税暂时性差异与可抵扣暂时性差异，并据以确认相关的递延所得税负债与递延所得税资产，并在此基础上确定每一会计期间的所得税费用。

2）资产负债表债务法的相关概念

（1）暂时性差异与计税基础。

暂时性差异是指资产或负债的账面价值与计税基础之间的差额，但某些不符合资产、负债的确认条件，未作为资产、负债列示的项目，如果按照税法的规定可以确定其计税基础，该计税基础和账面价值之间的差额也属于暂时性差异。

资产的计税基础是指在企业收回资产账面价值的过程中，计算应纳税所得额时，按照税法的规定可以自应税经济利益中抵扣的金额，也就是某一项资产在未来期间计税时可以税前扣除的金额。从税收的角度考虑，资产的计税基础是假定其按照税法的规定进行核算所提供的资产负债表中资产的应有金额。例如，某公司某年年末应收账款的账面价值为100万元（账面余额120万元，计提坏账准备20万元），但是税法规定企业计提的资产减值准备在相关资产发生实质性损失前不允许税前扣除。也就是说，从税收角度考虑，该公司按照税法的规定提供的资产负债表中应收账款的应有金额为120万元，也就是应收账款的计税基础为120万元。因此，这20万元就是一项因资产的账面价值与其计税基础之间的差异形成的暂时性差异。

负债的计税基础，是指负债的账面价值减去未来期间计算应纳税所得额时，按照税法的规定可予抵扣的金额，也就是假定企业按照税法的规定进行核算，在其按照税法的规定确定的资产负债表上有关负债的应有金额。例如，某公司某年年末预计负债中包括当年确认的产品质量保证10万元，如果税法规定与产品售后服务相关的费用在实际发生时允许税前扣除，则该项预计负债的计税基础为零（账面价值10万元减去未来实际支付时可以抵扣的金额10万元）。换句话说，在该期期末，按照会计准则编制的资产负债表中有一项10万元的预计负债，但是，在按照税法的规定提供的资产负债表中该项预计负债为零，因此，这10万元就是一项因负债的账面价值和其计税基础之间的差异形成的暂时性差异。

（2）可抵扣暂时性差异和应纳税暂时性差异。

按照对未来期间应税金额明显的不同，暂时性差异可以分为应纳税暂时性差异和可抵扣暂时性差异。

应纳税暂时性差异是指在确定未来收回资产或清偿负债期间的应纳税所得额时，将导致产生应税金额的暂时性差异。资产的账面价值大于其计税基础，或负债的账面价值小于其计税基础时，会产生应纳税暂时性差异。例如，企业某会计期末交易性金融资产的账面价值为105万元（其中成本100万元，本期期末公允价值增值5万元，因而确认公允价值变动5万元），但是按照税法的规定，公允价值变动损益不计入应纳税所得额，也就是说，按照税法的规定计算的该期期末资产负债表中该项交易性金融资产的计税基础为100万元。那么，这5万元就形成了应纳税暂时性差异。

可抵扣暂时性差异是指在确定未来收回资产或清偿负债期间的应纳税所得额时，将导致产生可抵扣金额的暂时性差异，资产的账面价值小于其计税基础或负债的账面价值大于其计税基础时会产生可抵扣暂时性差异。上述应收账款和预计负债的暂时性差异都属于可抵扣暂时性差异。

（3）递延所得税资产与递延所得税负债。

递延所得税资产是指按照可抵扣暂时性差异和适用税率计算确定的资产，其性质属于预付的税款，在未来期间抵扣应纳税款。期末递延所得税资产大于期初递延所得税资产的差额，应确认为递延所得税收益，冲减所得税费用；反之则冲减递延所得税资产，并作为递延所得税费用处理。

递延所得税负债是指按照应纳税暂时性差异和适用税率计算确定的负债，其性质属于应付的税款，在未来期间转为应纳税款。期末递延所得税负债大于期初递延所得税负债的差额，应确认为递延所得税费用；反之应冲减递延所得税负债，并作为递延所得税收益处理。

（4）递延所得税和当期所得税。

①递延所得税。

递延所得税是指由于暂时性差异的发生或转回而确认的所得税费用，也就是递延所得税资产及递延所得税负债的期初余额与期末余额的差额形成（或冲减）递延所得税。

需要注意的是，绝大多数递延所得税资产和递延所得税负债的本期变动额都形成当期的递延所得税费用（或收益），但是，如果某项交易或事项按照会计准则的规定应计入所有者权益，由该交易或事项产生的递延所得税资产或递延所得税负债及其变化也应计入所有者权益，不构成利润表中的递延所得税费用。按照企业会计准则的规定，计入所有者权益的交易或事项主要有对会计政策变更采用追溯调整法或对前期差错更正采用追溯重述法调整期初留存收益等情形。

②当期所得税。

当期所得税是按照当期应纳税所得额确认的所得税费用，是在企业税前会计利润，即利润总额的基础上调整确定的，计算公式为：

应纳税所得额＝税前会计利润＋计入利润表但计税时不允许税前扣除的费用±计入利润表的费用与按照税法的规定可以税前抵扣的金额之间的差额±计入利润表的收入与按照税法的规定应计入应纳税所得额的收入之间的差额－税法规定的不征税收入±其他需要调整的因素

其中，计入利润表但计税时不允许税前扣除的费用主要包括资产减值损失、税收滞纳金、罚金、罚款等；计入利润表的费用与按照税法的规定可以税前抵扣的金额之间的差额主要指税法规定允许扣除项目中企业已计入当期费用，但超过税法规定扣除标准的金额，如超过税法规定标准的职工福利费、工会经费、职工教育经费、业务招待费、公益性捐赠支出、广告费和业务宣传费等；计入利润表的收入与按照税法的规定应计入应纳税所得额的收入之间的差额主要包括公允价值变动损益；税法规定的不征税收入主要指按税法的规定允许弥补的亏损和准予免税的项目，如前5年内未弥补亏损和国债利息收入等。

利润表中的所得税费用包括当期所得税费用和递延所得税费用两部分。

3）资产负债表债务法的会计处理

（1）资产负债表债务法核算所得税费用的基本程序。

①按照相关企业会计准则的规定，确定资产负债表中除递延所得税资产和递延所得税负债以外的其他资产和负债项目的账面价值。

②按照企业会计准则中对于资产和负债计税基础的确定方法，以适用的税收法规为基础，确定资产负债表中有关资产、负债项目的计税基础。

③比较资产、负债的账面价值与其计税基础，对于两者之间存在差异的，分析其性质，除准则中规定的特殊情况外，分别应纳税暂时性差异与可抵扣暂时性差异确定资产负债表日递延所得税负债和递延所得税资产的应有余额，并与期初递延所得税负债和递延所得税资产的余额相比，确定当期应予进一步确认的递延所得税资产和递延所得税负债的金额或应予转销的金额，作为递延所得税。

④就当期发生的交易或事项，按照适用的税法规定计算确定当期应纳税所得额，将应纳税所得额与适用的所得税税率计算的结果，确认为当期所得税。

⑤确定利润表中的所得税费用。利润表中的所得税费用，包括当期所得税和递延所得税两个部分，企业在计算确定了当期所得税和递延所得税后，两者之和（或之差）就是利润表中的所得税费用。

上述过程可以用公式表述如下。

期末递延所得税资产=可抵扣暂时性差异期末余额×预计所得税税率

期末递延所得税负债=应纳税暂时性差异期末余额×预计所得税税率

递延所得税=（期末递延所得税负债－期初递延所得税负债）－（期末递延所得税资产－期初递延所得税资产）

当期所得税=当期应纳税所得额×适用所得税税率

利润表中所得税费用=当期所得税+递延所得税

（2）资产负债表债务法核算所得税费用的会计处理。

①账户设置。

在资产负债表债务法下，企业应设置“所得税费用”“递延所得税资产”“递延所得税负债”“应交税费——应交所得税”等账户核算企业的所得税费用。“所得税费用”账户分设“当期所得税”和“递延所得税”两个明细账户进行明细核算。

企业应通过“所得税费用”账户核算企业所得税费用的确认及结转情况，该账户从性质上看属于损益类账户，其借方登记应计入当期利润表的所得税费用，期末将该余额转入“本年利润”账户，结转后“所得税费用”账户无余额。

“应交税费——应交所得税”账户用来核算企业所得税的计算和缴纳情况。从性质上看，该账户属于负债类账户，其贷方用来登记应交的所得税数额，借方登记实际缴纳的所得税数额。一般情况下，该账户的余额在贷方，表明所欠的税金；该账户有时也会出现借方余额，表明多交的税金。

“递延所得税资产”账户，用来核算企业确认的可抵扣暂时性差异产生的递延所得税资产。该账户从性质上讲属于资产类账户，其借方登记确认的各项递延所得税资产，贷方登记当企业确认递延所得税资产的可抵扣暂时性差异情况发生转回时，转回的所得税影响额以及税率变动或开征新税调整的递延所得税资产。余额在借方，表示尚未转回的递延所得税资产。

“递延所得税负债”账户，用来核算企业确认的应纳税暂时性差异产生的递延所得税负债。该账户按照性质分类属于负债类账户，其贷方登记确认的各类递延所得税负债，借方登记当企业确认递延所得税负债的应纳税暂时性差异情况发生转回时，转回的所得税影响额以及税率变动或开征新税调整的递延所得税负债。余额在贷方，表示尚未转回的递延所得税负债。

②会计处理举例。

【例13-28】飞龙公司2018年年初的递延所得税资产借方余额为195 000元，递延所得税负债贷方余额为125 000元，具体构成项目见表13-1。

表13-1　**飞龙公司2018年年初与递延所得税相关的项目资料**　单位：元

项目	账面价值	计税基础	可抵扣暂时性差异	递延所得税资产	应纳税暂时性差异	递延所得税负债
存货	7 000 000	7 400 000	400 000	100 000		
交易性金融资产	6 800 00	6 300 000			500 000	125 000
其他权益工具投资	408 000	588 000	180 000	45 000		
预计负债	200 000	0	200 000	50 000		

该公司2018年度利润表中利润总额为49 100 000元，适用的所得税税率为25%，预计未来期间适用的所得税税率不会发生变化，未来期间能够产生足够的应纳税所得额，用以抵扣可抵扣暂时性差异。

该公司2018年发生的交易和事项中，会计处理和税法规定存在以下差别：

a.年末根据交易性金融资产公允价值变动，确认公允价值变动收益400 000元，根据税法的规定，交易性金融资产公允价值变动收益不计入应纳税所得额。

b.年末根据其他权益工具投资公允价值变动，增加其他综合收益390 000元，根据税法的规定，其他权益工具投资公允价值变动不计入应纳税所得额。

c.当年实际支付保修费用250 000元，年末又根据当期收入估计了产品保修费用，同时确认预计负债580 000元。

d.当年确认资产减值损失250 000元。

e.当年发生非公益性捐赠支出10 000元。

f.当年取得国债利息收入45 000元。

要求：计算飞龙公司2018年度的所得税费用。

（a）2018年度当期应交所得税。

应纳税所得额=4 910 000-400 000+580 000+250 000+10 000-45 000=5 305 000（元）

应交所得税=5 305 000×25%=1 326 250（元）

（b）2018年度递延所得税。

该公司2018年12月31日有关资产、负债的账面价值、计税基础及相应的暂时性差异，见表13-2。

表13-2　**飞龙公司2018年年末与递延所得税相关的项目资料**　单位：元

项目	账面价值	计税基础	可抵扣暂时性差异	递延所得税资产	应纳税暂时性差异	递延所得税负债
存货	8 000 000	8 250 000	250 000	62 500		
交易性金融资产	8 800 00	8 400 000			400 000	100 000
可出售金融资产	798 000	588 000			210 000	52 500
预计负债	580 000	0	580 000	145 000		

递延所得税=（100 000-125 000）-（62 500+145 000-100 000-50 000）

=-25 000-57 500

=-82 500（元）

（c）利润表中应确认的所得税费用。

所得税费用=1 326 250-82 500=1 243 750（元）

借：所得税费用　1 243 750

　　递延所得税资产　57 500

　　递延所得税负债　25 000

　贷：应交税费——应交所得税　1 326 250

借：其他综合收益　52 500

　贷：递延所得税负债　52 500

13.3.8　利润的核算

利润的核算可以分为利润形成的核算以及利润分配的核算，利润分配的核算在所有者权益中已经述及，本章只阐述利润形成的核算。

利润形成的核算按照每月利润的形成方式分为账结法和表结法。账结法是指每月终了都将各项收入、费用账户的余额结转至“本年利润”账户，通过“本年利润”账户结出本月利润（亏损）的金额以及本年累计金额的一种方法。账结法下，每月都需要使用“本年利润”账户，结转后，各损益类账户月末无余额。表结法是指各月月末不结转本年利润，而是将各损益类账户的余额填入“利润表”来计算利润的方法。采用表结法，只在年末才将各损益类账户的余额结转至“本年利润”账户，各损益账户的余额反映自年初始至本月月末止累计形成的损益。“本年利润”账户1—11月份都没有发生额，只在年末才使用。

企业应设置“本年利润”账户来反映本年形成的利润或亏损。该账户从性质上讲属于所有者权益类账户，其贷方登记期末结转来的各项收入和利得，借方登记各项费用和损失。采用账结法时，每月月末余额反映自年初始至本月月末止形成的净利润（余额在贷方）或发生的亏损（余额在借方）。年度终了，还需将本年利润的余额结转至“利润分配”账户。

【例13-29】阳光公司2018年12月末各损益类账户的发生额见表13-3。

表13-3　**阳光公司2018年12月末各损益类账户发生额**　单位：元

账户	借方发生额	账户	贷方发生额
主营业务成本	2 100 000	主营业务收入	4 000 000
其他业务成本	70 000	其他业务收入	90 000
税金及附加	50 000	投资收益	60 000
财务费用	12 000	公允价值变动损益	40 000
管理费用	38 000	其他收益	6 000
销售费用	25 000	营业外收入	14 000
资产减值损失	4 000		
营业外支出	11 000		
所得税费用	475 000		
合计	2 785 000	合计	4 210 000

阳光公司2018年12月末编制会计分录如下。

结转本年各项收入至本年利润：

借：主营业务收入　4000 000

　　其他业务收入　90 000

　　投资收益　60 000

　　公允价值变动损益　40 000

　　其他收益　6 000

　　营业外收入　14 000

　贷：本年利润　4 210 000

结转本年各项费用至本年利润：

借：本年利润	2 785 000	
贷：主营业务成本		2 100 000
其他业务成本		70 000
税金及附加		50 000
财务费用		12 000
管理费用		38 000
销售费用		25 000
资产减值损失		4 000
营业外支出		11 000
所得税费用		475 000

章末练习题

一、单项选择题

1.下列各项中，属于营业收入的是（　　）。

A.无形资产出租收入　　B.固定资产出售收入

C.无形资产出售收入　　D.接受捐赠收入

2.已知某公司2019年的利润总额为5 000 000元，其中，国债投资的利息收入2 000元，资产减值损失30 000元，非公益性捐赠支出60 000元，公允价值变动收益100 000元，该公司所得税税率为25%。假如不存在其他纳税调整事项，该公司2019年应交所得税为（　　）元。

A.1 247 000　　B.1 250 000　　C.1 247 500　　D.1 265 000

3.下列资产计提减值准备后价值又得以恢复，应在原已计提的减值准备金额内按恢复增加的金额予以转回的是（　　）。

A.无形资产　　B.在建工程　　C.长期股权投资　　D.存货

4.某企业2018年12月购入一项固定资产，原值为4 000万元，会计规定按直线法计提折旧，折旧年限为5年；税法规定按直线法计提折旧，折旧年限为8年。假定无净残值。2019年年末该项固定资产的计税基础及相应的暂时性差异分别为（　　）。

A.3 200万元，300万元　　B.3 500万元，300万元

C.3 200万元，800万元　　D.3 500万元，800万元

5.下列各项中，属于“本年利润”科目年末借方余额反映的内容是（　　）。

A.全年实现税后利润　　B.累计未分配利润

C.全年发生亏损　　D.累计未弥补亏损

6.下列各项中，应确认为管理费用的是（　　）。

A.自然灾害造成的流动资产净损失　　B.计提的存货跌价准备

C.行政管理用固定资产折旧　　D.专设销售机构人员的工资

7.甲公司2019年销售商品收入为200万元，结转成本170万元，发生行政管理用固定

资产维修费5万元，计提无形资产减值准备2万元，因持有子公司长期股权投资确认现金股利3万元，因持有其他权益工具投资确认公允价值变动上升10万元，假定甲公司未发生其他业务。2019年年末将各损益类科目结转至“本年利润”科目，“本年利润”科目的金额为（　　）。

A.借方余额23万元　　B.借方余额33万元

C.贷方余额26万元　　D.贷方余额36万元

8.甲公司2019年发生如下经济业务：（1）无法查明原因的现金盘亏损失13万元；（2）工程物资在建设期间发生的盘亏净损失8万元；（3）处置无形资产价款50万元，结转账面价值63万元，发生清理税费2.5万元。不考虑其他因素，则甲公司2019年度因上述业务而影响营业外支出的金额为（　　）万元。

A.28.5　　B.36.5　　C.23.5　　D.15.5

9.甲公司2019年发生的交易或事项如下：（1）2019年2月，甲公司以生产的一台办公设备交换乙公司持有的5 000股丙公司股票，乙公司将换入的办公设备作为固定资产核算。办公设备的账面余额为20万元，未计提跌价准备，在交换日的公允价值为25万元。（2）因为自然灾害，收到捐款100万元。（3）乙公司在财产清查中盘盈J材料1 000千克，实际单位成本60元，经查属于材料收发计量方面的错误。甲公司2019年度因上述交易或事项而确认的营业外收入金额是（　　）万元。

A.240　　B.111　　C.100　　D.105

10.下列各项中，会对利润表中的营业利润产生影响的是（　　）。

A.债务重组损失　　B.固定资产盘亏

C.转让无形资产所有权形成的处置损益　　D.交易性金融资产公允价值变动

11.企业年末结账后，一定无余额的账户是（　　）。

A.本年利润　　B.利润分配　　C.生产成本　　D.劳务成本

12.企业在日常经营活动中应负担的税金及附加，不在“税金及附加”科目中核算的是（　　）。

A.消费税　　B.资源税　　C.教育费附加　　D.增值税

13.下列各项费用中，应计入财务费用的是（　　）。

A.支付银行承兑手续费

B.筹建期间长期借款利息

C.购买债券投资的手续费

D.固定资产达到预定可使用状态前的借款利息

14.下列各项中，不应计入投资收益的是（　　）。

A.接受捐赠收入　　B.购入债券的利息收入

C.联营企业实现的净利润　　D.转让股票的净收益

15.2019年购入库存商品800万元，年末该存货的账面余额为600万元，已计提存货跌价准备80万元，则存货的计税基础是（　　）万元。

A.800　　B.600　　C.520　　D.80

二、多项选择题

1.当企业与客户之间的合同同时满足（　　）条件时，企业应当在客户取得相关商品控制权时确认收入。

A.合同各方已批准该合同并承诺将履行各自义务

B.该合同明确了合同各方与所转让商品或提供劳务相关的权利和义务

C.该合同有明确的与所转让商品相关的支付条款

D.该合同具有商业实质，即履行该合同将改变企业未来现金流量的风险、时间分布或金额

E.企业因向客户转让商品而有权取得的对价很可能收回

2.在判断客户是否已取得商品控制权时，企业应当考虑的迹象包括（　　）。

A.企业就该商品享有现时收款权利，即客户就该商品负有现时付款义务

B.企业已将该商品的法定所有权转移给客户，即客户已拥有该商品的法定所有权

C.企业已将该商品实物转移给客户，即客户已实物占有该商品

D.企业已将该商品所有权上的主要风险和报酬转移给客户，即客户已取得该商品所有权上的主要风险和报酬

E.客户已接受该商品

3.企业在下列支出发生时，应当将其计入当期损益的有（　　）。

A.管理费用

B.非正常消耗的直接材料、直接人工和制造费用（或类似费用），这些支出为履行合同发生，但未反映在合同价格中

C.与履约义务中已履行部分相关的支出

D.无法在尚未履行的与已履行的履约义务之间区分的相关支出

E.生产车间发生的办公费用

4.下列关于利得或损失的说法，不正确的有（　　）。

A.企业将非控股股东代为偿还的债务100万元确认为营业外收入

B.企业在具体核算营业外收入与营业外支出时可以根据具体情况相互冲减

C.企业因收发差错造成存货短缺净损失20万元记入“营业外支出”科目

D.企业无法支付的应付账款计入营业外收入

5.下列经济业务中，影响当期损益的有（　　）。

A.投资性房地产计提累计折旧

B.计提生产车间设备折旧

C.权益法核算的长期股权投资确认享有的被投资方其他权益变动

D.销售产品确认收入

6.广义的收入包括的内容有（　　）。

A.主营业务收入　　B.公允价值变动损益

C.其他业务收入　　D.营业外收入

E.投资收益

7.下列各项中，在计算应纳税所得额时应予以调整的有（　　）。

A.购买国债取得的利息收入　　　　　B.非公益性捐赠支出

C.资产减值损失　　　　　　　　　　D.公允价值变动损益

8.下列各项中，应计入制造业企业营业外收入的有（　　）。

A.出租固定资产收入　　　　　　　　B.出售无形资产净收益

C.出售固定资产净收益　　　　　　　D.违约金收入

9.下列各项中，属于营业外支出的是（　　）。

A.坏账损失　　　　　　　　　　　　B.固定资产减值损失

C.自然灾害导致的原材料毁损　　　　D.对外捐赠

10.下列属于费用的有（　　）。

A.营业成本　　B.生产成本　　C.管理费用　　D.营业外支出

三、综合题

1.春天公司为一家贸易公司，主要销售重型机械设备，并提供安装服务、技术支持服务。春天公司于2017年12月25日与客户签订机械设备销售合同，合同不含税总价款为200万元。销售合同约定：（1）销售机械设备一台；（2）提供标准安装服务；（3）提供18个月的售后技术支持服务。合同约定客户应于2017年12月31日向该公司支付合同价款40万元。

春天公司于2018年1月5日交付并为客户安装机械设备，该服务为标准安装服务，不涉及对设备的重大修订与更改，该安装服务也经常由其他企业提供，该公司也向其他客户单独销售上述项目。重型机械设备的单独售价为195万元，标准安装服务的单独售价为3万元，18个月的售后技术支持服务的单独售价为8万元，以上售价均不含税。该客户2018年12月31日向甲公司支付了110万元的不含税价款和17.6万元税金，合同约定尾款在2019年售后服务完成后支付。2019年6月30日，春天公司收到客户交来的合同尾款。

要求：采用五步法确认收入并编制春天公司有关会计分录。

2.甲公司2019年度实现利润总额10 000万元，适用的所得税税率为25%；预计未来期间适用的所得税税率不会发生变化，假定未来期间能够产生足够的应纳税所得额用以抵扣暂时性差异。甲公司2019年度发生的有关交易和事项中，会计处理与税法规定存在差异的有：

（1）某批外购存货年初、年末借方余额分别为9 900万元和9 000万元，相关递延所得税资产年初余额为235万元，该批存货跌价准备年初、年末贷方余额分别为940万元和880万元，当年转回存货跌价准备60万元，税法规定，该笔准备金在计算应纳税所得额时不包括在内。

（2）某项外购固定资产当年计提的折旧为1 200万元，未计提固定资产减值准备。该项固定资产系2018年12月18日安装调试完毕并投入使用的，原价为6 000万元，预计使用年限为5年，预计净残值为零。采用年限平均法计提折旧，税法规定，类似固定资产采用年数总和法计提的折旧准予在计算应纳税所得额时扣除，企业在纳税申报时按照年数总和法将该折旧调整为2 000万元。

（3）12月31日，甲公司根据收到的税务部门罚款通知，将应缴罚款300万元确认为营业外支出，款项尚未支付。税法规定，企业该类罚款不允许在计算应纳税所得额时扣除。

（4）当年实际发生的广告费用为25 740万元，款项尚未支付。税法规定，企业发生的广告费、业务宣传费不超过当年销售收入15%的部分允许税前扣除，超过部分允许结转以后年度税前扣除。甲公司当年销售收入为170 000万元。

（5）通过红十字会向地震灾区捐赠现金500万元，已计入营业外支出。税法规定，企业发生的公益性捐赠支出，在年度利润总额12%以内的部分，准予在计算应纳税所得额时扣除。

要求：

（1）分别计算甲公司有关资产、负债在2019年年末的账面价值、计税基础，以及其相关的暂时性差异、递延所得税资产或递延所得税负债的余额，计算结果填列在表13-4中（不必列示计算过程）。

表13-4　**计算结果**

项目	账面价值	计税基础	可抵扣暂时性差异	递延所得税资产	应纳税暂时性差异	递延所得税负债
存货						
固定资产						
应付罚款						
应付广告费						

（2）逐项计算甲公司2019年年末应确认或转销的递延所得税资产、递延所得税负债的金额。

（3）分别计算甲公司2019年度应纳税所得额、应交所得税以及所得税费用（或收益）的金额。

（4）编制甲公司2019年度与确认所得税费用（或收益）相关的会计分录。

章末练习题答案

第14章/财务报告

【学习目标】掌握：资产负债表、利润表、现金流量表和所有者权益变动表的编制方法。

理解：财务报表的意义；财务报表附注的重要性及所披露的主要内容。

了解：财务报表的分类。

14.1 财务报告概述

14.1.1 财务报告的内容

财务报告是企业对外提供的反映企业某一特定日期的财务状况和某一会计期间的经营成果、现金流量等会计信息的文件。财务报告应当对外报告，其服务对象主要是投资者、债权人等外部使用者，财务报告包括财务报表和应当在财务报告中披露的相关信息和资料。财务报告必须形成一个系统的文件，不应是零星的或者不完整的信息。其中，财务报表是财务报告的核心内容，是会计要素确认、计量的结果和综合性描述，由报表本身及其附注两部分构成。

14.1.2 财务报告的作用

财务报告是企业信息披露的主要来源和方式，其在企业的作用不言而喻，主要体现在两个方面：

（1）向财务会计报告使用者提供与企业财务状况、经营成果和现金流量等有关的会计信息。

①满足投资者的信息需要是企业财务报告编制的首要出发点。根据投资者决策有用目标，财务报告所提供的信息应当如实反映企业所拥有或者控制的经济资源、对经济资源的要求权以及经济资源及其要求权的变化情况；如实反映企业的各项收入、费用、利得和损失的金额及其变动情况；如实反映企业各项经营活动、投资活动和筹资活动等所形成的现金流入和现金流出情况等。从而有助于现在的或者潜在的投资者正确、合理地评价企业的资产质量、偿债能力、盈利能力和营运效率等；有助于投资者根据相关会计信息作出理性的投资决策；有助于投资者评估与投资有关的未来现金流量的金额、时间和风险等。

②除了投资者之外，企业财务报告的使用者还有债权人、政府及有关部门、社会公众

等。由于投资者是企业资本的主要提供者，通常情况下，如果财务报告能够满足这一群体的会计信息需求，也就可以满足其他使用者的大部分信息需求。

（2）反映企业管理层受托责任履行情况，有助于财务会计报告使用者作出经济决策。

现代企业制度强调企业所有权和经营权相分离，企业管理层受委托者之托经营管理企业及其各项资产，负有受托责任。即企业管理层所经营管理的企业各项资产基本上均为投资者投入的资本（或者留存收益作为再投资）或者向债权人借入的资金所形成的，企业管理层有责任妥善保管并合理、有效运用这些资产。企业投资者和债权人等也需要及时或者经常性地了解企业管理层保管、使用资产的情况，以便于评价企业管理层的责任情况和业绩，并决定是否需要调整投资或者信贷政策，是否需要加强企业内部控制和其他制度建设，是否需要更换管理层等。因此，财务报告应当反映企业管理层受托责任的履行情况，以有助于外部投资者和债权人等评价企业的经营管理责任和资源使用的有效性。

14.1.3　财务报告的披露方式

随着世界经济一体化和互联网+时代的到来，跨国企业的规模越来越大，数量不断地增多。我国财务报告与国际企业财务报告准则保持趋同已然成为全球的共识和发展趋势。

在确定财务报告的披露方式的过程中，基于如下的考虑：首先，财务报表列报需要刻画一个主体活动具有内在一致性的财务蓝图。其次，为了了解企业的现金流量，将企业不同性质、特征的业务分开列报。最后，企业需要为报告使用者提供一份能够评价主体的流动性和财务弹性的财务报告。

1）经济事项报告模式

经济事项报告模式最早由Sorter于20世纪60年代提出。他认为，传统的财务报告是一种价值理论的产物，财务数据遗漏了很多有用的非货币性信息，夹杂了许多主观判断和加总计算。他认为，会计呈报的过程应当舍去分配、递延、预计、摊销、汇总等多余的会计程序，代之以原始的事项。该模式的会计目标在于提供原汁原味的会计信息，综合、提炼数据则应由信息使用者自己执行。该模式扩大了信息含量，可以满足信息使用者的个性化需求；允许采用多种计量方法描述经济活动，能更准确地反映企业经济活动的全貌；综合、提炼数据的任务交给信息使用者，大大提高了信息的决策有用性。但其忽视了信息使用者的一些共同需要，并且还有可能导致资源的浪费；另外，该报告模式对用户的要求有过高之嫌，毕竟不是每个投资者都是专业的会计师。

2）数据库报告模式

数据库报告模式采取以信息理论为基础的记录和储存方式，即企业的所有经济活动都以基本信息单位储存，没有固定的报表格式，而是以开放数据库方式由阅读者根据自己设定的决策模型去获取信息。数据库报告模式旨在提供一个数据库，以便信息使用者从中提取不同明细程度的数据，它是在数据库环境中对“事项”报告模式的拓展，不同的信息使用者可以按需从数据库中提取和重新组织数据。但该模式对企业的会计信息系统的硬件和软件质量提出更高的要求。数据库报告模式提高了数据的共享性、实时性。

3）交互式按需报告模式

社会的进步使许多企业可以按顾客需要大规模地组织生产，交互式按需报告模型应运而生。这一按需报告模式能够实现报表提供者和使用者的直接沟通和报告系统的灵活性。

这一模型的基本要素是：

（1）数据库。报告单位要维护可用来保存其愿意披露最原始水平的信息的数据库，以便据不同需求生成不同的财务报告。

（2）会计程序模块化。会计系统包括相互联系但又相对独立的模块。这些模块包括三类：财务报告要素、非财务信息项目、会计方法和表达方法。模块化便于根据使用者的要求，将一种交易或财务报表要素按不同方法加以处理。

（3）报告生成器。报告单位在因特网上为信息使用者提供报告生成器，它是报告单位与使用者之间的交流界面，并帮助信息使用者编制其所需的财务报告。

（4）学习机制。系统设置一个反馈渠道，以便信息使用者及时向报告单位提出建议；还可设置一个记忆单元，记录最常被选用的信息、项目、方法和选择它们的使用者，这一信息可以帮助法规及准则制定者改进现行法规和准则。

交互式按需报告模式有灵活性、交互式和实时报告的特征，更好地满足了信息需求，并进而提高市场效率和减轻信息不对称；但增加信息处理成本，产生信息负荷过重、数据多义性和报告操纵等问题，也将加大审计难度，增加审计风险。

4）多层界面报告模式

由于技术条件和信息使用者的层次比较复杂，比较现实和可行的方法是提供一种能兼顾信息“材料”和“产成品”的网络财务报告模式，即多层界面财务报告模式。其基本思想是以现行通用财务报告为第一层界面，信息组件为第二层界面，信息元素为第三层界面。信息元素是可以为决策提供有用信息的最小单位；信息组件由不同的信息元素组成，提供某一类信息，从信息组件的综合中抽象出财务报告。该模式使财务报告具有多层展开的功能，通过对第一层界面的点击，可以链接信息组件，对信息组件的点击，又可以链接信息元素。这样的网络财务报告具有了伸缩性和可扩展性，从平面报告过渡到立体的三维报告模式，并不增加编报工作量，通过必要的设置以后将自动生成。

5）实时报告模式

在计算机随机寄存功能的支持下，财务信息的日常揭示成为可能。实时报告模式的基本思想是达到实时报告和定期报告之间的贯通。该模式要求实时报告的项目及内容必须与定期报告一致。该模式的最大优点就在于提高了信息的及时性，因此，实时报告模式将大大提高企业外部信息使用者的决策效率。但是该方法仅仅是从报告时间这一维度对会计呈报模式进行了规定，并没有解决应当呈报何种信息以及如何呈报信息等问题，因此，必须与其他模式相结合才能提供及时而又可靠的信息。

14.1.4 财务报告的分类

（1）财务报表按其功能和性质的不同，分为资产负债表、利润表、现金流量表、所有者权益（或股东权益）变动表以及附注。财务报表的上述组成部分具有同等的重要程度，企业不得强调某张报表或某些报表（或附注）较其他报表（或附注）更为重要。

（2）财务报表按其编制时间和涵盖期间的不同，分为月度、季度、半年度和年度财务报表。月度、季度和半年度财务报表统称为中期财务报表，反映的是企业在一个会计期间分阶段的经营成果和财务状况等；年度财务报表是在会计年度结束后编制的财务报表，反映的是经过一个完整的会计期间，企业的经营成果和财务状况等。

（3）财务报表按编报主体的不同，分为个别财务报表和合并财务报表。个别财务报表是以单个会计主体为单位编制的反映该主体财务状况、经营成果和现金流量的财务报表；合并财务报表是反映母公司及其全部子公司形成的企业集团整体的财务状况、经营成果和现金流量的财务报表。

14.1.5　财务报告的编制原则

为了充分发挥财务报告的作用，必须保证财务报告的质量。为此，编制财务报告应符合以下基本要求。

（1）企业应当以持续经营为基础，根据实际发生的交易和事项，按照企业会计准则的相关规定进行确认和计量，在此基础上编制财务报表。如果按照各项会计准则的规定披露的信息不足以让报表使用者了解特定交易或事项对企业财务状况和经营成果的影响时，企业还应当披露其他的必要信息。

（2）除现金流量表按照收付实现制的原则编制外，企业应当按照权责发生制原则编制财务报表。

（3）除下列三种情况外，企业财务报表项目的列报应当在各个会计期间保持一致，不得随意变更：

①会计准则的相关要求发生变化；

②企业经营业务的性质发生重大变化；

③对企业经营影响较大的交易或事项发生后，变更财务报表项目的列报能够提供更可靠、更相关的会计信息。

（4）性质或功能不同的项目，应当在财务报表中单独列报，除非该项目不具有重要性；如果某些项目的重要性程度不足以在资产负债表、利润表、现金流量表或者所有者权益变动表中单独列示，但对附注却具有重要性，则应当在附注中单独披露。

重要性是指在合理预期下，如果财务报表某项目的省略或错报会影响使用者据此作出经济决策的，则该项目就具有重要性。企业在进行重要性判断时，应当根据所处环境，从项目的性质和金额大小两方面予以判断：一方面，应当考虑该项目的性质是否属于企业日常活动是否显著影响企业的财务状况、经营成果和现金流量等因素；另一方面，判断项目金额大小的重要性，应当通过单项金额占资产总额、负债总额、所有者权益总额、营业收入总额、营业成本总额、净利润、综合收益总额等直接相关或所属报表单列项目金额的比重加以确定。企业对于各个项目的重要性判断标准一经确定，不得随意变更。

（5）财务报表中的资产项目和负债项目的金额、收入项目和费用项目的金额、直接计入当期利润的利得项目和损失项目的金额不得相互抵销，即不得以净额列报，但其他会计准则另有规定的除外。

以下三种情况不属于抵销：

①一组类似交易形成的利得和损失以净额列示的，不属于抵销。例如，汇兑损益应当以净额列报，为交易目的而持有的金融工具形成的利得和损失应当以净额列报。但是，如果相关的利得和损失具有重要性，则应当单独列报。

②资产或负债项目按扣除备抵项目后的净额列示，不属于抵销。例如，资产计提的减值准备，实质上意味着资产的价值确实发生了减损，资产项目应当按扣除减值准备后的净

额列示，这样才反映了资产当时的真实价值。

③非日常活动产生的利得和损失，以同一交易形成的收益扣减相关费用后的净额列示更能反映交易实质的，不属于抵销。非日常活动并非企业主要的业务，非日常活动产生的损益以收入扣减费用后的净额列示，更有利于报表使用者的理解。例如，非流动资产处置形成的利得或损失，应当按处置收入扣除该资产的账面金额和相关销售费用后的净额列报。

(6) 当期财务报表的列报，至少应当提供所有列报项目上一个可比会计期间的比较数据，以及与理解当期财务报表相关的说明。

(7) 企业应当在财务报表的显著位置至少披露下列各项：

①编报企业的名称；

②资产负债表日或财务报表涵盖的会计期间；

③人民币金额单位；

④财务报表是合并财务报表的，应当予以注明。

14.1.6 财务报告列报的基本要求

1）遵循各项会计准则进行确认和计量

企业应当根据实际发生的交易和事项，遵循各项具体会计准则的规定进行确认和计量，在此基础上编制财务报表。如果由于某种原因没有遵循准则的要求，应在附注中说明。

2）列报基础

企业以持续经营为基础编制财务报表。注意区分列报基础和记账基础。企业的记账基础为权责发生制，列报基础是持续经营。如果一个企业不能持续经营，那么应按破产清算的思路处理，此时要用清算时的价值来代替以历史成本为主的计量属性的选择。

3）项目列报

(1) 性质或功能不同的项目，应当在财务报表中单独列报，但是不具有重要性的项目可以合并列报。性质或功能不同的项目，对财务报表使用者的含义是不同的。

(2) 性质或功能类似的项目，一般可以合并列报，但是对其具有重要性的类别，应当按其类别在财务报表中单独列报。比如，库存现金、银行存款、其他货币资金合并作为货币资金列报；原材料、在产品、库存商品的性质类似，合并作为存货项目列报；但是存货与固定资产项目不能合并列报。

(3) 项目单独列报的原则不仅适用于报表，还适用于附注。

(4) 企业会计准则规定单独列报的项目，企业都应当予以单独列报。

重要性是判断项目是否单独列报的重要标准。重要性应当根据企业所处环境，从项目的性质和金额大小两方面予以判断。

4）列报的一致性

财务报表项目的列报应当在各个会计期间保持一致，不得随意变更，但下列情况除外：

(1) 会计准则要求改变财务报表项目的列报。

(2) 企业经营业务的性质发生重大变化后，变更财务报表项目的列报能够提供更可靠、更相关的会计信息。

5）财务报表项目金额间的相互抵销

财务报表项目应当以总额列报，资产和负债、收入和费用不得相互抵销，但会计准则另有规定的除外。下列两种情况不属于抵销，可以净额列示：

（1）非日常活动产生的损益，以收入扣减费用后的净额列示，不属于抵销。比如，固定资产清理净损益，不需要将清理收入、发生的清理费用等单独列报。

（2）资产项目按扣除减值准备后的净额列示，不属于抵销。

6）比较信息的列报

我国的报表是比较报表，即至少提供两期的数据。比如，资产负债表有年初余额和期末余额，利润表、现金流量表、所有者权益变动表都有本年数和上年数，这就是比较报表。

我们把提供两期或两期以上的报表信息称为比较报表。企业在列报当期财务报表时，至少应当提供所有列报项目上一可比会计期间的比较数。

7）财务报表表首的列报要求

企业编制的财务报表应当在表首部分概括说明下列基本信息：

（1）编报企业的名称。

（2）资产负债表日或财务报表涵盖的会计期间。

（3）货币名称和金额单位。

（4）财务报表是合并财务报表的，应当予以标明。

8）报告期间

企业至少应当按年编制财务报表。年度财务报表涵盖的期间短于一年的，应当披露年度财务报表的涵盖期间，以及短于一年的原因；短于一年的报告称为中期财务报告。

14.2　资产负债表

14.2.1　资产负债表概述

资产负债表是根据“资产＝负债+所有者权益”这一会计基本等式而编制的，总括反映企业在某一特定日期的全部资产、负债和所有者权益的报表。该特定日期一般是指某一月份、季度、半年或者年度的最后一天。资产负债表可以使使用者了解企业的财务状况，例如企业全部资产的结构以及构成这些资产的资金来源，以及企业的偿债能力情况。若把前后期的资产负债表加以对比分析，还可以把握企业资金结构的变化情况及财务状况的发展趋势等方面的信息。

14.2.2　资产负债表列报的总体要求

（1）资产负债表列报应当如实反映企业在资产负债表日所拥有的资源、所承担的负债以及所有者所拥有的权益。资产负债表应当按照资产、负债和所有者权益三大类别分类列报。

（2）资产负债表上应当按照资产和负债的流动性区分为流动资产和非流动资产、流动负债和非流动负债，并分别列示。流动性，通常按资产的变现或耗用时间长短或者负债的偿还时间长短来确定。一般而言，在资产负债表的左方按资产流动性由强到弱、自上而下排列，即先流动资产，后非流动资产，而非流动资产再划分为若干个大类；负债总体上按其到期日由近至远的顺序排列，即先流动负债，后非流动负债（长期负债）；所有者权益则按其永久性递减的顺序排列，即先实收资本，后资本公积、盈余公积，最后是未分配利润。

（3）资产负债表中的资产类至少应当列示流动资产和非流动资产的合计项目；负债类至少应当列示流动负债、非流动负债以及负债的合计项目；所有者权益类应当列示所有者权益的合计项目。

14.2.3 一般企业资产负债表的格式

资产负债表的格式见表14-1。

表14-1　　**资产负债表**　　会企01表

编制单位：××有限责任公司　　年　月　日　　单位：元

资　产	期末余额	年初余额	负债和所有者权益（或股东权益）	期末余额	年初余额
流动资产：			流动负债：		
货币资金			短期借款		
交易性金融资产			交易性金融负债		
衍生金融资产			衍生金融负债		
应收票据及应收账款			应付票据及应付账款		
预付款项			预收款项		
其他应收款			合同负债		
存货			应付职工薪酬		
合同资产			应交税费		
持有待售资产			其他应付款		
一年内到期的非流动资产			持有待售负债		
其他流动资产			一年内到期的非流动负债		
流动资产合计			其他流动负债		
非流动资产：			流动负债合计		
债权投资			非流动负债：		
其他债权投资			长期借款		

续表

资 产	期末余额	年初余额	负债和所有者权益（或股东权益）	期末余额	年初余额
长期应收款			应付债券		
长期股权投资			其中：优先股		
其他权益工具投资			永续债		
其他非流动金融资产			长期应付款		
投资性房地产			预计负债		
固定资产			递延收益		
在建工程			递延所得税负债		
生产性生物资产			其他非流动负债		
油气资产			非流动负债合计		
无形资产			负债合计		
开发支出			所有者权益（或股东权益）：		
商誉			实收资本（或股本）		
长期待摊费用			其他权益工具		
递延所得税资产			其中：优先股		
其他非流动资产			永续债		
非流动资产合计			资本公积		
			减：库存股		
			其他综合收益		
			盈余公积		
			未分配利润		
			所有者权益（或股东权益）合计		
资产总计			负债和所有者权益（或股东权益）总计		

14.2.4 资产负债表的编制方法

资产负债表的编制是以日常会计核算记录的数据为基础进行归类、整理和汇总，加工成报表项目的。我国资产负债表主体部分的各项目都列有“年初余额”和“期末余额”两个栏目，是一种比较资产负债表。

1）年初余额

该栏的数据，根据上年年末资产负债表“期末余额”栏内所列数字填列。如果本年度资产负债表规定的各个项目的名称和内容与上年度不相一致，应对上年年末资产负债表各项目的名称和数字按照本年度的规定进行调整，按调整后的数字填列。

2）期末余额

（1）根据总账科目余额填列。

①直接根据总账科目的余额填列，如“交易性金融资产”“短期借款”“应付职工薪酬”等项目。

②根据几个总账科目的余额计算填列，如“货币资金”项目。

（2）根据有关明细科目的余额计算填列。

例如，“应付票据及应付账款”项目，需要根据“应付票据”“应付账款”“预付账款”三个科目所属的相关明细科目的期末贷方余额计算填列。

“应收票据及应收账款”项目，需要根据“应收票据”“应收账款”“预收账款”三个科目所属的相关明细科目的期末借方余额减去“坏账准备”科目有关期末余额后的金额计算填列。

（3）根据总账科目和明细科目的余额分析计算填列。

例如，“长期借款”项目，需要根据“长期借款”总账科目余额扣除“长期借款”科目所属的明细科目中将在一年内到期且企业不能自主将清偿义务展期的长期借款后的金额计算填列。

（4）根据总账科目与其备抵科目抵销后的净额填列。

例如，“应收票据及应收账款”“长期股权投资”“在建工程”项目，应用资产科目期末余额扣除相应的坏账准备、减值准备科目余额后的净额填列。

“固定资产”“投资性房地产”“无形资产”等项目，应用资产科目期末余额扣除相应的减值准备科目及累计折旧（摊销）等的净额填列。

（5）综合运用上述填列方法分析填列。

例如，“存货”项目，需根据“原材料”“委托加工物资”“周转材料”“材料采购”“在途物资”“发出商品”“材料成本差异”等总账科目期末余额的分析汇总数，再减去“存货跌价准备”科目余额后的净额填列。

14.3 利润表

14.3.1 利润表概述

利润表是反映企业在某一会计期间的经营成果的财务报表。利润表的列报，必须充分反映企业经营业绩的主要来源和构成，有助于报表的使用者分析企业的盈利能力以及预测未来一定时期内的盈利趋势，从而作出正确的决策。

通过利润表，可以反映会计主体在一定会计期间的收入实现情况，例如，实现的营业收入有多少，实现的投资收益有多少，实现的营业外收入有多少等；可以反映一定会计期间的费用耗费情况，例如，耗费的营业成本有多少，耗费的税金及附加有多少，耗费的销售费用、管理费用、财务费用各有多少等；可以反映会计主体生产经营活动的成果，即净利润的实现情况，据以判断资本的保值增值情况。将利润表中的信息与资产负债表中的信息相结合，还可以提供进行财务分析的基本资料，如将赊销收入净额与应收账款平均余额进行比较，计算出应收账款周转率；将销货成本与存货平均余额进行比较，计算出存货周转率；将净利润与资产总额进行比较，计算出资产收益率等，可以说明会计主体的资金周转情况以及会计主体的盈利能力和水平，便于报表使用者判断企业未来的发展趋势，作出经济决策。

14.3.2　利润表的格式

由于不同的国家和地区对财务报表的信息要求不完全相同，利润表的结构也不完全相同。但目前比较普遍的利润表的结构有多步式和单步式两种。我国一般采用多步式利润表格式。一般企业利润表格式见表14-2。

表14-2　**利润表**　会企02表

编制单位：××有限责任公司　年　月　单位：元

项　　目	本期金额	上期金额
一、营业收入		
减：营业成本		
税金及附加		
销售费用		
管理费用		
研发费用		
财务费用		
其中：利息费用		
利息收入		
资产减值损失		
信用减值损失		
加：其他收益		
投资收益（损失以“-”号填列）		
其中：对联营企业和合营企业的投资收益		
净敞口套期收益（损失以“-”号填列）		
公允价值变动收益（损失以“-”号填列）		
资产处置收益（损失以“-”号填列）		
二、营业利润（亏损以“-”号填列）		
加：营业外收入		
减：营业外支出		

续表

项　　目	本期金额	上期金额
三、利润总额（亏损总额以“-”号填列）		
减：所得税费用		
四、净利润（净亏损以“-”号填列）		
（一）持续经营净利润（净亏损以“-”号 填列）		
（二）终止经营净利润（净亏损以“-”号 填列）		
五、其他综合收益的税后净额		
（一）不能重分类进损益的其他综合收益		
1.重新计量设定受益计划变动额		
2.权益法下不能转损益的其他综合收益		
3.其他权益工具投资公允价值变动		
4.企业自身信用风险公允价值变动		
⋮		
（二）将重分类进损益的其他综合收益		
1.权益法下可转损益的其他综合收益		
2.其他债权投资公允价值变动		
3.金融资产重分类计入其他综合收益的金额		
4.其他债权投资信用减值准备		
5.现金流量套期储备		
6.外币财务报表折算差额		
⋮		
六、综合收益总额		
七、每股收益：		
（一）基本每股收益		
（二）稀释每股收益		

利润表主要反映以下七方面的内容：

（1）营业收入，由主营业务收入和其他业务收入组成；营业成本，由主营业务成本和其他业务成本组成；营业收入分别对应营业成本。

（2）营业利润，营业收入减去营业成本、税金及附加、销售费用、管理费用、财务费用、资产减值损失、信用减值损失，加上其他收益、公允价值变动收益、投资收益、净敞口套期收益、资产处置收益，即为营业利润。

（3）利润总额，营业利润加上营业外收入，减去营业外支出，即为利润总额。

（4）净利润，利润总额减去所得税费用，即为净利润。

（5）其他综合收益的税后净额，反映根据《企业会计准则》的规定未在当期损益中确认的有关利得和损失扣除所得税影响后的净额。

（6）综合收益总额，反映企业净利润与其他综合收益扣除所得税影响后的净额的合计数。

（7）每股收益，普通股或潜在普通股已公开交易的企业，以及正处于公开发行普通股或潜在普通股过程中的企业，还应当在利润表中列示每股收益信息，包括基本每股收益和稀释每股收益两项指标。

此外，为了使报表使用者通过比较不同期间的利润的实现情况，判断企业经营成果的未来发展趋势，企业需要提供比较利润表，利润表还就各项目再分为"本期金额"和"上期金额"两栏分别填列。

14.3.3　利润表的编制方法

利润表的栏目分为"本期金额"和"上期金额"栏。本期金额根据"营业收入""营业成本""税金及附加""销售费用""管理费用""财务费用""资产减值损失""公允价值变动损益""营业外收入""营业外支出""所得税费用"等损益类科目的发生额分析填列。其中，"营业利润""利润总额""净利润"项目根据利润表中相关项目计算填列。

利润表中的"上期金额"栏应根据上年该期利润表"本期金额"栏内所列数字填列。如果上年该期利润表规定的各个项目的名称和内容同本期不一致的，应对上年该期利润表各项目的名称和数字按照本期的规定进行调整，填入"上期金额"栏。

1）本月金额

利润表"本月金额"栏反映各项目的本月实际发生数。在编报中期和年度财务报表时，应将"本月金额"栏改成"上期金额"栏。

2）本期金额

利润表"本期金额"栏反映各项目自年初起至本月末止的累计实际发生数，应根据上月利润表的"本期金额"栏各项目数额，加上本月利润表的"本月金额"栏各项目数额填列。

3）报表数与账簿数据的钩稽关系

本月实际发生金额就是本月转入本年利润的各损益类科目金额，也就是各损益类科目总分类账的"本月合计"数额，累计实际发生金额也就是各损益类科目总分类账的"本年累计"数额。

实际工作中，对收入、收益损益类科目贷方归集实际发生金额，从借方将发生额转入本年利润，一般情况下对于冲回的损益，我们在贷方登记负数；对成本、费用、支出损益类科目借方归集实际发生金额，从贷方将发生额转入本年利润，一般情况下对于冲回的损益，我们在借方登记负数。如此登记账簿，保证了账簿中"本月合计"和"本年累计"数值的有用性。否则，对冲回的损益我们在相反的方向登记，那么账簿中"本月合计"和"本年累计"数值就失去了会计信息数据的价值，仅仅成为一种数学数值。

因此，在利润表的编制过程中，我们可以依据各月转入本年利润的各损益类科目金额填列“本月金额”，依据上月利润表的“本期金额”加上本月利润表的“本月金额”填列当月利润表的“本期金额”，也可以从账簿中的“本月合计”直接取值填列到利润表中的“本月金额”；从账簿中的“本年累计”直接取值填列到利润表中的“本期金额”。本书编制利润表时为了使读者直观地学习，将采用这一方法。

4）本期金额的各栏次

利润表是反映企业一定时期经营成果的动态报表，因此，该栏内各项目一般根据账户的本期发生额分析填列。

利润表自上而下以收入为起点，分别计算出营业利润、利润总额、净利润和每股收益。其计算步骤为：

（1）将营业收入依次减去营业成本、税金及附加、三项期间费用、研发费用、资产减值损失、信用减值损失，然后依次加上公允价值变动损益、投资收益、净敞口套期收益、资产处置收益、其他收益，得出营业利润。

（2）在营业利润的基础上，加上营业外收入，减去营业外支出，计算出利润总额。

（3）在利润总额的基础上，减去所得税费用，得出净利润。

（4）一般企业在计算出净利润后，利润表即编制完成。部分发行股票和债券的企业还要在净利润的基础上，除以在外发行的股数计算出每股净利润，也就是基本每股收益和稀释每股收益。

14.3.4 影响企业经营成果其他重要信息的披露

企业应当在附注中详细披露其他综合收益各项目及其所得税影响，以及原计入其他综合收益、当期转入损益的金额等信息。

【例 14-1】东方公司为股份有限公司，系增值税一般纳税人，所得税税率为25%。2017年和2018年流通在外股份为1 000万股，其2018年1月1日有关科目的余额见表14-3。

该公司2018年发生的经济业务如下：

（1）购入原材料一批，材料价款400 000元，增值税64 000元，共计464 000元，原已预付材料款130 000元，余款334 000元用银行存款支付，材料未到。

（2）收到原材料一批，实际成本240 000元，计划成本230 000元，材料已验收入库，货款已于上月支付。

（3）购入不需安装的设备一台，价款180 000元，支付增值税28 800元，支付包装费等2 200元。价款、增值税及包装费等共计211 000元均以银行存款支付。设备已交付使用。

（4）购入工程物资一批，价款260 000元，增值税41 600元，均已用银行存款支付。

（5）收到银行通知，用银行存款支付到期的商业承兑汇票300 000元，偿还应付账款170 000元。

（6）销售产品一批，销售价款800 000元，应收取增值税128 000元，产品已发出，价款尚未收到。

（7）从银行借入3年期借款1 000 000元，借款存入银行，该项借款用于购建固定资产。

表14-3

科目余额表

2018年1月1日

单位：元

科目名称	借方余额	科目名称	贷方余额
库存现金	6 200	短期借款	1 000 000
银行存款	11 816 000	应付票据	500 000
其他货币资金	336 000	应付账款	1 520 000
交易性金融资产	53 600	其他应付款	130 000
应收票据	160 000	应付职工薪酬	102 000
应收账款	800 000	应交税费	81 600
坏账准备	−16 000	应付利息	24 000
预付账款	130 000	长期借款	3 600 000
其他应收款	9 000	其中：一年内到期的非流动负债	1 700 000
材料采购	240 000	递延所得税负债	16 000
原材料	182 400	股本	10 000 000
包装物	20 000	资本公积	6 857 600
低值易耗品	140 000	其他综合收益	9 000
库存商品	120 000	盈余公积	300 000
材料成本差异	7 000	利润分配（未分配利润）	180 000
存货跌价准备	−13 000		
其他债权投资	160 000		
长期股权投资	440 000		
长期股权投资减值准备	−9 000		
固定资产	6 198 000		
累计折旧	−1 200 000		
固定资产减值准备	−380 000		
在建工程	3 200 000		
无形资产	2 400 000		
累计摊销	−480 000		
合　计	24 320 200	合　计	21 320 200

（8）在建工程应付职工工资820 000元。

（9）一项工程完工应负担的长期借款利息为320 000元，该项借款未付本息。

（10）一项工程完工并交付生产使用，已办理竣工手续，固定资产价值为3 000 000元。

（11）销售产品一批，价款为1 600 000元，应收取增值税256 000元，货款银行已收妥。

（12）公司出售一台不需用设备，收到总价款928 000元（其中增值税128 000元），设备原价1 600 000元，已提折旧520 000元，已提减值准备200 000元，设备已交付给购货单位。

（13）收到一项长期股权投资的现金股利80 000元，存入银行。该项投资按成本法核算，对方公司的所得税税率与本公司一致，均为25%。

（14）归还短期借款本金400 000元，应付利息10 000元，共计410 000元。

（15）用银行汇票支付采购材料价款，公司收到开户银行转来银行汇票多余款收账通知，多余款项为834元，购入材料的价款及运费共250 600元，支付的增值税税额为40 566元。

（16）上一笔业务中的购入材料已验收入库，该批材料的计划价格为251 200元。

（17）用银行存款支付职工工资2 074 000元，其中包括支付给在建工程人员的工资410 000元。

（18）分配应支付的职工工资1 254 000元（不包括在建工程应支付的工资820 000元），其中，生产人员工资1 140 000元，车间管理人员工资22 800元，行政管理部门人员工资91 200元。

（19）用银行存款支付研发部门的新技术开发支出40 000元，该项支出符合资本化条件。

（20）用银行存款支付产品展览费30 000元，广告费26 000元。

（21）基本生产领用原材料，计划成本600 000元，领用低值易耗品计划成本120 000元，采用一次摊销法摊销。

（22）结转领用原材料与低值易耗品的成本差异，材料成本差异率为2%。

（23）公司采用商业承兑汇票结算方式销售产品一批，价款600 000元，增值税税额96 000元，收到696 000元的商业承兑汇票一张。

（24）公司将上述商业承兑汇票向银行办理贴现，贴现息为48 000元，该票据的到期日为2019年4月20日。同时将上年销售商品收到的一张面值为1 600 000元、已到期的无息银行承兑汇票，连同解讫通知书和进账单交银行办理转账，收到银行转账退回的进账单一联，款项银行已收妥。

（25）确认应计入本期损益的借款利息共65 000元，其中，短期借款利息44 000元，长期借款利息21 000元。

（26）计提固定资产折旧240 000元，其中，制造费用200 000元，管理费用40 000元。

（27）摊销无形资产160 000元。

（28）用银行存款支付管理部门水电费24 000元，生产车间水电费150 000元。

（29）用银行存款支付本年度企业财产保险费134 200元。

（30）本期产品销售应缴纳城市维护建设税29 750元，教育费附加12 750元。

（31）用银行存款缴纳增值税240 000元，城市维护建设税29 750元，教育费附加12 750元。

（32）年末交易性金融资产的公允价值为57 600元，应确认公允价值变动收益4 000元。

（33）年末其他债权投资的公允价值为180 000元，较年初增加20 000元（该项其他债权投资于上年购入，取得成本为148 000元，上年年末公允价值为160 000元）。

（34）计算并结转本期完工产品成本2 247 200元。没有期初在产品，本期生产的产品全部完工入库。

（35）结转本期产品销售成本1 800 000元。

（36）基本生产车间盘亏一台设备，原价560 000元，已提折旧450 000元，已提减值准备50 000元。

（37）偿还长期借款本金1 700 000元。

（38）收回应收账款720 000元存入银行。

（39）应收某客户的账款10 000元，已确定不能收回。

（40）按应收账款余额的2%计提坏账准备。

（41）计提存货跌价准备22 380元。

（42）计提固定资产减值准备40 000元。

（43）第（36）笔的固定资产盘亏在年末结账前仍未批准处理，按规定将60 000元损失转为营业外支出（附注中说明）。

（44）结转各收入、费用科目，确定利润总额。

（45）计算并结转应交所得税99 400元，所得税费用119 200元，增加递延所得税负债19 800元。（均为假设数据）

（46）用银行存款缴纳所得税97 000元。

（47）提取盈余公积43 110元，分配普通股现金股利162 290元。

（48）将利润分配各明细科目的余额转入“未分配利润”明细科目，结转本年利润。

（49）2018年年末将于1年内到期的非流动负债为800 000元。

根据以上业务编制会计分录如下：

（1）借：材料采购	400 000	
应交税费——应交增值税（进项税额）	64 000	
贷：预付账款		130 000
银行存款		334 000
（2）借：原材料	230 000	
材料成本差异	10 000	
贷：材料采购		240 000
（3）借：固定资产	182 200	
应交税费——应交增值税（进项税额）	28 800	
贷：银行存款		211 000

(4) 借：工程物资　260 000
　　应交税费——应交增值税（进项税额）　41 600
　贷：银行存款　301 600
(5) 借：应付票据　300 000
　　应付账款　170 000
　贷：银行存款　470 000
(6) 借：应收账款　928 000
　贷：主营业务收入　800 000
　　应交税费——应交增值税（销项税额）　128 000
(7) 借：银行存款　1 000 000
　贷：长期借款　1 000 000
(8) 借：在建工程　820 000
　贷：应付职工薪酬　820 000
(9) 借：在建工程　320 000
　贷：长期借款　320 000
(10) 借：固定资产　3 000 000
　贷：在建工程　3 000 000
(11) 借：银行存款　1 856 000
　贷：主营业务收入　1 600 000
　　应交税费——应交增值税（销项税额）　256 000
(12) 转入固定资产清理：
借：固定资产清理　880 000
　累计折旧　520 000
　固定资产减值准备　200 000
贷：固定资产　1 600 000
出售收入：
借：银行存款　928 000
贷：固定资产清理　800 000
　应交税费——应交增值税（销项税额）　128 000
结转处置损益：
借：资产处置损益　80 000
贷：固定资产清理　80 000
(13) 借：银行存款　80 000
　贷：投资收益　80 000
(14) 借：短期借款　400 000
　　应付利息　10 000
　贷：银行存款　410 000
(15) 借：材料采购　250 600

借：应交税费——应交增值税（进项税额） 40 566
　　银行存款 834
　贷：其他货币资金 292 000

（16）借：原材料 251 200
　贷：材料采购 250 600
　　　材料成本差异 600

（17）借：应付职工薪酬 2 074 000
　贷：银行存款 2 074 000

（18）借：生产成本 1 140 000
　　制造费用 22 800
　　管理费用 91 200
　贷：应付职工薪酬 1 254 000

（19）借：研发支出——资本化支出 40 000
　贷：银行存款 40 000

（20）借：销售费用 56 000
　贷：银行存款 56 000

（21）借：生产成本 720 000
　贷：原材料 600 000
　　　低值易耗品 120 000

（22）借：生产成本 14 400
　贷：材料成本差异 14 400

（23）借：应收票据 696 000
　贷：主营业务收入 600 000
　　　应交税费——应交增值税（销项税额） 96 000

（24）借：银行存款 648 000
　　财务费用 48 000
　贷：应收票据 696 000

同时：借：银行存款 1 600 000
　贷：应收票据 1 600 000

（25）借：财务费用 65 000
　贷：应付利息 44 000
　　　长期借款 21 000

（26）借：制造费用 200 000
　　管理费用 40 000
　贷：累计折旧 240 000

（27）借：管理费用 160 000
　贷：累计摊销 160 000

（28）借：制造费用 150 000

借：管理费用 24 000
贷：累计折旧 174 000

(29) 借：管理费用 134 200
贷：银行存款 134 200

(30) 借：税金及附加 42 500
贷：应交税费——应交城市维护建设税 29 750
——应交教育费附加 12 750

(31) 借：应交税费——应交增值税 240 000
——应交城市维护建设税 29 750
——应交教育费附加 12 750
贷：银行存款 282 500

(32) 借：交易性金融资产——公允价值变动 4 000
贷：公允价值变动损益 4 000

(33) 借：其他债权投资——公允价值变动 20 000
贷：其他综合收益 15 000
递延所得税负债 5 000

(34) 借：生产成本 372 800
贷：制造费用 372 800
借：库存商品 2 247 200
贷：生产成本 2 247 200

(35) 借：主营业务成本 1 800 000
贷：库存商品 1 800 000

(36) 借：待处理财产损溢 60 000
累计折旧 450 000
固定资产减值准备 50 000
贷：固定资产 560 000

(37) 借：长期借款 1 700 000
贷：银行存款 1 700 000

(38) 借：银行存款 720 000
贷：应收账款 720 000

(39) 借：坏账准备 10 000
贷：应收账款 10 000

(40) 借：信用减值损失 19 960
贷：坏账准备 19 960

(41) 借：资产减值损失 22 380
存货跌价准备 22 380

(42) 借：资产减值损失 40 000
贷：固定资产减值准备 40 000

（43）借：营业外支出　60 000
　　贷：待处理财产损溢　60 000
（44）借：主营业务收入　3 000 000
　　公允价值变动损益　4 000
　　投资收益　80 000
　　贷：本年利润　3 084 000
　借：本年利润　2 677 240
　　贷：主营业务成本　1 800 000
　　　税金及附加　42 500
　　　销售费用　56 000
　　　管理费用　449 400
　　　财务费用　113 000
　　　资产处置损益　80 000
　　　营业外支出　60 000
　　　资产减值损失　62 380
　　　信用减值损失　13 960
（45）借：所得税费用　119 200
　　贷：应交税费——应交所得税　99 400
　　　递延所得税负债　19 800
　借：本年利润　119 200
　　贷：所得税费用　119 200
　借：本年利润　287 560
　　贷：利润分配——未分配利润　287 560
（46）借：应交税费——应交所得税　97 000
　　贷：银行存款　97 000
（47）借：利润分配——提取盈余公积　43 110
　　贷：盈余公积　43 110
　借：利润分配——应付现金股利　162 290
　　贷：应付股利　162 290
（48）借：本年利润　287 560
　　贷：利润分配——未分配利润　287 560
　借：利润分配——未分配利润　205 400
　　贷：利润分配——应付现金股利　162 290
　　　利润分配——提取盈余公积　43 110

（49）2018年年末将于1年内到期的非流动负债为800 000元（调表即可）。

2018年年末科目余额表见表14-4。

编制东方公司资产负债表和利润表，见表14-5和表14-6。

表14-4 **科目余额表**

2018年12月31日 单位：元

科目名称	借方余额	科目名称	贷方余额
库存现金	6 200	短期借款	600 000
银行存款	10 924 534	应付票据	200 000
其他货币资金	44 000	应付账款	1 350 000
交易性金融资产	57 600	其他应付款	130 000
应收票据	0	应付职工薪酬	102 000
应收账款	998 000	应付股利	162 290
坏账准备	−19 960	应交税费	277 034
预付账款	0	应付利息	58 000
其他应收款	9 000	长期借款	3 241 000
材料采购	400 000	其中：一年内到期的非流动负债	800 000
原材料	63 600	递延所得税负债	40 800
包装物	20 000	股本	10 000 000
低值易耗品	20 000	资本公积	6 857 600
库存商品	567 200	其他综合收益	24 000
材料成本差异	2 000	盈余公积	343 110
存货跌价准备	−35 380	利润分配（未分配利润）	262 160
其他债权投资	180 000		
长期股权投资	440 000		
长期股权投资减值准备	−9 000		
固定资产	7 220 200		
累计折旧	−470 000		
固定资产减值准备	−170 000		
工程物资	260 000		
在建工程	1 340 000		
无形资产	2 400 000		
累计摊销	−640 000		
开发支出	40 000		
合　计	23 647 994	合　计	23 647 994

表14-5 **资产负债表** 会企01表

编制单位：东方公司 2018年12月31日 单位：元

资 产	期末余额	年初余额	负债和所有者权益（或股东权益）	期末余额	年初余额
流动资产：			流动负债：		
货币资金	10 974 734	12 158 200	短期借款	600 000	1 000 000
交易性金融资产	57 600	53 600	交易性金融负债		
衍生金融资产			衍生金融负债		
应收票据及应收账款	978 040	944 000	应付票据及应付账款	1 550 000	2 020 000
预付款项	0	130 000	预收款项		
其他应收款	9 000	9 000	合同负债		
存货	1 037 420	696 400	应付职工薪酬	102 000	102 000
合同资产			应交税费	277 034	81 600
持有待售资产	180 000	160 000	其他应付款	350 290	154 000
一年内到期的非流动资产			持有待售负债		
其他流动资产			一年内到期的非流动负债	800 000	1 700 000
流动资产合计	13 056 794	13 991 200	其他流动负债		
非流动资产：			流动负债合计	3 679 324	5 057 600
债权投资			非流动负债：		
其他债权投资	180 000	160 000	长期借款	2 441 000	1 900 000
长期应收款			应付债券		
长期股权投资	431 000	431 000	其中：优先股		
其他权益工具投资			永续债		
其他非流动金融资产			长期应付款		
投资性房地产			预计负债		
固定资产	6 580 200	4 618 000	递延收益		
在建工程	1 600 000	3 200 000	递延所得税负债	40 800	16 000
生产性生物资产			其他非流动负债		
油气资产			非流动负债合计	2 481 800	1 916 000
无形资产	1 760 000	1 920 000	负债合计	6 161 124	6 973 600
开发支出	40 000	0	所有者权益（或股东权益）：		
商誉			实收资本（或股本）	10 000 000	10 000 000
长期待摊费用			其他权益工具		
递延所得税资产			其中：优先股		
其他非流动资产			永续债		
非流动资产合计	10 591 200	10 329 000	资本公积	6 857 600	6 857 600
			减：库存股		
			其他综合收益	24 000	9 000
			盈余公积	343 110	300 000
			未分配利润	262 160	180 000
			所有者权益（或股东权益）合计	17 486 870	17 346 600
资产总计	23 647 994	24 320 200	负债和所有者权益（或股东权益）总计	23 647 994	24 320 200

表14-6　　**利润表**　　会企02表

编制单位：东方公司　　2018年度　　单位：元

项　　目	本期金额	上期金额
一、营业收入	3 000 000	2 400 000
减：营业成本	1 800 000	1 500 000
税金及附加	42 500	36 000
销售费用	56 000	50 000
管理费用	449 400	382 000
研发费用		
财务费用	113 000	100 000
其中：利息费用		
利息收入		
资产减值损失	62 380	50 000
信用减值损失	13 960	
加：其他收益		
投资收益（损失以“-”号填列）	80 000	100 000
其中：对联营企业和合营企业的投资收益		
净敞口套期收益（损失以“-”号填列）		
公允价值变动收益（损失以“-”号填列）	4 000	2 000
资产处置收益（损失以“-”号填列）	-80 000	
二、营业利润（亏损以“-”号填列）	466 760	384 000
加：营业外收入	0	60 000
减：营业外支出	60 000	130 000
三、利润总额（亏损总额以“-”号填列）	406 760	314 000
减：所得税费用	119 200	96 000
四、净利润（净亏损以“-”号填列）	287 560	218 000
（一）持续经营净利润（净亏损以“-”号 填列）		
（二）终止经营净利润（净亏损以“-”号 填列）		
五、其他综合收益的税后净额		
（一）不能重分类进损益的其他综合收益		

续表

项目	本期金额	上期金额
1.重新计量设定受益计划变动额		
2.权益法下不能转损益的其他综合收益		
3.其他权益工具投资公允价值变动		
4.企业自身信用风险公允价值变动		
⋮		
（二）将重分类进损益的其他综合收益		
1.权益法下可转损益的其他综合收益		
2.其他债权投资公允价值变动		
3.金融资产重分类计入其他综合收益的金额		
4.其他债权投资信用减值准备		
5.现金流量套期储备		
6.外币财务报表折算差额		
⋮		
六、综合收益总额		
七、每股收益：		
（一）基本每股收益		
（二）稀释每股收益		

14.4 现金流量表

14.4.1 现金流量表的性质和作用

现金流量表是反映企业在一定会计期间的现金和现金等价物的流入和流出的财务报表，表明企业获得现金和现金等价物的能力。报表使用者利用现金流量表提供的信息，可以了解和评价企业以下几方面的事项：

（1）企业获取现金和现金等价物的能力，并据以预测企业未来现金流量。

（2）通过编报现金流量表，能够说明企业一定期间内现金流入和流出的原因，企业的偿债能力和支付股利的能力。

（3）用以分析企业投资和理财活动对经营成果和财务状况的影响，有助于对企业的整体财务状况作出客观评价。

14.4.2 现金流量表的编制基础

现金流量表以现金及现金等价物为基础编制，其划分为经营活动、投资活动和筹资活动，按照收付实现制原则编制，将权责发生制下的盈利信息调整为收付实现制下的现金流量信息。现金及现金等价物包括库存现金、可以随时用于支付的银行存款、其他货币资金以及现金等价物等。其中：

（1）库存现金，是指企业可以随时用于支付的现金，也就是目前企业会计核算中“库存现金”科目核算的内容。

（2）银行存款，是指企业存放在银行或其他金融机构随时可以用于支付的存款，与目前企业会计核算中“银行存款”科目核算的内容基本一致，但不包括不能随时支取的定期存款，但提前通知金融企业便可支取的定期存款，应包括在现金范围内。

（3）其他货币资金，是指企业存放在金融企业，有特定用途的资金，如外埠存款、银行汇票存款、银行本票存款等，与目前企业会计核算中“其他货币资金”科目核算的内容一致。

（4）现金等价物，是指企业持有的期限短、流动性强、易于转换为已知金额的现金、价值变动风险很小的投资。期限短通常是指从购买日起3个月内到期。现金等价物通常包括3个月内到期的短期债券投资。权益性投资变现的金额通常不确定，因而一般不属于现金等价物。企业应根据具体情况，确定现金等价物的范围，一经确定不得随意变更，如改变划分标准，应视为会计政策变更。企业确定现金等价物的原则及其变更，应在财务报表附注中披露。

14.4.3 现金流量的分类

现金流量是指企业现金和现金等价物的流入和流出。在现金流量表中，现金及现金等价物被视为一个整体，企业现金（含现金等价物，下同）形式的转换不会产生现金的流入和流出。例如，企业从银行提取现金，是现金存放形式的转换，并未流出企业，不构成现金流量。同样，现金与现金等价物之间的转换也不属于现金流量。例如，企业用现金购买了3个月内到期的国库券。

根据企业业务活动的性质和现金流量的来源，企业一定期间产生的现金流量分为三类：经营活动现金流量、投资活动现金流量和筹资活动现金流量。

（1）经营活动。经营活动是指企业投资活动和筹资活动以外的所有交易和事项。各类企业由于行业特点不同，对于经营活动的认定也存在一定差异。对工业企业而言，经营活动主要包括销售商品、提供劳务、购买商品、接受劳务、支付税费等。

（2）投资活动。投资活动是指企业长期资产的购建和不包括在现金等价物范围内的投资及其处置活动。长期资产是指固定资产、无形资产、在建工程、其他资产等持有期限在一年或者一个营业周期以上的资产。这里所讲的投资活动，既包括实物资产投资，也包括非实物资产投资。之所以将“包括在现金等价物范围内的投资”排除在外，是因为已经将“包括在现金等价物范围内的投资”视同现金。不同企业由于行业特点不同，对投资的认定也存在某些差异。

（3）筹资活动。筹资活动是指导致企业资本及债务规模和构成发生变化的活动。这里所说的资本，既包括实收资本（股本），也包括资本溢价（股本溢价）；所说的债务，指对外举债，包括向银行借款、发行债券及偿还债务等。通常情况下，应付账款、应付票据等属于经营活动，不属于筹资活动。

对于企业日常活动之外特殊的、不经常发生的特殊项目，如自然灾害、保险赔款、捐赠等，则应当归并到相关类别中，并单独反映。比如，对于自然灾害损失和保险赔款，如果能够确定属于流动资产损失，应当列入经营活动产生的现金流量；属于固定资产损失，应当列入投资活动产生的现金流量。如果不能确定，则可以列入经营活动产生的现金流量。捐赠收入和支出，可以列入经营活动。如果特殊项目的现金流量金额不大，则可以列入现金流量类别下的“其他”项目，不单列项目。

14.4.4 现金流量表的基本格式

一般企业的现金流量表格式见表14-7和表14-8。

1）主表

表14-7　　**现金流量表**　　会企03表

编制单位：××有限责任公司　　年　月　　单位：元

项　　目	本期金额	上期金额
一、经营活动产生的现金流量：		
销售商品、提供劳务收到的现金		
收到的税费返还		
收到其他与经营活动有关的现金		
经营活动现金流入小计		
购买商品、接受劳务支付的现金		
支付给职工以及为职工支付的现金		
支付的各项税费		
支付其他与经营活动有关的现金		
经营活动现金流出小计		
经营活动产生的现金流量净额		
二、投资活动产生的现金流量：		
收回投资收到的现金		
取得投资收益收到的现金		
处置固定资产、无形资产和其他长期资产收回的现金净额		
处置子公司及其他营业单位收到的现金净额		
收到其他与投资活动有关的现金		
投资活动现金流入小计		
购建固定资产、无形资产和其他长期资产支付的现金		
投资支付的现金		
取得子公司及其他营业单位支付的现金净额		

续表

项　　目	本期金额	上期金额
支付其他与投资活动有关的现金		
投资活动现金流出小计		
投资活动产生的现金流量净额		
三、筹资活动产生的现金流量：		
吸收投资收到的现金		
取得借款收到的现金		
收到其他与筹资活动有关的现金		
筹资活动现金流入小计		
偿还债务支付的现金		
分配股利、利润或偿付利息支付的现金		
支付其他与筹资活动有关的现金		
筹资活动现金流出小计		
筹资活动产生的现金流量净额		
四、汇率变动对现金及现金等价物的影响		
五、现金及现金等价物净增加额		
加：期初现金及现金等价物余额		
六、期末现金及现金等价物余额		

2）附表

表14-8　　**现金流量表补充资料**

补充资料	本期金额	上期金额
1.将净利润调节为经营活动现金流量：		
净利润		
加：资产减值准备		
固定资产折旧、油气资产折耗、生产性生物资产折旧		
无形资产摊销		
长期待摊费用摊销		
处置固定资产、无形资产和其他长期资产的损失（收益以“-”号填列）		
固定资产报废损失（收益以“-”号填列）		

续表

补充资料	本期金额	上期金额
公允价值变动损失（收益以“-”号填列）		
财务费用（收益以“-”号填列）		
投资损失（收益以“-”号填列）		
递延所得税资产减少（增加以“-”号填列）		
递延所得税负债增加（减少以“-”号填列）		
存货的减少（增加以“-”号填列）		
经营性应收项目的减少（增加以“-”号填列）		
经营性应付项目的增加（减少以“-”号填列）		
其他		
经营活动产生的现金流量净额		
2.不涉及现金收支的重大投资和筹资活动：		
债务转为资本		
一年内到期的可转换公司债券		
融资租入固定资产		
3.现金及现金等价物净变动情况：		
现金的期末余额		
减：现金的期初余额		
加：现金等价物的期末余额		
减：现金等价物的期初余额		
现金及现金等价物净增加额		

14.4.5 现金流量表的编制方法

现金流量表是按收付实现制反映企业报告期内经营活动、投资活动、筹资活动的现金流动信息。由于企业编制现金流量表之前的会计信息都是按权责发生制基础产生的，编制现金流量表的过程实际上是对这些会计信息进行重新整理的过程，这个过程的核心内容就是将权责发生制下的会计资料转换为按收付实现制表示的现金流量。

按照我国现行会计制度的规定，现金流量表的正表要求采用直接法填列。采用直接法时，有关企业现金流入和现金流出的信息可以直接从企业会计记录中获得，也可以在利润表中营业收入、营业成本等数据的基础上，通过调整有关资产负债表项目来获得。补充资料中要求采用间接法反映经营活动产生的现金流量，以对正表中按直接法反映的经营活动产生的现金流量进行核对和补充说明。

采用直接法编报的现金流量表，便于分析企业经营活动产生的现金流量的来源和用途，预测企业现金流量的未来前景；采用间接法编报现金流量表，便于将净利润与经营活动产生的现金流量净额进行比较，了解净利润与经营活动产生的现金流量差异的原因，从现金流量的角度分析净利润的质量。所以，我国企业会计准则规定企业应当采用直接法编报现金流量表，同时要求在附注中提供以净利润为基础调节经营活动现金流量的信息。

1）直接法

所谓“直接法”是指通过现金收入和现金支出的主要类别直接反映来自企业经营活动的现金流量的一种方法。采用直接法提供的信息有助于评价企业未来现金流量。

在直接法下，一般是以利润表中的营业收入为起算点，调节与经营活动有关的项目的增减变动，然后计算出经营活动产生的现金流量。实务中，直接法下一般采用工作底稿法、T形账户法和分析填列法编制现金流量表。

（1）工作底稿法。

采用工作底稿法编制现金流量表，是以工作底稿为手段，以资产负债表和利润表数据为基础，对每一项目进行分析并编制调整分录，从而编制现金流量表。

工作底稿法的程序如下：

第一步，将资产负债表的期初余额和期末余额过入工作底稿的期初余额栏和期末余额栏。

第二步，对当期业务进行分析并编制调整分录。编制调整分录时，要以利润表项目为基础，从“营业收入”开始，结合资产负债表项目逐一进行分析。在调整分录中，有关现金和现金等价物的事项，并不直接借记或贷记现金，而是分别记入“经营活动产生的现金流量”“投资活动产生的现金流量”“筹资活动产生的现金流量”有关项目，借记表示现金流入，贷记表示现金流出。

第三步，将调整分录过入工作底稿中的相应部分。

第四步，核对调整分录，借方、贷方合计数均已经相等，资产负债表项目期初余额加减调整分录中的借贷金额以后，也等于期末余额。

第五步，根据工作底稿中的现金流量表项目部分编制正式的现金流量表。

（2）T形账户法。

采用T形账户法编制现金流量表，是以T形账户为手段，以资产负债表和利润表数据为基础，对每一项目进行分析并编制调整分录，从而编制现金流量表。

T形账户法的程序如下：

第一步，为所有的非现金项目（包括资产负债表项目和利润表项目）分别开设T形账户，并将各自的期末期初变动数过入各该账户。如果项目的期末余额大于期初余额，则将差额过入和项目余额相同的方向；反之，过入相反的方向。

第二步，开设一个大的“现金及现金等价物”T形账户，每边分为经营活动、投资活动和筹资活动三个部分，左边记现金流入，右边记现金流出。与其他账户一样，过入期末期初变动数。

第三步，以利润表项目为基础，结合资产负债表分析每一个非现金项目的增减变动，并据此编制调整分录。

第四步，将调整分录过入各T形账户，并进行核对，该账户借贷相抵后的余额与原先过入的期末期初变动数应当一致。

第五步，根据大的“现金及现金等价物”T形账户编制正式的现金流量表。

(3) 分析填列法。

分析填列法是直接根据资产负债表、利润表和有关会计科目明细账的记录，分析计算出现金流量表各项目的金额，并据以编制现金流量表的一种方法。

2）间接法

所谓“间接法”，是以本期净利润为起算点，调整不涉及现金的收入、费用、营业外收支以及经营性应收应付等项目的增减变动，据此计算并列示出经营活动现金流量的一种方法。

在间接法下，将净利润调节为经营活动现金流量，实际上就是将按权责发生制原则确定的净利润调整为现金净流入，并剔除投资活动和筹资活动对现金流量的影响。

14.4.6 现金流量表的编制

现金流量表的项目主要有：经营活动产生的现金流量、投资活动产生的现金流量、筹资活动产生的现金流量、汇率变动对现金及现金等价物的影响、现金及现金等价物净增加额、期末现金及现金等价物余额等项目。

1）经营活动产生的现金流量的编制方法

经营活动产生的现金流量是一项重要的指标，它可以说明企业在不动用从外部筹得资金的情况下，通过经营活动产生的现金流量是否足以偿还负债、支付股利和对外投资。

(1)“销售商品、提供劳务收到的现金”项目：反映企业销售商品、提供劳务实际收到的现金（销售收入和应向购买者收取的增值税税额），包括本期销售商品、提供劳务收到的现金，以及前期销售和前期提供劳务本期收到的现金和本期预收的账款，扣除本期退回本期销售的商品和前期销售本期退回的商品支付的现金。企业销售材料和代购供销业务收到的现金，也在本项目反映。

确定本项目的金额时通常可以利润表上的“营业收入”为起点进行调整。

①由于该项目包括应向购买者收取的增值税销项税额，所以应在营业收入的基础上加上本期的增值税销项税额。

②由于企业商品销售和劳务供应往往并非是现金交易，因而应加上应收账款与应收票据的减少数，或减去应收账款和应收票据的增加数。

③如果企业有预售货款业务，还应加上预收账款增加数，或减去预收账款减少数。

④如果企业采用备抵法核算坏账，而且本期发生了坏账，或有坏账收回，则应减去本期确认的坏账，加上本期坏账的收回。因为发生坏账减少了应收账款余额，但没有实际的现金流入；坏账收回有现金流入，但与营业收入无直接关系，日不影响应收账款余额。

⑤如果企业本期有应收票据贴现，发生了贴现息，则减去应收票据贴现息，因为贴现息代表了应收票据的减少，并没有相应的现金流入。

⑥如果企业发生了按税法的规定应视同销售的业务，如将商品用于工程项目，则相应的应交税额应该减去，因为这部分销项税额没有相应的现金流入，也与应收账款或应收票据无关。

（2）“收到的税费返还”项目：反映企业收到返还的各种税费，如收到的增值税、所得税、消费税、关税和教育费附加返还款等。确定该项目的余额，需要分析“应交税费”科目下属各明细科目的贷方发生额。

（3）“收到其他与经营活动有关的现金”项目：反映企业除上述各项目外，收到的其他与经营活动有关的现金，如罚款收入、流动资产损失中由个人赔偿的现金收入等。其他与经营活动有关的现金流入，如果价值较大的，应单列项目反映。

（4）“购买商品、接受劳务支付的现金”项目：反映企业购买商品、接受劳务实际支付的现金，包括本期购买商品、接受劳务支付的现金（包括支付的增值税进项税额），以及本期支付前期购买商品、接受劳务的未付款项和本期预付款项，本期发生的购货退回收到的现金从本项目内扣除。确定本项目的金额通常以利润表上的“营业成本”为基础进行调整。

①由于本项目包括支付的增值税进项税额，所以应在营业成本的基础上加上本期的增值税进项税额。

②营业成本与购买商品无直接关系，就商品流通企业而言，营业成本加上存货增加数或减去存货减少数，便可大致确定本期购进商品的成本。

③本期购进商品成本不等于本期购进商品支付的现金，因为可能存在赊购商品或预付货款的情形。故应加上应付账款与应付票据的减少数，或减去应付账款与应付票据的增加数；应加上预付账款的增加数，减去预付账款的减少数。

④对于工业企业来说，存货包括材料、在产品与产成品等，也就是说存货的增加并非都与购进商品（材料）相联系，本期发生的应计入产品成本的工资费用、折旧费用等也会导致存货增加，但与商品购进无关，因而应进一步扣除计入本期生产成本的非材料费用。

⑤应调整其他与商品购进和商品销售无关的存货增减变动，主要包括：存货盘亏和盘盈，用存货对外投资或接受存货投资等。

（5）“支付给职工以及为职工支付的现金”项目：反映企业实际支付给职工的现金以及为职工支付的现金，包括本期实际支付给职工的工资、奖金、各种津贴和补贴等，以及为职工支付的其他费用，不包括支付的离退休人员的各项费用和支付给在建工程人员的工资等。支付的离退休人员的各项费用，包括支付的统筹退休金以及未参加统筹的退休人员的费用，在“支付其他与经营活动有关的现金”项目中反映；支付的在建工程人员的工资，在“购建固定资产、无形资产和其他长期资产支付的现金”项目中反映。

企业为职工支付的养老、失业等社会保险、补充养老保险、住房公积金，支付给职工的住房困难补助，企业为职工缴纳的商业保险，企业支付给职工的或为职工支付的其他福利费用等，应按职工的工作性质和服务对象，分别在本项目和“购建固定资产、无形资产和其他长期资产支付的现金”项目中反映。

（6）“支付的各项税费”项目：反映企业当期实际上缴税务部门的各种税金，包括本期发生并支付的税费，以及本期支付以前各期发生的税费和预缴的税金，如支付的增值税、消费税、所得税、教育费附加、印花税、房产税、土地增值税、车船税等，不包括计入固定资产价值、实际支付的耕地占用税以及本期退回的增值税、所得税等。本项目的金额通过分析“应交税费”科目下属的各明细科目的借方发生额计算得到。

（7）“支付其他与经营活动有关的现金”项目：反映企业除上述各项目外，支付的其他与经营活动有关的现金。例如，罚款支出、支付的差旅费、业务招待费现金支出、支付的保险费等。其他现金流出如价值较大的，应单列项目反映。

确定本项目的金额，可以在科目表上的“销售费用”与“管理费用”两个项目的基础上进行分析调整，扣除折旧费用、无形资产摊销等无相应现金流出的项目。

2）投资活动产生的现金流量的编制方法

现金流量表中的投资活动，包括：不属于现金等价物的短期投资和长期投资的购买与处置、固定资产的购建与处置、无形资产的购置与处置等。投资活动产生的现金流量应首先区分现金流入与现金流出，在此基础上再细分为若干项目。

（1）“收回投资收到的现金”项目：反映企业出售、转让或到期收回除现金等价物以外的交易性金融资产、长期股权投资而收到的现金，以及收回长期债权投资本金而收到的现金，不包括债权投资收回的利息，以及收回的非现金资产。

（2）“取得投资收益收到的现金”项目：反映企业因各种投资而分得的现金股利、利润、利息等，但股票股利除外。

（3）“处置固定资产、无形资产和其他长期资产收回的现金净额”项目：反映企业处置固定资产、无形资产和其他长期资产所取得的现金，扣除为处置这些资产而支付的有关费用后的净额。由于自然灾害所造成的固定资产等长期资产损失而收到的保险赔偿收入，也在本项目中反映。

（4）“处置子公司及其他营业单位收到的现金净额”项目：反映企业处置子公司及其他营业单位取得的现金减去相关处置费用后的净额。

（5）“收到其他与投资活动有关的现金”项目：反映企业除了上述各项以外，收到的其他与投资活动有关的现金收入。其他现金流入如价值较大的，应单列项目反映。

（6）“购建固定资产、无形资产和其他长期资产支付的现金”项目：反映企业购买、建造固定资产，取得无形资产和其他长期资产所支付的现金，不包括为购建固定资产而发生的借款利息资本化的部分以及融资租赁租入固定资产支付的租赁费。支付利息和融资租入固定资产的租赁费，应在筹资活动产生的现金流量部分单独反映。本项目可根据“固定资产”“在建工程”“无形资产”“库存现金”“银行存款”等科目的记录分析填列。

（7）“投资支付的现金”项目：反映企业对外进行权益投资和债权性投资所支付的现金，包括企业取得的除现金等价物以外的交易性金融资产、长期股权投资、债权投资所支付的现金，以及支付的佣金、手续费等附加费用。本项目可根据“长期股权投资”“债权投资”“交易性金融资产”“库存现金”“银行存款”等科目的记录分析填列。

企业购买股票和债券时，实际支付的价款中包含的已宣告但尚未领取的现金股利或已到期但尚未领取的债券利息，应在投资活动产生的现金流量部分的“支付其他与投资活动有关的现金”项目中反映；收回购买股票和债券时支付的已宣告发放但尚未领取的现金股利或已到期但尚未领取的债券利息，在投资活动产生的现金流量部分的“收到其他与投资活动有关的现金”项目中反映。

（8）“取得子公司及其他营业单位支付的现金净额”项目：反映企业购买子公司及其他营业单位购买出价中以现金支付的部分，减去子公司或其他营业单位持有的现金和现金等价物后的净额。

（9）“支付其他与投资有关的现金”项目：反映企业除上述各项以外，支付的其他与投资活动有关的现金。其他现金流出如价值较大的，应单独列项反映。本项目可根据有关科目的记录分析填列。

3）筹资活动产生的现金流量的编制方法

（1）“吸收投资收到的现金”项目：反映企业收到的投资者投入的现金，包括企业以发行股票、债券等方式筹集资金时实际收到的款项净额（发行收入减去支付的佣金等发行费用后的净额）。以发行股票、债券等方式筹集资金而由企业直接支付的审计、咨询等费用，在“支付其他与筹资活动有关的现金”项目中反映，不从本项目中扣除。本项目可根据“实收资本”（或“股本”）、“库存现金”、“银行存款”等科目分析填列。

（2）“取得借款收到的现金”项目：反映企业举借各种短期借款、长期借款所收到的现金。本项目可根据“短期借款”“长期借款”“库存现金”“银行存款”等科目的记录分析填列。

（3）“收到其他与筹资活动有关的现金”项目：反映企业除上述各项目外，所形成的其他与筹资活动有关的现金流入，如接受现金捐赠等。其他现金流入如价值较大的，应单列项目反映。本项目可根据有关科目的记录分析填列。

（4）“偿还债务支付的现金”项目：反映企业以现金偿还债务的本金，包括偿还金融企业的借款本金、偿还债券本金等所导致的现金流出。企业偿还的借款利息、债券利息，在“分配股利、利润或偿付利息支付的现金”项目中反映，不包括在本项目内。本项目可根据“短期借款”“长期借款”“应付债券”“库存现金”“银行存款”等科目的记录分析填列。

（5）“分配股利、利润或偿付利息支付的现金”项目：反映企业实际支付的现金股利、利润，以及支付的借款利息和债券利息等。本项目可根据“应付股利”“财务费用”“长期借款”“应付债券”“库存现金”“银行存款”等科目的记录分析填列。

（6）“支付其他与筹资活动有关的现金”项目：反映企业除了上述各项外，所形成的其他与筹资活动有关的现金流出，如捐赠现金支出等。其他现金流出如价值较大的，应单独列项反映。本项目可根据有关科目的记录分析填列。

14.4.7 汇率变动对现金及现金等价物的影响

“汇率变动对现金及现金等价物的影响”项目，反映下列项目之间的差额：

（1）企业外币现金流量及境外子公司的现金流量折算为记账本位币时，所采用的现金流量发生日的即期汇率或按照系统合理的方法确定的，与现金流量发生日即期汇率或按照系统合理的方法确定的，与现金流量发生日即期汇率近似的汇率折算的金额。

（2）“现金及现金等价物净增加额”中外币现金净增加额按期末汇率折算的金额。

14.4.8 现金流量表补充资料的编制

企业应当采用间接法在附注中披露将净利润调节为经营活动现金流量的信息。现金流量表补充资料包括将净利润调节为经营活动现金流量、不涉及现金收支的重大投资和筹资活动、现金及现金等价物净变动情况等项目。

1）将净利润调节为经营活动的现金流量要调整的项目

（1）“资产减值准备”项目：反映企业本期计提扣除转回的各项资产的减值准备，包括坏账准备、存货跌价准备、长期股权投资减值准备、其他权益工具投资减值准备、债权投资减值准备、投资性房地产减值准备、固定资产减值准备、无形资产减值准备、商誉减值准备、生产性生物资产减值准备等资产减值准备。

（2）“固定资产折旧、油气资产折耗、生产性生物资产折旧”项目：分别反映本期计提的上述各类折旧。本项目可根据“累计折旧”科目的贷方发生额分析填列。

（3）“无形资产摊销”“长期待摊费用摊销”两个项目：分别反映企业本期计提的无形资产摊销、长期待摊费用摊销。这两个项目可根据“累计摊销”“长期待摊费用”科目的贷方发生额分析填列。

（4）“处置固定资产、无形资产和其他长期资产的损失”项目：反映企业本期处置固定资产、无形资产和其他长期资产发生的损益。

（5）“公允价值变动损益”项目：反映企业持有的金融资产、金融负债以及采用公允价值模式计量的投资性房地产的公允价值变动损益。

（6）“财务费用”项目：反映企业利润表中“财务费用”项目的金额。

（7）“投资损失”项目：反映企业利润表中“投资收益”项目的金额。

（8）“递延所得税资产减少”项目：反映企业资产负债表中“递延所得税资产”项目期初余额与期末余额的差额。

（9）“递延所得税负债增加”项目：反映企业资产负债表中“递延所得税负债”项目期初余额与期末余额的差额。

（10）“存货的减少”项目：反映企业资产负债表中“存货”项目期初余额与期末余额的差额。

（11）“经营性应收项目的减少”项目：反映企业本期经营性应收项目（包括应收票据、应收账款、预付款项、长期应收款和其他应收款中与经营活动有关的部分及应收的增值税销项税额等）的期初余额与期末余额的差额。

（12）“经营性应付项目的增加”项目：反映企业本期经营性应付项目（包括应付票据、应付账款、预收款项、应付职工薪酬、应交税费、应付利息、应付股利、长期应付款、其他应付款中与经营活动有关的部分及应付的增值税进项税额等）的期初余额与期末余额的差额。

2）不涉及现金收支的重大投资和筹资活动披露

不涉及现金收支的重大投资和筹资活动，反映企业一定期间内影响资产或负债但不形成该期现金收支的所有投资和筹资活动的信息。这些投资和筹资活动虽然不涉及当期现金收支，但对以后各期的现金流量将会有重大影响。

（1）“债务转为资本”项目：反映本期转为资本的债务金额。

（2）“一年内到期的可转换公司债券”项目：反映企业一年内到期的可转换公司债券的本息。

（3）“融资租入固定资产”项目：反映企业本期融资租入固定资产的最低租赁付款额扣除应分期计入利息费用的未确认融资费用的净额。

3）“现金及现金等价物净增加额”与现金流量表正表中的“现金及现金等价物净增加额”项目的金额应当相等

14.5 所有者权益变动表

14.5.1 所有者权益变动表的格式和内容

所有者权益变动表是指反映构成所有者权益各组成部分当期增减变动情况的报表，所有者权益变动表应当全面反映一定时期所有者权益变动的情况，不仅包括所有者权益总量的增减变动，还包括所有者权益增减变动的重要结构性信息，特别是要反映直接计入所有者权益的利得和损失，让报表使用者准确理解所有者权益增减变动的根源。

在所有者权益变动表中，企业至少应当单独列示反映下列项目的信息：①净利润；②直接计入所有者权益的利得和损失项目及其总额；③会计政策变更和差错更正的累积影响金额；④所有者权益投入资本和向所有者分配利润等；⑤提取的盈余公积；⑥实收资本或股本。资本公积、盈余公积、未分配利润的期初和期末余额及其调节情况。

为了清楚地表明构成所有者权益的各组成部分当期的增减变动情况，所有者权益变动表应当以矩阵的形式列示：一方面，列示导致所有者权益变动的交易或事项，改变了以往仅按照所有者权益的各组成部分反映所有者权益变动情况，而是从所有者权益的来源对一定时期所有者权益变动情况进行全面反映：另一方面，按照所有者权益各组成部分（包括实收资本、其他综合收益、资本公积、其他权益工具、盈余公积、未分配利润和库存股等）及其总额列示交易或事项对所有者权益的影响。此外，企业还需要提供比较所有者权益变动表，所有者权益变动表还就各项目再分为“本年金额”和“上年金额”两栏分别填列。

一般企业所有者权益变动表的格式和内容见表14-9。

14.5.2 所有者权益变动表的编制方法

1）上年金额栏的填列方法

所有者权益变动表上“上年金额”栏内各项数字，应根据上年度所有者权益变动表“本年金额”栏内所列数字填列。如果上年度所有者权益变动表的各个项目的名称和内容同本年度不一致，应对上年度所有者权益变动表各项目的名称和数字按本年度的规定进行调整，填入所有者权益变动表“上年金额”栏内。

2）本年金额栏的填列方法

所有者权益变动表“本年金额”栏内各项数字一般应根据“实收资本（或股本）”“资本公积”“盈余公积”“利润分配”“库存股”“以前年度损益调整”科目的发生额分析填列。

表14-9

所有者权益变动表

会企04表

编制单位： 年度 单位：元

项目	本年金额										上年金额									
	实收资本（或股本）	其他权益工具			资本公积	减：库存股	其他综合收益	盈余公积	未分配利润	所有者权益合计	实收资本（或股本）	其他权益工具			资本公积	减：库存股	其他综合收益	盈余公积	未分配利润	所有者权益合计
		优先股	永续债	其他								优先股	永续债	其他						
一、上年年末余额										-										
加：会计政策变更																				
前期差错更正										-										
其他																				
二、本年年初余额										-	-				-			-	-	
三、本年增减变动金额（减少以“-”号填列）																				
（一）综合收益总额										-										
（二）所有者投入和减少资本										-										
1.所有者投入的普通股										-										
2.其他权益工具持有者投入资本										-										
3.股份支付计入所有者权益的金额										-										
4.其他										-										
（三）利润分配																				
1.提取盈余公积										-										
2.对所有者（或股东）的分配																				
3.其他																				
（四）所有者权益内部结转																				
1.资本公积转增资本（或股本）																				
2.盈余公积转增资本（或股本）																				
3.盈余公积弥补亏损																				
4.设定受益计划变动额结转留存收益																				
5.其他综合收益结转留存收益																				
6.其他																				
四、本年年末余额																				

14.6 财务报表附注

企业提供会计信息的方式多种多样。前面介绍的资产负债表、利润表、现金流量表和所有者权益变动表属于企业基本财务报表，这些基本财务报表是企业提供会计信息的主要手段。除此之外，作为财务报表重要组成部分的财务报表附注，也是提供会计信息的重要方式。

财务报表附注是对上述基本报表中列示项目的文字描述或明细资料，以及对未能在这些报表中列示项目的说明等。

财务报表附注是财务报表不可或缺的组成部分，报表使用者为了了解企业的财务状况、经营成果和现金流量，应当全面阅读附注，附注相对于报表而言，同样具有重要性。

财务报表附注的相关信息应当与基本报表中列示的项目相互参照。

根据《企业会计准则》的规定，财务报表附注中应当按照一定的结构进行系统合理的排列和分类，有顺序地披露信息。《企业会计准则应用指南》规定了附注中至少披露的内容，但是非重要项目除外。具体的附注披露要求和内容应当遵循《企业会计准则》相关具体准则的规定。

1）企业的基本情况

（1）企业注册地、组织形式和总部地址。

（2）企业的业务性质和主要经营活动。

（3）母公司以及集团最终母公司的名称。

（4）财务报告的批准报出者和财务报告的批准报出日。按照有关法律、行政法规等的规定，企业所有者或者其他方面有权对报出的财务报告进行修改的事实。

2）财务报表的编制基础

（1）会计年度。

（2）记账本位币。

（3）会计计量所运用的计量基础。

（4）现金和现金等价物的构成。

3）遵循《企业会计准则》的声明

企业应当明确说明编制的财务报表符合《企业会计准则》的要求，真实、完整地反映企业的财务状况、经营成果和现金流量等有关信息。以此说明企业编制财务报表所依据的制度基础。如果企业编制的财务报表只是部分地遵循了《企业会计准则》，附注中不得作出这种表述。

4）重要会计政策和会计估计

企业应当披露采用的重要的会计政策和会计估计，不重要的会计政策和会计估计可以不披露。

（1）重要的会计政策的说明。

由于企业经济业务的复杂性和多样化，某些经济业务可以有多重会计处理方法，也即存在不止一种可供选择的会计政策。企业在发生某项交易或事项选择不同的会计处理方法时，应当根据《企业会计准则》的规定从允许的会计处理方法中选择适合本企业特点的会计政策，企业选择不同的会计处理方法，可能极大地影响企业的财务状况和经营成果，进而编制出不同的财务报表。为了有助于使用者理解，有必要对这些会计政策加以披露。

需要特别指出的是，说明会计政策时还需要披露下列两项内容：

①财务报表项目的计量基础。会计计量属性包括历史成本、重置成本、可变现净值、现值和公允价值，这直接显著影响财务报表使用者的分析，这项披露要求使用者了解企业财务报表中的项目是按何种计量基础计量的，如存货是按成本还是可变现净值计量等。

②会计政策的确定依据。确定依据主要是指企业在运用会计政策过程中所作的对报表中确认的项目金额最具影响的判断。例如，企业如何判断持有的金融资产是债权投资而不是交易性投资；又如，对于拥有的持股不足50%的关联企业，企业如何判断拥有控制权因此将其纳入合并范围；再如，企业如何判断与租赁资产相关的所有风险和报酬已转移给企业，从而符合融资租赁的标准；以及投资性房地产的判断标准是什么等。这些判断对在报表中确认的项目金额具有重要影响。因此，这项披露要求有助于报表使用者了解企业选择和运用会计政策的背景，增加财务报表的可理解性。

（2）重要的会计估计的说明。

企业应当披露会计估计中所采用的关键假设和不确定性因素的确定依据，这些关键假设和不确定性因素在下一个会计期间内很可能导致资产、负债账面价值进行重大调整。在确定报表中确认的资产和负债的账面金额的过程中，企业有时需要对不确定的未来事项在资产负债表日对这些资产和负债的影响加以估计。例如，固定资产可收回金额的计算需要根据其公允价值减去处置费用后的净额与预计未来现金流量的现值两者之间的较高者确定，在计算资产预计未来现金流量的现值时需要对未来现金流量进行预测，并选择适当的折现率，应当在附注中披露未来现金流量预测所采用的假设及其依据、所选择的折现率为什么是合理的等。这些假设的变动对这些资产和负债项目金额的确定影响很大，有可能会在下一个会计年度内作出重大调整。因此，强调这一披露要求，有助于提高财务报表的可理解性。

5）会计政策和会计估计变更以及差错更正的说明

（1）会计政策变更的性质、内容和原因。

（2）当期和各个列报期财务报表中受影响的项目名称和调整金额。

（3）会计政策变更无法进行追溯调整的事实和原因，以及开始应用变更后的会计政策的时点、具体应用情况。

（4）会计估计变更的内容和原因。

（5）会计估计变更对当期和未来期间的影响金额。

（6）会计估计变更的影响数不能确定的事实和原因。

（7）前期差错的性质。

（8）各个列报前期财务报表中受影响的项目名称和更正金额；前期差错对当期财务报表也有影响的，还应当披露当期财务报表中受影响项目的名称和金额。

（9）前期差错无法进行追溯重述的事实和原因，以及对前期差错开始进行更正的时点、具体更正情况。

6）重要报表项目的说明

企业应当尽可能以列表的形式披露重要报表项目的构成或当期增减变动情况。对重要报表项目的明细说明，应当按照资产负债表、利润表、现金流量表、所有者权益变动表的顺序以及报表项目列示的顺序，以文字和数字描述相结合的方式进行披露，并与报表项目相互参照。

7）或有事项和承诺事项的说明

（1）预计负债的种类、形成原因以及利益流出不确定性的说明。

（2）与预计负债有关的预期补偿金额和本期已确认的预期补偿金额。

（3）或有负债的种类、形成原因以及经济利益流出不确定性的说明。

（4）或有负债预计产生的财务影响，以及获得补偿的可能性；无法预计的，应当说明原因。

（5）或有资产很可能会给企业带来经济利益的，其形成的原因、预计产生的财务影响等。

（6）在涉及未决诉讼、未决仲裁的情况下，披露全部或部分信息预期对企业造成重大不利影响的，该未决诉讼、未决仲裁的性质以及没有披露这些信息的事实和原因。

8）资产负债表日后事项的说明

每项重要的资产负债表日后非调整事项的性质、内容及其对财务状况和经营成果的影响无法作出估计的，应当说明原因。

9）关联方关系及其交易事项的说明

（1）母公司和子公司的名称。母公司不是该业务最终控制方的，说明最终控制方名称。

（2）母公司和子公司的业务性质、注册地、注册资本（或实收资本、股本）及其当期发生的变化。

（3）母公司对该企业或者该企业对子公司的持股比例和表决权比例。

（4）企业与关联方发生关联方交易的，该关联方关系的性质、交易类型及交易要素。交易要素至少应当包括以下四项内容：

①交易的金额。

②未结算项目的金额、条款和条件，以及有关提供或取得担保的信息。

③未结算应收项目的坏账准备金额。

④定价政策。

（5）企业应当分别通过关联方以及交易类型披露关联方交易。

章末练习题

一、单项选择题

1. 某企业“应收账款”科目月末借方余额80 000元，其中：“应收账款——甲公司”明细科目借方余额100 000元，“应收账款——乙公司”明细科目贷方余额20 000元。“预收账款”科目月末贷方余额60 000元，其中：“预收账款——A工厂”明细科目贷方余额

100 000元，“预收账款——B工厂”明细科目借方余额40 000元。“预付账款”科目月末借方余额30 000元，其中：“预付账款——丙公司”明细科目借方余额50 000元，“预付账款——丁公司”明细科目贷方余额20 000元。坏账准备科目余额为0。该企业月末资产负债表中“应收票据及应收账款”项目的金额为（　　）元。

A.80 000　　B.180 000　　C.100 000　　D.140 000

2.企业“应付账款”科目月末贷方余额50 000元，其中：“应付账款——甲公司”明细科目贷方余额45 000元，“应付账款——乙公司”明细科目贷方余额20 000元，“应付账款——丙公司”明细科目借方余额15 000元；“预付账款”科目月末贷方余额20 000元，其中：“预付账款——A工厂”明细科目贷方余额30 000元，“预付账款——B工厂”明细科目借方余额10 000元。该企业月末资产负债表中“预付款项”项目的金额为（　　）元。

A.−45 000　　B.25 000　　C.−20 000　　D.20 000

3.“预收账款”科目明细账中若有借方余额，应将其计入资产负债表中的（　　）项目。

A.“应收票据及应收账款”　　B.“预收款项”

C.“预付款项”　　D.“其他应收款”

4.下列各项资产项目中，根据明细科目余额计算填列的是（　　）。

A.“在建工程”　　B.“固定资产清理”

C.“应收利息”　　D.“应付票据及应付账款”

5.编制利润表的主要依据是（　　）。

A.资产、负债及所有者权益类各账户的本期发生额

B.资产、负债及所有者权益类各账户的期末余额

C.损益类各账户的本期发生额

D.损益类各账户的期末余额

6.企业2018年10月31日“生产成本”借方余额50 000元，“材料采购”借方余额30 000元，“材料成本差异”贷方余额500元，“委托代销商品”借方余额40 000元，“周转材料”借方余额10 000元，“存货跌价准备”贷方余额3 000元，则资产负债表中“存货”项目的金额为（　　）元。

A.116 500　　B.117 500　　C.119 500　　D.126 500

7.某企业期末“工程物资”科目的借方余额为200万元，“发出商品”科目的借方余额为50万元，“原材料”科目的借方余额为60万元，“材料成本差异”科目的贷方余额为5万元。假定不考虑其他因素，该企业资产负债表中“存货”项目的金额为（　　）万元。

A.105　　B.115　　C.205　　D.215

8.年度终了前，资产负债表中的“未分配利润”项目，应根据（　　）填列。

A.“利润分配”科目余额

B.“本年利润”科目余额

C.“本年利润”和“利润分配”科日的余额

D.“应付股利”科目余额

9.下列各项中，反映企业在某一特定日期财务状况的会计报表是（　　）。

A.现金流量表　　B.资产负债表

C.利润表　　D.所有者权益变动表

10.下列有关现金流量表的说法中，不正确的是（　　）。

A.现金流量表，是指反映企业在一定会计期间现金和现金等价物流入和流出的报表

B.现金流量表按照收付实现制原则编制

C.根据企业业务活动的性质和现金流量的来源，将其分类为经营活动产生的现金流量、投资活动产生的现金流量和筹资活动产生的现金流量

D.我国企业会计准则规定企业应当采用间接法编报现金流量表

二、多项选择题

1.下列选项中，不属于利润表项目的有（　　）。

A.未分配利润　　B.营业外收入　　C.净利润　　D.主营业务收入

2.资产负债表项目的“期末余额”栏，主要的填列方法有（　　）。

A.根据几个总账科目的期末余额的合计数填列

B.根据有关科目的余额减去其备抵科目余额后的净额填列

C.根据明细科目的余额计算填列

D.直接根据各自的总账科目的期末余额填列

3.下列各会计科目的期末余额，不应在资产负债表中“未分配利润”项目列示的有（　　）。

A.应付股利　　B.盈余公积　　C.利润分配　　D.本年利润

4.下列项目中，会影响企业利润表中“营业利润”项目填列金额的有（　　）。

A.对外投资取得的投资收益　　B.出租无形资产取得的租金收入

C.计提固定资产减值准备　　D.缴纳所得税

5.在所有者权益变动表中，应列示的项目包括（　　）。

A.净利润

B.直接计入所有者权益的利得和损失

C.会计政策变更和差错更正的累积影响金额

D.所有者投入资本

6.下列各项关于财务报告的表述中，正确的有（　　）。

A.财务报告，是指企业对外提供的反映企业年末财务状况和年度经营成果、现金流量等会计信息的文件

B.财务报表是对企业财务状况、经营成果和现金流量的结构性表述

C.财务报表的组成部分至少应当包括资产负债表和利润表，其他报表可以不包括

D.按财务报表编报的期间不同，可以分为中期财务报表和年度财务报表

7.下列交易或事项中，不能引起经营活动现金流量发生变化的有（　　）。

A.用银行存款购买固定资产　　B.发行长期债券取得银行存款

C.支付在建工程员工工资　　D.收到关税的税收返还

三、判断题

1.某企业2018年1月利润总额100万元，确认了所得税费用25万元，则在表结法下

"本年利润"账户的月末余额为75万元。　　(　　)

2.如果不存在纳税调整事项，利润表中的"所得税费用"项目金额可以直接根据"利润总额"项目金额乘以所得税税率计算得到。　　(　　)

3.企业在采用计划成本法核算原材料时，如果当期的材料成本差异率为负数，那么反映在资产负债表中的原材料的实际成本大于计划成本。　　(　　)

4.固定资产清理期末如有余额，必须清理完毕，转入到相关损益中。　　(　　)

5."利润分配"总账的年末余额不一定与相应的资产负债表中未分配利润项目的数额一致。　　(　　)

6.处置固定资产产生的现金流入，应该属于经营活动的现金流量。　　(　　)

7.所有者权益变动表"上年年末余额"项目，反映企业上年资产负债表中实收资本(或股本)、其他综合收益、资本公积、其他权益工具、库存股、盈余公积、未分配利润的年末余额。　　(　　)

8.用银行存款偿还应付票据所产生的现金流量属于筹资活动产生的现金流量。　　(　　)

9.财务报告是指企业对外提供的反映企业某一特定日期的财务状况和某一会计期间的经营成果、现金流量等会计信息的文件。　　(　　)

章末练习题答案

主要参考文献

[1] 陈立军. 中级财务会计 [M]. 北京：中国人民大学出版社，2018.

[2] 中国注册会计师协会. 会计 [M]. 北京：中国财政经济出版社，2018.

[3] 中华人民共和国财政部. 企业会计准则（合订本）[M]. 北京：经济科学出版社，2017.

[4] 中华人民共和国财政部. 企业会计准则应用指南（2018年版）[M]. 上海：立信会计出版社，2018.

[5] 中国注册会计师协会. 会计 [M]. 北京：中国财政经济出版社，2017.

[6] 刘尚林. 财务会计 [M]. 5版. 北京：高等教育出版社，2015.

[7] 戴德明. 财务会计学 [M]. 9版. 北京：中国人民大学出版社，2017.

[8] 刘永泽. 中级财务会计 [M]. 5版. 大连：东北财经大学出版社，2016.

[9] 企业会计准则编审委员会. 企业会计准则 [M]. 上海：立信会计出版社，2017.

[10] 企业会计准则编审委员会. 企业会计准则应用指南 [M]. 上海：立信会计出版社，2017.

[11] 企业会计准则编审委员会. 企业会计准则案例讲解 [M]. 上海：立信会计出版社，2017.

[12] 徐经长，孙蔓莉，周华. 会计学 [M]. 3版. 北京：中国人民大学出版社，2016.

[13] 刘永泽. 会计学 [M]. 5版. 大连：东北财经大学出版社，2016.